ロヒニ・ディヴェシャー
「樹現」（20のプリントのうち1枚）

Arboreal. Rohini Devasher. One of 20 archival pigment prints. 2011.

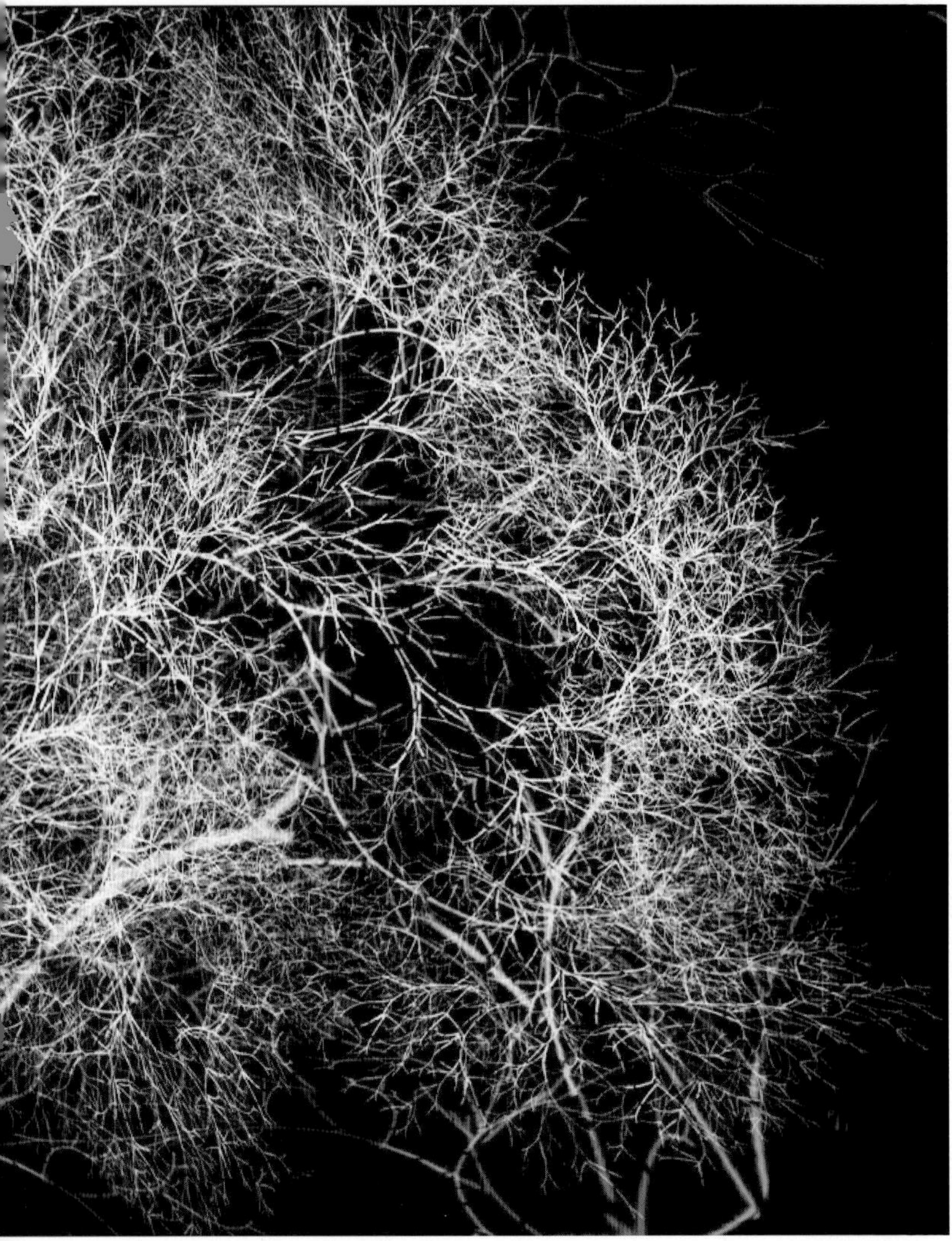

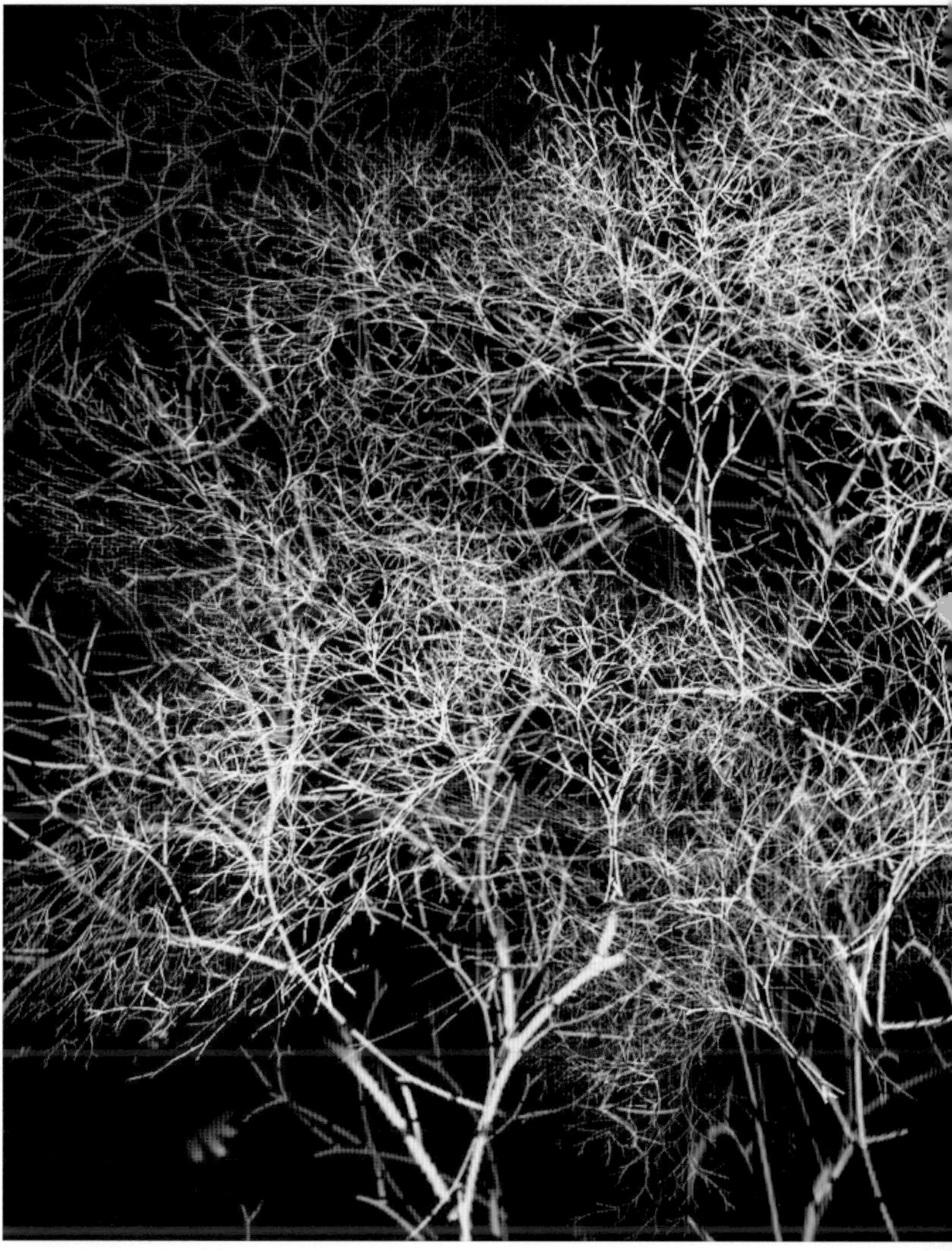

ロヒニ・ディヴェシャー
「樹現」（シングルチャンネル・ビデオ、静止画）

Arboreal. Rohini Devasher. Still frame from single channel video. 2011.

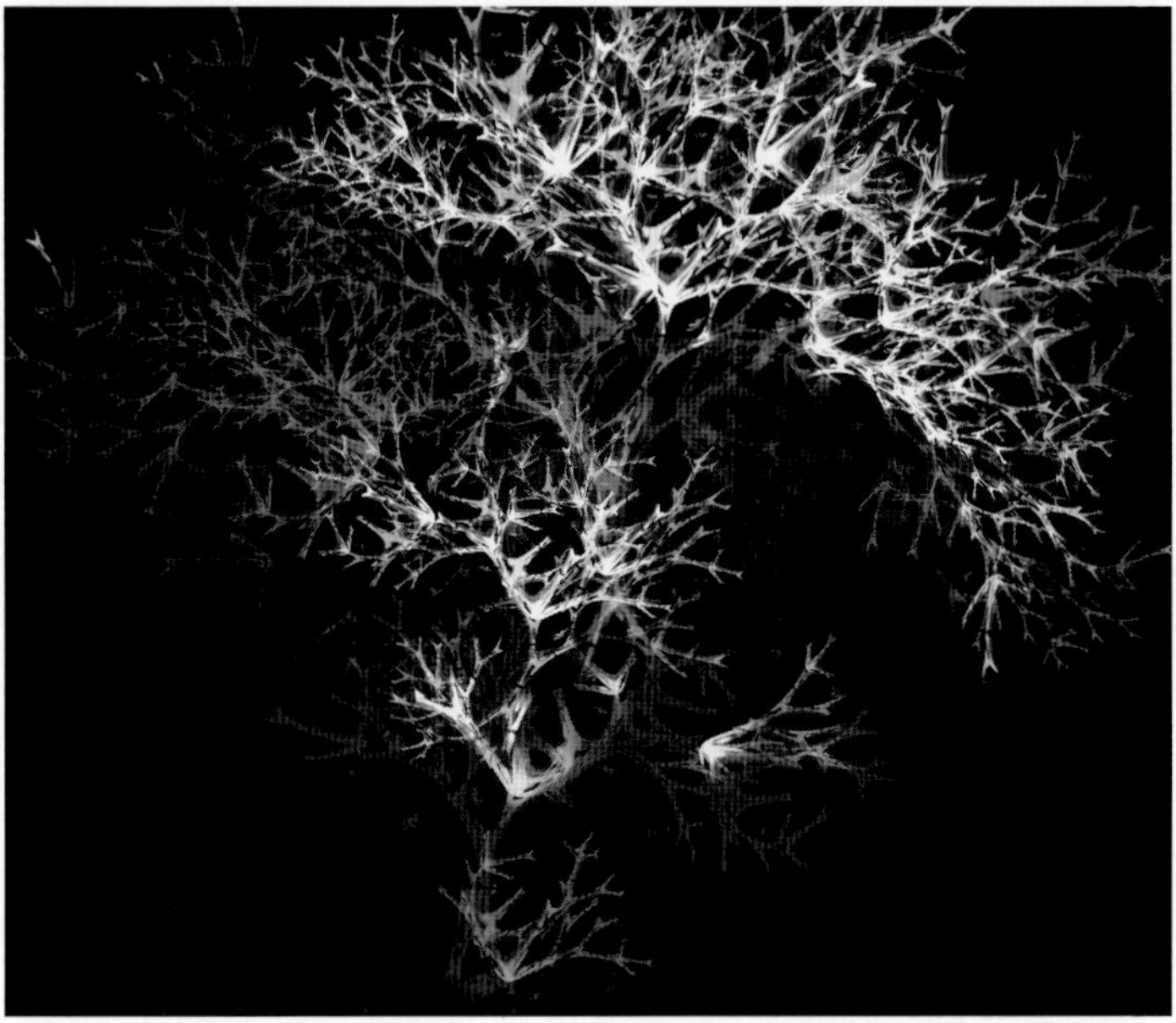

ロヒニ・ディヴェシャー
「樹現」(20のプリントのうち1枚)
Arboreal. Rohini Devasher. One of 20 archival pigment prints. 2011.

叢書・地球のナラティブ

人文地球環境学

「ひと、もの、いきもの」と世界／出来《しゅったい》

Geo-Humanities

Becoming of the World, or
Human Being, Living Thing, and Thing in the Anthropocene

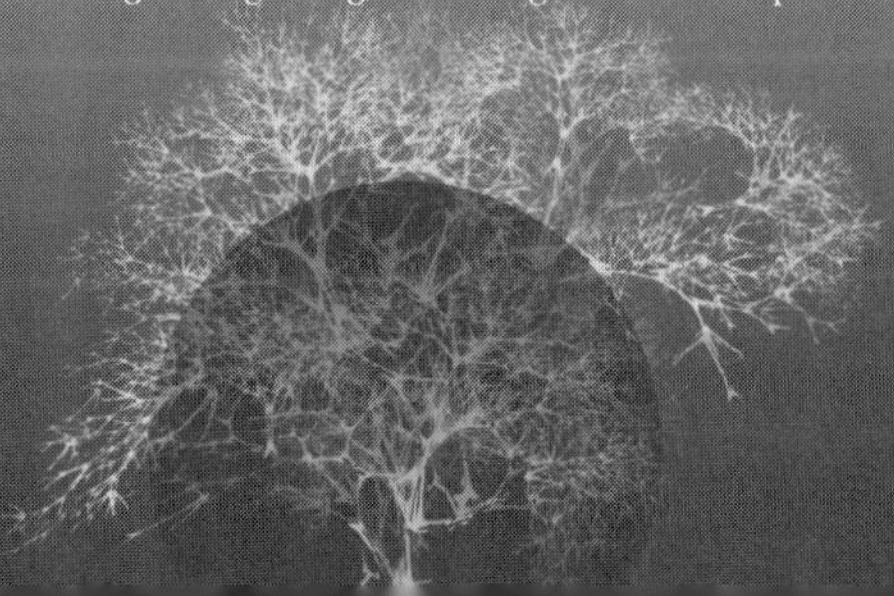

AiR
あいり出版

［表紙・カバー、口絵、部トビラ掲載作品］

ロヒニ・ディヴェシャー「樹現」（シングルチャンネル・ビデオ、静止画、16分29秒、2011年、©R.Devasher, Courtesy Project 88, Mumbai）／ロヒニ・ディヴェシャー「樹現」(20枚のアーカイバル・ピグメントプリント、20×24インチ、ハーネミューレ社バライタ紙にプリント、2011年、©R. Devasher, Courtesy Project 88, Munbai)

カメラとモニターの組み合わせによる映像フィードバック・システムによって作られたビデオ・アートのワン・フレーム。画面の中で「樹」のような存在が出来するが、この現象は人為か、それとも自然か（本書［ダイアローグ］参照）。

[Art work on cover, dust jacket, and part title pages]

Arboreal. Rohini Devasher. Still frame, Single channel video, 16min 29sec. 2011. ©Rohini Devasher. Courtesy Project 88, Mumbai. /Arboreal, Rohini Devasher. One of 20 archival pigment prints, 20×24 inches each on Hahnemüle Fine Art Baryta paper, 2011. ©R. Devasher, Courtesy Project 88, Munbai.

One of the frames of a video art made by the infinite feedback loop system of monitor and camera. Tree-like figure emerges in the screen. How is this phenomenon defined? Is it artificial or natural?

目次

090 第2部 ひと、もの、いきもの［視角Ⅰ］

170 第3部 災厄と災害［視角Ⅱ］

人文地球環境学の視角――はしがき

環境とあなた

環境は、あなたが、日々、刻々と、いまここで、発見するものである。

あなたと、世界の接点が環境である。それは、あなたと世界の境界でもある。それは、どんな接点であり、どんな境界か。それは、あなたが世界とあなたをどのように定義するかという問題なのだ。

環境とは、あなたが、世界をどのように定義するかという問題であり、それは、あなたと世界とのかかわり方の問題である。本書のタイトルに、世界という語と出来《しゅったい》という語を用いた。世界は出来する。世界は、あなたが、それを認識したとき、世界として出来する。世界とは、環境であるが、つまり環境はあなたとのかかわりの中で現われる現象なのだ。

この本は、環境とあなたのかかわりについての本だ。環境とは、なんだろう。それは、回りをとりまくもの。あなたをとりまく、ひと、もの、いきものが織りなす現象。いや、そこには、あなたも含まれているから、環境とは、あなたと、あなたをとりまくひと、もの、いきものが織りなすものだ。とりまくとは何か。半径30センチメートルの範囲もあなたをとりまいているし、半径1キロメートルの範囲もあなたをとりまいているし、半径464億光年（全宇宙）もあなたをとりまいている[1]。視点を変えてみて、あなたの体内に存在する腸内菌にとってみれば、あなたは、その腸内菌をとりまく環境だ。

環境学は総合の学である。そして、環境学は新しい学である。それは、さまざまな学をよせ集めた学であるともいえるが、しかし、同時に、それは、時代が必要とした総合性であるといえる。

学とは、決して固定されたものではない。今日、存在するさまざまな学問も、固定されているわけではない。歴史上に現われれ、徐々に形づくられてきたものである。

環境学が、今日、形づくられ、必要とされているのは、時代の必然性があり、それはわたしたちのアクチュアルな現状とかかわっている。

総合の学の総合性とは、その総合性をもってしか対処できない問題の存在を前提とする。既存の学問では対処できない問題、環境学の対象とは、そのような問題である。

既存の学では対処できないから、新たな学を学ぶ。それは、時代と切り結ぶということでも

[1] 環境とスケールの関係については、ものの大きさと認知の問題について本書第6章144頁、距離と大きさの問題について第7章149–153頁で述べる。

ある。

人文と地球環境

本書は、「人文地球環境学」というタイトルをもつ。

地球環境学とは、一般に、地球や自然にかかわる自然科学的な学問だと思われているだろう。それは、気候や、気象、生態系や生物多様性、自然保護や大気汚染などを研究する学問だととらえられることが多い。

もちろん、環境とは、そのようなものであり、本書の立場も、それを前提とはしている。だが、しかし、一方で、環境とはそれだけではない。環境とは、だれかにとっての環境であり、そのだれかが環境をどうとらえるかという問題である。そのだれか、とはさしあたっては、ひとであるが、しかし、ひとには限らない。いきものにとっての環境、ものにとっての環境もある。つまり、環境とは複数あるものなのだ。

ひとにとっての地球環境を考えてみると、それは、環境の最大の単位である。もちろん、地球は宇宙の中に包含されるので、ひとは宇宙環境の中に存在するともいえる[2]。いや、本書の中では、世界は環境を包含するという考え方も見るし、そもそも、世界も宇宙も存在しない

[2]　本書第2章047-050頁。また、火星環境については第15章344ff頁。

可能性についても検討するので[3]、人文地球環境学の立場からは、このように単純にはいえないのだが、とりあえずは、ここでは地球環境とは、いまのところ人間が存在しうるまとまりとしての環境の最大の単位の一つであると考える。とすると地球環境学とは、いまのところ、環境学の最大の単位である。

人文地球環境学の「人文」とは何か。ものごとを、ひとの立場から考える学は、人文学《じんぶんがく》ないし人文科学と呼ばれる。人文学とは、ヒューマニティーズhumanitiesの訳であり、中世のヨーロッパの学問以来の伝統を受け継いだ考え方である。ルネサンス期のヨーロッパにおいては、神学に対する人間の学の意味で用いられた。ドイツ語でフマニストHumanist、フランス語でユマニストhumanisteというと、イタリアにおけるペトラルカやボッカチオ、ダンテ、フランスにおけるラブレー、オランダにおけるエラスムス、ドイツにおけるクザーヌスなどの名があがる。彼らは、カトリック教会の権威から離れ、神の世界を扱う学ではなく、人間的価値をみとめ、その人間の学問をつくり上げようとした。その際、彼らは、古典ギリシアと古典ラテンの文献に基づく価値観を大切にしようとした[Kenny 2006: 1]。ひとと文に基づくゆえ、フマニストは、「人文」なのである。それが、今日の学問における人文学の基礎となっている。

人文学は教養の学でもある。教養とは、幅広く社会を見通し、それによりよい状態をもたらす原動力である。今日、学問の世界は細分化され、自然科学の巨大科学化という問題も生じて

[3] 本書第2章047–049頁。

いる。地球環境問題の解決には、自然科学だけではなく、人文学の視点も必要である。地球環境学に人文という語を冠しているのは、そのような意図を込めている。

さらに、人文学には、日本、そして東アジア独自の意味もある。アジアにおいて、とりわけ、漢字圏アジアとも呼べる東アジアにおいては、人文と天文・地文は対になるものとして考えられた。ただしこの場合、人文は天文《てんもん》・地文《ちもん》に呼応して「じんもん」と読む。天と地は照応している。これを、現代的な語で言い換えるならば、環境と人間は照応しているということになる。このような考え方については、第2章で詳しく述べるが[4]、日本において環境を考える際に、その独自性を認識することも大切である。

繰り返すが、地球環境学は、新しい学である。そもそも地球環境が学問研究の対象となり始めたのは、おおむね1990年代以降のことである[5]。その中で、地球環境学の主力は、自然科学であった。地球環境学は、総合の学であるから、自然科学と人文学の融合は、常に問題になってきた。それにもかかわらず、地球環境学を人文の視点に立って正面から論じた本はまだそれほどない。本書は、そのような空隙を埋めるものとしても発刊される。

なお、本書は「人文地球環境学」の「人文」を「じんぶん」と読むが「じんもん」も排除しないことにする。「じんぶん」と「じんもん」の両方のニュアンスをもつのが「人文」という語であり、そのことに意識的になるのが「人文地球環境学」の意義でもあるからである。

---

［4］　本書第2章038-041頁。
［5］　本書第11章255頁。

ひと、もの、いきもの

環境を構成しているのは、あらゆるものである。この世界に存在するあらゆるものが環境をつくっている。本書では、それを、ひと、もの、いきもの、であると考える。そして、そのひと、もの、いきものが織りなす相互関係の中から出来する現象を環境ととらえる。

環境を考えるとき、さまざまな分割線が引かれる。自然と人間、文化と自然、野生と文明、都会と自然、人為と自然などなど、環境を論じる際にはさまざまな概念規定がある。本書の大きな分割線の一つは、ひと、もの、いきものである。ひととものの間には区別がある。ひといきものの間にも区別がある。そして、ものといきものとの間にも区別がある。ただし、これは、ひと、もの、いきものという区分を絶対化しようということではない。むしろ、それらの区別のあり方を、もう一度見直そうというのがその意図である。そして、それ以外の区分のあり方を、それを通じて再考しようということでもある。

ひととと、ものの間には、どんな区別があるのか。そして、どんな共通性やオーバーラップがあるのか。そして、そのような関係性は、ひとといきもの、ものといきものの間ではどのようなものなのか。

本文の中で詳しく述べるが[6]、近年、地球環境をめぐって、人新世《じんしんせい》（アンソロポシーン、Anthropocene）という新しい地質年代区分が提唱されている。ひとの活動の地球環境への影

[6] 本書第1章 030–034 頁。

響の大きさを鑑みると、地質年代的に見て、現在が「人」の「世」とも呼べる新しい段階に入っているのではないかという提唱である。これは、ひとの歴史を地球の歴史に接続しようとする新しい見方である。ひとの歴史と、いきものやものの歴史とは、これまで別個のものと考えられてきた。ひとの歴史は歴史と呼ばれるが、ものやいきものの歴史は進化と呼ばれる。前著は大学では文学部史学科で、後者は理学部の地学科や生物学科で学ばれる。それらを動かす原理は別の原理であると考えられてきた。しかし、そのような分割が問われている。

近年の学術界では、複雑系システム論など、ひと、もの、いきもののシステムの相互の関係を分析する新たな学問が出現し[7]、社会理論においては、アクター・ネットワーク理論Actor-Network Theoryという、行動をそれをとりまく関係性の中でとらえ、ひとだけではなく、ものも社会変動の主体として扱おうという学問が現われている[8]。形而上学においては、オブジェクトのオントロジーObject-Oriented Ontologyという、主観と客観の区分を超えて、もののものの世界にひとがアクセスすることを問う学問が現われている[9]。

ひと、もの、いきものの間の関係がどう認識されているかという問題は、文化によりさまざまな違いがあり、時代によっても変化がある。今日、ひと、もの、いきものの関係は、新たな段階に入っている。新たな学問水準に照らし、ひと、もの、いきものをどのようにとらえるべきなのかを考えることは、人文地球環境学の課題である。

---

[7] 本書第2章042頁、補章236-238。
[8] 本書第5章126頁。
[9] 本書第7章165-166頁。

本書の構成

この本は、15の章からなり、それらは5つの部に分かれている。

はじめとおわりの2つの部は、「方法」と銘打つ比較的抽象的で方法論的な探求である。その2つの部にサンドイッチされるように、具体的な問題を、世界各地の事例を見ながら考える「視角」という3つの部を置く。

まず第1部「世界、環境、出来《しゅったい》」「方法Ⅰ」は、人文地球環境学の基礎的な概念を検討する3つの章で構成される。第1章は、生物の大絶滅を含む46億年の歴史としての地球環境とそこにおける人間の位置を考える。第2章では環境と世界、人文と天文、風土など、環境をめぐるさまざまな基礎概念を検討し、「人文」の視点から地球環境を見る意味を考える。第3章では、本書のカギ概念の一つである「出来」に焦点を当て、環境や世界が出来するとはどういうことかを見る。

続く第2部「ひと、もの、いきもの」「視角Ⅰ」では、ひととものといきものの関係の諸相を検討する。第4章では、神話や宗教書に現われたいきものとひとの関係などを検討する中で人といきものの関係を歴史的に検討する。第5章では、日本におけるいきものやものの観念を霊長類研究のあり方から見ることで、いきものとひとの分かれ目の問題を扱う。第6章は語りの問題を取り上げる。語りは、ひとだけが語るのではない。ものやいきものも語る。本書は、「叢

書　地球のナラティブ」の一冊として刊行されるが、この章は、地球のナラティブとは何かを考える章でもある。第7章は、ものとひと、ものと世界の関係を検討する章である。ものの世界に人はどのようにアクセスできるのかを考える。

第3部「災厄と災害」［視角Ⅱ］で扱うのは、地球環境を考える際抜きにすることができない自然災害や地球的規模の環境破壊の問題である。第8章は、日本で起きた有機水銀による大規模な中毒事件である水俣「病」の被害の問題を扱う。第9章は、人類による核の操作とその社会と地球環境に関する影響を見る。第10章は、大地震や津波、火山噴火などの地球的規模の災害とそこからの社会の立ち直りについて見る。さらに、補章として新型コロナウイルスによる「禍」の問題について人文地球環境学の視点から考える。

第4部「地球のケア」［視角Ⅲ］では、ケアをキーワードに地球をグローバルに見たときの平等と不平等、正義や国際協力の問題を扱う。第11章では、全球的に見た際に見えてくる健康の問題を取り上げ、援助を含めた望ましいアプローチのあり方を探る。第12章では、グローバルな不平等の原因を歴史の中に探るとともに、生存基盤指数に注目することで正義を実現する方法と視角を見る。

最後の第5部「未来」［方法論Ⅱ］は、再び、方法論に戻る。本書のテーマの一つである、出来《しゅったい》という視角を、環境と未来に応用する。第13章では、環境における未来を感知する方法としての兆候・兆しの読解の方法について見る。第14章では、100才の翁と3才の子どもの語りに注目することで、未来の視点から見たときの現在の食の意味を考える。第15章では、2070年、人類が火星に移住し始めた状況を思考実験し、火星環境という視点から地球環境の意味を考える。

これらのトピックを通じて、地球環境を人文的にとらえるための方法と視角を提供する。また、いくつかコラムを設けて、人文地球環境学の視点を豊富化する。加えて、各章の末尾には、ブックガイドを設けて、さらに思考を深めるための一助とする。

さらに、表紙・カバー、口絵、部トビラに作品を使用している「樹現」の作者であるロヒニ・ディヴェシャーとのダイアローグ（対話）を収め、本書のテーマである出来の意味について掘り下げる。

本書の章は、全部で15章である。大学の講義は、1年なら30講、半年なら15講であり、15講は、1セメスター（半年）2単位の講義に相当する。そういわれれば、本書は、テキストブックの体裁を取っているともいえよう。だが、テキストブックは、はたして人文地球環境学にふさわしいのか。すでに述べたように、人文地球環境学は、環境を、ひと、もの、いきものが織りなす関係性から出来《しゅったい》する現象ととらえる。そこにおける環境とは発見されるものであり、見いだされるものである。つまり、人文地球環境学とは、出来《しゅったい》の学である。出来の学とは、その都度、

その都度、その瞬間、その瞬間に起こる発見であり、見いだしである。そのような発見の学にテキストブックというようなものはふさわしくないかもしれない。とはいえ、学には、方法と制度が必要である。

それに、そもそも本とは、そして、本を読むこととは、出来《しゅったい》であり、発見であるともいえる。あなたが、この本を読むことは、あなたとこの本の間に出来する現象である。それは人文地球環境学が問題とする、ひと、もの、いきものの関係性の一つでもある。あなたがこの本を読むことによって、あなたは、もうすでに、人文地球環境学との関係をもっているが、その現象もまた人文地球環境学の研究対象である。

第1部

世界、環境、出来《しゅったい》

［方法Ⅰ］

第1部は、まず、人文地球環境学の方法論を扱う。地球環境そのものの46億年の歴史を検討し、続いて、人文という立場から地球環境を考える際の基本概念を検討する。続いて、本書のキーワードの一つである、「出来《しゅったい》」に関して、「なる」という日本古来の概念とのかかわりから見てゆく。

これらは、広い意味で世界観に関係する。環境とは世界である。世界観は、言語や文化と関係し、ひとに独自の環境への関与の仕方を定義するものでもある。世界と環境がどう異なりどう重なるか、それは人文地球環境学の最も基礎的な問いでもある。

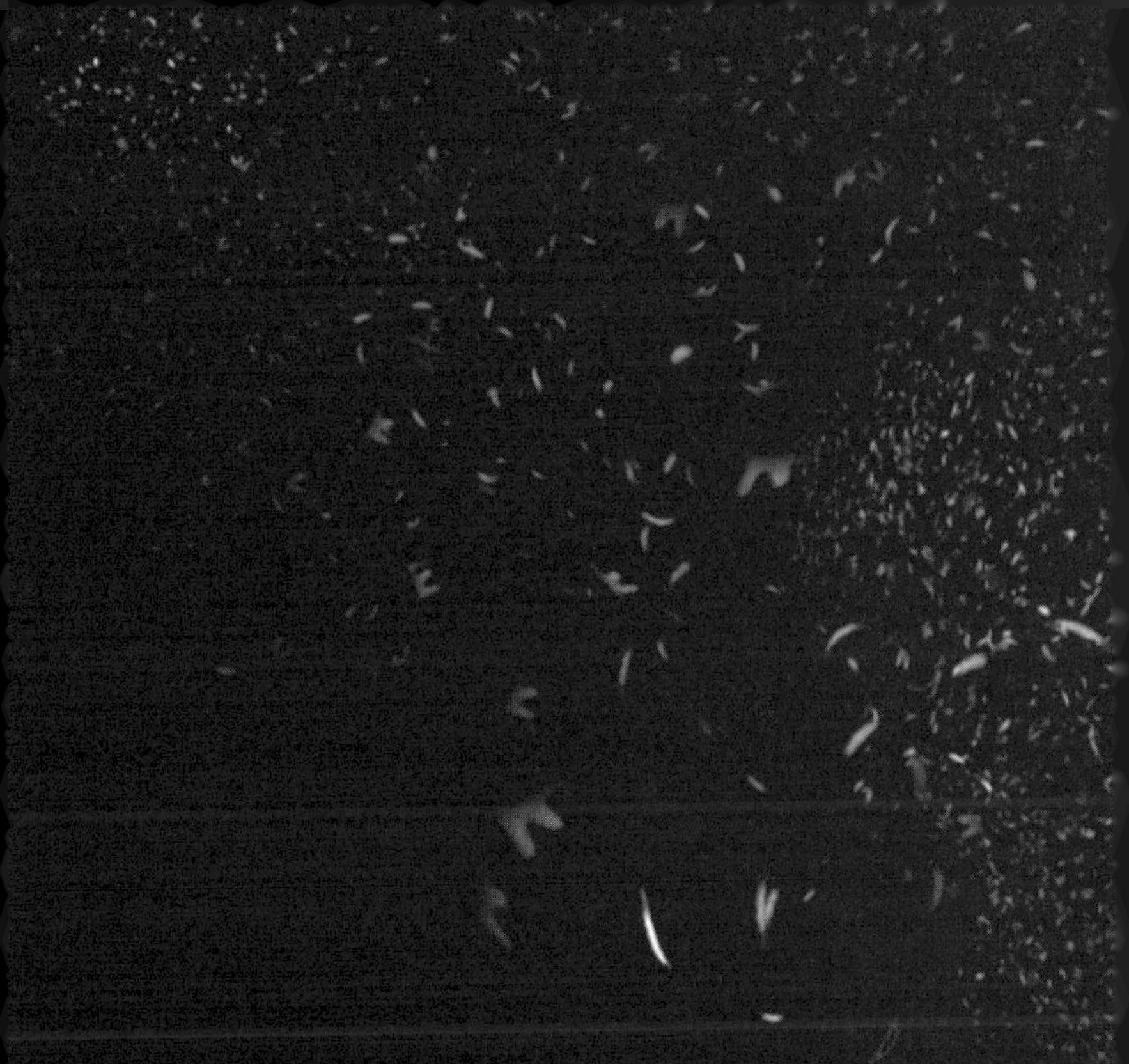

Part I

World, Milieu, and Becoming: Method I

This part is on basic concepts and methods of Geo-Humanities. It investigates how to think about the 4.6 billion years' history of the earth focusing on the notion of Anthropocene and, from this point of view, *naru*, or becoming, one of the key terms of this book, is argued. Such an investigation is an investigation of worldview. Environment can be seen as the world. Worldview relates to language and culture, and determines the way of commitment of human being with environment. How does the world and environment overlap and differ? It is a fundamental question of Geo-Humanities.

1 地球46億年の過去と人間の歴史
——人新世《じんしんせい》（アンソロポシーン）と第6の大絶滅

なぜ歴史が問題になるのか

人文地球環境学を始めるにあたって、第1章では、まず、地球46億年の歴史を振り返っておきたい。46億年の地球史は、ひとの歴史を超えているから、人文地球環境学の射程外と思われるかもしれない。しかし、超長期の過去をどうとらえるかは、わたしたちが地球環境を考えるとき、常に問われている。

まず第一に、わたしたちは過去と切り離すことができない。わたしたちは、46億年前に始まる地球の過去とも、138億年前に始まる宇宙の過去とももつながっている。わたしたちの存在するこの地球環境は、そのような億年単位の過去がつくり上げたものだからである。

同時に、過去との関係は、わたしたちと地球の間の倫理でもある。近年、地球環境をめぐって「プラネタリー・バウンダリーPlanetary boundary(惑星の限界)」という説が唱えられている。詳細については本章でこの後詳しく見るが、地球環境に関するいくつかの指標が閾値を超え、変化のプロセスが不可逆的な過程に踏み込みつつあることを示す。この指標は、地球環境の危機を表わす。だがそれは、わたしたち人間が長く見積もって200年ほどのごく短期間でつくり上げたある生活様式が引き起こしたものである。宇宙史が138億年、あるいは、地球史が46億年かけてつくり上げてきた環境というものを、人類は、非常に短期間で変えてしまったのである。そのようなことは、はたして、倫理的に許されるのだろうか。

とはいうものの、超長期の過去を扱うことは難しい。その一つの原因は、歴史という概念の特徴にある。歴史とは、一般的には、ひとの歴史ととらえられている。ひとが主体となり、描かれたものが歴史である。現実の過去という時空間には、ひと以外のいきものやものが存在したが、歴史書にはそれらはまれに背景として書かれることはあっても、主人公として書かれることは一般的にはない。歴史書の最も中心的な関心は、ひとの社会であり、ひとの行動である。だが、しかし、環境について考える際には、ひと以外のものたち、非=人間を歴史に組み込むことが必要になる。

非=人間の歴史、とりわけいきもののそれは一般的に進化と呼ばれ、もののそれは進化と呼ばれる場合もあるが発展プロセスと呼ばれる場合もある[Krumbiegel und Walther 1977]。それらは、歴史とは異なる。進化も発展プロセスもひとの歴史よりもより長いスパンをもつ。また、ひとの歴史は、ひとの主体性や意思により実現されるものであるが、進化や発展プロセスには意思はないと一般的に思われている。

具体的にこれを地球の歴史に当てはめると、46億年の地球の歴史のうち、46億年前から40億年前の間には、いきものすら存在せず、物理発展と化学発展のプロセスのみが存在した。その後、細菌や原核生物が現われたが、真核生物が登場するのは、やっと約25億年前である。これらの、非=人間の歴史を含み込んだのが、超巨視的過去である地質年代史である。

地質年代史

時間にはいくつかの呼び方がある。秒、分、時間、日、年があるが、歴史において基本となるのは年であろう。その年を束ねたものとしてさまざまな単位がある。時代、年代、暦年などである。

暦年として、日本では、西暦と和暦(元号)が使われる。この本が執筆されたのは、西暦2019年だったが、それは、令和元年にあたる。この年は、平成31年であったが、年の途中で改元された。イスラム圏においては、この年は、1441年である。ムハンマドがメッカに本拠を移した聖遷(ヒジュラ)を起源とした暦年(ヒジュラ暦)で数えた年である。ゴータマ・シッダルタの死去を基準とする仏暦を採用しているタイにおいてはこの年は2563年である。

とはいえ、それらの年代は、ひとの歴史のために用いられている年代区分である。平成は31年前ま

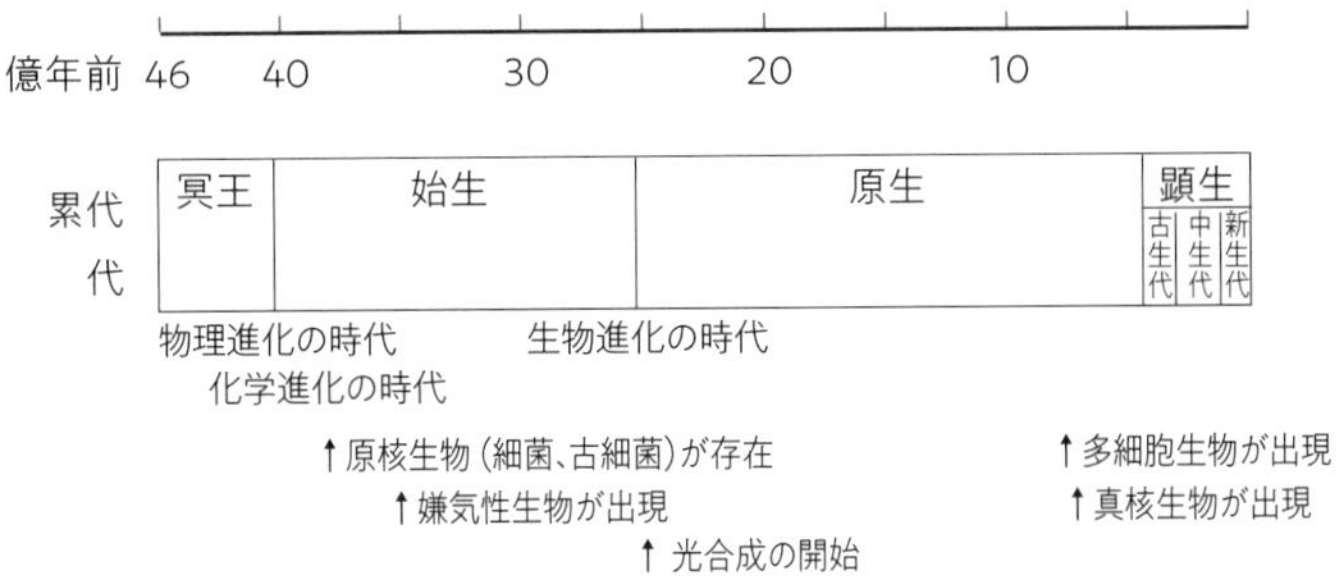

図1-1　46億年の地球の地質年代史［安成2018、Stearns and Hoekstra 2005: 377より作成］

でしかさかのぼらないし、西暦は2000年ほどしかさかのぼらない。西暦46億年前も、令和46億年前も存在しない。46億年の超長期の過去をカバーすることのできる時期区分システムは、いまのところ、地質年代区分だけである。

　地質年代の用語を見よう。地質年代には、いくつかのレイヤーがある。累代が最も大きなくくり、その下が代、その下が紀がというカテゴリーであり、最小のカテゴリーが世である。わたしたちが、いま存在する時間は、新生代の第四紀の完新世（ホロシーン）である。この完新世の中に人新世（アンソロポシーン）という、新しい時期区分を設けようという提唱があることをすでに述べたが、それについては本章で後ほど詳しく見る。

　いくつか確認しておく。まず第一の大きなくくりとしての累代（エオンeon）から見ておく。地球の歴史に塁代（エオン）は次の4つしか存在しない（図1―1）。

冥王代　Hadean eon　　46億年前〜40億年前

始生代（太古代）Archean eon　〜25億年前
原生代　Proterozoic eon　〜5億4千万年前
顕生代　Phanerozoic eon　〜現在

地質年代の区分は、その時代の特徴的ないきものを指標にして分類されている。冥王代は無生物の時代である。後に生命につながる物理的発展と化学的発展のプロセスが進行していた。始生代には、真正細菌や古細菌などの原核生物が誕生した。原生代には、多細胞生物などの真核生物が誕生した。顕生代には、肉眼で見えるいきものが誕生した。現在のわたしたちが存在する時空間も、この顕生代に入る。冥王代はものの時間、始生代以降は、いきものの時間であるといえよう。ただし、眼に見える大きさのいきものが出現した顕生代は46億年のうち約5億年であり、9分の1にしかすぎない。いきものの時間とはいえ、地球史の大部分は、眼に見えない古細菌や真正細菌などの原核生物、そして真核生物の中の微生物が主役であった。進化におけるものといきものの関係については第7章で検討し[1]、いきものとウイルスの関係については補章で見る[2]。

顕生代は、さらに3つに分かれている。この呼称も、代となっていて紛らわしいが、こちらは英語では、エオンはなく、エラeraである。

［1］　本書第7章154–161頁。
［2］　本書補章233–235頁。

古生代　Paleozoic era　5億4千万年前〜2億5千万年前
中生代　Mesozoic era　〜6千6百万年前
新生代　Cenozoic era　〜現在

特徴的生物を指標にした分類では、古生代は無脊椎生物が、中生代は恐竜などの変温動物が、新生代は哺乳類が栄えた時代である。もちろん、それぞれの時代に、それ以外のいきものが存在しなかったわけではない。中生代には無脊椎動物もいたし、新生代には変温動物も無脊椎動物も存在した。ここでは、指標となるいきものを設定し、そのいきものの存在によって時代が区分されている。

では、それぞれの代の交代はどうして起こったのだろうか。興味深いことは、その生物相の交代が、「進化」によるものではなく、絶滅という「断絶」によるものであることである。そして、その「断絶」は、人文地球環境学の視点から超長期の過去を見る際に大きな示唆を与える。それは、歴史をどう語るか、どう解釈するかという問題である。

地球史上の5度の大絶滅

進化は「断絶」によると述べたが、それは、いきものの視点から見ると、「絶滅」である。地球史上

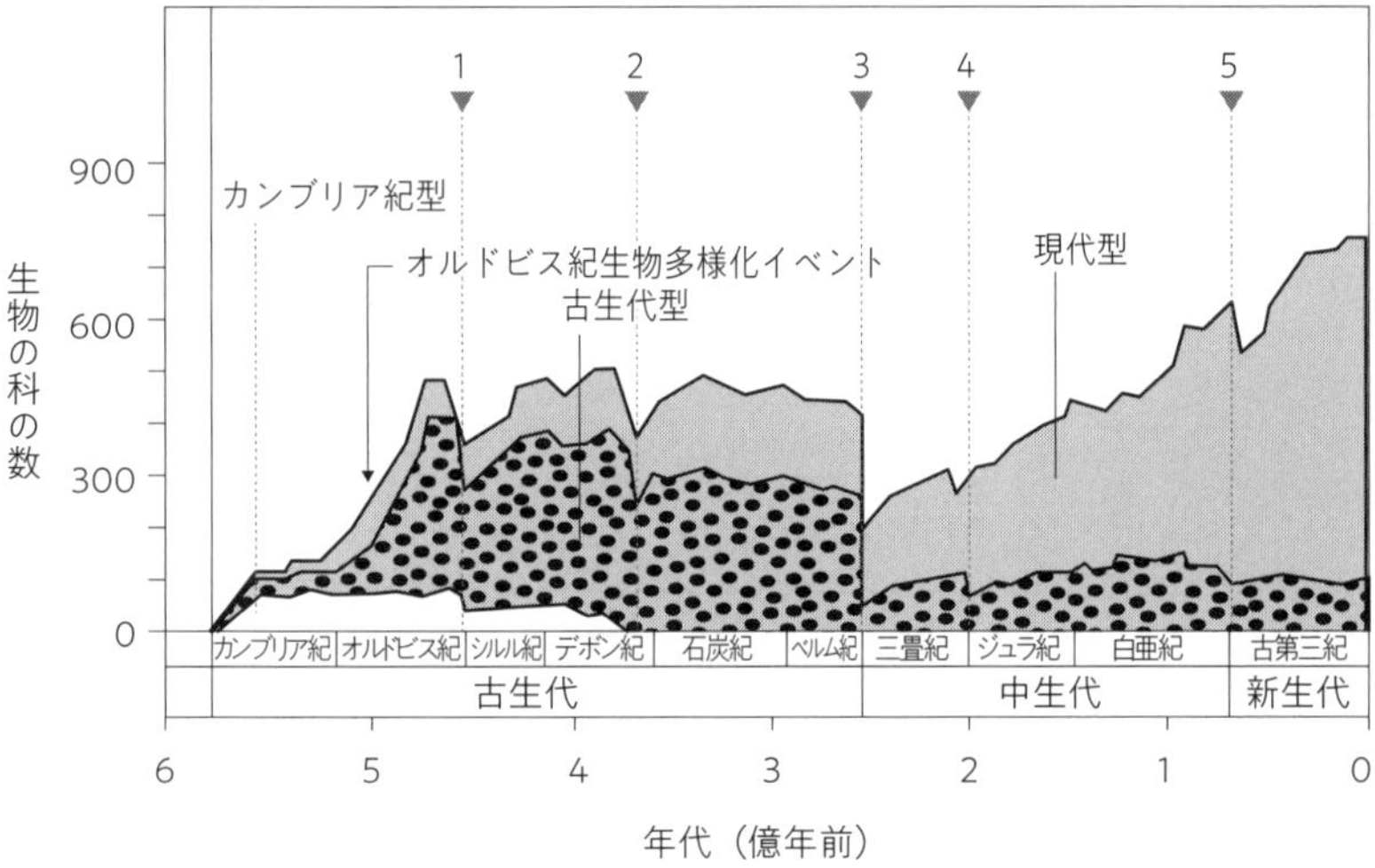

図1-2　顕生代における生物の多様性と5度の大絶滅［安成2018より作成］

において、いくつかの大絶滅が存在したといわれている。その中でも5つの絶滅が特筆されるが、先ほど見た、古生代、中生代、新生代の3つの代も、じつは、この大絶滅によって画されている（図1―2）。

古生代と中生代の間のペルム紀末には、海洋の変化によって、三葉虫などが大絶滅した［Stearns and Hoekstra 2005: 390 ff.］。80％を超える種の海洋生物が絶滅したといわれる。原因についてはよくわかっていないが、火山活動などにより、発生した温室効果ガスにより、酸素濃度が著しく低下したことが原因だといわれる。このような状況下で生き延びたのが気嚢《きのう》をもつ恐竜の祖先だといわれる。

中生代と新生代の間を区切る絶滅は、隕石の衝突によるものであるといわれている。他の大絶滅は、すべて地球環境の変化によるが、この大絶滅だけは、地球外からの力によるものである。

この最後の大絶滅について少し詳しく見ておこう。6千万年前の白亜紀と、その次の古第三紀の間に大きな生物層の断絶があることはよく知られてきた。恐竜が生物相の中で大きな位置を占めていた時期と、哺乳類が生物相の中で大きな位置を占めていた時期にはっきりとした画期があることは、6千万年前の地層の上と下で区別されたからである。断絶は、まずは、地質学的に確認された。

この原因については、長く議論が続いていたが、1980年代になって、隕石の衝突説が、蓋然性の高いものとして取り扱われるようになった。それには、地球を俯瞰的に見ることができる衛星からのリモート・センシング技術の発展が寄与している。南米のユカタン半島で、約数百メートルの直径をもつ巨大なクレーターが発見され、それがプレートの動きなどの地球物理学的に形成されたのではなく、隕石によることが明らかになった。地質学的調査から、それが6千万年前に起きたことがわかった。約数キロメートルの直径をもつ小型の隕石が、そのころ地球に衝突したのである。

では何が起こったのか。隕石の衝突により、大量の物質が巻き上げられた。地球表面に存在した恐竜を含むあらゆる動植物は、空中に巻き上げられ、地表にたたきつけられて死滅した。巻き上げられた物質の一部は大気圏外まで達し、その一部は、まだ宇宙空間を漂っていることすら確実視されている。その浮遊物体を補足すれば、当時の地球の状況がわかる。それゆえ、その浮遊物体の捕捉が科学的に真剣に検討されているくらいである。

巻き上げられた大量の物質は、ほこりとなって地球上を覆った。それにより、太陽光が地球に到着せず、地球上の表面温度は低下した。直接的には、その温度の低下により、変温動物であった恐竜は生き残ることができなかった。死滅した生物種は、80%に上る。

それに代わって、低温度でも耐えることができた恒温動物である哺乳類が、恐竜など変温動物が占めていたバイオロジカル・ニッチを占有するようになった。これが、中生代を終わらせ、新生代を開始させた原因である。

時代の変遷、すなわち、代の交代を決定づける生物相の交代とは、進化によるものではない。進化とは、一般的には生物界の内的論理により進行する出来事であるといえようが、代の交代は、気候変動や、隕石の衝突という、生物界外の環境的要因により、もたらされている。これは、進化や歴史は、決して直線的にリニアに進むものではなく、断続的に進むものであることをも示唆していよう。

プラネタリー・バウンダリーと第6の大絶滅

これらの5度の大絶滅は、今日の地球環境問題とも密接にかかわる。本章の冒頭で簡単に見たが、地球環境問題は、今日、プラネタリー・バウンダリーをもうすでに超えつつあるといわれる。この地球という惑星のシステムには恒常性を保つ機能があるが、その機能(ホメオスタシス)には閾値がある。閾値を超えたとき、それは、不可逆的な過程に突入してしまう。現下の状況は、5度の大絶滅を引き起こした環境の変化と同等なほど大規模ではないかという懸念が沸き起こっている。

プラネタリー・バウンダリーとしてあげられているのは、以下の指標である。

1 気候変動　2 生物多様性の喪失　3 生化学物質の問題
4 海洋酸性化　5 土地利用の変化　6 淡水の問題
7 オゾンホール　8 大気エアロゾル　9 化学物質による汚染

気候変動とは、温暖化である。生物多様性の喪失とは、プランテーションなどの進展による単一作物の推奨や家畜化、環境悪化による野生生物種の絶滅などである。生化学物質とは、リンや窒素などの生化学物質のバランスが、過度の化学肥料の投与などにより崩れてしまったことを指す。海洋酸性化は、古生代から中生代への絶滅において三葉虫が絶滅してしまったことに象徴されるような海水環境の悪化による生物相の激変をもたらす変化である。土地利用の変化とは、過度な農業により、地球の表面上が農業用地に変換されることが限界を超えていることを指す。淡水の問題は、陸上生物にとっての生命維持に欠かせない水の問題である。工業用水や農業用水としての取水により、生物の飲料水利用が妨げられ、また、地下水のくみ上げは塩害をもたらしている。オゾンホールは、地球温暖化を大きく進めてしまう。大気エアロゾルは、大気中に漂う微粒子であるが、呼吸により生体に取り入れられ悪影響をもたらす。化学物質による汚染も、自然による回復が困難な汚染である。

このうち1〜3がすでに限界を超えてしまったといわれている。そして、これらのバウンダリーがすべて超えられてしまったとき、地球環境は別種の環境へと不可逆的に進み始めるといわれている。それは、大絶滅をもたらす可能性がある。前回の第5の大絶滅は、中生代を終わらせた。もし、今回大絶滅が起こると、それは、第6回目の大絶滅となる［コルバート2015］。はたして、人類は、この第6の大絶滅を避けることができるのかが、地球環境問題において真剣に議論されている。

ひとの歴史と人新世（アンソロポシーン）

この第6の大絶滅を考慮に入れたとき、ひとの歴史はこれまでとは異なる様態で語られることになる。

ここまで、地球史、地質史を見てきた。それは、非=人間の歴史であった。本来は、非=人間の歴史には、ひとの歴史は接続しない。「はしがき」でも述べたが、ひとともの、いきものの歴史は、異なったカテゴリーとしてとらえられているからである。通常、ひとの過去は歴史と呼ばれるが、いきもののそれは進化と、もののそれは発展プロセスと呼ばれる。

しかし、その非=人間の過去の語りに接続しないはずの人間の歴史が、大絶滅、環境問題を通じて接続する。「人新世」（アンソロポシーン）」の提唱がそれである。いまのところ地質年代史では、現在の人類が存在する時間は、「新生代・第四紀・完新世（ホロシーン）」と呼ばれている。この完新世は、約1万年前に始まり、現在まで続いている。人新世（アンソロポシーン）の提唱とは、完新世の後期を独立させ、人類の活動の影響が地球レベルの規模になった時期を示す「人新世（アンソロポシーン）」という時期区分を新たに設けるべきであるという主張である。オゾンホールを発見したことで有名なノーベル化学賞受賞者のパウル・クルッツェンPaul Crutzenが提唱している。

人新世（アンソロポシーン）とは、アンソロポスanthropos（人間）とシーンcene（新）というギリシア語を組み合わせた造語である。まだ定訳はなく、人類世という訳語が用いられることもある。漢字語では、他の年代の暁新世、更新世、完新世などは「○新世」と統一されているので、本書では「人新世《じんしんせい》」という訳語を採用する。このアンソロポシーンは妥当な時期区分なのか、という点に関しては、議論が続けられているが、多くの研究者によって、真剣に検討されている大変重要な概念である。

農業化と文明化

人新世（アンソロポシーン）の開始期については、さまざまな考え方があるが、大まかにいって、19世紀後半以後、つまり工業化以後の時期を指す。この時期に、人間活動の影響が地球レベルにまで及び始めたからである。

人類の歴史を大づかみに見たとき、2つの画期がある。一つは、農業化であり、もう一つは、工業化である。

農業化とは、人類が、狩猟採集の生活から、農業を基礎とした生活へと転換したことを指す。これは、人類におけるシステムの根本的な変化であった。農業が開始されたことにより、富の蓄積が可能になった。富は不平等と階級を生んだ。また農業は、より大規模な人口を涵養することを可能にし、それは、国家へとつながっていった。階級と国家が組み合わさったとき、貴族や王が生まれた。また、それは、計測の必要と将来の予想にかかわり、記録や文字を生み出した。それは、知識の蓄積でもあった。

歴史という観念の発生もそれにかかわっている。過去が蓄積するものとしてとらえられた。狩猟採集社会においては、過去は、さかのぼって認識されたとしても数世代にとどまっていた。そのような社会は本書第13章と15章でのちに述べる[3]人類学者クロード・レヴィ＝ストロースClaude Lévi-Straussのいう「冷たい」社会である［レヴィ＝ストロース 1976］。狩猟採集社会は、小集団の遊動による生活を基本とする。富は蓄積されず、分配においては、平等が指向された。それに対し、富や財が直線的に蓄積されることを基本とした社会は、進歩を志向する社会でもある。

農業化が文明化をもたらす。約5千〜4千年前に、エジプト、中国、インダス、メソポタミアにおいて同時に文明が発生した。それは、都市や文字、国家の形成を伴っていたが、それらは、いずれも農業化が可能にしたものであった。

---

［3］ 本書第13章321–322頁、第15章358–359頁。

工業化

農業化と並ぶ人類のもう一つの画期が工業化である。工業化自体は19世紀の西ヨーロッパで起こったが、その源泉は、17世紀に西ヨーロッパで始まった科学革命である。それを基礎とした生産様式における機械技術の高度な利用を工業化という。それは、生産と消費を大きく変えた。当初は石炭によるエネルギーが使われたが、のちには石油や核エネルギーなどが用いられるようになった。核技術については、本書第9章で述べる[4]。この工業化は、生産と消費の大規模化をもたらしたが、それを通じて、人間活動の影響が地球規模にまで及ぶようになった。今日の地球環境の危機は、主には、この工業化がもたらした結果である。

ここで注意したいのは、この工業化が、近代化であり、西洋化であったことである。工業化は、決して、全世界において同時多発的に起こった現象ではない。それは、イギリス、フランス、ドイツという世界のごく一角において起きた出来事であったが、その普遍性ゆえに、瞬く間に全世界に伝播した。生活水準の上昇などさまざまな恩恵が人類にもたらされたという側面もある一方、植民地化など、非西洋の抑圧が行なわれ、全地球的に見たときに不平等がもたらされ、それは現在にまで影を落としている。この点については、本書第4部で詳しく見る[5]。つまり、近代化、工業化とは正と負の両面をもつ両義的なものであり、その両義性の中でさまざまな相克が生まれている。

[4]　本書第9章198頁。
[5]　本書第11章258-260頁、第12章266-275頁。

人新世（アンソロポシーン）と倫理

人新世（アンソロポシーン）とは、この工業化、近代化、西洋化の時代である。地球全体が、工業化、近代化、西洋化された時代を人新世（アンソロポシーン）と呼ぶともいえる。

ここからは、いくつもの論点を引き出すことができる。はたして、地球上がすべて工業化、近代化、西洋化されることはよいことなのか。そもそもそのようなことは可能なのか。仮に、アンソロポスが人類を指すとしても、その人類とは、普遍的な人類なのか。西洋人のことではないのか。

もちろん、すべてを西洋の責任に帰すことも正しくはない。非西洋も、近代化、工業化を受け入れ、その恩恵を享受している。今日、地球上の多くの国や地域が近代化を遂げている。その結果、それらの地域、たとえばアジアの地球環境への負の影響は見逃すことができなくなっている［谷口・杉原2019］。つまり、地球上の社会は、みなすべて人新世（アンソロポシーン）に組み込まれており、それゆえ、人新世（アンソロポシーン）に対して程度の差こそあれ、責任があるのである。

人新世（アンソロポシーン）が投げかけているのは、倫理の問題でもある。地球環境に責任をもつのはだれか。その責任はだれが、どのように取るのか。

わたしたちは、人新世（アンソロポシーン）を通じて、46億年の地質年代史的過去と接続している。しかし、その接続の仕方は、はたして「倫理」的に正しいのか。新たな地質年代史の区分は、新たな問いを投げかけている。

Bookguide
この章のブックガイド

クリストフ・ボヌイユ、ジャン＝バプティスト・フレソズ（野坂しおり訳）『人新世とは何か ――〈地球と人類の時代〉』青土社　2018 年

人新世（アンソロポシーン）説に関して、その説の誕生、その説の内容、その説が現代にどのような意味をもつかを包括的に述べた書。人新世（アンソロポシーン）は、温度世（サーモシーン）、絶滅世（タナトシーン）、資本世（キャピタロシーン）などとも表現できることを述べる。（写真は仏語原書、2013 年）

エリザベス・コルバート（鍛原多恵子訳）『6 度目の大絶滅』NHK 出版　2015 年

現代が第 6 の絶滅に近づきつつあることを、過去の大絶滅と現代のさまざまな危機から探るドキュメンタリーの書。著者は、もう動物園の飼育下にしか存在しない動物たちを訪問する。ひとがいきものの絶滅を推し進めている。しかし、それは、ひとの絶滅をももたらすものでもある。ひとは、絶滅の加害者なのか、被害者なのか。（写真は英語原書、2014 年）

バージニア・リー・バートン（石井桃子訳）『せいめいのれきし』岩波書店　1964 年

『きかんしゃちゅうちゅう』『ちいさいおうち』の著者が描く進化史。太陽の誕生から現在までの 46 億年の歴史を 5 幕の劇として描く。バートン流のタッチでデフォルメされたさまざまな古生物や恐竜の姿が印象的。バートンは本書を描くため、8 年間、ニューヨークの自然誌博物館に通ったという。絵本だが、しっかりとした科学知に裏づけられている。

2 環境と世界、人文と天文、風土
——人文地球環境学のセマンティクス

環境とセマンティクス（意味論）

本章では、人文地球環境学をめぐるいくつかの基本的な語彙について検討したい。その際、ここでは、語の意味、語義、セマンティクスに注目する。なぜ語義に注目するかというと、環境とは言語的なものだからである。

人文地球環境学とは、人文学の方法による地球環境学である。人文学の方法とは、人間の側に立って、人間の認識を問題にすることである。認識とは、言語と分かちがたく結びついている。

人文地球環境学の対義語を考えてみよう。それは、自然地球環境学であろうか。あるいは、単に地球環境学であろうか。それとも、科学的地球環境学であろうか。いずれにせよ、人文の対義語としては、自然や自然科学といった語が思い浮かぶ。

だが、その自然、あるいは自然科学とは、カテゴリーである。人間がつくり上げたカテゴリーであり、自然も、自然科学も、自然には存在しない。そのカテゴリーは、言語と文化による構築物である。環境が、論じられるとしても、それを論じるというとき、その論じる主体は、ひとであるし、「論じられる」と日本語で述べられたときには、その論じる主体は日本語で考えていることになる。環境の認識と言語は密接に関係している。言語学には、文法を論じるシンタクス（統語論）も存在するが、意味を考える学とは、セマンティクス（意味論）である。

以下、環境をめぐる概念、語を取り上げ、セマンティクスの視点から検討する。取り上げるのは、人文と天文、地球と宇宙、環境と環世界、風土などである。それらは、互いに重なりあいながらも、微妙な差異をもっている。環境とは、それらの差異と重なりの間に存在する現象である。それらを詳しく見ることで、環境とは、いったいどのようにとらえられるものなのか、とりわけ、グローバルな立場と地域に密着した立場の両方が必要とされる現在において、どのように考えられるべきなのかを探ってみたい。

人文と天文

まず、人文という語から始めよう。

(a) 人文科学、社会科学、自然科学

(b) 人文、天文、地文

(c) 天—理—地

図2-1　人文をめぐるセマンティクス

日本語で、学問を分類するとき、一般的には人文科学、社会科学、自然科学という区分が現在用いられている(図2-1(a))。人文科学と社会科学は、人間社会を扱うもの、自然科学は自然を扱うものという含意がある。人文科学と社会科学の違いはあいまいであるが、国民国家において社会とされる領域の諸問題を扱うのが社会科学であるように思われる。

この分類に、すでに、ひとと自然という分類が反映していることに注目したい。人文学という日本語が、ヒューマニティーズの訳語であることをすでに述べた[1]。これが「人間学」ではなく「人文学」と訳され「文」という語が含まれていることは、西洋の人文主義者たちが古典を重視した姿勢を漢字語でも表現しようとするところから来ているが、一方、この訳語には、日本あるいは東アジアの漢字文化圏の伝統が反映している。漢字圏では、「人文」には「人間」とは異なる意味がある。ヒューマニティーズを人文学と訳したときには、すでにあるセマンティックスが発動しているのである。

漢字圏で、人文と対になるのは天文・地文という語である(図2-

[1]　本書はしがき010頁。

1(b)。ただし、この場合、人文は、「てんもん」「ちもん」に呼応して「じんもん」と読む。この人文と天文を対とすることは、世界のとらえ方の問題である。すでに環境をめぐるセマンティクスが含まれている。もちろん、ナチュラル・サイエンスを自然科学と訳したときにも、同様のセマンティクスは存在する。自然とネイチャーは異なる。この自然という言葉の意味については、次の第3章で詳しく見る[2]。

人文と天文・地文という語に共通している語は文という語である。近年、東アジアにおける「文」の概念の見直しが進んでいる。たとえば、日本文学研究のヴィーブケ・デネケWiebke Deneckeと河野貴美子が編んだ『日本「文」学史』では、「文」概念の再検討が行なわれている。同書はいう。

> 前近代の東アジアにおいては、現代の人文学を構成する核となる三要素、すなわち文学、史学、哲学が個別のものとして存在していたのではなかった。現在、文学、史学、哲学と称されるようなものが相互に作用しながら、いわば総合人文学的な体系を構築してきたのが前近代の日本および東アジアの状況であって、その学知の体系を包括する重要な概念として「文」があったのではないか。
>
> [河野・Denecke 2016:40]

『日本「文」学史』はこのような、「文」を基本とする東アジアの世界認識を解き明かそうという野心的な試みで、3冊組の本として刊行されている[河野・Denecke ほか 2015、河野・Denecke ほか 2017、河野・

[2] 本書第3章064-071頁。

Denecke ほか 2019]。その第1冊目では文字のなかった日本列島に大陸から文字が渡って来てどのように「文」の環境が形成されたかが明らかになる。ここで重要なのは、「文」とは、そもそもが、広い意味での科学を含む世界のとらえ方を指す言葉だったことであり、東アジアにおける学問とは、そのような世界観の産物であることである。

人文という語には紀元前10世紀ごろ成立した中国の占いの理論書である『易経』にまでさかのぼる古い歴史がある(『大漢和辞典』)。そのような語がつくられる背景には、天の現象(天文)と地の現象(地文)が照応しており、人間によって生み出されるものやこと(人文)もその一部であると考える考え方が存在した[Owen 2017: 9]。つまり「文」という言葉を媒介にして、自然と人、環境と人間は連関しあっていた。中国、朝鮮半島、日本、ベトナムなどの東アジア漢字文化圏では、この考え方は「文」という漢字の流通によって、基本的な考え方になっていた。

天文の天とは、天球、天体の天であるが、この天の原理である「理」がひとをも貫くと考えられてきた(図2-1(c))。朱子学においては、理という、世界を貫く原理が、天という超越的世界と地という人間世界を貫通していると考える。本書第4章でも見るが[3]、中国の12世紀の哲学者の朱熹(朱子)はひとの本性を理であるとし、それは天の理が与えられたものであるとした[黎 1999]。それによると、天からはひとの自然としての理が自然の分配過程として分け与えられた。この分配過程によって、理はひと以外の地上の存在にも分け与えられている。つまり、理はひとだけではなく、あまねく

[3] 本書第4章108頁。

存在することになる。天と地は相互に関係している。この相互関係は、理と気という2つの原理によってひとの世界において実現している。これが、朱子学の考える自然である。

ここにおいては、自然とひとは截然とは切り離されてはいない。むしろ、互いに響き合っている。環境とひとの照応が、東アジアのひとと環境の関係を特徴づける一つの要素であることをまずはここで確認しておこう。人文地球環境学というとき、そこには人文という語が含まれ、天文と対になるその語のセマンティクスは、そのような世界を統一した視線から見る見方をも含んでいる。第8章で見るが、近代の科学とは、地球システム学と社会システム学の分離、つまり自然とひとの分離であった[4]。人文地球環境学とは、そのような分離を乗り越えるための一つの方法でもある。

環境と世界

次に世界という語を見る。世界は、環境と重なる語である。環境と世界の重なりと違いについて検討しよう。『大辞林』は環境を次のように定義する。

取り囲んでいる周りの世界。人間や生物の周囲にあって、その意識や行動に何らかの作用を及ぼすもの。また、その外界の状況。

---

［4］ 本書第8章183-184頁。

『岩波国語辞典』の定義は次のようである。

それを取り巻く、回りの状況。そのものと何らかの関係を持ち、影響を与えるものとして見た外界。

環境とは、外部のものや状況であるが、ここでは、2つの辞書がともに、その環境の中にあるものと環境が関係をもっていると述べている点に注意したい。環境とは複雑系システムである［van der Leeuw 2019］。複雑系システムとは、複数のシステムが相互に関係する状態である。あるものが環境の中に存在するとき、そのものは環境と無関係なのではない。それは、環境の中に存在するという時点で、すでに、環境との相互関係の中にある。

また辞書が、「影響を与える」ことや、「作用を及ぼす」こと、つまり、何らかの働きかけについて述べている点にも注意したい。本書では、環境も世界も、発見の過程の中にあること、環境も世界も、出来《しゅったい》するものであることを重視するが、これはそのこととつながる。出来《しゅったい》は、かかわりの中から生じる。静態ではなく、動態、動きの中にあるものである。本書ではそれを、アリストテレス Aristotleの可能態と現実態［5］や古事記の「なる」の概念［6］を援用しながら考えてゆく。

一方、『岩波国語辞典』は、世界を次のように定義する。

［5］ 本書第13章305–311頁。
［6］ 本書第3章066–073頁。

一、宇宙
二、地球全体、そこにある人間社会。万国。
三、同類のものの集まり。

また、『日本国語大辞典』はこう定義する[7]。

一、仏教語でいう衆生が住む時間（現在・過去・未来という三世）と空間（東西南北と上下という界）
二、人間をとりまき、人間が過ごしている範囲（社会や、諸国の集合体）
三、あたり一帯
四、歌舞伎や浄瑠璃の舞台設定となる時代や所、人間関係の総体
五、人間や動物など同種のものが作り上げる社会

相互依存や相互関係というニュアンスがないものの、世界と、環境とは重なりあう意味をもっていることがわかる。一方、違いも見られる。宗教とのかかわりである。仏教は「世界」を「衆生の住むところであり、須弥山を中心とした四大州を一世界とし、三千大世界で全宇宙が構成される」とする（『岩波仏教辞典』）。ここでは、世界は、宇宙をも含む。実体としての世界と概念としての世界の違いと

[7]　ただし、ここでは主要な語義のみ摘記した。

もいえよう。この点については、すぐ後で詳しく検討する。

世界という語は、英語の「world（ワールド）」の訳語としても用いられる。『オックスフォード英語大辞典ショーター版 *Shorter Oxford English Dictionary*』ではworld（ワールド）は次のような意味である。

一、人間の存在の世、時代（地上における世俗的な人間の世界という点で宗教的な天上の世界と区別される）
二、地球、自然環境やそのシステム（地球上に存在するものの集合体の意味、国の集まりや、動物、植物界などを含む）
三、社会や人々（人々の各種の集合体の形態を指す）

英語でも、世界が、天heavenと対比されていることは興味深い。ただし、ここでいう天とは、先ほど見た漢字圏でいうところの「天」とは異なった意味をもつ。ヘヴンheavenはたしかに、天や天国と訳されるが、天と訳される場合は、神による被創造世界の一部でありながらも神が玉座を置く場所であるという含意がある。一方、天国と訳される場合、それは、彼岸の世界の超越的幸福の場であり、地の人々の行ないを支配する神が存在する場である。これは、キリストが昇天した場でもある（『岩波キリスト教辞典』)。

世界を考える際には、日本語、英語とも、この世ならぬ境域が念頭に置かれていることは興味深い。この世ならぬ境域とは、宗教的カテゴリーであり、今日、環境について論じられる場合、そのような境域が念頭に置かれることは少ない。しかし、世界もワールドも、宗教的な含意をもって語られた歴史をもつ。環境という語には、このような宗教的なセマンティックスはない。これは、環境と世界との大きな違いである。

出来《しゅったい》する世界、出来する環境

本書は、環境も世界も、関係の中で出来《しゅったい》すると考える。それは固定されたものではない。環境も世界も、そこに存在するひと、もの、いきものの関係性の中で、生成し、立ち現われる。環境とは、ひと、もの、いきものが織りなす相互関係から出来する現象である。存在物の関係性が生み出す様況である。

この現象としての環境と、存在物としての環境は、現象としての世界と、存在物としての世界の二重性に対応している。それはどういうことか。そのことを考える補助線として、世界史と環境史という問題に注目してみる。一般に世界には歴史があると思われる。世界史は、学校の教科で教えられる。だが、はたして、世界史というものはあるのか。今日、一般に教えられている世界史とは、万国の歴史を足し合わせたものである。しかし、前項でも見たように、世界は万国とイコールではないから、世界史は万国史ではない。辞書の定義を参照するなら、世界の歴史とは宇宙の歴史でもあり、世界史とは回りをとりまくものの歴史でもある。まわりをとりまくものとは、あなたのまわりのものである。あなたのまわりのものの歴史とは、なんだろうか。あなたのまわりのものとは、あなたがこの世に存在することではじめて存在し始めた。あなたが、この世に存在しなければ、あなたは存在しないから、そもそもあなたのまわりをとりまくものも存在せず、あなたのまわりをとりまくものが存在しなければ、世界も存在しない。つまり、あなたの世界はあなたとともにある現象であり、世界史とは、あなたとともに出来する現象であるともいえるのである。これは一般に考えられている万国史としての世界史とは、ずいぶん違った世界史であるには違いない。しかし、れっきとした世界史ではあろう。前者を存在物としての世界史、後者を現象としての世界史ととらえてみよう。世界史には、この2種類の世界史がある。

この二重性は、環境の歴史でも同じである。環境問題がクローズアップされるにしたがって、さまざまな環境の歴史が描かれるようになった。森林の歴史、気候の歴史、火山の歴史、大気汚染の歴史などである。しかし、それらの個別の歴史を束ね合わせたものが環境の歴史なのだろうか。たしかに、各国史を束ね合わせた万国史が世界史であるとするならば、個別の環境の歴史を束ね合わせたものは、環境史でもあるだろう。しかし、環境とは、ひと、もの、いきものが織りなす関係性の中から出来する現象である。それは、現象であるから、その都度その都度、その瞬間、その瞬間に生成するものである。環境の歴史とは、そのような出来の連続である。つまり、環境の歴史とは、そのような出現の記述でもあるはずだ。

歴史とは、通常は記述されたものを指すが、記述はそのような出来の連続を十全に記述しえないともいえる。ふさわしいのはもしかしたら、映像のようなものかもしれないし、何らかの装置のようなものかもしれない。出来と記述の問題は、次章でも検討するが[8]、出来としての環境を考えたとき、歴史とその表現としての叙述の問題は再考を促されることになる。

宇宙、あるいは、世界は存在するか

世界も、環境も、見いだされ、出来するものである。これを言い換えると、世界も、環境も、存在ではないという側面があるということである。通常は、世界も、環境も存在すると考えられている。では、世界も、環境も存在ではないとはどういうことか。存在しないとはどういうことか。

世界に存在するものの中で最も大きいものは、宇宙である。本書第7章と、本書第15章で宇宙の問題を扱うが[9]、地球環境と宇宙は切り離せない。そして、それは、世界とも切り離せない。宇宙は、世界と並んで、環境の大きな区分の一つである。先ほど見た辞書は、世界の中には宇宙も包含される

[8]　本書第3章071–073頁。
[9]　本書第7章153頁、160–161頁、第15章349ff頁。

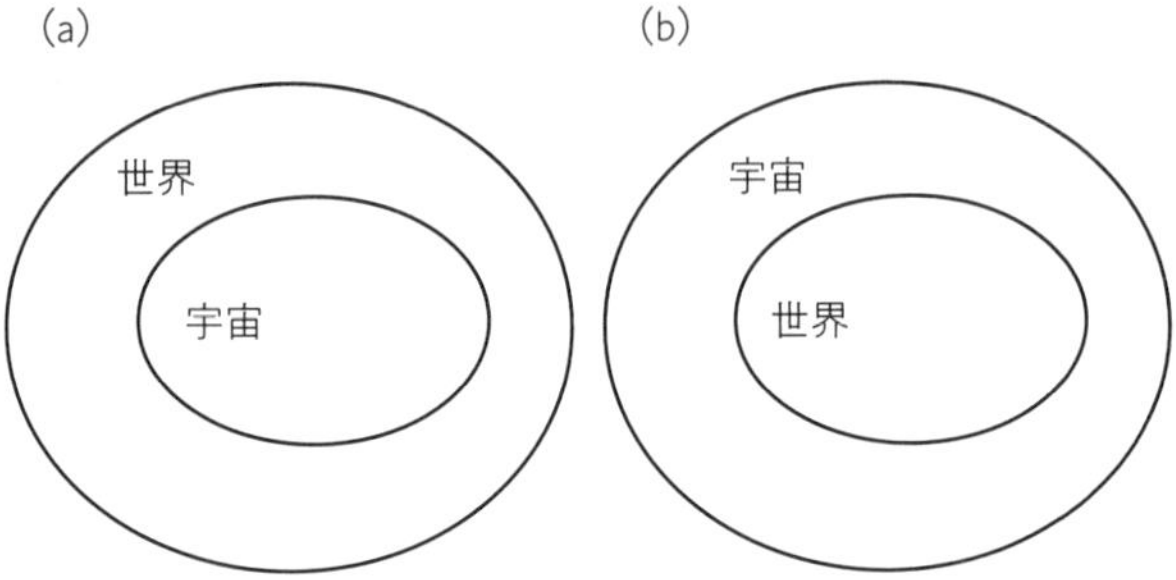

図 2-2　世界と宇宙

ことを教えるが（図2－2(a)）、一般的には、世界は宇宙の中に包含されると考えられている。世界が万国だと考えたとき、万国が存在する地球は、宇宙の中に包含されると考えられるからである（図2－2(b)）。このような考え方に立ったとき、宇宙とは、最も巨大な環境であり、すべてを包含する環境であると考えられることになる。

だが、興味深いことに、宇宙とは、世界を包含する最も巨大なものでもなければ、そもそも世界を包含しえない、という考え方もある。

近年、哲学で盛んに議論されている新しい存在論を代表するドイツの哲学者マルクス・ガブリエルMarkus Gabrielを援用すると、宇宙とは、実在するものではなく、カテゴリーである[Gabriel 2015: 87-107][10]。カテゴリーであるから、それは、ある特定のカテゴリーしか包含しえない。宇宙は、宇宙物理学や天文学者によって研究されうる。しかし、宇宙は、文学者や生物学者によっては研究されえないし、宇宙の中に存在するはずの文

[10]　ただし、ガブリエルは、同書では宇宙というカテゴリーではなく世界というカテゴリーについて論じている。

学も、生物も、宇宙物理学者や天文学者によっては研究されえない。もし、宇宙が、すべてを包含するのなら、文学者の研究の対象である『源氏物語』も、生物学者の研究の対象であるマウスも、宇宙の研究者によって研究されえなくてはならないだろう。しかし、宇宙物理学者は、『源氏物語』やマウスについて研究することができない。それらは、宇宙とは異なるカテゴリーに属するからである。つまり、宇宙とはカテゴリーである。あまたあるカテゴリーの一つにすぎない。宇宙とは、すべてを包含する存在ではなく、単なる一つのカテゴリーである。マルクス・ガブリエルはそう述べる。

この考え方は、言語による世界の構築の分析を基本とする分析哲学の立場に立っているが、本書の立場である環境を世界観とひと、もの、いきものの関係性の中での出来《しゅったい》の問題としてとらえようとする人文地球環境学の立場と通じるものでもある。人文の立場、人間の立場から見たとき、環境とは、あるカテゴリーであるととらえられる。カテゴリーであるかぎり、それは、言語的に構築された概念としては存在するかもしれないが、実体としては存在しない可能性がある。あるいは、言語的に構築された概念として存在するが、実体として存在しない存在として存在する可能性がある。この存在のグラデーションについては、本書第4章、第13章で詳しく検討する[11]。

言語や、カテゴリーは不変なものではない。過去には、天動説があった。今日では、天動説は信じられることはないが、16世紀のヨーロッパにおいて、ケプラーやガリレオが、観測と推論によって地球が太陽の周りを回っていることを明らかにするまで、天動説が信じられた。古代ギリシアでは、宇

[11] 本書第7章157–160頁、第13章311–313頁。

宙はコスモスと呼ばれた。コスモスとは、宇宙であり、調和である。コスモスは、花の名のコスモスとしても採用されているが、その理由は、花のコスモスが、花弁がほぼ完全な円形で中心部分を取り囲むからである。今日、宇宙は自然科学の対象であるが、古代ギリシアにおいては、宇宙は哲学の対象でもあった。プラトンPlatoの『ティマイオス』に見られるように [Plato 1929]、古代ギリシアでは、天体の円環運動は、究極の調和であると考えられていた。円や球とは、完璧な存在であるからである。なお、古典ギリシアの自然概念については、第3章でも改めて見るが[12]、このような考え方は、中世に入りアリストテレス哲学が神学と結びついたとき、神の完璧性の議論に用いられた。トマス・アクィナスThomas Aquinasは、存在とは完璧であり、それゆえその存在を創造する神は完璧であると論じた [d' Aquin 2015]。自然と調和、自然と均衡とは、何が自然で、何が不自然かというカテゴリーの問題と関係するが、宇宙という存在物は、そのカテゴリー化の大きな指標だったのである。

概念は、存在物とは別種の様況をとった存在であり、時代によって移り変わるものである。環境が、カテゴリーであるならば、何が環境であるとされてきたのかも移り変わる。

環境と環世界、複数の世界観

環境とは概念であるから、1つではない。それを示すのが、ドイツ語である。ドイツ語において、

[12] 本書第3章064-065頁。

環境を意味する語は2つある。ウムゲーブングUmgebungとウムベルトUmweltである。この2つは、ともに環境を意味する語ではあるが、微妙に異なる。その微妙な異なり方が、環境という概念の多重性――人文の立場によってとらえうる世界観の問題としての環境――を示している。

ウムベルトUmweltに焦点を絞ろう。これは、環境とも訳されるが、一方で、環世界とも訳される。ドイツの生物学者ヤコブ・フォン・ユクスキュルJakob von Uexküllが造語した言葉である［ユクスキュル・クリサート 2005］。20世紀の初頭、ユクスキュルは、いきものの研究を通じて、ひと以外のいきものの認識の様態を明らかにした。世界は、いきものの種によって認識され方が違うのであり、その生物種に特有の世界がある。たとえば、犬が見る世界と、ひとが認識する世界は違う。ダニが認識する世界とひとが認識する世界は違う。ダニは、木の上でじっと息をひそめ、動物が通りかかるのを待つ。動物の体温と二酸化炭素に反応し、ダニは、動物が通りかかると、樹上から落ちて、動物に吸着する。それはダニにとっての環境である。これをユクスキュルは環世界と呼んだ。

環世界論は、複数の世界の存在を認めるという点で、相対性の理論であるともいえる。20世紀初頭は、アルバート・アインシュタインArbert Einsteinの特殊相対性と一般相対性の2つの相対性に関する理論に象徴されるように、絶対性ではなく、相対性が脚光を浴びた時代だった。ユクスキュルもその同時代人であり、その時代精神の影響を有形無形に受けているといえる。ただ、ここで、興味深いのは、アインシュタインの相対性は、ひとによって認知された科学的世界像を問題にしているが、ユクスキュルのそれは、いきものの認識を明らかにすることによって、相対性をひと以外にも拡張していることである。それは、いきものの主体性を認めることでもある。本書第4章で見るが、西洋の文脈では、ひととひと以外のいきものは画然と区別され、ひとの特別な主体性が認められている[13]。しかし、この環世界論は、ひと以外のいきものにも、さまざまな程度の差こそあれ、主体性があることを認めるものである。

いきものは、個々の認識により個々の環世界をつくり上げる。その個々の環世界の複合、相互関係、ネットワークとして環境は存在する。3つ後の項で述べるが、相互依存性の発見とその探求は、複雑系システムなどにも見られる今日の現代科学と、環境学研究の大きなチャレンジでもある。環世界学は、その先鞭をつけたものであるといえる。

和辻哲郎『風土』

つぎに、「風土」という語を取り上げる。風土は、これまで見てきたいくつかの概念と並ぶ人文地球環境学の重要な概念であり、かつ日本語において環境を論じる際のカギとなる考え方である。環境に関して、日本語世界から外部に発信する際の大きな貢献である。

風土とは、風と土という言葉だが、それは、wind and soilでもなければ、le vent et le sol でもなく、

[13] 本書第4章092–094頁。

風、土と書かれている。つまり、それは英語でもなければ、フランス語でもなく、漢字で書かれているのだが、仮にその内容が、英語のウィンドとソイルと同じで、フランス語のヴォンとソルとたがわないものであったとしても、それらとは異なる。セマンティクスが異なるのである。

この漢字でいう「風土」という語は長い伝統をもつ。はやくも中国の西晋時代（3〜4世紀）に周処という人物が著わした『風土記』にその言葉は見えているが、日本においても約1300年前の8世紀の奈良時代に、大和朝廷の命によって地方政府の官僚によって編まれた地誌が今日でも『風土記』として親しまれている。この日本の『風土記』は、播磨、出雲、豊後、肥前、常陸の5か国分だけが現存しているが、山や川や産物といった地理的情報が書かれているだけでなく、地名の由来やそれにちなむ伝説などが記録された暮らしと世界観の総合書である［植垣 1997］。今日でいう環境の書といってもよい。

この「風土」という語を、人文学の学術用語として彫琢したのが、日本の哲学者和辻哲郎とフランスの哲学者のオギュスタン・ベルクAugustin Berqueである。まず和辻について見ると、和辻は、1935年に『風土――人間学的考察』［和辻 1935＝1979］という本を出版し、風土概念を人間学の基礎的分析視角に措定した。

和辻は、1927年から28年にかけて、ドイツのベルリンに学んだが、そのヨーロッパへの留学体験から、風土概念を編み出した。当時、ドイツではマルティン・ハイデガーMartin Heideggerの『存

在と時間 *Sein und Zeit*』（1927年）[Heidegger 1927=1972] が話題になっており、和辻もベルリンでその本と出会った。『風土』の序章は、ハイデガーが時間概念を強調したことに対して、空間概念を措定しようとしたことをモチーフとしていることを述べる。『風土』は、渡航時の実体験も反映している。当時、日本からドイツまでは、上海、香港、シンガポール、インド洋からアラビア海を通り地中海にいたる船旅ルートしかなかった。今日では、シベリア上空を通る飛行ルートが開発されているが、当時はない。船旅は40日に及んだ。灼熱のインド、温暖な地中海などの気候を文字通り身をもって体験し、各寄港地で人々と触れあう中で、和辻には、環境と人間の類型の関係に関する構想が胚胎した。

モンスーン、沙漠、牧場

『風土』は世界をモンスーン、沙漠、牧場の3つの類型に分類する。そして、そこに生きる人々の精神のあり方が、それに見合った様態であることを明らかにする。

アジアのモンスーン地域は、台風など自然が卓越する。夏になるとモンスーンの湿度が自然を勢いづけ、人々は、自然の猛威を受容するしかない。そこで、モンスーン地域では受容型の人間類型となる。

中東の沙漠とは、個人の析出を促す環境である。沙漠の自然は猛威である。しかし、その猛威は、〝渇き〟がそうであるように、個人に直接作用する。渇きに苦しむ人は、個別性において苦しむ。沙漠は、人と自然の個的対峙を必要とする環境である。キリスト教、ユダヤ教、イスラムがこの沙漠で生まれたように、それは一神教の神の風土でもある。

一方、ヨーロッパの牧場という風土は、合理性の卓越する人間類型を産出する。中緯度地域のヨーロッパでは、夏に少雨であるため、夏の自然の猛威の発生はない。モンスーン地域のような猛々しい自然の受容は必要ではない。温暖な気候の中で、客観的、合理的に世界を認識する人間類型が生まれる。以上が、和辻の『風土』の述べるところである。このうち、アジアの風土と災害については本書第10章、中緯度圏の風土と近代化については本書第12章でも見る[14]。

もちろん、現在の視点から見れば、熱帯雨林やツンドラ、ステップなど重要な環境要素が考慮に入れられていないことなど批判点はいくつもあるだろう。しかし、和辻は、単なる印象批判ではなく、降雨量や湿度、土壌の質や植物相などの科学的なデータをもとに論じていることにも注意をしておきたい。気候帯区分説は、19世紀後半から20世紀の初頭にドイツのヴラディーミル・ペーター・ケッペンWladimir Peter Köppenによって大成された説であり、当時の最先端の学知であった。

また和辻の風土論においては、植物とひととの関係からひとの類型が導き出されていることにも注意したい。モンスーン・アジアにおいては、夏の多量の降雨により、植物が繁茂し、それとの「戦い」が農耕の中心となる。その繁茂のエネルギーはひとを凌駕するため、モンスーン・アジアにおいては、ひとは受け身的になる。一方、牧場地域では、夏季の降雨量が少ないため、夏には植物は繁茂しない。

[14] 本書第10章214ff頁、第12章281–282頁。

ひとがコントロールしうる自然である。それが、合理的な人間類型をつくる。ここでは、ひとは、気候に植物という媒介を通してかかわっている。ひとは「自然」そのものとかかわるのではなく、植物という自然の一部を介してかかわるのである。植物の生態学もフレデリック・クレメンツFrederic Edward Clementsの極相説を含め、20世紀初頭に確立された学問である。なお植物の意味については、第3章と「ダイアローグ」でも検討する[15]。

和辻の風土論は、その用語が伝統的漢字語を用いていることから、日本的伝統的な概念であるように思われるが、じつは、科学的であり、当時の西洋の先端の学問を取り入れた概念でもある。本書第7章では日本の生物学者今西錦司について見るが[16]、日本独自としばしば紹介される今西のすみわけ説も当時先端の学説であったクレメンツの説を批判したものである。日本独自の概念と思われるものは、じつは、同時代の西洋の先端の学との対峙の中でつくられてきた。その意味では、和辻の風土という概念自体、ヨーロッパやアジアを含み込んでグローバルに展開した近代の学が生み出した正統的な考え方であるといえよう。これは、思想における相互関係、共依存関係を視野に入れる必要を示している。

二元論とひとと環境の相互依存

ここで重要なのは、和辻が、この環境とひとの関係を「人間存在の構造的契機」と呼んで重視した

[15] 本書第3章070、072頁、ダイアローグ371-377頁。
[16] 本書第7章154-157頁。

ことである。単に、環境が人間存在を規定するということではない。ひとの存在の契機には、環境、あるいは風土が組み込まれているというのである。これは環境決定論ととらえられる場合もあるが、そうではない。これは、環境とひととの相互依存性、インターデペンデンシーinterdependencyの発見である。

それは、西洋の哲学が基礎としてきた、二分法を批判するものでもある。近代西洋の哲学は、ルネ・デカルトRené Descartesに始まるが、デカルトは主体と客体を截然と区分した。「われ思う故に、われあり」とは、われと外界をはっきりと切断した考え方である。『方法序説 *Discours de la méthode*』（1637年）の記述は、ある冬、ドイツにおいて暖房の利いたある部屋の中でデカルトが行なった省察から出発しているが［Descartes 1637=1987］、それは、石造りで厚い壁をもつヨーロッパ建築という環境から切り離された部屋の思想である。縁側などの、外部との「あいだ」の空間をもつ建築ではない。環境との相互交通のない特殊な空間を前提とし、そこに人間を定位しようとする思想である。

近代科学は、この主体と客体、主観と客観、心と身体の二分法に依拠し、その二分法があることによって大きく発展した。西洋の哲学も、それを基礎に組み立てられてきた。たとえば、近代の初頭、18世紀末から19世紀初めにおいて、ドイツで隆盛したドイツ・イデアリズムの哲学においては、イマニュエル・カントImmanuel Kantの『純粋理性批判 *Kritik der reinen Vernunft*』（1781年）、ゲオルグ・ヘーゲルG. F. W. Hegelの『精神現象学 *Phänomenologie des Geistes*』［Hegel 1807=1999］が、その主体のあり方を問題にした。そこで論じられているのは、主体の理性や、主体内部の自己意識Selbstbewußtseinのあり方であるが、その主体とは、単独で、世界から切り離されて屹立した存在である。

しかし、20世紀初頭になり、そのような近代の思想のあり方が問い直されてきた。現象学のエドムント・フッサールEdmund Husserlは、共同主観性Intersubjektivitätを問題化したし、分析哲学の始祖ともいえるルートヴィヒ・ヴィトゲンシュタインLudwig Wittgensteinは、言語ゲーム論を通じて、言語という個人の内部の個的な現象ですら共同体的な刻印を受けていることを明らかにした。和辻が、批判の対象としたハイデガーも、人間の世界内でのあり方である「世界内存在in-der-welt Sein」を共存在Mitsein、共世界Mitweltという語で定義した[Heidegger 1927=1972: 117-125][17]。和辻が、人間存在の構造契機として、風土という環境との相互依存（インターディペンデンシー）を見いだしたのも、そのような思想の流れの中においてである。そのような考え方は、近年、本書第7章で見るオブジェクトのオントロジーなどとして、新たな展開を見せているが[18]、その先駆けとなったものでもあるといえる[Harman 2018]。なお、共世界については、本書第14章でも改めて見る[19]。

第1章でも見たように、環境問題は近代が引き起こしたものである。その近代を支えたのは科学であり、二分法はその基盤となるが、環境問題がわたしたちに現状の再考をせまっているとしたならば、二分法も再考されなくてはならない。その際に、環境との相互依存関係を重視するこの和辻の「風土」という考え方は、大きなヒントを与える。和辻は、「間」や「間柄」、という言葉を使う。間とは、何

[17] なお、この後、環世界について見るが、ハイデガーは、生を環世界Umwelt、共世界Mitwelt、自世界Selbstweltからなると構造化していた［Thomä 2013:17］。
[18] 本書第7章165-166頁。
[19] 本書第14章331頁。

かと何かの間にあることであるが、その間とは、どちらか一方がつくるものではない。間とは、その間を構成するものたちの関係性がつくり上げる新たな関係である。それは、一方が変われば、他方も変わるものでもあり、流動的で可変的なものである。今日、複雑系システム論は、システムとシステムの関係性を問題とするが、そのような視角とも共通性をもつ。

オギュスタン・ベルクの風土学と通態

さらに、これを推し進めて「風土学(メゾロジー mésologie)」として定義づけたのが、哲学のオギュスタン・ベルクである。ベルクは「通態」という考え方を提唱している[ベルク 1988]。それによれば、人間の現実rは、主語S(subject)と述語P(predicate)からなるr=S/Pとして定式化することができるが、その現実とは、じつは、常に自分に返ってくる、つまり再帰するものであり、ある現実が存在したとき、その現実は次の主体を構成するため、r=(((S/P)/P')/P'')/P'''…という無限の連鎖として表現されなくてはならないというのである[Berque 2014][ベルク 2017]。人間という主体は、環境を認識するのであるが、それの認識が、さらに新たな環境をつくり、それを前提とした、さらに新たな環境を人間は認識する……という無限の連鎖として現実は存在する、というのである。ベルクは、これを主体でもなく、客体でもない「通態」と呼び、この連鎖を「通態の連鎖」と呼ぶ。

現実とは、相互依存が互いに嵌入《かんにゅう》しあっているものであり、その複雑性をどうとらえるかが、現代科学の課題となっている。ベルクの風土学における通態が問題提起するのは、さらに、言語によって環境というものは規定されているということである。ひとの立場から、環境を見るとき、環境はさまざまに定義されうる。いきものもいきものの環境の認知をもって存在する。環境とは、それらのひと、もの、いきものの立場が、相互に依存し、陥入しあう中で成り立つものである。『華厳経』においては、互いに互いが陥入した世界観があり［Izutsu 2008］、道元は『正法眼蔵』の「有時」の章で、時間の入れ子構造を論じるが［Dōgen 2006］、そのような仏教の哲学とも通じる世界である。

人文地球環境学は、複雑に入り組んだ関係性をどうとらえるかという点において、同時代のさまざまな学問潮流とアクチュアリティを分かちもっている。

文と理

最後に、もう一つだけ、人文と関係して、「文理」という考え方についてつけ加えておこう。

本章の初めに、人文と天文について述べたが、これは、学問における学のカテゴリー化の問題でもある。科学史の隠岐さや香は『文系と理系はなぜ分かれたのか』［隠岐 2018］で、西欧と日本の学問史・科学史を踏まえ、文系・理系が分かれる現在の学のあり方に問題を投げかけているが、これまで見てきたことを元にすると、「文理」は、従来とは少し違った見え方がするのではないかと思われる。

地球環境学では、学際（インター・ディシプリナリinterdisciplinary）や超学際（トランス・ディシプリナリtransdisciplinary）研究というアプローチが要請され、国際的な学界はもとより、日本でもさまざまに取り組みが行なわれている。環境とは、あらゆるものを含み込んだ現象であり、環境を総体としてとらえ、それを研究するためには、個別の科学的方法では不十分で、総合が必要とされるからである。その背景には、科学革命以来、展開してきた近代科学が、個別の科学的方法を追求するあまり、全体性を失ってしまったという皮肉な状況がある。

地球環境問題の解決は喫緊の問題となっており、そのために学際研究、超学際研究の確立が急がれるというのは、故のないことではない。とはいえ、地球環境問題の解決へのアプローチには、学際研究や超学際研究しかないのかというと、そうではないだろう。世界には、さまざまな科学観、世界観があり、それを参照することも必要である。

その際、日本語の「文理融合」を見直すことも必要ではないか。一般的には、文理融合とは、学際研究と同じ意味合いであると思われているかもしれないが、「文と理」に含まれるセマンティックのニュアンスと、「学」というセマンティックのニュアンスは微妙に違う。

文理の「理」とは、もちろん、「理科」のように自然科学を指す漢字であると同時に、先ほど見たように、朱子学の基本概念であり、宇宙の普遍的な原理を指すものでもある。つまり、「文理融合」

とは、自然科学と人文学の融合であると同時に、ひとの行なうことと自然の行なうことを融合させる学的営為である、というとらえ方もできるのである。

「文と理」とはアジア圏の天と地の照応を反映している。それに対して、英語でいう「ディシプリン（学）」とは西欧の近代科学の確立の歴史を反映している。そう考えたとき、「文理融合」という語は、ひとと自然のあり方を東アジアの共通言語の一つである漢字を基にして考えうる語のように思える。これと反対に、西欧に端を発する近代科学は、ひとと自然を切り離す二分論に基づく方法論である。それは、今日の文明社会の隆盛の基礎となったが、同時に、環境問題が顕在化したことで、その限界も明らかになっている。政治思想では、近年、西洋起源の世界システムに代わり、アジアの「天」思想に基づく天下システムを提唱する趙汀陽《チャオ・ティンヤン》の議論が関心を集めている［趙 2011］［趙 2015］［Zhao 2020］。このニュアンスの差異は、地球環境研究におけるアジアからの発信の際、強調してもよいことであろう。

地球環境学とは総合的に研究されるべきものである。その際、学際研究や超学際研究に加えて、「文理融合」という方法もいま一度改めて見直されてもよい価値をもっているのではないか。「文と理」をセマンティクスから問う人文地球環境学の意義はここにもあるだろう。

Bookguide

この章のブックガイド

和辻哲郎『風土』岩波文庫　1979年

内容については本文の中で述べたので繰り返さない。要約して紹介されることの多い本だが、実際に現物を読むことは意味がある。要約されても内容が伝わるということは、和辻の理論の明晰さ、明快さを示しているが、本書を読めば、それを支えるのは和辻の端正で明瞭な文であることがわかる。(写真は岩波書店の全集版、1962年)

マルクス・ガブリエル（清水一浩訳）『なぜ世界は存在しないのか』講談社選書メチエ　2018年

ドイツの哲学というと、ヘーゲルやカントの流れをくむ「大陸哲学」で、現代でもハイデガーやスローターダイクなど重厚な文体で書かれるが、本書は、いたってポップ。英米の分析哲学への目配りもきちんとされている。ちょっとしたエピソードからは、軽やかにインターシティでドイツ中を駆けめぐる若き哲学者の横顔が伝わってくる。(写真は独語原書、2015年)

オギュスタン・ベルク（篠田勝英訳）『風土の日本――自然と文化の通態』筑摩書房　1988年

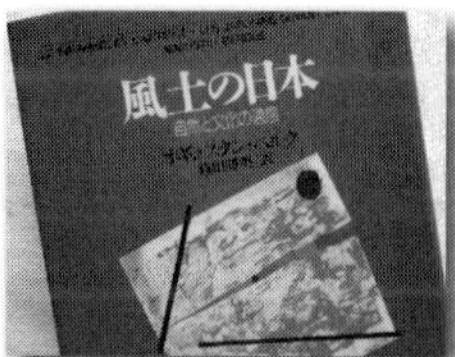

ベルクが「通態」という人文地球環境学の重要概念を定位した本。フランス語や英語でのベルクは、掛け言葉や造語を「これ」というところに織り交ぜるが、日本語でもそう。主体と客体の間を「通態」と表現することは、それまで、だれも思いつかなかった。ベルクの哲学的洞察と鋭い言語感覚がなしえたものである。なお、r=(((S/P)/P')/P")/P"'…という「通態の連鎖」はこの段階ではまだ提唱されていない。ロラン・バルトの意味論の連鎖 Chaînes sémiologiques を参照して、それが現われるのは2000年代である［Berque2014］［ベルク 2017］。ベルク理論は絶え間なく進化しているのである。

3 世界の出来《しゅったい》と、「なる」＝ビカミング

出来と自然

環境は、ひと、もの、いきものの相互関係の中で出来《しゅったい》する現象である。現象である環境は、見いだされるものであり、出来は発見でもある。

本章では、そもそもこの出来とは何かを考えてみたい。

出来は、「自然」と関係している。

古代ギリシアにおいて、自然は2つの意味からとらえられてきた。一つは調和という意味、もう一つは出来という意味である。前者については、第2章で、コスモスが宇宙を意味すること、それと同時に、円環を基本とした宇宙の運動から調和という意味が生じたことを見た[1]。後者について、古代ギリシア世界においては、自然とは、〝生み出すもの〟としてとらえられてきた。自然とは、古典ギリシア語でフュシスφύσιςである。これは、のちにナチュラnaturaというラテン語に訳された。生

[1]　本書第2章050頁。

み出すものという意味である。自然とは、現在、一般的には、そこにあるもの、存在物のことである。植物や動物や岩石、水などの存在物、あるいはその総体を自然と呼ぶ。それと比べると、これはずいぶんと異なった語義である。ナチュラは、それらを生み出すもの、いわば自然の力のことである。これを明確にするため、ナチュラ・ナチュラタ（natura naturata ナチュラにより生み出されたもの）、ナチュラ・ナチュランス（natura naturans 生み出す自然）という区別がされることもある[2]。

この2つの語義においては、生み出すものとしての自然から、生み出されるものとしての自然が分離していった。つまり、自然物が、生み出す自然から独立してとらえられるようになっていったのが、西洋の近代化であった。自然科学、自然哲学、自然法、自然の法則などが独立していった。それによって、自然というものが、人間とは独立したものとしてとらえられるようになった。これは、環境が存在物としての環境であるととらえられていることと相応する。一方、環境を出来するものととらえることは、自然をナチュラ・ナチュランスととらえることに相当する。

日本語の「自然《しぜん／じねん》」にも「自ずから然り」という意味と、自然物という意味がある[Davis 2011]。この二重性は、「自然《しぜん》」という語が、日本の近代化の過程で、「ネーチャー」の訳語として採用されたという事情からきている[柳父 1977]。近代以前の日本語は、自然《しぜん》物を「造化《ぞうけ》」や「森羅万象」や「山川草木」と呼び、自然《しぜん》とは呼ばなかった。近代以前の日本では、自然《じねん》という語は、「自ずから然り」の意味に限定されていた。造化や森羅万象や山川草木がそう呼ばれずに「自然《しぜん》」と呼ばれるようになったのは、近代に入ってからである。

---

[2] *Schülerduden Philosophie* と *Enzyklopädie Philosophie und Wissenschaftstheorie* の "Natur" の項を参照した。

とはいうものの同じ自然を指す語であるが、「自ずから然り」は、「ナチュラ・ナンチュランス（生み出すもの）」とは異なった意味である。自ずから然りとは、何らかの当為や必然性のニュアンスをもつ。一方、ナチュラ・ナチュランスにはそのようなニュアンスはない。生み出すことは単なる現象である。「自ずから然り」という当為や必然性のニュアンスとは若干異なる。しかし、それをある種の価値判断のもとで「自ずから然り」と見るところに、桎梏も生まれる。その点で、アメリカの歴史学者のジュリア・トマスJulia Thomasが『近代の再構築 *Reconfiguring modernity*』で日本近代史における自然《しぜん》概念の検討を通じて明らかにしたように、自然という語は政治的な意味をもちうる［トーマス 2008］。本章では、この点について、この後、近代の日本における「なる」＝ビカミングや自然・人為の概念をめぐる言説と葛藤の歴史を例にして検討する。

丸山眞男の「なる」＝ビカミングと『古事記』

出来や生み出されること、ナチュラ・ナチュランスの問題は古来からさまざまに論じられてきた。本書では後にアリストテレスの議論も見るが、本章ではこれを「なる」ととらえたい。「なる」とは、「ある」と対比される語である。あるは、存在であるが、なるは、存在ではない。それは、存在になることであり、存在が生成し、出来することである。英語でいうと、ビカミングである。存在のビーイングに対して、その存在になることである。英語圏でも「なる」をビカミングbecomingととらえて論じる潮流がある。以下、「なる」＝ビカミングと表記する。

出来は、自然である。自然とは、出来するものである。自然界においては、あらゆるものは、移ろっている。言い換えると、あらゆるものは、エントロピー増大の法則に従っている。定常的な存在というものは物理的世界にはない。その意味で、移ろっていることは、常に新しい現象が生成しているということである。世界においては、「なる」＝ビカミングが絶え間なく起こっており、この「なる」＝ビカミングによって世界が成り立っている。「なる」＝ビカミングという考え方は、変化のダイナミックなものに焦点を当てる。それは、変化するものの様態、モダリティを見ることである。

この「なる」について問題提起をしたのが政治思想史の丸山眞男である。丸山は、1972年の「歴史意識の古層」という論文で、日本の歴史意識を貫通する原理が「つぎつぎに、なりゆく、いきほひ」という考え方であるといい、「なる」＝ビカミング概念の重要性を論じた［丸山 1972＝1995］。丸山によると「なる」＝ビカミングが描かれているのは、『古事記』である。『古事記』は、8世紀の日本の最古の歴史書である。それは、世界の起源を語る。その書のあり方は、古代のひとが環境をどのように理解していたのか、環境をどのように人間世界のことがらと接続させようとしていたのかを示す。それは、いきものやものの世界あるいは歴史を、「なる」＝ビカミングという作用を通じて、ひとの世界、あるいは歴史につなげようとする記述である。第1章では、人新世（アンソロポシーン）

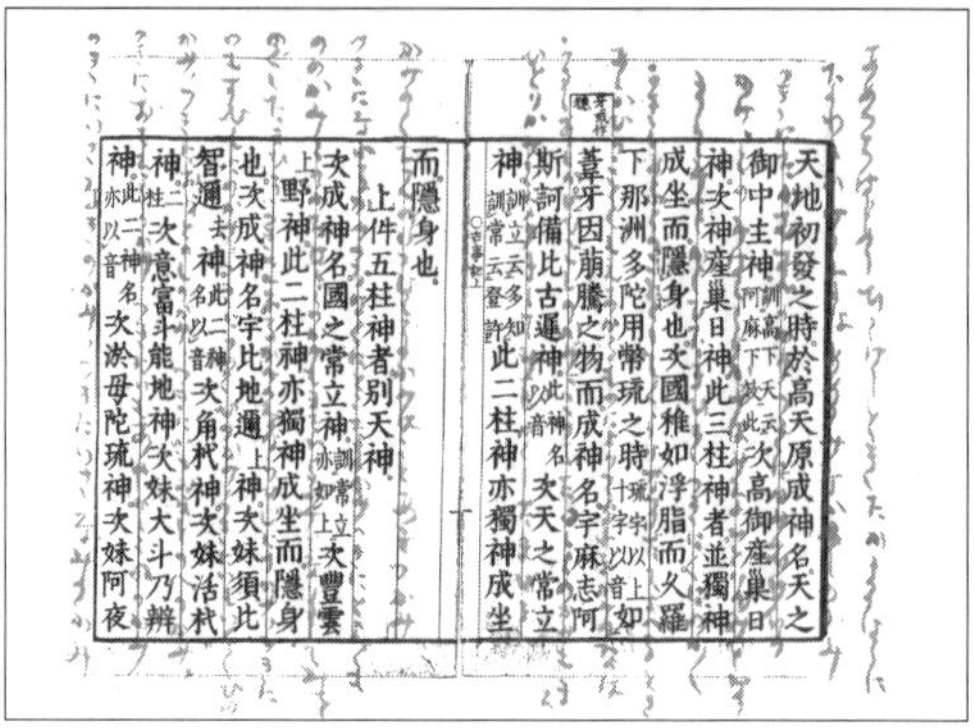

写真 3-1 『古事記』冒頭部分。訓読の書き込みは寺田による『古事記』柏悦堂、1870 年版［国立国会図書館デジタルコレクション］

がひとの歴史を、もの、いきものを含む大きな過去に接続しようとするものであることを見た[3]。『古事記』は、千年以上前に、その課題に取り組んでいた。その冒頭は次のように始まる（写真3−1）。

天地初発之時、於高天原、成神名、天之御中主神。次高御産巣日神。次神産巣日神。此三柱神者、並独神成坐而、隠身也。

あめつちはじめてひらけしとき、たかまのはらになれるかみのなは、あめのみなかぬしのかみ。つぎにたかむすひのかみ。つぎにかみむすひのかみ。このみはしらのかみは、みなひとりがみとなりまして、みをかくしたまひき[4]。

まずはじめに、3つのカミが出来する。それらは、天のカミと、2つの「むすび」のカミである。後二者のカミの名の中に含まれる「むすび」というのは、「むす」と「ひ」からなる語であるが、「むす」

［3］ 本書第 1 章 030–034 頁。

［4］ ただし、この漢字の原文をどのように訓するかに関しては、長い議論の歴史がある。18 ～ 19 世紀の国学者の冒頭部分の訓については［Burns 2003］が詳細に検討している。本書では、［池澤 2015］［西宮 1979］［Antni 2012］［O No Yasumaro 1983］［山口・神野志 1997］を参照しつつ、［倉野 1963: 18］の訓を採用した。

は苔むすなどのように「生じる」という意味であり、「ひ」は霊力を表わすといわれる。つまり、この2つのカミは、生成、出来の2つのカミなのである。その時点において、世界にはそれらしか存在しないので、それらは、世界そのものである。そして、他のものはそこから生じる。ただ、それらは具体的な姿を隠しているとある。これは、つまり、作用として存在することを暗示しているともいえる。


次国稚如浮脂而、久羅下那州多陀用弊流之時、如葦牙因萌騰之物而成神名、宇摩志阿斯訶備比古遅神。次天之常立神。此二柱神亦、独神成坐而、隠身也。

次成神名、国之常立神。次豊雲野神。此二柱神亦、独神成坐而、隠身也。

次成神名、宇比地邇神、次妹須比智邇神。次角杙神。次妹活杙神。次意富斗能地神、次妹大斗乃弁神。

次於母陀流神。次妹阿夜訶志古泥神。次伊邪那岐神、次妹伊邪那美神。

つぎにくにわかくうきしあぶらのごとくして、くらげなすただよへるとき、あしかびのごとくもえあがるものによりてなれるかみのなは、うましあしかびひこぢのかみ。つぎにあめのとこたちのかみ。このふたはしらのかみもまた、ひとりがみとなりまして、みをかくしたまひき。（中略）
つぎになれるかみのなは、くにのとこたちのかみ。つぎにとよくものかみ。このふたはしらのかみもまた、ひとりがみとなりまして、みをかくしたまひき。

つぎになれるかみのなは、うひじにのかみ、つぎにいもすひじにのかみ。つぎにつのぐひのかみ、つぎにいくぐひのかみ。つぎにおほとのじのかみ、つぎにいもおほとのべのかみ。つぎにおもだるのかみ、つぎにいもあやかしこねのかみ。つぎにいざなぎのかみ。つぎにいざなみのかみ。

出来《しゅったい》は、具体的な場の中で起こる。『古事記』では、その場は、どろどろとした、ねばりけのある、ぐにゃぐにゃした境域である。そのような環境に、まず第一の「なる」ものとして葦が芽吹く。葦の芽吹きが出来するのである。

この葦とは、シンボル的な意味である。葦の芽吹きは、世界の第一番目の要素、存在物である。そして、先ほどのように、その葦の芽吹きはカミになる。葦の新芽のように生き生きとした生命力のカミである。『古事記』の記述では、人々が住む世界が「葦原中国《あしはらなかつくに》」と表現される。国文学の猪俣ときわはこれをひとの世がカミの世や死の世と比較して葦のような生成の原理、つまり「なる」を原理とする世界であることを強調しているという［猪俣 2016：184］。

この後、古事記では「つぎ」が繰り返されるが、丸山は、この「なる」が「つぎつぎ」に繰り返される「いきほひ（勢）」を歴史の動因とするのが日本の歴史思想の基調であるという。歴史には、超越的な原理や原則はなく、ただ単に、出来事が出来し、それが自然の成り行きで展開するという含意である。第1章で超長期の地球史の過去について触れる中で、一般に歴史とはひとの主体的営為であると考えられていることを見た[5]。ヘーゲルは、歴史とはひとの理性が弁証法的に実現する過程であると考えた[Hegel 1822/1823=1996]。この考え方が、近代西洋の歴史観の基礎にある。しかし、一方、日本の古代の歴史言説から抽出された歴史原理はそれとは違う。歴史を理性やひとの主体的営為とはとらえず、自然な成り行きととらえる。ひとの主体性に代えて「自然」を歴史の原理とすることは、より根源的ともいえるが、一方、理性や主体性の不在ともいえる。

いきものやものの歴史ではなく、ひとの歴史を自然であると見ることは、ひとの主体性を否定することでもある。前項で簡単に紹介し、本章のこの後の項で詳しく見るように、ひとの行為（人為、作為）と自然の関係をどう評価するかは、政治思想の大きな問題である。丸山が古事記の中に見いだした「なる」＝ビカミングとはそのような相克を、すでに日本の古代の歴史書がはらんでいたことを示す。

成長するテキストと歴史の動因

さて、政治的含意について見る前に、原理としての「なる」＝ビカミングがどのような特徴をもっているか見ておこう。第1に、ここで、「なる」＝ビカミングを象徴しているのが葦であるのは興味深い。この葦というのは、メトニミー（換喩）であろうか、それともメタファー（隠喩）であろうか。もし、それがメトニミーであったとするならば、つまり、それが何かを何かで代理するというものであった

[5] 本書第1章021、030頁。

とするならば、葦は、世界が出来することの一部である。一方、世界の性質は、その葦によって表象されているから、葦は、メタファーでもあろう。出来とは現象であり、現象は何らかの媒介がなければ観察されない。観察も、その観察を表現する媒介物がなければ、存在しえない。葦とその記述とは、出来である「なる」＝ビカミングの記述の問題でもある。

　葦が描かれることで、テキストの中に、葦が成長するにしたがって、語りが成長するという含意が生じる。語りの成長と、歴史そのものの成長が、互いに連関しあう意味連関がテキスト内で発生する。これは、歴史の基礎的条件である。歴史は、語られたり、書かれたりするものだが、その語られたり書かれたりすることを通じて、テキストが出来《しゅったい》する。それは、葦が成長するのと同じように、テキストが先へ先へと伸びてゆくという物理的な現象である。「なる」に似た語に「生（は）ゆ」がある。古代には「栄（は）ゆ」を原義とし、のちには「生（は）やす」「流行（はや）る」「囃（はや）す」など、ものが増加したり、繁栄したりするさまや、そのさまを寿ぐ意味がつけ加わっていった語である。先ほども引用した猪俣ときわは、『古事記』や『万葉集』の中からそのような使用例を見つけ、「生（は）ゆ」が林立したものが「林（はやし）」であり、カミのエネルギーととらえられたことを明らかにした［猪俣 2016：21ff］。テキストが成長し、増えることによって成り立った歴史書の記述とは「なる」の「林」ともとらえられただろう。

　書かれたものも「存在」である。この点については第13章で見る[6]。また、歴史が語られ、書か

［6］　本書第13章 311–313頁。

れるものである点については、未来を語ることとの対比で、本書第13章で詳しく検討する[7]。『古事記』は、『日本書紀』と並んで、日本列島において、初めて書かれた歴史書の一つである。それまで、書かれた歴史は、日本列島には存在しなかった。『古事記』という歴史が書かれたとき、目に見える歴史が先へ先へと進んでゆくものとして、古代人に感知されたに違いない。

先ほども見たが、ヘーゲルは、歴史は、人間の理性の実現過程であると考えた。中国の伝統的歴史観を支える易姓革命の考え方によると、歴史は、ひとが「天命」を体現しているかどうかによって左右される。歴史が進行するものである点で、歴史、あるいは歴史のナラティブ（語り）は、力の動因あるいは契機を必要とする。これをドイツの哲学者カール・レーヴィットKarl Löwithは歴史のダイナミクス（動因）と呼んだ[Löwith 1953=1983]。本書第12章で、発展という考え方について検討するが[8]、発展にせよ、前進にせよ、進行にせよ、発達にせよ、それは、力、あるいはエネルギーを必要とする。「なる」＝ビカミングとは、この歴史のエネルギー、力であるということもできる。その力は出来として感知される。歴史は、前に前に進む。歴史の力とは、今日では、発展や前進と言い換えられる。古代のひとにとって、この歴史の力は、葦が成長するように見えた。出来という現象には、今日では、生成や出現などの語も当てられる。それを、古代人は「なる」といい、葦の出現の中に見た。なお、「なる」＝ビカミングと植物の関係については「ダイアローグ」でも検討する[9]。

---

[7]　本書第13章301ff頁。
[8]　本書第12章271-272頁。
[9]　本書ダイアローグ377頁。

輪廻と涅槃――マンダラ・システム

「なる」＝ビカミングを、もう一つ別の側面から見てみよう。それは、仏教と自然科学の融合の点からの見方である。マンダラ的思考と粘菌の視角から、「なる」＝ビカミングあるいは出来について見てみたい。

マンダラは、大乗仏教の一つの派である（以下は［中沢 1992］［Trungpa 1991］による）。マンダラの考え方によると、内部と外部が分かつことができないように、ものと心は分かつことができない。マンダラは、世界はサンサーラ（संसार saṃsāra、輪廻）、つまり生と死と再生の円環と、ニルヴァーナ（निर्वाण nirvāṇa、涅槃）、つまり空《くう》（शून्यता sunyata）の原則からなっていると考える。現実の世界は、サンサーラ・マンダラに属している。このサンサーラの世界の存在物は、空であるニルヴァーナから、存在つまり「ある」に「なる」ことで出来したものである。この2つのマンダラは、互いに密接につながっている。ニルヴァーナ・マンダラの本質は空《くう》であるので、サンサーラ・マンダラの住人は、ニルヴァーナ・マンダラを感知することも、触れることもできない。つまり「なる」＝ビカミングは、空《くう》からやってくる。そこには内部も外部もない。「なる」＝ビカミングのダイナミズムは、この2つのマンダラに依拠している。本書第13章では未来史に関連して、現実を可能態と現実態のダイナミズムからとらえるアリストテレスの説を見るが［10］、この点はそのアリストテレスの所説と通底している。

この2つのマンダラの関係は原因と結果という因果律の関係のみでは叙述されえない。それらは、量子物理学の世界の中のように、相対的関係の中において観察される。関係性そのものが見られること、

［10］ 本書第13章305–311頁。

すべての世界を構成するすべてのさまざまな複数の関係性の交通を感知することが重要である。そのようなプロセスの理解のために、人間の感覚は、プロセスそのもの、プロセスの力に焦点を当てなくてはならない。本書は、ひと、もの、いきものの関係性の中で環境をとらえている。マンダラ的な世界の見方に従うと、ダイナミクスは、複数の関係性の函数あるいはネットワークである。これは、原因と結果のロジックとは異なる。

南方熊楠と粘菌

哲学者であり、人類学者であり、生物学者である南方熊楠《みなかたくまぐす》（1867－1941）は、20世紀初頭に、このマンダラの理論を粘菌と結びつけて考えようとした［南方1992］。粘菌は、奇妙な存在である。それは、単一の細胞である。しかし、それは、再生産の段階にいたると、多細胞に変化する。粘菌は、移動のフェーズにおいてもメタモルフォーゼを行なう。単細胞が集合し、まるで一つの組織体のように動くのである。本書第11章で、タイ肝吸虫やマラリア原虫などの変態する寄生虫を見るが、寄生虫とも似た生活史である［11］。粘菌が移動するさまは、アメーバが移動するさまに似ている。しかし、その細胞群は、再生産の段階にいたると、アメーバとは異なったキノコのような形に変形する。

熊楠にとって、粘菌の観察とマンダラの哲学的探求は同じ地平で行なわれていた。プラトンが、哲

［11］　本書第11章251–252頁。

学をダイアローグとして展開したように、熊楠は、彼の哲学を主に文通の中で展開した。その手紙のうちの一つで、彼は、マンダラの哲学と粘菌の観察を一続きのものとして論じている。

もと当国在田郡栖原の善無畏寺は明恵上人の開基で、徳川の末年より明治の十四、五年前まで住職たりし石田冷雲という詩僧ありし。あんまりよく飲むので割合に早世されたれども、就いて漢学を受けし弟子どもが明治大学長たりし木下友三郎博士、郵船会社の楠本武俊（香港支店長またボンベイ支店長）、その他十をもって数うべき知名の士あり。その冷雲師の孫に陸軍大学教授たりし日本第一の道教研究者妻木直良師あり。二十二年前、例の小生が炭部屋で盛夏に鏡検最中のところへ来たり、いろいろと話す。ちょうど小生粘菌を鏡検しおりゆえ、それを示して、『涅槃経』に、この陰滅する時かの陰続いて生ず、灯生じて暗滅し、灯滅して闇生ずるがごとし、とあり、そのごとく有罪の人が死に瀕しおると地獄には、衆生の一人が生まるると期待する。その人また気力をとり戻すと、地獄のほうでは、今生まれかかった地獄の子が難産で流死しそうだとわめく。いよいよその人死して眷属の人々が哭き出すと、地獄ではまず無事で生まれたといきまく。

粘菌が原形体として朽木枯葉を食いまわることやや久しくして、日光、日熱、湿気、風等の諸因縁に左右されて、今は原形体で止まり得ず、（ロ）原形体がわき上がり、その原型体の分子どもが、あるいはまず′イなる茎となり、他の分子どもが茎をよじ登りて、′ロなる胞子となり、それと同時にある分子どもが（ハ）なる胞壁となりて胞子を囲う。それと同時にまた（ニ）なる分子どもが糸状体となって茎と胞

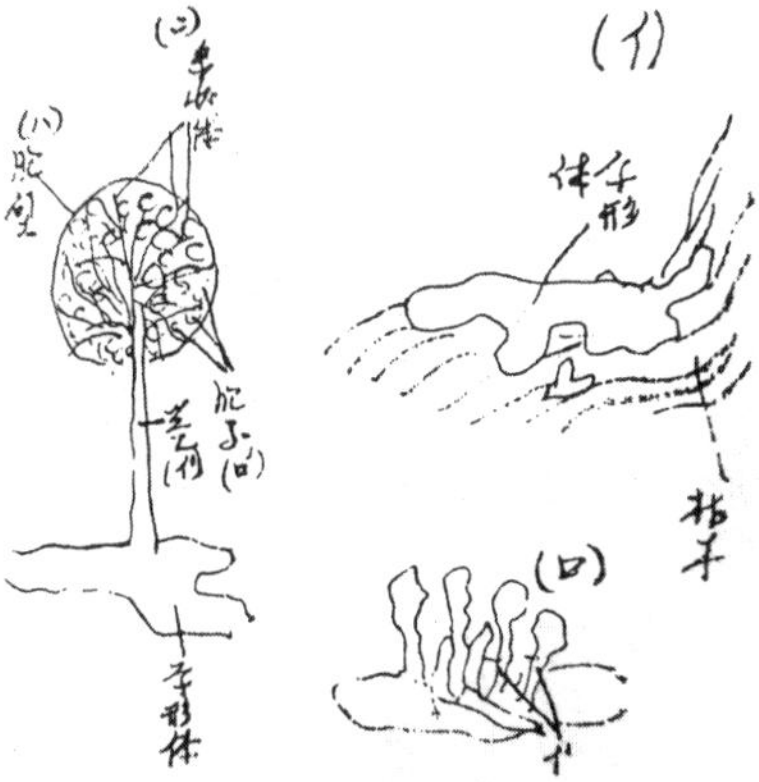

写真 3-2　南方熊楠の描く粘菌の変形［南方 1991: 335］

子と胞壁をつなぎ合わせ、風等のために胞子が乾き、糸状体が乾きて折れるときはたちまち胞壁破れて胞子飛散し、もって他日また原形体と化成して他所に蕃殖するの備えをなす（図３－２）。（中略）

故に、人が見て原形体といい、無形のつまらぬ痰様の半流動体と蔑視さるるその原型体が活物で、後日蕃殖の胞子を護るだけの粘菌は実は死物なり。死物を見て粘菌が生えたと言って活物と見、活物を見て何の分職もなきゆえ、原形体は死物同然と思う人間の見解がまるで間違いおる。［南方１９９１：３３５］

ここでは、粘菌の原形体が粘菌の生体であるのに、それが生体であると認識されず、じつは死体同然である胞子体を見て粘菌の本質と考えられていることが、存在物が２つのマンダラの間を行き来することと同じであると述べられている。熊楠は粘菌を論じるのに『涅槃経』を用いている。『涅槃経』とは仏陀の死去（入滅）の様子を描いた教典で原始仏典から大乗仏典にいたるまで何種類かあるが、『大発涅槃経 *Mahāparinirvāṇa Sūtra*』が著名である［高楠1924－1934：№374、№375］。そこでは、生と死がこの世から見るか、あの世から見るかで反対の現象ととらえられることが描かれる。この世からの消滅である死は、あの世での出来であり、あの世での消滅は、この世での出来である。サンサーラとニルヴァーナのマンダラを前提とすると、生と死は絶対的なものではなく、相対的なものとなる。

粘菌の死を見ているのに、それを生と見ているかのように認識してしまうことは、あるマンダラの中においては、別のマンダラの存在を感知することが困難なことと同じである。

熊楠にとって、粘菌とマンダラ・システムを論じることとは等価であった。熊楠の思想は、粘菌観察の実践と不可分である。青年時代を長くアメリカとイギリスで過ごし、その後、1900年に33歳で日本に帰国して後、和歌山に腰をすえた熊楠は集中的に粘菌を観察した。科学の世界においては、動物でもなく、植物でもないこのような生命体をどのように扱うかはまだ定かではなかった。本書第4章、第5章では、ひと、もの、いきものの境界について検討するが[12]、これは、いきものの境界の問題である。この両義性は、科学を悩ませ、粘菌を意味する「ミケトゾアmychetozoa」という語は、その混同を反映している。ミケトとはバクテリアを、ゾアとは動物を意味する。両義性は科学においては避けられるべきであるが、現実においては、存在し、それがわたしたちのリアリティである。この点については、このあと存在のグラデーションについて検討する中で検討し、本書第13章でも詳しく述べる[13]。両義性の問題を解決するために、熊楠は、マンダラ説に向かったのである。

［12］本書第4章096ff頁、第5章114ff頁。
［13］本書第13章311–313頁。

ものは、客観的なものだと考えられている。だが、しかし、それは、客観の世界に属するのか、主観の世界に属するのか。本書では、二元論の問題をすでに述べた[14]。ものそのものへのアクセスの問題は、第7章で述べる[15]。ものの世界は、ものの原理に基づいており、それは、客観的世界の中に存在するとはいえる。しかし、ものとは名の問題でもあり、ひとの認識内部の世界にも属する。この2つの領域の関係に関して、2つのマンダラからなるシステムは補助線となりうる。南方熊楠を援用すれば、「なる」＝ビカミングは、ニルヴァーナ・マンダラからサンサーラ・マンダラへの出来である。その意味では、「なる」＝ビカミングの原理とは、空《くう》と出来の関係をどう考えるかという問題である。

中論と存在のグラデーション

第3に、「なる」＝ビカミング、あるいは、出来の問題は、ひと、もの、いきものの関係性の中で存在する世界と環境の両義性にかかわる。「なる」とは、「ある」と「非ある」との間であり、そこには、存在のさまざまなグラデーションがある。

丸山眞男は『古事記』から「なる」＝ビカミングという考え方を抽出したが、そこでは葦がそれを表象していた。同じように葦の芽吹きから出来について思考をめぐらせた思想家がいる。2世紀ごろのインドの大乗仏教の思想家ナーガールジュナ（Nagarjuna 竜樹）である。わたしたちの世界の中では、植

[14]　本書第2章057-059頁。
[15]　本書第7章165-166頁。

物の芽吹きは毎日、どこでも起こっている。しかし、いったいそれは何を意味しているのであろうか。『古事記』と同様に、ここでも葦が思考を刺激しているのは興味深いが、『廻諍論《えじょうろん》 *Vigrahavyāvartanī*』の中でナーガールジュナが、その芽吹きの意味をどのように彼の論理学に従って説明するかを見てみよう。

> 芽吹きはタネの中、つまり、その原因の中にあるのではないし、その条件として知られているものたちの中、つまり、土や水や火や風などの中にあるのでもない。その条件の一つひとつの中にあるのでもなければ、それらの、原因と条件の組み合わさったものの中にあるのでもないし、だからといって、原因と条件とは何かの中にあるものでもない。固有の性質というようなものはどこにもないのであるから、芽吹きというのは、固有の性質というものを欠いているのである。固有の性質を欠いている存在というのは、空である。そして、芽吹きというのが、固有の性質を欠いていて、空であるとするならば、存在というのは、固有の性質を欠いているので、すべてのものは空である。
> [Bhattacharya 1978 : 95]

芽吹きが芽吹いたとき、それは、単に芽吹いているのである。芽吹きという様況をそれとして見たとき、それは、原因ではないし、条件でもない。それは、単なる芽吹きである。芽吹くというのは動詞である。そして、芽吹いているというのは、述語である。だれも、芽吹いているという動詞に触れることはできないし、芽吹いているという述語にも触れることはできない。それは、純粋なロジックの問題であり、ロジックの問題というのは、ロジックの中でしか考えられない。

ナーガールジュナの思想は、先ほど見たマンダラ・システムと同じところに立脚している。彼が考える縁起 प्रतीत्यसमुत्पाद pratiya-samtpadaという原則は、固有の性質を欠く空の連続したものとしてとらえられる。その考え方に立つと、存在には基盤はない。原因物もなければ、原因もなく、また原因という概念もない。それは、ものがそれらとは別の次元に属することを示す。前項でニルヴァーナを空であると述べたが、この空とは実在する空ではない。それゆえ、ニルヴァーナ自体が空ではなく、ニルヴァーナの原理が空であるというほうが正確であろう。論理学は因果性を説明はするが、因果性そのものではない。これは、行為の立場でもある。行為は行為のさなかでは、行為でしかなく、そこには原因も結果もない。本書5章でアクター・ネットワーク理論を見るが[16]、それはこの行為の特異性に注目する。

ナーガールジュナのこのような論争を中論Madhyamikaという。madhyaとは中という意味で二分論を超えてその「中間」を微分的に展開する仏教の一学派である。第2章で風土学について見た[17]オギュスタン・ベルクはこの点を詳しく分析し、この論理は、西洋近代のパラダイムである二元論を超克するためのオルタナティブの一つたりえるとする [Berque 2014: 150-62]。二元論的な視角では、「AはBである」と「AはBではない」は両立しない。これは、排中律の原則である。しかし、ナーガールジュナの考え方によれば、「AはB」であると「AはBではない」は両立する。その間に、さまざまな中間項が存在するのである。ベルクはこの中間項を重視するが、それを反映し、ベルクは風土学のフラ

[16] 本書第5章126頁。
[17] 本書第2章059-060頁。

ンス語訳をメゾロジーとする。メゾとは、まさに中間という意味である。このような存在のグラデーションのとらえ方については、本書第7章でも詳しく見る[18]。中間の道がきちんと評価されたとしたならば、それは二分法を再考するオルタナティブを提示することであろう。人文地球環境学に求められているのは、ひと、もの、いきものの新たな関係性を探ることであり、二分法からの脱却はその一つの道である。出来と「なる」＝ビカミングは、そのための手がかりの一つである。

ドゥルーズとインゴルド

以上3点から「なる」＝ビカミングの特質を見てきたが、この考え方は、現代の人文学において、一つのカギ概念としてさまざまに論じられている[19]。

フランスの哲学者ジル・ドゥルーズ Gilles Deleuze とフェリックス・ガタリ Félix Guattari は、1980年に刊行した『千のプラトー *Mille Plateaux*』において、「なる」という概念を取り上げ、本質的な主体への疑義を呈した。「強さになること、動物になること、不可知になること Devenir-intese, devenir-animal, devenir-imperceptible」と題された章で、彼らは、ひとの存在をひとで「ある」ことではなく、ひとに「なる」ことと規定した[Deleuze et Guattari 1980]。フランス語で devenir とは「なる」を意味する動詞である。ひとであることがひとになることであるならば、ひとはひと以外のものにな

[18] 本書第7章157-160頁。
[19] 以降の記述は、[寺田 2018: 779ff.] を展開したものである。

ることも可能となる。近代西洋の考え方では、ひとは客体としての環境を認識するが、それは、ひとが世界から切り離されることでもある。ひととなることはさまざまなものとの流動するネットワークの中にあることによって可能になる。ドゥルーズらが、「なる」＝ビカミングという概念で含意しているのはその流動性に敏感になり、あまつさえ敏感性そのものに「なる」ことである。

社会人類学者のティム・インゴルドTim Ingoldは、「なる」＝ビカミングを過程・プロセスととらえる。『環境の知覚 *Perception of the Evironment*』の中では、彼は、手仕事技術の籠編みに注目した章を設けており、そこでは、プロセスそのものが形になることが分析の主題となっている［Ingold 1996=2000］。籠編みにおいては、編む行為そのものが構造をつくっている。編まれるということがなければ、籠の形態は出来《しゅったい》しない。これをインゴルドはひとの製作行為のもつ世界の生成の機能と関連づけて論じる。この視点は本書第13章で見るアリストテレスの可能態と現実態の考え方と通じる。アリストテレスの『形而上学』には、まさに彼が、現実態（エネルゲイア）は、ものそのものの中に「住み着いている」と述べている個所がある［アリストテレス『形而上学』θ 1050a［Aristotele 1933:461］］。建物を建てるという行為は、家という物の中に住み着いているし、編むという行為は編まれたものの中に住み着いている。

インゴルドは、『生物社会学的ビカミングス *Biosocial Becomings*』と題する本も編著で出している［Ingold and Passon 2013］。そこでは、遺伝子・ミーム仮説と自然選択説に依拠して組み立てられたネオ・ダーウィニズムが批判される。ネオ・ダーウィニズムにおいては、すべての進化過程を、遺伝子とミームによって運搬されるある本質的なものを実現する過程であると説明しようとする。しかし、現実の世界で起きているのは、さまざまなエージェント（行為主体）の相互行為の連続的プロセスであり、そのような複雑な相互行為の連続の現実を考えたとき、あらかじめ与えられた本質というものを想定することは困難である。行為の立場については先ほども言及したが、これは第5章で見るブリュノ・ラトゥールのアクター・ネットワーク理論とも通じる視点である[20]。現実の複雑な状況へのより動態的なアプローチが諸学で同時多発的に生まれているのである。

超国家主義と大東亜戦争――社会は「自然」か「人為」か

一方で、この「なる」＝ビカミングには負の側面もあったことを忘れてはならない。本章の中ですでに述べたが、それは、社会を「自然」と見るか、「人為」と見るかという問題とかかわっている。「なる」＝ビカミングの提唱者として紹介した丸山眞男は、じつは、それに関する日本の代表的な論者である。丸山は1941年に「近世日本政治思想における「自然」と「作為」――制度観の対立としての」という論文を書いている［丸山 1941＝1996］。アジア太平洋戦争（第二次世界大戦、十五年戦争、大東亜戦争）の最中である。この中で、丸山は、江戸時代（近世）の日本では、社会の身分制秩序を「自然」と見る見方があったことを論じている。だが、不平等な身分制は決して、「自然」にできたものではな

[20] 本書第5章126頁。

い。それは、だれかがつくったものであり、「人為」である。西洋では、社会を「人為」と見ることから、社会契約論の考え方が生まれ、それが近代を導いた。フランス革命は、旧体制を崩壊させ近代市民社会を形成したが、その考え方の底には社会契約の考えがある。丸山は、江戸時代の日本の状況を問題化し、日本における近代社会の成立のためには、社会を「人為」であると認識する必要を訴えた。

だが、それは、必ずしも進まなかった。特にアジア太平洋戦争期には、「なる」＝ビカミングは、超国家主義と全体主義のプロパガンダに用いられた。この時代の超国家主義者と全体主義者は、『古事記』に書かれたように、天皇が神話の時代から日本を統治し、その統治が日本の歴史を貫いて続いていること、それは天皇の血の連続性によるものであるという理論を構築した。その点で、「なる」＝ビカミングは戦時中の日本においては、公定の哲学理論の位置にあった。

たとえば、文学・歴史学・文法学の山田孝雄は1943（昭和18）年に発行された『日本国家科学大系』の中に収められた「日本肇国史」という論文の中で、『古事記』においては国が「生まれた」ことが書かれていていると述べ、そのことが国家が生命をもつことを表わしているという。生命をもつものには、身体と魂が存在するが、日本という国家においてはそれが国体と天皇にあたり、その発展は天皇の血統によって担保されてきたという［山田 1943：14－87］。血の連続性は、ドイツのナチスによる国家社会主義にも見られた。

哲学の紀平正美もこの時期に『なるほどの哲学』『なるほどの論理学』を著わし、「なる」＝ビカミングという原理に基づいた、「ある」の分析に基づく西洋哲学とは異なった哲学を構想した［紀平1942］［紀平1943］。だが、それは同時に「新たに神の産み給ひし国」である「大満州国」を大日本帝国の中に位置づけるための「建国の哲学」ともなり、「大詔によりて与へられたる」「大東亜共栄圏」の対外侵略を支える哲学的原理としても機能した［紀平1943：1-13］。つまり、「なる」＝ビカミングという原理は超国家主義と全体主義を支える機能を果たしていた。何かを自然とみなすことは「自ずから然り」と見ることだが、それが当為性と結びついたとき、社会の人為性が覆い隠されてしまうのである。

ひとを超えた歴史の構想

本章冒頭では、丸山が「なる」＝ビカミングの発見者であるように述べたが、今見たように、「なる」＝ビカミングに注目したのは、じつは、丸山が初めてではなかった。すでに、戦時中にさまざまに「なる」＝ビカミングは論じられ、政治利用されてきた。いや、さらに、それ以前にも、「なる」＝ビカミングへの注目が存在する。江戸時代（近世）の国学者は、『古事記』は、最古の歴史書であり、そこに現われている「なる」＝ビカミングが、日本の独自の思想だと考えた。18世紀後半の国学者本居宣長の『古事記』の注釈書にすでに、この「なる」＝ビカミングへの注目が存在する［本居1968］。国学は、18世紀から19世紀以後の日本でナショナリズムと国民国家形成の基盤の一つとなった思想である。戦時中の「なる」＝ビカミングをめぐる言論の状況はその延長上にあった［Harootunian1988］［Burns2003］。

丸山の「歴史意識の古層」という論文は、１９７２年に書かれたが、じつはそのような２００年以上続く日本の近世近代の「なる」＝ビカミングのセマンティクスに新たな立場から取り組み、脱構築するものだったともいえる。

そして、この「なる」＝ビカミングは現在でも多くの論者によって論じられている。

哲学の熊野純彦は『本居宣長』の中で、宣長の『古事記伝』の記述を詳細に検討し、「なる」に代えて「次」に注目し、「次」は語りの時間性を強調するものであり、クロノロジーからヒストリーへの転換を示すと論じる［熊野２０１８：６８６-６９４］。

近代史の田中希生は、丸山眞男、小林秀雄の説を参照しつつ、宣長を読みなおし、「なる」をノミナリズムとリアリズムの間に位置する生成論と位置づけ、「生成変化の思想」と名づける［田中２０１８］。３つ前の項で、ナーガールジュナの中論やオギュスタン・ベルクの風土学（メゾロジー）を見たが、この田中の「なる」の位置づけも、「なる」を中論的にとらえるものである。そのうえで、田中は、丸山の自然から作為へという論が単線的な近代化論であり、それは明治維新が王政復古であった点を説明しえないと批判する。田中は、宣長の「なる」論とは、反・道徳という性質をもつこと、つまり何かの構築ではなく、反・構築であることを指摘し、それが今日アクチュアリティをもつと主張する。田中は、明示的に指摘はしないが、これはニーチェの思想を想起させる。その反響は大逆事件の幸徳秋水の万物の変化としての革命という論にまで及ぶという。

思想家の柄谷行人も世界史における系譜の問題とのかかわりで論じ、作為（「つくる」）を父系、生成（「うむ」）を母系とし、「なる」はその両者を超える原理であるという［柄谷2019：190－196］。柄谷は、それを家族システムのあり方から説き、「なる」はひとの原初の遊動社会において存在したであろう平等原則を基本とする双系性に適合した論理であることを示す。これは家族の形態から歴史を説く試みであり、本書第5章で見る[21]日本の霊長類学の始祖の一人である伊谷純一郎が霊長類の家族の復元を通じて「人間平等起源論」へといたったこととものながる問題群を示唆する。

「なる」の問題は、ひとを超えた歴史をどう構想するかという問題と関連している。その際、自然とは、本書第4章、第5章、コラム1で見るように[22]、何を自然ととらえ、何を人為ととらえるかをめぐり、さまざまな線引きの中にある。線引きをするとは、力関係の問題であり、政治の問題である。第1章で見た人新世（アンソロポシーン）の提唱のように、ひと、もの、いきものを通じた新たな歴史の語りの必要性が今日提起されている。ひと、もの、いきものの相互関係から出来する環境とは「なる」ものであり、人新世にふさわしい歴史とは「なる」ものであるともいえよう。「なる」＝ビカミングが今日でも新たに関心を集めているのは、今日新しい歴史の語りが必要とされていることを示す。自然とひとを超長期の過去の中でどう接合するのか。そのような現代的課題に、日本思想が「なる」＝ビカミングをどう扱ってきたかという歴史は貴重な示唆を与えるはずである。

［21］　本書第5章122–124頁。
［22］　本書第4章104–109頁、第5章113–114頁、コラム1、245頁。

Bookguide

この章のブックガイド

中沢新一『熊楠の星の時間』講談社選書メチエ　2016年

『華厳経』の読解を通じて熊楠の思想を、同一律、矛盾律、排中律に基づくロゴスの理論を超越するレンマの論理として定位した書。この後、中沢は『レンマ学』[中沢 2019] を著すことになるが、このレンマへの着目は、オギュスタン・ベルクの風土学を通じたレンマの論理の再評価 [Berque2014] とも通底する。

ジル・ドゥルーズ、フェリックス・ガタリ（宇野邦一ほか訳）『千のプラトー——資本主義と分裂症』上下、河出文庫　2010年

１万年にわたる人類の歴史の「台地（プラトー)」を跳びながら、流動する世界をどうとらえるかを探求した哲学書。歴史は非連続に連続している。この後、ドゥルーズは、そのような世界の現実を、襞（ひだ）や映画の時間などさまざまな形態を通じて探求することになる。（写真は仏語原書、1980年）

丸山眞男（編）『歴史思想』日本の思想6、筑摩書房　1972年

シリーズ「日本の思想」の一冊として編まれた本書には、中世と近世の歴史思想に関する原典が収録されている。その解説として、丸山の「歴史意識の古層」が掲載されているが、たしかに、「つぎつぎに、なりゆく、いきほひ」は日本思想を貫くものであるとはいえるかもしれないが、本書所収の諸原典は、必ずしもそれを裏づけるものだともいえない。その意味で、「つぎつぎに、なりゆく、いきほひ」とは、丸山独自の歴史原理の創出であるともいえる。

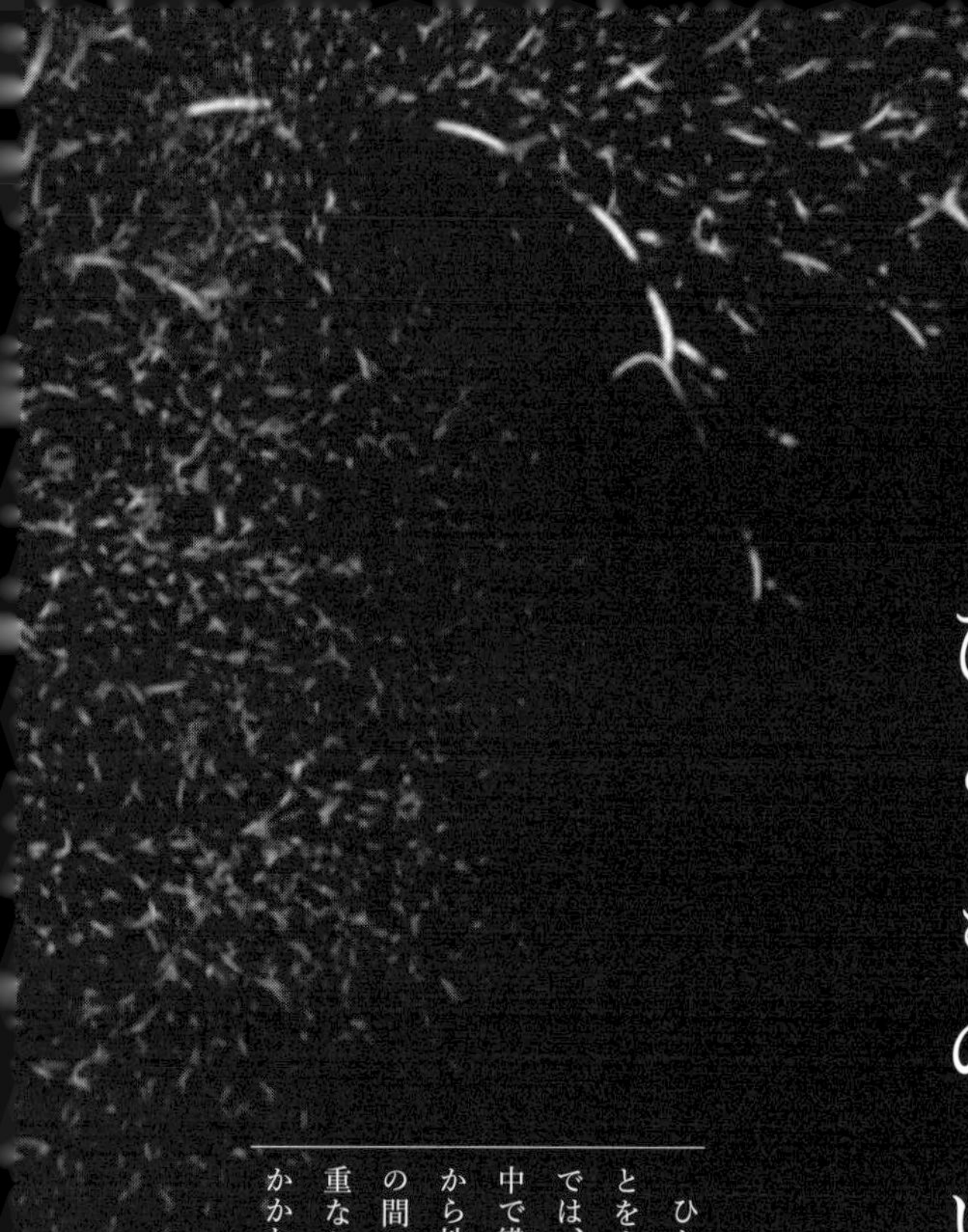

第2部 ひと、もの、いきもの［視角Ⅰ］

ひとも、いきものである。そして、環境には、ひとを含むいきもの以外のものも含まれる。本書では、環境を、ひと、もの、いきものが相互関係の中で織りなす現象として考えている。人文学の視点から地球環境を考えるとは、ひと、もの、いきものの間の関係を定位することでもある。それらは、重なりあい、嵌入《かんにゅう》しあい、揺れ動きながら相互にかかわりあっている。その様況を見てゆく。

Part II

Human Being, Living Thing, and Thing: Perspective I

Human being is living thing, in a sense. Environment consists in human being and other than human being. Geo-Humanities thinks that environment is phenomena which are woven through inter-relationship between human being, living thing, and thing. To think about global environment from the viewpoint of Geo-Humanities is to define correlation amongst human being, living thing, and thing. In environment, those existences are overlapping, invaginating, and vacilliating with each other. Chapters in this Part investigate the ways of it.

4 いきものとひと

——西洋／東洋、4類型：関係のバリエーション

本章では、いきものとひととのかかわり方のバリエーションを見る。環境とは、ひと、もの、いきものの相互作用によって織りなされる現象であるが、関係のバリエーションは、文化の多様性を示し、文化と環境の関係性の多様性をも示す。三者の関係には、「ひと―もの」「もの―いきもの」「いきもの―ひと」という3つがあるが、第4章から第6章では、「ひと―いきもの」を中心に見る。「ひと―もの」は、第7章で詳しく見ることにして、さしあたっては、「ひと―いきもの」関係を検討する。

『創世記』——神に似たひと

第3章では「なる」＝ビカミングを検討する際、『古事記』を取り上げた。そこには、出来《しゅったい》という

現象を通じて、ものやいきものの世界とひととの歴史をつなげる考え方があった。日本におけるいきものとひととの関係性については、第5章でより詳しく見るが[1]、『古事記』の例は、古代日本の「ひと―いきもの」関係の一断面だった。

では、西洋ではどうなのだろうか。ここでは、その一例として「旧約聖書」の『創世記 *Genesis*』を見る。もちろん、キリスト教が西洋のひとといきものの関係をすべて代表しているとはいえないが、ここには、西洋社会のひとといきものの関係の特定の断面が表われている。

「旧約聖書」とは、紀元前4世紀から紀元前2世紀ごろにかけて成立したとされる文書群を総称したものである。『創世記』『出エジプト記』『レビ記』『民数記』『申命記』『ヨシュア記』をはじめとする「モーゼ五書」、『列王』『歴代誌』ほかの歴史書、『雅歌』『哀歌』などの韻文を集めた書など25のテキスト群からなる（『岩波キリスト教辞典』）。キリスト教徒にとっては、イエスの言行録を集成した「新約聖書」と並んで聖典である。と同時に、これは、ユダヤ教徒にとっての聖典でもある。『創世記』の冒頭部分の記述は、「天地創造」と呼ばれる。神による、世界の創造である。

はじめに神は天と地を創造した。
地は空漠として、闇が混沌の海の面にあり、神の霊がその水の面に働きかけていた。神は言った。「光あれ」。すると光があった。神は光を見て、よしとした。神は光と闇の間を分けた。神は光を昼と呼び、

[1]　本書第5章114ff頁。

闇を夜と呼んだ。夕となり、朝となった。［第］一日である。
［月本1997：3］

『古事記』においては、天と地は、「あめつちはじめてひらけし」というように、自ら「ひらけ」、自らの力で出来《しゅったい》した。そして、そこに、カミがあらわれた。それに対して、ここでは、神が天と地とを創造している。ここで注意したいのは、ここでいう神はカミではないことである。『古事記』に書かれているカミについては本書第3章で見たが[2]、それは『創世記』の神とは違う。『創世記』の神は、キリスト教とユダヤ教とイスラムが信仰する神である。それぞれゴッド、ヤハウェ、アッラーと呼ばれるが、同一の神である。『創世記』では、この神は、この後、天地つまり万物であり世界を創造するが、そのようなすべてを創造する力をもつ。全知であり、全能であり、あらゆるところに存在するものであり、唯一の存在である。そのような存在である神によって天地＝世界が創造されたというのが、現在地球上で約36億人が信仰する（キリスト教が20億人、イスラムが16億人）、二大世界宗教の世界観である。日本のカミを「カミ」と書くのは、この「神」と区別するためである。

神は次のようにして世界を創造する。

二日目、天をつくる。
三日目、海、草木をつくる。

［2］ 本書第3章068–071頁。

四日目、太陽、星をつくる。
五日目、いきもの（魚、蛇など）、鳥をつくる。
六日目、家畜、「地の獣」、ひとをつくる。天地の万象が完成する。
七日目、安息日とする。

神がひとをつくったのは、第六日目である。神は、万物をつくったのち、ひとをつくった。

神は言った、「われらの像《かたち》に、われらの姿に似せて、人を造ろう。そして彼らに海の魚、空の鳥、家畜、地のすべてのもの、地上を這うものすべてを支配させよう」。神は自分の像に人を創造した。神の像にこれを創造した。彼らを男と女に創造した。神は彼らを祝福して、彼らに言った、「生めよ、増えよ。地に満ちてこれを従わせよ。海の魚、空の鳥、地を這うすべての生き物を支配せよ」。神は言った。「見よ、わたしは全地の面《おもて》にある、種をつけるすべての草と種をつける果実のなるすべての木とをあなたがたに与えた。それはあなたがたの食物となろう。また、地のすべての獣、空のすべての鳥、地上を這う生命あるすべてのものにも、すべての緑の草を食物として与えた」。するとそうなった。

［月本 1997：4-5（一部のルビを省略した）］

ここで注意したいのは、第一に、神が、ひとを自らに似せてつくったということである。ここには、神とひとの間の特別な親近性がある。神が、全知全能であり、至高の唯一の存在であるとするならば、それに似せてつくられたひとは、その全知全能性と、至高の唯一性を受け継いでいる。

第二に、神が、ひとに、他のいきものを支配する権利を与えていることである。食物などの用益の手段として他のいきものを利用することを神は許可している。もちろん、いきものはいきもの同士、食物連鎖を通じて、食う／食われるという関係をもっている。だが、そのような関係は、ここでは神によって与えられた関係とはみなされていない。あくまで神は、ひとに、特権として他のあらゆるいきものを支配する権利を与えたのである。西洋においては、ひとといきものを截然と区別し、自然と文化を截然と区別する思考が存在する。アンソロポセントリズムanthropocentrism（人間中心主義）とも呼ばれるが、その淵源は、この『旧約聖書』にすでに見られる。

キリスト教と自然のスチュワードシップ

このような『旧約聖書』の自然観は、聖書という聖典を通じて、その後のキリスト教の人々の世界観に影響を与えた。ヨーロッパの人々が、ひとといきものを截然と区別する理由はいくつかある。ひとだけが普遍性を理解する理性をもつことがその理由とされる場合もあるが［Rorty 1979=2009: 38-45］、ひとだけが言語をあやつることができること、つまり、ひとが象徴界をもつことがその理由とされる場合もある。だが、仮に、ひとだけが言語をあやつることができたとしても、理性や言語の有無を越えられない一線と見るかどうかは、必ずしも自明ではない。

西洋において、このひとの特殊な位置、特権は、一方で、ひとが、地球に対してもつ責任としてもとらえられる。ひとだけが、地球上で特権的な位置にあるのであるから、その特権を享受しているひとは、他のいきものに対する責任があるという論理である。これは、とりわけ、地球環境問題において問われる。ひとが引き起こした地球環境の不可逆的な悪化につながる問題、すなわち他のいきものたちへの大きな負の影響を与える地球環境悪化の責任は、ひとに存在するのだ、という論法である。第1章で見た人新世（アンソロポシーン）の提唱もこの考え方を元にしている。

このような考え方は、環境倫理学の分野でスチュワードシップ論と呼ばれる。スチュワードシップとは、資源管理者を意味する語であるが、ひとが特権的に地球の資源を管理する立場にあることを含意する。その特権はなにゆえひとに付与されたのか。それは、明示されるわけではないが、一つには、ひとがもつ他の地球上のいきものとものに対する特権的位置であり、その背後には、『創世記』に見られる神との契約という思想が反映していると想像される。

そのようなひとといきものの関係を、文化人類学は放牧を中心とした文明のあり方から説き起こす[谷 1997]。キリスト教もイスラムも、牧畜を基盤とした文化の中で出来上がってきた。その源流には、中東の遊牧社会において、羊やラクダを家畜化し、飼育する文化のあり方がある。キリスト教において、聖職者を「牧師」と呼んだり、信徒を「子羊」と呼んだりすることは、その名残である。この文化は、いきものや自然への介入や操作を特徴とする。家畜化における去勢や交配といった操作は介入の例である。それは、ひとが神の許しのもと、自然を操作しているともいえる。

自然を操作対象とする見方は、キリスト教の中心地が、ヨーロッパ半島に移動するにしたがって、新たな気候的環境のもとで、より強化されることになった。中緯度地域の、比較的単一な植生と制御しやすい農耕環境の中で農耕と牧畜が発展した。第2章で見た和辻哲郎が『風土』で名づけるところの「牧場」である[3]。そのような文化のあり方が、18世紀から19世紀以後の近代化と植民地化を通じて、グローバルに展開し、とりわけ、東南アジアやアフリカなどの熱帯に移植されたとき、そこには、プランテーションという単一作物の強制という経済が導入されることになり、それが引き起こす矛盾は地球環境問題の大きな原因ともなっている。この点については、第12章でグローバルな正義の問題と関連して詳細に検討する[4]。

和辻の「風土」論では、砂漠におけるひとと自然の直接対峙という風土の特徴が述べられていた[5]。そのような自然環境が一神教における神を生み出し、同時にそこで発達した牧畜といういきものとのかかわりが、ひとといきものの隔絶した関係を生み出したのである。

---

[3]　本書第2章054頁。
[4]　本書第12章267ff頁。
[5]　本書第2章054–055頁。

孔子の語らない自然

これと対照的なのが、東アジアにおけるひとと自然の関係性である。『風土』において、和辻は、モンスーン・アジアの人々の心性の特徴を、受け身、受動的なものであるとし、それは、モンスーンに影響を受ける農耕のあり方から来るものであり、それに対応する農耕共同体のあり方がベースになったメンタリティであることを述べていた。

ユダヤ教、キリスト教、イスラムの神は語る神である。仮に神を超越的自然ととらえると、その超越的自然は語る。『創世記』で見たとおりである。だが、一方、モンスーン・アジアの風土における自然は、語らない自然である。フランスの中国思想史研究者のフランソワ・ジュリアンFrançois Jullienはそれを、『論語』を事例に明らかにしている[Jullien 1989: Chap.2]。

子曰	孔子が言われた。
予欲無言	「わたしはこれから何も言わないでおこうと思う」
子貢曰	子貢が言った。
子如不言	「先生が何もおっしゃらなかったら
則小子何述焉	わたしたちは何によって語ったらいいのですか」
子曰	孔子が言われた。

天何言哉
四時行焉
百物生焉
天何言哉

「天は何も言わないのに
四季は巡り、
もろもろのいきものが生育する。
しかし天は何も言わない」

（『論語』陽貨17―19。訳にあたっては、［井波２０１６］を参照した）

この問答において、教えを尋ねる弟子に対し、孔子は、「天」のあり方を説いて示唆を与えているが、天は何も語らないとされている。四季がめぐり、生命は誕生する。自然は、あらゆるものを生み出す。これは、前章で見た［6］生み出すものとしての自然「ナチュラ・ナチュランス」や「なる」自然である。しかし、天は何も語らないのである。ここでいう、語るとは、そのことを意味づけることである。自然はあらゆるものを生み出すが、そのことの意味を自ら明らかにすることはない。

本書第2章で、人文と天文という照応の考え方を見た［7］。その照応の考え方とは、この天が何も語らないということを前提としている。もし、天が何かを語ったのだったとしたならば、わざわざ、ひとの世界である人文と、天の世界である天文を照応させる必要はないであろう。しかし、天は語らないから、ひとの世界と照応させ類推しなくてはならない。ジュリアンは、この語らない自然とは、農耕という受動性がもたらしたものであるという。漢字圏アジア、儒教圏アジアのひとと自然の関係

［6］　本書第３章064–066頁。
［7］　本書第２章037–039頁。

性であるが、和辻の風土論的なモンスーン・アジアの心性の特徴の指摘と通底している。

ひとと自然とのかかわりの4類型——デスコラの説

以上、西洋のキリスト教と漢字圏儒教圏アジアにおけるひとといきもの、ひとと自然のかかわりを見てみたが、世界にあるひとといきものの関係は、それだけではない。それを、統一した視座からまとめている説がある。より広い視野、全地球的な視野からひとといきもの、自然のかかわりについて見てみよう。

それは、フランスの人類学者フィリップ・デスコラPhilippe Descolaの説である。デスコラは、1949年生まれ。第1章で簡単にその所説を紹介し、本書の中で今後何度も登場することになる[8]人類学者のクロード・レヴィ＝ストロースに教えを受けた人類学者であり、レヴィ＝ストロースの次の世代を代表する人類学者である。もともとは、南米の亜熱帯林のインディオ社会で長期のフィールドワークを行ない、生業システムや世界観を研究していた。それをもとに、ひとととと環境のかかわりを『自然と文化を超えて *Par-dela nature et culture*』において総合的に論じた [Descola 2005]。現在は、フランスのコレージュ・ドゥ・フランスの教授をつとめている。

全地球的視座といったが、それは、論理的視座といってもよい。デスコラは、論理学でいう「対当の正方形 square of opposition」を用いている。アリストテレスの『命題論』『分析論前書』以来の論

[8]　本書第1章032頁、第5章123頁、第6章139-140頁、第13章321-322頁、第15章359頁。

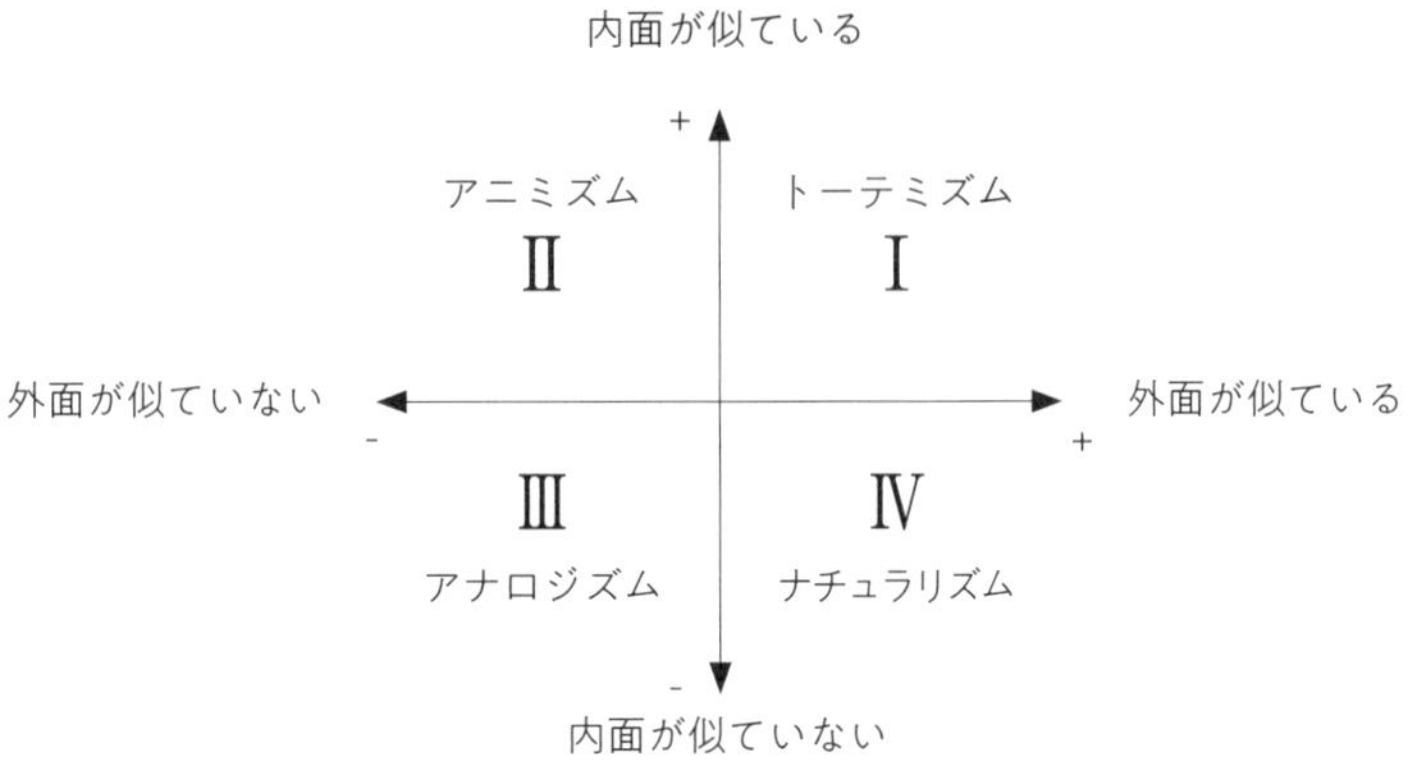

図 4-1　フィリップ・デスコラによるひとの自然認識をめぐる 4 象限［Descola 2005: 323 をもとに作成］

理学は、命題同士の対立である対当関係には、矛盾対当・反対対当・小反対対当・大小対当の4つしか存在しないことを明らかにする。つまり、ひとといきものの間に存在すると論理的に考えうる関係を網羅的に示そうとしたのがこのデスコラの説である。

デスコラは、ひとがいきものをどうとらえているかを、内面と外面の類似という点に着目して4類型に分類する。内面とは精神で、外面とは肉体である。ここには、すでに何度も述べ、今後も何度も述べる[9]デカルト以来の精神と肉体を分離する「二元論」の影が落ちている。デスコラ自身は、その著書のタイトルである『自然と文化を超えて』が示すように、自然と文化という二元論の克服を企図している。しかし、それにもかかわらず、分析視角は二元論の上に立っているともいえる。

デスコラの所説をダイアグラムにしたのが図4－1である。内面と外面の両方を似ていると考えるのが、トーテミ

［9］　本書第 2 章 057–059 頁、第 5 章 120–121 頁、第 7 章 163 頁、第 15 章 357 頁。

ズムである。ダイアグラムでは第I象限にあたる。たとえば、オーストラリアのトーテミズムにおいては、クランのトーテムとなるいきものを設定する。そのいきものは、ひとそのものであり、たとえば、熊トーテムのメンバーは、熊であり、鷲トーテムのメンバーは、鷲である。そのような目から見ると、熊も鷲も、内面も外面もひとであり、ひとは、内面も外面も熊や鷲であることになる。

一方、内面が似ているが、外面が似ていないと考えるのがアニミズムである。ダイアグラムの第II象限にあたる。凡霊主義、精霊主義とも呼ばれる。これは、たとえば、樹木の霊や鳥のカミなどの存在を認める見方である。木や鳥はあくまで、外面は木や鳥である。しかし、この考え方では、それらは内面はひとと同じ精神をもち、話すこともある。『古事記』で見たように、日本のカミはいきものやものの形態をとるので、アニミズムである。なお、現代日本におけるアニミズムについては、次の第5章で「いきもの供養、もの供養」を見る中で検討し、第8章で石牟礼道子の文学を検討する中でもう一度見る[10]。

他方、内面の類似を認めない立場もある。ダイアグラムの第IV象限のナチュラリズム(自然主義)は、外面が似ているが、内面は似ていないと考える。ナチュラリズムにおいては、いきものの身体と、ひとの身体は物質的には連続していると考える。ひともいきものも、同じ外面を共有し、物質的基盤を共有している。だが、精神は異なっている。この考え方は、近代の科学の基礎である。医学の実験に豚やマウスを使用する根拠は、身体という外部の物理的な連続性にある。ナチュラリズムとは、ひとは、外部の連続性を通じて、いきものに接続していると考え、それゆえ、いきものの生理を理解すること

[10] 本書第5章116-119頁、第8章186-187頁。

でひとの生理が理解できるとする。しかし、この考え方は、いきもの――たとえば豚やマウス――にひとと同じ内面があることは認めない。このナチュラリズムの反対語は、超越主義、神学である。近代とは、超越主義、神学から、ナチュラリズムが確立される時代でもあった。

外面も内面も似ていないと考える考え方は、第Ⅲ象限のアナロジズム(類似主義)である。これは、自然はアナロジーを通じて理解されると考える。先ほど、フランソワ・ジュリアンが引用する『論語』に見える「語らない天」を見た。そこでは、天や自然が、何かを意味するとしても、それは直接的ではないとされた。アナロジー(類推)からしか、自然は理解されえないとする考え方である。『古事記』に見えるいきもののとらえかたは、アニミズムである一方、「旧約聖書」の『創世記』にみえるキリスト教的立場は、いきものに関してナチュラリズムである。

相対論的自然観

デスコラの所論は、価値観の相対化において大きな意味をもつ。彼の著は『自然と文化を超えて』と題されているが、デスコラがいま見たような4類型を考察した背景には、自然と文化の区分を超えた、望ましい自然と文化の新たなる関係はどのようなものか、という問いがある。先ほど『創世記』を事例に見たが、自然と文化という二分法は、西洋での一般的な二分法である。この区分は、ひとと自然、文明と野蛮などいわれる場合もある。第2章で見たが、相対性は、20世紀初頭以来、諸学において追求されてきた[11]。アインシュタインの特殊相対性と一般相対性理論は、時空が相対的であることを示し、文化人類学は、文化も相対的であることを示す。

この文化の相対性の提示は、とりわけヨーロッパ中心主義（ユーロセントリズム eurocentrism）が、近代化の帰結である現代社会において、大きな意味をもつ。現代社会においては、科学は唯一の合理的な世界観であると思われている。科学とは、西欧発祥の近代化の産物であると同時に、その一部である。しかし、考えてみれば、科学だけが唯一合理的であることは、それほど自明ではない。

自己の価値観は、それを中心的に考えがちである。しかし、それは、この世に存在するすべての世界観の一部でしかない。たとえば、アニミズムの世界観をもつ者は、それが唯一の正当な世界観であると思うかもしれないが、それはあくまで4つの象限のうちの一つである。それらの4つの象限は、論理的区分であり、どれも等価である。そのうちの一つに入ることは、決してそれが優れていることを意味しない。世界観は、決してどれかが、優れていてどれかが優れていないということではない。あくまで、相対的なのである。

科学は、ナチュラリズムの考え方に立脚している。もし、この科学が立脚する自然理解の基盤に、デスコラのいうような「内部の非類似と外部の類似」という見方が存在するとしたら、科学は、単に、ひとといきものの関係性のダイアグラムの4つのバリエーションのうちの一つでしかないことになる。

---

［11］ 本書第2章 051-052 頁。

4つの象限は、論理的に導かれた分類でしかない。そのどれが合理的で、どれが非合理的かを決定する客観的根拠はない。第Ⅳ象限の一つのナチュラリズムに立脚した科学だけが、合理的だというわけではないならば、それ以外の世界観も合理的なものとして扱われなくてはならないことになる。

今日、「科学知 scientific knowledge」に対して、「在来知、土着知 indigenous knowledge」と呼ばれる知のあり方が、見直されている。科学者以外の一般の人々、とりわけ非西洋の土着の知識を正当に評価することを目指した用語である。しかし、ここには、そういいつつも、「科学知」が優位であるとする思考が見え隠れしている。だが、科学知が、単に世界観の一種であるとするならば、科学知と在来知とはまったくの等価であるはずである。事実、さまざまな土着の人々のいきものに関する知識は、科学の知識を凌駕する場合がある。たとえば、薬学は、その知の多くを、野や山に生きる民の薬用動植物の知識に負っているが、その権利の保護が問題になっている。1981年から2002年にかけての抗がん薬の60％と抗感染症薬の75％は自然由来のものであるという [Gupta et al. 2005]。ヨーロッパ、あるいは科学だけが「普遍」ではない。このデスコラの4類型は、それを示している。

「自然」は存在しない、あるいは、出来としての自然

もう一つ、このデスコラの4類型が問うものは、「自然は存在しない」可能性があることである。

第2章で、宇宙も世界も存在しない可能性があることを述べた[12]。宇宙や世界とは、言語的に構築された概念である。それは、その概念、つまりその語が存在することによって存在するようになったものであり、そのように呼ばれることがなければ、つまり、その語によって表わされる概念がなければ、存在しないものであった。つまり、世界は存在しない可能性がある。

それと同じことが「自然」についてもいえる。デスコラのダイアグラムの第Ⅳ象限は、ナチュラリズム、つまり自然主義であり、まさに、自然の存在を前提とする。しかし、この第Ⅳ象限以外の立場に立つとき、「自然」は、この第Ⅳ象限がとらえるような「自然（ネイチャー）」としてはとらえられないのである。『自然なきエコロジー *Ecology without Nature*』[Morton 2009]の中で、人類学のティモシー・モートン Timothy Mortonはこの問題を展開した。ディープ・エコロジーにおいては、「自然に帰れ」を合言葉に、自然第一主義が取られ、ひとの活動を極端に抑制することすら正当化される。しかし、彼らのいう「自然」とは、彼らの考える自然、つまり、近代文明、あるいは、その背後にある西洋文明の「自然」を投影したものである。欧米のディープ・エコロジストのいう「自然」は、デスコラのダイアグラムの第Ⅳ象限の「ナチュラリズム」がそう考える「自然」にしかすぎないのであり、それは、第Ⅰ象限つまりトーテミズムや、第Ⅱ象限のアニミズムがとらえるような「自然」とも異なる。

さらにいうと、西洋においてすら、近代以前においては、自然は、デスコラのダイアグラムの第Ⅳ象限がとらえるナチュラリズムの対象としての「自然」であったわけでもない。第5章で見るが、西

[12] 本書第2章047–050頁。

欧の中世においては、自然は神の意思を体現したものであると考えられていた[13]。

自然という語は、さまざまに用いられる。第3章で検討し、コラム1でも見る丸山眞男の「近世日本政治思想における「自然」と「作為」」という論文は、日本においては、前近代において幕府の公定学であった朱子学が、政治体制を「自然」であると考え、そのことによって、身分制を固定する役割を果たしたことを明らかにしたものである[14]。身分制とは、人為的につくられたものである。しかし、それが「自然」ととらえられるとき、それは、変えることのできないものととらえられ、体制の矛盾を覆い隠すことになる。

前章では、「なる」=ビカミングという自然に関する理論が、アジア太平洋戦争期における、超国家主義を支え、日本のアジアへの侵略を正当化する機能をもったことも見た[15]。一方、法学においては、実定法を超えた自然法が存在するという考え方がある。社会学のユルゲン・ハバーマスJürgen Habermasによれば、近代とは自然法の中に存在する人権や基本権をいかに現実の共同体に適合させるかというプロジェクトであった［Habermas 1962=1976］［Habermas 1992］。これは実践の公開性によって実現されるものである。この点で、この変え方は、第5章で見る行為の意義を再認識するアクター・ネットワーク理論とも通底する[16]。自然法と実体法という区分は、作為に基づいてつくられた人間社会が、いかに、普遍的な正義の状態を実現できるかというときに、有効な視座でありうるという指摘もある［大村 2019］。つまり、自然と人為を正当に区分することは正義の実現にも意味をもつ。なお、正義

[13] 本書第5章113頁。
[14] 本書第3章084頁、コラム1、245頁。
[15] 本書第3章085頁。
[16] 本書第5章126頁。

については、第12章でも述べる[17]。自然という語には多様なセマンティクスがあり、それは社会の成り立ちとも密接にかかわっているのである。

以上、「ひと―いきもの」関係の多様なバリエーションを見てきた。環境の基礎となる自然の見方がこれほど異なるとき、それを止揚した真に普遍的な「環境観」は構築できるのだろうか。このことを考えることが、今後、環境を考えてゆくうえでのグローバルな課題であり、人文地球環境学の課題である。

[17] 本書第12章277-279頁。

Bookguide
この章のブックガイド

フィリップ・デスコラ（小林徹訳）『自然と文化を越えて』水声社 2020年

総ページが600ページを超える浩瀚な本であるが、世界を論理的に理解しようとした試み。レヴィ＝ストロースも『神話論』において、世界を一望する視座のもとに置いたが、このデスコラのそれも、同じ試みであり、もしかしたら、それは一神教的世界観のあり方と関係しているかもしれない。（写真は仏語原書、2005年）

ティモシー・モートン（篠原雅武訳）『自然なきエコロジー――来るべき環境哲学に向けて』以文社　2018年

自然と人為をラディカルに問う書である。本章で述べた議論のほかにも、地球上のあらゆる生物の身体には、すでに、核実験由来の放射性物質が入り込んでいるはずであり、つまりは、あらゆる自然の中に人為が入り込んでおり、純粋な野生や自然とは、地球上のどこにも存在しないことなど、本書と通じる視角も多い。（写真は英語原書、2007年）

網野義彦・大西廣・佐竹昭宏（編）『瓜と龍蛇』いまは昔、むかしは今1、福音館書店　1989年

天と地は、天に向かって伸びる蔓に実る瓜やヒョウタンを通じてつながっている。天と地は龍を通じてつながっている。天と地の照応に関して、孔子は、天は語らないといったが、そのような思想家レベルの言説とは別に、庶民たちは、ものや想像上のそれを含むいきものを媒介に、さまざまにこの照応とそれへのアクセスを想像してきた。本書は、日本中世の庶民がどのように天と地のかかわりをイメージしたかをさまざまな説話や図像、ものを通じて明らかにする。

5 いきものとひと
――動物裁判、動物供養、動物実験、霊長類学：分かれ目

前章では、生き物と人のかかわりのバリエーションを見た。ここでは、ひとといきものの分かれ目、境界について見ていきたい。

人類学者フィリップ・デスコラのひとといきもののかかわりに関するダイアグラムが教えるところは、ナチュラリズム（自然主義）に立脚した近代科学の世界観は、決して、ひとと自然の間の唯一の合理的なかかわりではないということであった。では、それを踏まえて、どのような世界観、すなわち、ひとと環境とのかかわりのあり方がありうるのであろうか。

動物裁判——「自然」が「自然」になるプロセス

デスコラの4類型のダイアグラムは、ナチュラリズムを相対化するものであったが、それは論理的に行なわれた。一方、歴史的にも、ナチュラリズムは相対化されうる。ナチュラリズムに立脚した科学は、現在、広く世界をおおっているが、しかしこの2つが結びついたのは、ヨーロッパ、とりわけ西欧においてごく最近のことである。17世紀にはじまる科学革命と社会のキリスト教化によりそれは起こった。しかし、それ以前には、いきもの、あるいは自然は、異なった相貌を見せる。

それを象徴するのが、動物裁判である。動物裁判とは、動物を被告にして行なわれた裁判のことである[1]。13世紀ごろから17世紀ごろまで西欧において広く行なわれていた。

動物裁判とは何であろうか。それは、文字通り、いきものを被告として行なわれた裁判である。今日の裁判システムでは、被告となるのは、ひとであり、いきものを被告とすることはありえないため「動物裁判」とは、まったく荒唐無稽に聞こえる。しかし、歴史的には、実際にそのような裁判が大真面目に行なわれていたのである。

動物裁判においては、豚やオオカミが被告となった。豚は当時、家畜化がそれほど進んでおらず、イノシシと似たような状態であった。凶暴で牙をもち、しばしばひとに危害を加えた。雑食性の豚がひとを襲い、ひとの子どもを殺して食べてしまったというような事例もしばしば見られた。そのようなとき、豚が被告として裁判の場に引き出され、真剣に判決が下され、刑罰が加えられた。

[1] 以下、動物裁判については、[池上 1990] を参照した。

牛、馬なども被告になったし、農作物に被害を与えるバッタや昆虫が被告になった場合もあった。またいきものとひとが性交を行う事例もあり、そのような場合、被告としていきものが処罰される場合もあった。

このような動物裁判は、キリスト教化が進む前のヨーロッパの民衆世界の心意を背景としている。キリスト教においては、前章の『創世記』で見たように、ひとといきものは截然と分けられる。しかし、動物裁判においては、いきものは、ひととは截然とは分けられない。西欧の中世において、キリスト教はあくまで社会の上層階級である貴族などの一部の層にだけ浸透し、民衆世界においては、ヨーロッパの古層が生きていた。その古層は、グリム童話などに見られる、いきものがひとのようにふるまったり話したりする世界である。

前章で見たように[2]、自然は、「自然」として認識されることで自然となる。それを「自然」であると、認識する主体が存在してはじめて、自然は「自然」と認識される。それは、主体の成立であると同時に、カテゴリーの成立である。

今日、風景は「自然」であると思われている。野山を描いた絵画は、「自然」を描いた絵画だと思われているし、海や川を撮影した写真は、「自然」を撮影した写真と思われている。しかし、「自然」というカテゴリーの成立以前には、それらは違った見え方をしていた。西欧の中世においては、風景は神の意思であると考えられた［グレーヴィチ 1999］。風景画は、今日では、西洋絵画の定番となって

[2] 本書第4章106–108頁。

いるが、それはあくまで近代に発達したものである。中世には風景画は存在しなかった。仮に、そこに風景が描かれていても、それは何らかの宗教的意味をもつアレゴリー（寓意）として描かれている。

つまり、西欧中世においては、「自然」は、「自然」ではなかったのである。オギュスタン・ベルクによると、西洋における風景画は、中国から山水画が導入されて初めて風景画として存在するようになったという［ベルク2017］。西欧中世においては、自然とは、今日とらえられるようなものではなく、神の意思の体現物であった。ナチュラリズムは、その状態から脱し、自然は自然になってゆく。ナチュラリズムの誕生である。ナチュラリズムは、そのような歴史的産物である。このナチュラリズムの成立が近代化であり、その過程で、西洋では広く社会においてもひとといきものの分割線が截然としていった。

共苦といきもの

一方、日本におけるひとといきものの分割線を改めて見てみよう。日本のひとといきものの関係は、西洋近代のようにそれらを截然とは分割しない。

その原因の一つは、仏教の影響である。仏教においては、この世にあるものを有情と無情に区別をする。有情の中には、ひとはもちろんのこと、いきものも含まれる。第3章で、マンダラの世界観を見たが［3］、それが教えるように、仏教では世界は2つあると考える。サンサーラ（輪廻）の世界と

［3］　本書第3章074-075頁。

ニルヴァーナ（涅槃）の世界である。そして、ひとといきものは、同じ「輪廻」の中に存在すると仏教は考える。輪廻を構成するのは、六道といわれる地獄、餓鬼、畜生、修羅、人間、天という6つの世界であり、有情という存在は、それら6つを円環する。有情は、仮に死んでも、現世における徳やカルマに応じて、再び、六道のうちのどれかに生まれ変わる。

この輪廻の中にいることは、苦痛である。なぜなら、輪廻とは円環であり、円環であるから、それは、永遠に続くからである。永遠とは、一見すれば、望ましいかもしれない。しかし、輪廻により生まれ変わる世界、つまり現世とは苦しみに満ちた世界でもある。そのような世界の中に永遠に存在することは、苦しみ以外の何物でもない。仏教において目指されるのは、その輪廻を解脱して、涅槃に入ることである。涅槃に入っていないという点で、ひともいきものも同じ苦しみを分かちもつ存在論的な位置にいるのである。

そのような世界における共通の苦をともにする存在として、ひとといきものがある。チベット仏教の最高指導者であるダライ・ラマ14世 Dalai Lamaは、それを共苦と呼ぶ。ダライ・ラマ14世の思想を研究する宗教学の辻村優英によると、この共苦とは、他者が苦しむのを見るのに耐えがたく、他者の苦を苦しみ、他者が苦しみとその原因から離れるのを望むことである［辻村 2016：2、142］。これは、ひとのもつ基本的感情であるが、内面の共通性をひとといきものに見る点で、デスコラのダイアグラムではアニミズムに分類されよう。アニミズムは、ナチュラリズムの対偶にある。近代と宗教の両立を目指すダライ・ラマ14世は、科学が共苦から乖離しないことを目標とする。共苦とは、対偶ということごとく反対する二項にあるナチュラリズムとアニミズムを接近させるカギとなる態度である。「苦」については、第8章で、水俣「病」事件を描いた文学作品『苦海浄土』を検討する中で改めて取り上げる［4］。

いきもの供養、もの供養

日本におけるひとといきものとの共苦を示すものに、草木塔《そうもく》がある。これは、山形県に顕著であるが、草木を供養する塔である。また、鯨供養や虫供養などさまざまないきもの供養が行なわれる。動物園においては、飼育動物の供養が行なわれるし、医学薬学系の大学においては、実験動物の供養が行なわれる（写真5－1）。そのような場には、僧侶が呼ばれ読経が行なわれることもしばしばである。

実験動物を供養することは、ヨーロッパにおける研究施設においては見られない。科学技術論のシェイラ・ジャサノフSheila Jasanofは、科学は、普遍的であると思われているが、国や地域によって異なった様相をもつことを指摘している［Jasanoff 2007］。細胞実験における研究者と「自然」の関係を参与観察の手法を用いて人類学的に研究分析した科学技術論の鈴木和歌奈によると、日本の研究室においては、細胞に対して、擬人科的なオノマトペが用いられたり、「この子」や「こいつら」など擬人化が行

［4］　本書第8章186-191頁。

写真 5-1　実験動物慰霊碑（京都薬科大学）

なわれたりするなど、情緒的な愛着がもたれることがあるという［Suzuki 2015］。これは、細胞を単なるものとして見るのとは異なった態度であり、生命という「自然」に対する共通的な基盤を前提とした態度である。

　これはさらに、ものとのかかわりにまで拡張される。針供養や包丁供養、人形供養などのもの供養が行なわれるが、それは、ものの中に魂の存在を認める考え方である（『日本民俗大辞典』［松崎　２００４］）。

　江戸時代後半以降に発達し現在にまで続く妖怪や化け物とは、古道具などがひとなどの姿を取ってひとの世界にあらわれるという世界観を背景とする。それらは、ものに主体を与えることから生じたものたちである。ツクモガミ（付喪神、九十九神）などと呼ばれることがあるが、日本の民俗社会は、ものが魂をもって活動すると考える。

妖怪ともの

　写真５－２は、19世紀末に活躍した月岡芳年の「百器夜行」と題する浮世絵であるが、そこには、食器、楽器などさまざまなものが

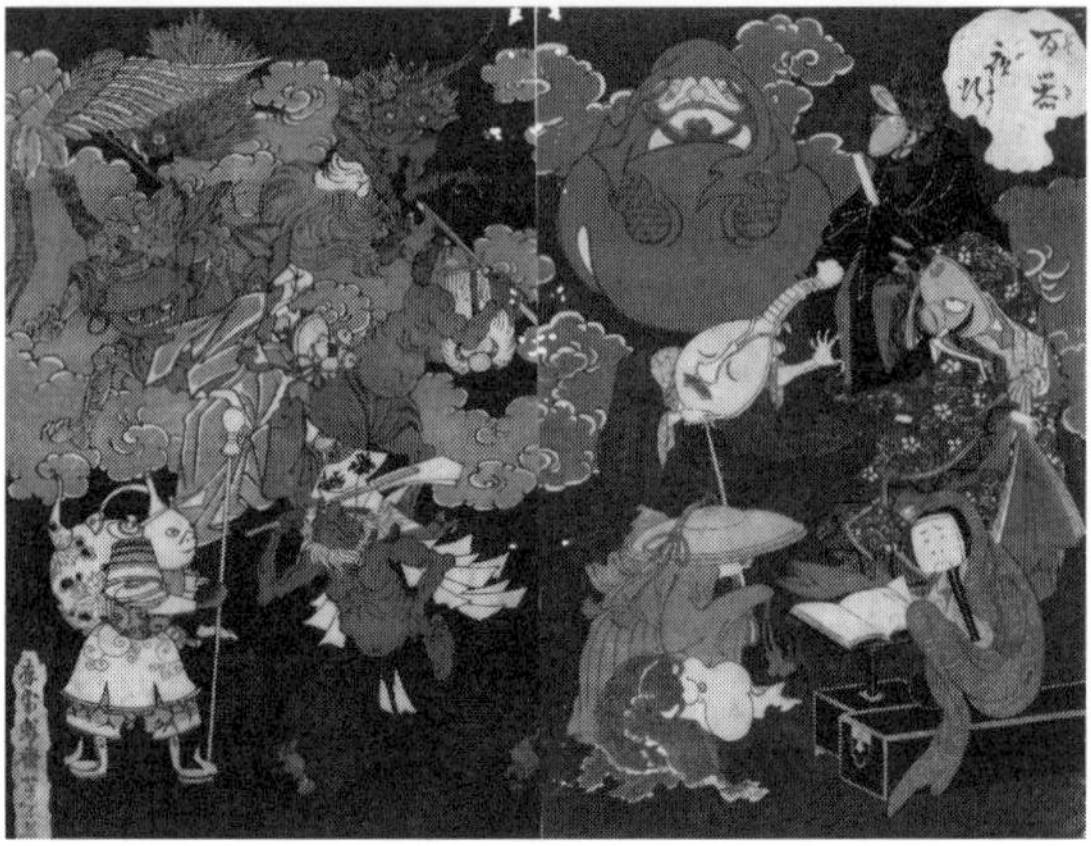

写真5-2　月岡芳年画「百器夜行」1865年（国際日本文化研究センター蔵）

いきもののように活動する様が描かれている。これは、「百鬼夜行」という、平安時代以来の民間の伝承である鬼などの怪異が夜中に徘徊するという伝承のパロディであるが、「鬼」に変えて「器」という語を用いていることが興味深い。先ほど見たダライ・ラマ14世の説くチベット仏教では、世界を有情《うじょう》世間と器《き》世間に分け、その相互依存関係の中でとらえる［辻村2016］。芳年の「百器夜行」のいう「器」とは、そのような分類にも対応している。

科学史のダグマー・シェーファーDagmar Schäferは17世紀の中国において、ものの世界への注目が急速に高まったことを論じる［Schäfer 2011］。彼女の関心は、『天工開物』などの工学書の刊行に向けられているが、同時に、それは、グローバルに見た近世に入っての物質文化の高まりとも関係する。日本においても近世になって、妖怪がポピュラー化したことは、そのようなものへの関心の高まりの一形態であるとも考えられる。芳年の「百器夜行」では、ものが相互にコミュニケーションをしている。これは、ものに主体性を認める立場である。この点については、第7章で詳しく述べる[5]。なお、妖怪とは、ものと怪異の結びつきである。モノという語に含まれる、霊や超自然の含意については、次章でモノガタリとのかかわりで検討する[6]。

そのような見方をさらに過去に遡及させる説もある。考古学においては、縄文時代に「貝塚」が存在したことが知られるが、近年、貝塚は単なるゴミ捨て場とは異なった場であることが議論されている。貝塚の集落内での位置関係や、そこに貝以外の遺骨などが存在することから、貝塚に埋められたものはゴミとしてそこに埋められたのではなく、そこは再生を願って役目を終えたひとやものを集積する場であったという仮説が提唱されている［飯塚 2015］。魂を送り、再生を願う儀式は、アイヌの熊送りにも見られるが、ものやいきものの魂を人間の魂の存在領域と共通した領域の中でとらえる考え方である。

先ほど見たダライ・ラマ14世がいうように、このような近代や科学の世界とは相いれない見方を科学と調和させることは現代の課題である。見方によっては、このようなものの見方は、科学の妨げともなるであろう。しかし、本書はそのような立場は取らない。むしろ、そのような多様なひととといきものの関係こそが世界を豊かにとらえることに通じると考える。現に、このようなひとといきものの関係は、科学における創造的ないきものへの向きあい方をもたらしている。この点は項目を改めて、次項以下で詳しく見る。

---

［5］　本書第7章165-168頁。
［6］　本書第6章138頁。

動物の心、人間の心

ここまでの記述で、西洋において、ひいては近代科学においては、ひととといきものが截然と分けられてきたと述べてきたが、これは単純化した見方ではある。そのような大きな区分はありつつも、今日の学術界では、ひととといきものの関係を見直そうという動きが、多方面で進んでいる。ここでは、内面の問題として取り組んでいる学問に焦点を当てて見てみよう。心の科学という領域である。

心は、ひとに特別なものであると思われてきた。とりわけ、近代西洋の哲学において心の問題は中心的な問題であった。デカルトについてはすでに第2章で述べたが[7]、彼は、1637年の『方法序説』において、「われ思う、ゆえにわれあり」というテーゼを打ち立てた。これは、アリストテレスの形而上学に基づいた哲学を終焉させ、新たな哲学を打ち立てた出来事ごとであった [Kenny 2006: 40-41]。

アリストテレスの哲学とは、形而上学を基礎として、自然や論理などこの世界のあらゆるものを統一的にとらえようとする体系である。第3章では出来《しゅったい》を「なる」＝ビカミングから考えた。第13章で詳しく見るが、それと並び、本書の出来という考え方は、アリストテレスにも依拠する[8]。このアリストテレス的システム論ともいえる世界観が、統一した視座で世界をとらえる強力さはメリットである半面、その中における人間の主体性といったものが見えにくいデメリットがある。そこにあるのはシステムであり、ひともそのシステムの中の一つの要素にしかすぎない。しかし、デカルトは、それに対して、自己の内面に沈潜することで、主観と客観の二分法に基づくまったく別の体系の哲学を

[7] 本書第２章057頁。
[8] 本書第13章305-311頁。

打ち立てた。これは、心と身体を分離するという点で二元論である。

第2章で述べたが[9]、デカルト以後の西洋の哲学は、その心の内部を、分析し言語的に構築することに意を用いてきた。カントは、『純粋理性批判』においてそれを超越性と理性の問題としてとらえ、ヘーゲルは、『精神現象学』で精神を意識と自意識の二重構造としてとらえた。それを基盤として、フロイトが自我のあり方を明らかにし、フッサールは、現象が精神の内部においてどのようなものであるかを明らかにした。そのようにして、心のあり方が、言語的に構築されてきたのが、西洋近代の哲学の歴史であった。アメリカの哲学者のリチャード・ローティRichard Rortyは、このデカルト以来の哲学の成し遂げたものを「心の発明」と呼んだ[Rorty 1979: Chap.1]。デカルトの哲学は、二元論と批判されるが、しかし、一方、この「心の発明」以来、欧米において展開してきた「心の哲学」は、二元論を再考し、その中にさまざまな微細な区分を設けてきた。その意味では、中論的ともいえる。

そのような流れの中で、心とは、ひとに特有なものであるのかどうかという問題が問われるようになってきた。いきものに心があるといったとき、科学においては、一般的に、それは、擬人化であると批判され、科学的ではないといわれる。ひとが怒っていることは、ひとに尋ねることによってわかるが、ニホンザルが怒っているかどうかは、ニホンザルに聞くことができないからである。ニホンザルが怒っていると、ひとが思うのは、ひとの思い込みでしかなく、ひとのカテゴリーをサルに当てはめているにすぎない可能性がある。

---

[9] 本書第2章057-058頁。

「サルが怒っている」と表現することを、科学はこれを擬人化であるとして認めない。だが、科学の内部でも、ニホンザルが怒っていると感じられるとき、それは、まさに怒っているとしかいえないものではないか、という省察が生まれてきた［菅原 2002］。

怒るとは行為である。行為を表現することは言語の問題であるが、行為そのものは言語とは別の位相にある［Davidson 1967=2001］。言語の解釈のベールを取り去ったとき、ひとが怒ることとサルが怒ることとは等価であるはずである。行為への注目についてはアクター・ネットワーク理論について本章の最後でも述べるが、哲学、社会学、人類学など幅広い領域で行為そのものが問い直されている。そして、その中では、ひとといきものの境界が改めて問われるようになっている。なぜなら、ひとの行為といきものの行為の間の分かれ目が揺らいでいるからである。

日本の霊長類学——個体識別とは何か

この問題に、独自の立場からアプローチしているのが、日本の霊長類学である。日本の霊長類学は、ひとといきものの間に截然とした分割線を設けない日本の自然観を背景とした研究視角が強みである。京都大学を中心としたユニークな研究が世界の科学界において独自の位置を占めている。

この学派は、今西錦司と伊谷純一郎をその創始者とする。今西錦司の所説については本書第7章において詳しく見る[10]。京都の霊長類研究の伝統は、個体認識に基づく徹底的なフィールド調査による実証研究を特徴とする。今西の自然の見方には、いきものの主体性を認める見方がある。

霊長類の個体を識別することとは、たとえば、チンパンジーやニホンザルに個性を見いだす見方である。フィールドで見るチンパンジーは、チンパンジー一般ではない。一個のチンパンジーは、個性をもつ一個の個体である。この後で見るこの学派の松沢哲郎は、チンパンジーを「一頭」ではなく「一人」と数える。それは、チンパンジーの個性を認め、チンパンジーの主体性を認め、そして、チンパンジーの尊厳を尊重する姿勢である。先ほど見たダライ・ラマ14世のいう共苦の対象として見る見方ともいえるだろう。そのようないきものとのかかわり方とは、西洋近代のそれとは異なり科学研究において、チンパンジーを研究の実験対象物体と見る見方とは大きく異なる。そのような感性をもちながら、霊長類研究を、西洋が発達させてきた近代科学の方法にのっとって追及したところに、京都の霊長類研究の独自性がある。

京都の霊長類研究の第一世代である伊谷は、個体認識に基づき、家族の復元をさまざまな霊長類において行なった[伊谷 2007-2009]。そのうえで、家族のもつ意味を明らかにした。家族とは、人類学のレヴィ=ストロースが『親族の基本構造 *Les structures elementaires de la parente*』で明らかにしたように[レヴィ=ストロース 2000]、ひとの社会の基礎単位であり、交換という経済行為の最も基礎となるものである。そのあり方は、霊長類においてもさまざまな偏差をもつが、それが進化の過程

[10] 本書第7章154-157頁。

において獲得されてきたことを明らかにした。

チンパンジーの瞬間的直観像記憶

日本の霊長類学の近年の最も大きな成果の一つは、比較心理学の達成である。すでに触れた松沢哲郎がチンパンジーのアイやアユムとともに行なったさまざまな学習と実験は、チンパンジーが言語をもつこと、チンパンジーが人間と同じく「数」の観念をもつことなどを次々に明らかにした［松沢2011］。これは、言語がひとといきものを分けるメルクマールであるとする西洋の世界観にとっては、新しい発見である。いや、そもそも、言語はひとに特有とする考え方をもつ西洋の研究者からは生まれえなかった研究であるともいえる。

さらに、松沢の研究は、チンパンジーの認知機能において、ひとのそれよりも優れているものがあることを明らかにした。この点も、日本のひとといきものの関係性が反映している。ひとといきものを截然と分ける思想は、その背後に、ひとの優位性という含意をもつ。しかし、いきものを共苦の対象と考えるとき、そこには、優越の関係は存在しない。

松沢が明らかにしたところによると、チンパンジーは「瞬間的直観像記憶」がひとよりも格段に優れている。瞬間的直観像記憶とは無意味な数字やものの羅列を記憶する力である。ひとは、そのような能力をほとんどもたないが、チンパンジーはわずかな瞬間見ただけのランダムな数字の配列を、驚くほど正確に再現する能力をもつ。このような能力は、ひとでも、いわゆる自閉症などのケースに見られる。松沢は、このような記憶力を、ひともかつては普遍的にもっていたかもしれないことを想定し、ひとが言語を獲得したことで、この能力を失った可能性があることを示唆する。脳には容量があるため、それを超える能力を獲得したとき、何かがトレードオフされなくてはならないのである。

いきものにおける主語と述語

松沢の研究は、ひとの言語とは、特別なものではないことを示す。さらに、これを高次脳機能に広げると、いきものはそれぞれに独自の高次脳機能を発達させていることが明らかになっている[11]。嗅覚に特化したイヌや、特殊な聴覚に発達したコウモリなど、それぞれのいきものが、それぞれの脳機能を高度化させている。その中で、機能の発達を言語に特化させたのがひとであるが、言語を用いる能力は高次脳機能の出現形態の一つにすぎないと考えれば、言語に特別な意味づけを与えることはできないともいえる。

いきものはそれぞれの見方で、世界を認知している。第2章で、ユクスキュルの環世界論を紹介したが[12]、そのそれぞれの見方とは、機械論的なものではなく、それぞれの動物の主体性である。同

[11] *Science, 306*, 15 October 2004, Issue 5695 の特集 Cognition and Behavior の諸論文。
[12] 本書第 2 章 051–052 頁。

じく第2章で見たように、オギュスタン・ベルクは、主体性を通態的であると考えた[13]。現実rを主語Sと述語Pで構成することであるとして、それは、世界を「〜として r=S/P」ととらえることであるとした。いきものも、ひとも、ともに世界を「〜として」ととらえている。だとしたら、いきものも、主語をもち、述語をもっていることになる。霊長類が、家族をもつということは、霊長類はお互いに個体認識をし、お互いがお互いをパートナー「として」認識しているということである。固定したパートナーをもついきものは、霊長類に限らない。馬や牛や犬などの哺乳類もそうであるし、鳥類もそうである。あるいは、魚類にもそれは見られる。とすれば、それらのいきものは、みな、世界を「〜として」ととらえていることになり、それらの〝心〟にあたる内的領域では、主語と述語に相当するものが存在するともいえる。

行為は、行為でしかない。フランスの社会学者のブリュノ・ラトゥール Bruno Latour のアクター・ネットワーク理論は、アクターに注目している。アクターとは、行為者であり、アクターに着目することとは、アクトつまり行為に着目することだが、行為とはその行為をとりまく環境と一体になった現象である。たしかに、ひとが行為を解釈するとき、それは言語によって行なわれる。しかし、行為が行なわれる場に存在するのは、ひとだけではない。ひと、もの、いきものが行為の場を構成する。行為が、何らかの行為だといわれるとき、それは、言語の問題である。すでに述べたが、分析哲学においては、行為と意図ははっきりと区分される[Davidson 1967=2001]。行為に意図を見ることは、解釈の問題であ

[13] 本書第2章059-060頁。

り言語の問題である。先項で見たニホンザルが怒っているか怒っていないか、という問題は、意図の問題である。しかし、行為そのものは、言語とは無関係である。行為としては、ニホンザルは怒っている。行為に着目するとは、解釈あるいは言語から行為を独立させることである。その意味で、行為の中にあるというとき、ひと、もの、いきものは等価の立場にある [Latour 2006: 73]。

そのような関係性の中でいきものをとらえたとき、いきものはどのような位置づけをもちうるのだろうか。科学において、いきものの位置づけが変わりつつある。新たな科学的成果に基づいた新しいひとといきものの関係の叙述と解明が求められている。

Bookguide
この章のブックガイド

池上俊一『動物裁判』講談社現代新書　1990 年

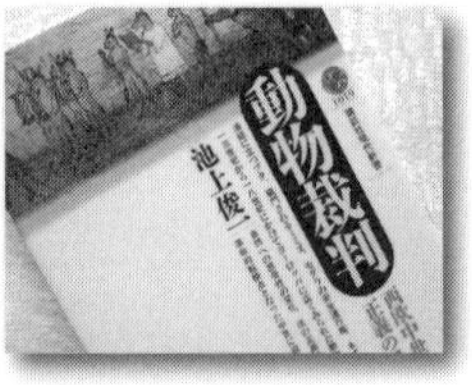

社会史の手法による西欧中世の古層の発見。内容は本章で詳細に紹介したが、動物が大真面目に裁判されていたことを詳細に描き出す手法は歴史学ならではの。この問題が社会の問題であることを、キリスト教化、農業技術の進歩と森林の開発、合理的精神の展開などとの関係で論じる。

菅原和孝『感情の猿＝人』弘文堂　2002 年

「感情とは行為空間に参入する実存の身がまえそれ自体から湧きでる意味である」とする人類学者が霊長類と人類を横断して考察した行為の意味論。「猿＝人」は「エンジン」の掛け言葉であり、わたしをかりたてるものは何かへの探求である。ニホンザル、エチオピアのヒヒ、南アフリカのブッシュマン、そして「わたし」を貫くものが見える。

松沢哲郎『想像するちから――チンパンジーが教えてくれた人間の心』岩波書店　2011 年

京都大学霊長類研究所でチンパンジーのアイとその子どものアユムとともに研究を続けてきた著者の 30 年のあゆみを総括した書。著者は、毎日毎日、研究所で、朝の決まった時間、アイとアユムとともに過ごし、彼らにねばり強く「勉強」してもらったという。その結果、本章で述べたような研究が生み出されたのだが、それを「勉強」と表現し、人間の教育者と同じようにアイとアユムに向き合った著者の姿勢がその成果の背後にあったことがわかる。

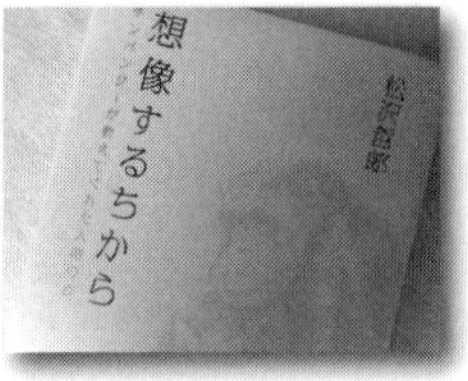

6 森が語る——お話といきもの

メコン川の語りから

——ゾウは、もともとはひとの親戚だった。ゾウはゾウの姿かたちをして生まれたのではなかった。だから、ゾウはひとが好きだし、よろこんでひとに捕えられて家畜になる。いまでも、ゾウは、ひととともに生きているし、さまざまにひとのために働いている。

むかしむかし、村人の何人かが川へ魚捕りに行った。彼らは、楽をして魚を捕ろうと思って魚毒を使った。そして、彼らは、捕った魚を食べた。だが、一緒にいた一人の女は、赤ちゃんがいてお乳をあげるのに忙しかったので、魚は食べなかった。

魚を食べると、村人はゾウに変わってしまった。けれども、ゾウになった彼らはひとの言葉がわかったし、話すこともできた。彼らは、村に帰って自分の家族に、ゾウに変わってしまったことを話した。ゾウになった彼らは、以前と同じように家族と暮らした。

カミさまは、川に毒を流してゾウになってしまった村人たちに依然として怒りをもっていたので、杵でゾウの口をたたいた。だから、ゾウは話せなくなってしまった。けれども、彼らは、ひとの言葉はわかったし、前と同じようにごはんとおつゆを食べ、お酒を飲んだ。彼らは、伝統的医学の知識をもっていたので、家族を薬草のあるところに連れていった。彼らは、木を運搬し、農作業の助けをし、人を乗せてあちこち運んだ。時には、家族の面倒も見た。

ゾウは子を産んだ。そうして長い年月が過ぎた。次の世代のゾウはもうその前のことがわからなくなり、ひとの親戚とつきあうこともなくなった。だから、彼らは、森にすむようになり、ごはんとおつゆの代わりに木の葉を食べるようになった。

いまでは、ひとは農作業にゾウの助けが必要なときには、森に行ってゾウを捕まえなければならない。ゾウは、もともとはひとだったので、ひとのごはんを食べる。そして、ひとのことを主人だと思い、その命令に従う。そして、子ゾウを捕まえるためにひとと一緒に森に入ったりもする。

カンボジアのブノング族のお話［Doi 2015: 26-27］

これは、メコン川流域で採録されたお話である。ここには、ひとといきもののかかわり、そして、森や川といった環境とのかかわりが語られている。ゾウといういきものとひとは、もともとは同じだった。ゾウは、ひとの言葉を話すことができたこともあった。これは起源譚である。ゾウがどうしてひとともに働くのかという起源である。と同時に、そこには、環境に関する配慮も語られている。魚毒による漁を行なったことで、村人はゾウになってしまう。魚毒漁という、川の魚を一挙に取りつくしてしまう可能性をもつ漁業方法への警告でもある。

短いお話だが、ここには、さまざまな論点が含まれている。そもそも、お話は、話された瞬間から構造をもつ。この後、第14章で見るように[1]、すべてのお話は、始まりがあり、中間があり、終わりがあるという構造をもつ。何かが話されると、そこには、必ず意味が生じる。それは、お話の中で登場人物が行為をしているからである。前章で見たが[2]、行為はそれだけでは意味をもたないが、それが語られたときには意味が生じる。お話は、行為についての語りだが、それは言語的行為であり、つまり必然的に解釈である。行為が観察されたとき、そこに観察者の解釈が生じる。お話には解釈を明示的に提示するものもあるし、しないものもある。だが、いずれにせよ、お話が何らかの行為についての語りであるかぎり、聞き手は、そのお話の内部での行為を観察し、解釈することになる。

声を聞く

本章は、いきものと語りについて考える。本書は、ひと、もの、いきものの関係を探るものであるが、その関係に、声を聞くという関係がある。本書は、「叢書　地球のナラティブ」の一冊だが、地

［1］　本書第 14 章 338 頁。
［2］　本書第 5 章 126 頁。

球のナラティブとは、地球の声を聞くことでもある。声を聞くとは、その声を発する主体の主体性を認めることである。

地球は、物質であり、ものである。だから、それには声はない。声があるとしたら、声を発することができる器官をもたなくてはならないが、地球には声を発するべき器官がないからである。声を発する器官とは、のどであり、声帯である。のどと声帯をもつのはひとだけではない。呼吸をするいきものは、呼気・吸気の通り道である気道をもっており、それが、声帯として使われることもある。そのようなものは、声と呼ばれる場合もあるし、そう呼ばれない場合もある。鳥の声とはいうが、犬の声とはいわない。鈴虫の声とはいうが、ワニ・トカゲの声とはいわない。鈴虫の声は翅をふるわせる音だから声ではないともいえる。声とは、恣意的にひとの側の都合で決められたものである。それはひとの文化である。虫の声を「声」と認識する文化もあれば、認識しない文化もある。

声と言語という問題もある。虫の声は、声だが、それは言語ではない。鳥の声も、言語ではない。それらを聞くことはできるが、しかし、そこに意味をとらえることはできない。

本章は「森が語る」と題する。これは、地球が語るということを分節化してとらえようとしたものであるが、この地球の語りを本書ではお話ととらえる。お話とはナラティブの一種である。そこには、ひと、もの、いきものが対等の立場で登場する。なぜ、お話ではそれが可能なのか。お話とは何か。それを考えることとは、ひとともものといきものの織りなす環境という現象について考えることでもある。

森のお話の現在

冒頭で紹介したカンボジアのブノング族の語りを採集したのは、メコン・ウォッチMekong Watchの「ピープルズ・ストーリーズPeople's Stories」というプロジェクトのグループである。メコン・ウォッチは、1993年に設立された東京とタイに拠点を置くNGOである。第8章の水俣「病」事件の例や、第4部で見る地球上のグローバルな不平等やグローバルな正義のように[3]、経済成長と人々の幸福、環境の保全のバランスを保つことは難しい。とりわけ、開発途上国や低開発国と呼ばれる国や地域においては、開発独裁などの問題もあり、経済発展のための開発が、環境を破壊し、人々の暮らしを脅かす事例がしばしば起こる。メコン・ウォッチは、非政府組織の立場から、人々の抱える問題を可視化し、それを政策に反映させることを目指して設立された。東南アジア大陸部を、ラオス、カンボジア、ベトナム、タイなどの数か国にわたって流れるメコン川流域においては、開発の矛盾が現われつつあり、メコン・ウォッチはこの地域において開発をめぐるさまざまな環境問題や社会問題へのコミットメントを行なっている。

だが、そのような政策系の団体が、どうして「ピープルズ・ストーリーズ」のようなお話の収集プロジェクトを実施しているのか。メコン・ウォッチの土井利幸によると、理由は、開発の語りと現場の語りの乖離によるという[Doi 2015: Introduction]。開発の現場においては、政策目標などが語られる。そこにあるのは、社会科学や自然科学や政策の語彙である。だが、それは地域の人々との乖離がある。

[3] 本書第8章172ff頁、第11章258ff頁、第12章266ff頁。

写真 6-1　インドボダイジュ（インド、ベンガル州）

はたして、開発とは人々によってどのように語られるのか。地域の人々の視線で開発を語れば、環境や自然は従来の社会科学や自然科学や政策の語彙とは異なるかたちで語られることになるのではないか。そのような問題意識から、「ピープルズ・ストーリーズ」プロジェクトが始まったという。

このプロジェクトを通じて、タイ、カンボジア、ラオスなど12地域の少数民族の102の語りが採集された。メコン川流域には、国民国家も存在するが、一方で、さまざまな少数民族が独自の言語と文化をもちながら存在する地域でもある。その世界観を表わすひとと自然の関係を示した語りが収集されたのである。収集された語りは、集落の起源譚、地域英雄のお話、ひとといきものの交渉など、さまざまである。

メコン・ウォッチの「ピープルズ・ストーリーズ」はお話の収集という点で、近代のさまざまな収集の系譜に連なる。お話の収集は古くから世界各地で行なわれてきた。第3章で見た『古事記』[4]もそうである側面があるし、『風土記』や『今昔物語』などもお話の収集である。近代でも、ドイツのグリムやフランスのシャルル・ペローが民話を収集した。近代にはお話の収集は、民俗学、国文学、人類学が主に担ったが、これらは近代国民国家のナショナリズムの成立と関係がある。ナショナリズムの成立にあたって、ネイション、すなわち国民を確定する必要が生まれた。そして、国民をつくり上げる際に、文化的な統合が行なわれた。文化的統合とは、下からの暮らしの統合でもある。その統合のために、各地のお話が収集された。植民地においては、人類学がそれを担った。もちろん、人類

[4] 本書第3章067-071頁。

写真6-2 『ピープルズ・ストーリーズ』。左上から時計回りにタイ語、タイ語、タイ語、ラオ語（ラオス語）、クメール語版

学には、人類とは何かを探るという学術目的がある。しかし、人類学は西洋が他者としての他文化を調査する結果生まれた学問であるという性格ももつ。そのような中では、お話は他者の世界観を知る手がかりともなった。植民地化の問題については第12章で詳しく見る[5]。

メコン・ウォッチが行なっている「ピープルズ・ストーリーズ」プロジェクトは、そのような国民国家のための収集の次の段階にあるものであるといえる。第一に、それは、国家によって行なわれているものではない。第二に、その対象も、国民ではなく、少数民族である。第三に、それは、一方的な知る／知られるという関係ではない。「ピープルズ・ストーリーズ」プロジェクトで収集されたお話は、英語により刊行されると同時に、ラオス語、カンボジア語、タイ語による出版も行なわれている（写真6－2）。ラオ語（ラオス語）、カンボジア語、タイ語は地域の大言語である。少数民族の言語ではない。大言語とのギャップを埋めるために、現地語利用者に絵を描いてもらうプロジェクトなどが行なわれ、少数言語話者との相互関係も進んでいる。近代においてお話が一方通行で収集されたのとは異なったアプローチであ

[5] 本書第12章272-275頁。

る。お話をめぐる地政学が変化しているといえる。

地球の語りを語り聞くのは、現地の人々である。それを現地のひとから研究者を含む外部のひとが聞く。それがさらにもう一度現地に還元される。そのような新たなお話をめぐるサイクルが発生している。

フルコト、お話、物語

ここまで、お話という言葉を使ってきた。なぜお話なのか、お話とナラティブ、物語はどう違うのか。物語という語と比較すると、2つの違いがある。文字の世界(リテラシー)との関係と国家との関係である。これらの点については、詩人・国文学者の藤井貞和が『物語文学成立史』という900ページの大著において論じている〔藤井 1987〕。藤井は、日本の古代を例に、「物語」の成立を論じる。日本語において物語と呼ばれる存在は、「竹取物語」「源氏物語」「宇津保物語」「落窪物語」など平安時代になって成立した。それらの物語のあり方が、その後の日本語の物語という存在を規定している。

藤井は、物語の前に、フルコトと呼ばれる語りがあったとする。そして、そのさらに前には、事物と言語が未分化な状態でとらえられていた状況があったことを指摘する。日本語では、出来事もコトと呼ばれるし、言葉もコトと呼ばれるのはそれを示す。このコトの二重性を基盤にして、フルコトと呼ばれる語りが成立する。このフルコトは、叙事詩とも呼べる語りであり、共同体の過去を語ったものである。日本古代には、「旧辞」と呼ばれる文学作品があるが、それがフルコトと訓読みされるものであった。それらのストーリー群は、国家的に編成され、『日本書紀』『古事記』『風土記』などとして文字として定着される。第3章で見た『古事記』とは、そのような文脈で生まれた。

そのような国家的編成を受けたフルコトと対照的な存在として、モノガタリが生まれたと藤井はいう。国文学者の折口信夫はモノガタリの「モノ」とは霊という意味であり、物語の始原には呪言があったという仮説を唱えたが［折口 1932＝1966：19］、藤井は古代の文献でのモノガタリという語の用例の網羅的調査から、モノガタリのモノには、たしかに霊的存在を指す意味も一部は見られるものの、一般的には、モノとは存在物一般を指すものであり、むしろ、その指示性のほうが重要であったのではないかという［藤井 1987：636－659］。モノガタリとは、「談」「談話」「所談」「清談」「話語」などの語の訓としてあった。「談」や「清談」の場とは自由な語らいの場である。語りを自由に行なう場が登場したことで、物語が生まれた。物語は国家とは異なる位相で発生したのである。

物語が登場した古代において、物語をする人々とは、文字の世界に属する人々だった。フルコトとは、国家的な語りであるが、それを受けて次の段階で物語が出現する。物語がフルコトの後に出てきたものだったことは、物語が、国家的な語りとは別種のものとして現われたことを示す。物語は、フルコトという国家の語りへの対抗的存在ともいえる。とはいえ、国家によるフルコトの編成が起こらなければ、物語が生まれなかったことを考えれば、物語の誕生には、国家が必要であったともいえる。

一方、本章でいう、お話は物語ではない。もちろん、ストーリーの有無や、始まりがあって中間があって終わりがあるという語りの形式としては、お話も物語も同じである。藤井は、フルコトや国家の叙事詩との対抗関係の存在を想定し、リテラシーの世界を前提としたストーリーのネットワークを物語成立の前提条件としているが、そのようなものはお話には想定されない。むしろ、お話とは、民衆の中を民衆の個々の身体と結びついて次々と形を変えながらわたってゆくある語りの様態である。

藤井の『日本文学源流史』においては、日本列島における、フルコトが生まれるにいたる歴史を、神話紀、昔話紀、フルコト紀と名づけている［藤井 2016］。神話紀が縄文時代、昔話紀が弥生時代、フルコト紀が古墳時代に相当する。ここでいう、昔話が、本章でいうお話に近い。それは、神話とフルコトにはさまれた、語りのモダリティの一つである。

藤井が神話紀でいう神話という語は、人類学のレヴィ＝ストロースの『神話論理 *Mythologiques*』［レヴィ＝ストロース 2006–2010］でいう神話を参照している。レヴィ＝ストロースの神話は、神やカミについての語りというわけではない。レヴィ＝ストロースの『神話論理』は、南米と北米のネイティブ・アメリカン（アメリンディアン）に伝わるお話を、人類学調査書などから数百以上、網羅的に収集し分析したものである。『神話論理』は全4巻からなるが、そのそれぞれの巻は、「生のものと火にかけたもの *Le Cru et le cuit*」「蜜から灰へ *Du miel aux cendres*」「テーブルマナーの起源 *L'Origine des manières de table*」「裸の人 *L'Homme nu*」と題されている。火や料理の起源、天体現象や星座と地球上の照応、家族関係などが扱われるが、それらのお話が、構造変換により変形しつつ南米と北米の2つの大陸をおおっているさまが描かれる。

ネイティブ・アメリカンは、ベーリング海が陸続きであった4万年から1万年前にアジアからやってきたモンゴロイドである［大貫 1995］。出アフリカ以来拡散を続けた人類が、アジアから携えていったのがそれらのお話であるといってもよい。レヴィ＝ストロースの定義によると、神話とは、起源や存在論的問いを秘めた語りを総称したものである。哲学や科学が出現する前は、それが起源や存在の問いへの答えを人々に与えた。藤井は、昔話は、神話とはほぼ同義ではあるが、その問いの度合いが少し薄められて、いわば、俗っぽくなったものだといい、小澤俊夫［小澤 1999］を援用しつつ、一次元性を特徴とし、感情移入の対象とせず、登場人物は血も流さないし、主人公に動機もなく、いきものが話しても驚かないとする［藤井 2007：75ff］。

本章でいうお話は、この昔話に近い。それは神話でもないし、物語でもない。お話と昔話の違いは、お話は昔の話には限らないことである。ひとといきものとものの関係を人々が自らの言葉で語った語りである。

お話と子ども

日本語でお話というと、子どもと結びついた語感がある。本章では、そのようなニュアンスを必ずしも排除しない。むしろ、積極的にそのような感覚を取り入れたい。

環境とは、それぞれの主体によって異なったものである。認知心理学の用語でアフォーダンスaffordanceという語がある［Gibson 1979=2015］。アフォーダンスとは、ものがひとに与える情報である。ひとは、ふるまいを人の側の理由だけで行なっているのではない。ひとは、ものから与えられる情報に基づいてふるまっている。ひとが椅子に座るとき、ひとは、椅子から高さ、固さ、やわらかさなどのさまざまな情報を受け取る。そして、その情報に基づいてふるまいを決める。それをアフォーダンスという。環境がアフォードするものは、一つではない。環境がアフォードするものは、その環境の受け手によって変わる。それゆえ、さまざまな主体の環境へのかかわりを、どのようにとらえることができるのかが問題となる。本書で、ひと、もの、いきものの織りなす関係性を環境と考えるのもこのアフォーダンスの考え方と通底している。

第8章で述べるように［6］、近代科学は、地球システム学と社会システム学の分離であったが、その学の担い手は、いずれも、成人男性であった。いや、それは単なる成人男性ではない。さらにそれを分節化すると、西欧の、知識社会に属する、成人男性であった。それを頂点として、頂点からの距離によって言説の正当性が測られる。今日の知識社会は、このようなバイアスをもっている。その中

［6］　本書第8章183–184頁。

で、中心部にいるものは、ごく限定された社会階層に属する。これは、公共的アリーナがどのように構成されているかという問題である。本書第4部で見るような、グローバルに見たときの不平等と正義の問題もこの点に関連する[7]。

もちろん、女性参政権運動や、フェミニズム運動などさまざまな運動により、多様な人々が公共的アリーナに参加できるようになってはきている。しかし、それにもかかわらず、依然として、学の配置における偏りが存在することは否めない。そのような状況を考えたとき、地球の声を聞く立場として、子どもの位置は大きいし、それを、人文地球環境学の問題とすることの意味も大きいはずだと考える。

第一に、子どもと世界とのかかわりは、本書で述べている、出来《しゅったい》と可能性としてのかかわりである。子どもとは、大人にはなっていない状態である。第13章で、アリストテレスの可能態と現実態の議論を見るが[8]、子どもの状態とは、可能態の状態であるといえる。これは、本書の語でいえば、出来の状態である。子どもとは、出来の状態である。それは、その都度その都度世界を見いだす状態である。それは、ひと、もの、いきものの織りなすかかわりとしての環境の最も基礎となる状態である。

第二に、いきものが語ることは、子どもにとっては自然であることである。お話の中には、いきものが出てくるが、お話はいきものが話すことをごく自然な現象として語る。それは、子どもにとっては自然なこととしてとらえられる。

これらの点について、本書第4章で見たフィリップ・デスコラの4類型を参照すると[9]、外面は

[7] 本書第11章258ff、第12章266ff頁。
[8] 本書第13章305-311頁。
[9] 本書第4章102-104頁。

人間とは異なるが、内面は人間と同じであるという点で、これはアニミズム的なかかわりであるといえる。これも第4章で見たように[10]、今日、ナチュラリズムが唯一の合理的な世界への関与の仕方であると思われているが、デスコラのダイアグラムの4つの象限のうち、なぜその一つだけが合理的なのかに関する合理的で論理的な説明は存在しない。その点からは、子どもが、いきものが語ると考えることをアニミズムであり、非科学的であると切り捨てることは合理的ではない。いきものは語る。ここで、本書はそう言い切りたい。子どもはそれを知っている。ナチュラリズムによってそれが覆い隠され、いきものが語らないとされているだけである。すべてのひとは、子ども時代を過ごす。だとすると、すべての人の内部には、そのような感受性が存在している。

第5章で見た、日本の京都の学者たちを中心とした霊長類学研究[11]とは、そのような感性をもち続け、それを科学の方法論の中で展開しようとした運動であるともいえる。第5章で登場した松沢哲郎はニホンザルと目を合わせることは威嚇を意味し危険なのでできないが、チンパンジーとならばひととひとのように目を合わせることができ、互いの心の中をのぞいたような気がした体験を語り［松沢 2011］、ゴリラの研究で著名な山極寿一は、彼の青年時代にフィールドで密接につきあったゴリラと十数年を経て再開したときにそのゴリラが彼の目の中を覗き込み、彼を記憶していたことを鮮やかに語る［山極 2015］。エチオピアのゲラダヒヒの研究者の河合雅雄が動物を主人公にした優れた児童文学の書き手であることも、銘記されてもよいであろう。河合が草山万兎のペンネームで書いた動

[10] 本書第4章106頁。
[11] 本書第5章122–124頁。

物小説は、『河合雅雄の動物記』全7巻にまとめられている［草山 1997－2014］。

語りにおける複数の存在論

本当に森は語るのか。お話の中では、森は語るし、いきものも語る。前項では、子どもにとってのリアリティの問題としてそれをとらえた。だが、それは、あくまでお話の中のことでもあり、フィクションの世界の中にしかすぎないと突き放すこともできる。

だが、形而上学においては、フィクショナルな存在は、存在の一種である［12］。存在には、さまざまな形の存在がありうる。

本書第7章では存在と大きさの関係について述べるが［13］、わたしたちが一般的に存在として認識するのは、中程度の大きさのある物体である。これを、哲学のW・O・クワインは『語ともの *Word and Object*』の中で、「わたしたちの概念は、まずもって中程度の大きさの、中程度の距離のものに関してであり、それらを通じてできたものである。これは、ホモ・サピエンス種の進化の過程の中でこれらのものとのかかわりを通じてでき上がっていった」と述べる［Quine 1960:4］。人間は、原子や素粒子を存在として、感覚器で認知することはできない。また、人間は、太陽系や銀河系をある一つの物体として認知することはできない。

［12］　本書第13章311-314頁。
［13］　本書第7章152-153頁。

それらの極大や極小のものをある一つの物体として認知することはできない代わりに、机という木切れの集合体を机という一つの物体として認識し、車という無数の鉄やその他の部品の集合体を車という一つの物体として認識する。

何を「1」ととらえるかは、それぞれによって異なる。それと同じように、どのような位相を存在ととらえるかも異なる。次章で1と多について見るが[14]、1と多の問題と並んで、何を1ととらえるかは、部分学（メレオロジー mereology、単議論、分体論）の問題である。

ナポレオンやクレオパトラは、存在しない。それは、歴史書の中に書かれているだけである。だが、歴史書の中に書かれただけであるナポレオンやクレオパトラは、人間社会の中で、歴史的存在として認知されている。シャーロック・ホームズはフィクショナルなキャラクターである。しかし、そのようなフィクショナルなキャラクターが存在することは広く認知され、そのフィクショナルな存在を支える、あるいは支えられた書籍、映画、その他の制度的存在物が存在する。つまり、フィクショナルといえども、存在であるともいえるのである。第7章で詳しく述べるが、存在はグラデーション状に存在する[15]。

このグラデーションを語りに援用するならば、いきものが語り、森が語ることも、了解しうる。それは、存在のグラデーションの中では、机や車ほどの存在の確からしさではない。しかし、素粒子や、銀河系や、クレオパトラや、ナポレオンやシャーロック・ホームズと同じ程度の存在の確からしさではあるはずである。

[14]　本書第7章156頁。
[15]　本書第7章157–160頁。

いきものの語り、ものの語り

とはいえ、ここまで見てきたのは、あくまでひとの側からのとらえ方である。いきものの語りをいきものの側から見ればどうなるのか、という問題はまだ残る。いきものは、本当に物語っているのだろうか。

この問題に、強い肯定の立場から答えているのが、生物学者のグレゴリー・ベイトソンGregory Batesonである。ベイトソンは次のようにいう。

物語で考える（いまの私の物語の中でのこの言葉の厳密な意味はともかくとして）ということは、なにも人間だけの特性ではない、人間をヒトデやイソギンチャクやヤシの木やサクラソウから切り離すものではないということである。（中略）

いわゆる「行動」（行為やしぐさとなって外界に放たれる物語）は、文脈*context*と関連*relevance*という、二つの特徴を必ず備えているが、その点は、内的な物語にしても同じはずである。一個のイソギンチャクの発生という、めくるめく展開される内的なプロセスも、なんらかの形で、物語をつくる素材から成っているはずである。そしてその背後にある進化のプロセス――そのイソギンチャクを、そしてあなたと私を生み出すに至った幾百万世代に及ぶプロセス――これもまた物語の素材でできあがっているはずだ。系統発生の各段階の内部にも、各段階同士の間にも、無数の〝関連〟が存在するに違いない。

（［ベイトソン 2001：17］、傍点は原文）

つまり、ベイトソンによると、いきものが生きているという現象そのものが物語という認識形式を導くのであり、ひとが、出来事を物語の形式によってとらえるのは当然であるというのだ。ベイトソンは、行動の立場から見るという。それは、前章で見た[16]行為に注目するアクター・ネットワーク理論のアクトの立場に通じる。生きものが生きている、ということも行為であるとするならば、それは、時間の函数である生命のプロセスであり、太古から続いてきた。太古にさかのぼってゆけば、ひとといきものとものとの境界はどんどんとなくなるであろう。次の第7章で、アメリカの哲学者のアルフレッド・ホワイトヘッドのものの語りについての説を見るが[17]、いきものだけでなく、ものももしかしたら語っているともいえる。

語りの問題は、ここまでの射程を含んでいる。いきものやものは語らないと思われている。しかし、いきもののものも語っている。ひと、もの、いきものの関係を考えるとき、じつは、語りの問題は外せないのである。

[16]　本書第5章126頁。
[17]　本書第7章166頁。

Bookguide

この章のブックガイド

クロード・レヴィ＝ストロース（早水洋太郎ほか訳）『神話論理』全 5 巻、みすず書房　2006-2010 年

全 4 巻総計 1600 ページを超える大冊。南米と北米大陸にまたがる 800 以上の神話が互いに関連しながら展開する様が描かれるが、章立てには「フーガ」「バリエーション」などの音楽用語が用いられ、語りのみならず、音楽という人の文化行為との対比も含意される。レヴィ＝ストロースは全 4 巻の刊行に約 7 年を費やしたが、彼は、その間、研究室の天井に神話を書いた紙片を星座状のモビールのようにしてつりさげていたという。（写真は第 1 巻の仏語原書、1964 年）

藤井貞和『物語文学成立史』東京大学出版会　1987 年

総計 854 ページの大冊。『古事記』『日本書紀』『万葉集』『日本霊異記』をはじめとする古代の書をほぼ網羅的にあたり、フルコト、カタリ、モノガタリの語義と社会的位置づけを実証的に明らかにした書。その根底には、詩とは何か、歌とは何かという問いをもつ。

草山万兎作・松本大洋画『ドエクル探検記』福音館書店　2018 年

草山万兎こと河合雅雄のいきもののお話は、あくまで科学の（つまり、いきものは話さない）視点から書かれていたが、本書は彼が初めて書いた「作中でいきものがひとと話す」お話。隆二と小百合が八咫《やた》のカラスに導かれて始めることになった冒険は、彼らを南米大陸に連れて行き、新生代第四紀更新世に生息していた巨大なアルマジロの一種「ドエディクルス」絶滅の謎ときにいたる。なぜ、それらのいきものは絶滅したのか。科学知とお話的想像力の結合。挿絵は松本大洋。

7 ものの世界へのアクセス
――オブジェクトのオントロジー

パワーズ・オブ・テン
――湖畔の芝生の上でのピクニック。

ブランケットの上で語らうカップル。男が寝そべり、女がその男に寄りかかって本を読んでいる。カメラは、その二人を真上からとらえる。と、そのカメラは、どんどんと上空に上がってゆく。二人が小さくなり、すぐに見えなくなる。湖が見えてくる。湖も小さくなる。大陸が見えてくる。大陸も小さくなる。地球が見えてくる。地球も小さくなる（写真7―1）。

どんどんとカメラは離れてゆく。地球の軌道が見える。そのまた外にある太陽系惑星の軌道が見える。しかし、カメラが離れるとそれもじきに見えなくなる。

星々、天の川、マゼラン星雲が見える。

カメラはさらに遠ざかる。太陽系銀河の外の局部銀河群が見えてくる。

……と、今度は、カメラの動きが逆になる。今度はカメラが近づいてくる。どんどんと逆回しのように近づき、銀河、太陽系、地球、そして、あのピクニックのカップルの上空まで戻る。

しかし、カメラは、その接近を止めない。男の腕時計が見える、男の皮膚が見える。

さらに、カメラは接近する。

真皮が見える、リンパ球が見える、リンパ球の細胞壁が見える。細胞の中のDNAが見える、DNAの塩基が見える。

まだまだ接近する。電子核が見える。原子核が見える。そして、陽子（プロトン）が見える……。

これは、『パワーズ・オブ・テン *Powers of Ten*』という映画の内容である。1968年に、アメリカのデザイナーのイームズ夫妻 Charles and Ray Eamesが作成した。時間は10分足らず。しかし、その間にカメラは、銀河系の外から原子核の内部までを旅する。

『パワーズ・オブ・テン』というタイトルのパワーズとは、2つの意味をもつ。一つは、指数という意味である。この映画のコンセプトは、視野の倍率を次々に10倍してゆくと何が見えるのか、である。10を乗数倍し続けてゆくと何が見えるのか。映像では、10の23乗と10のマイナス15乗の倍率までカメラは拡大、縮小される。この乗数のことを英語では、「パワー」という。また、同時に、パワーには、力という意味も存在する。10ずつカメラのレンズの倍率が拡大し、縮小することで、見えてくるものがあり、見えなくなるものがある。10ずつ拡大し、縮小することは、単純なアイディアであり、決して難しいことではない。しかし、そのような単純なことが思いもよらない気づきをもたらすという意味で、そこには力があるのである。

真 7-1 『パワーズ・オブ・テン』の場面、上
らシカゴ湖畔でのピクニック（10m 上空）、シ
ゴ湖畔（10,000m 上空）、星々を背景にした
球（100,000km 上空）[Eames Office 1998]

銀河系からＤＮＡまで——ものの世界と科学

本章では、ものの世界と、ひとの世界について改めて考えてみたい。地球環境をつくっているのは、ひとだけではない。ひとともものといきものがつくり上げている。「ひと―いきもの」については、すでに第2部第4章から第6章で見てきた。それに続く本章では、ものの世界と「ひと―もの」関係について見てゆく。

なぜ、ものの世界が問題になるのか。それは、ものの世界のあり方が今日、新たなかたちで、問われているからである。

ものの世界に関しては、17世紀以後、近代に発展した自然科学が精緻にその内容を探求してきた。ものの世界の探求が科学によって行なわれてきていたからこそ、先ほど見たように、銀河系の外側から、皮膚の真皮の中のＤＮＡの中の原子核の中の陽子までが「見える」ようになった（「見える」という語にカギかっこをつけたが、この「見える」ということについてはこの後すぐ詳しく述べる）。このようなものたちは、近代科学なしでは見えなかったものたちである。たしかに、近代科学以前にも、その存在については、想像されてきていたであろう。古代人はすでに、天の川を見いだしていたし、エンペドクレスなど古代ギリシアの自然哲学者たちは、アトム（原子）というものが、物質の最も基礎にあるものであることを見いだしていた。しかし、それを、実在するものとして可視化しえたのは、近代科学が存在してからのことである。この〝最小の世界〟については、第9章で原子力（核）

について検討する中でも見る[1]。

ものの世界は、すでに、自然科学によって、精密に可視化されている。『パワーズ・オブ・テン』のレンズの拡大と縮小の倍率の限界は、10の23乗と10のマイナス15乗にとどまっていたが、科学は、さらにその外側にまで探求を広げている。極大についていえば、現代の宇宙論は、464億光年の距離を視野に入れている。この距離とは、138億年前に誕生した宇宙で発生した光が膨張しつつある宇宙の中で到達しうる最大の距離である[戸谷 2018:21]。極小の物質としては、物理学は、陽子よりもさらに小さな物質の単位である素粒子を見いだしつつあり、その中のクオークやレプトンが最小の物質であるとされている。それらの粒子を点ではなくストリング（弦）という現象であるととらえるスーパー・ストリング理論（超弦理論）も提唱されている。

これらの知識の進展は、確実に、ものの世界を解明している。ものの世界の中の不明な部分を取り去り、よく見えなかったものの世界の姿をはっきりと見えるようにしている。その意味では、ものの世界には何の問題もないといえる。より正しくいえば、ものをめぐる探求や研究の世界には何の問題もないように見える。科学はものをより正確に、精密にとらえることを可能にし続けてきたのであり、それは順調に進行中なのである。

では、どこに問題があるのだろうか。問題は、ひとともののとの関係である。第8章で見るように、近代の科学とは、地球システムを扱う自然科学と社会システムを扱う社会科学の分離によって特徴づけられる[2]。

[1] 本書第9章198-200頁。
[2] 本書第8章183-184頁。

自然科学は人間以外のものといきものを探求し、社会科学はひとの世界を探求する。しかし、その境界があいまいになってきている。第1章で見たが[3]、人新世(アンソロポシーン)という説の提唱は、ひとの歴史をいきものやものの歴史と接続しようとする。また第5章で触れ、この第7章でも見る[4]、アクター・ネットワーク理論は、行為に着目することで、ひと、もの、いきものを等価な主体ととらえる。ひとといきものの境界があいまいになり、ひとともの境界が揺らいでいる。いや、そもそも、この第2部で見てきたようにもともと「ひと—いきもの」「ひと—もの」の境界はあいまいであったともいえる。そのような現実を、ひとの側が認識できるようになってきただけであるともいえる。世界は、ひとつであり、そこには、自然も、社会も存在していないともいえる。第2章と第4章で見たが、それらは、カテゴリーの問題でもある[5]。

今西錦司の「相似と相異」

そもそも、ものといきものとは似ている。第5章ですでに登場したが[6]、日本の霊長類学の創始者の一人として今西錦司(1902-1992)がいる。今西は、霊長類学のみならず、生物学一般について理論的な探求を行なったが、その主著の一つである『生物の世界』(1941年)において、この世界に存在するものが互いに類似していることを明らかにした。なぜ、この世界の存在物は、類

[3] 本書第1章030-034頁。
[4] 本書第5章126頁、第7章167頁。
[5] 本書第2章047-049頁、第4章107-108頁。
[6] 本書第5章122頁。

似するのか。今西は、それを、相似と相異という。

相似と相異ということは、もとは一つのものから分かれたものの間に、もともとから備わった一つの関係であって、子は親に似ているといえばどこまでも似ているけれども、また異なっているといえばどこまでも異なっているといえるように、そういったものの間の関係は、似ているのも当然だし、異なっているのもまた当然だということになる。そしてこの世界を構成しているすべてのものが、もとは一つのものから分化発展したものであるというのであれば、それらのものの間には、当然またこの関係が成り立っていなければならないと思う。［今西 1941＝1993：10－11］

今西によれば、すべてのものは少しずつ似ているし、少しずつ似ていない。これは、今世紀初頭に活躍したオーストリア出身の分析哲学者ルートヴィヒ・ヴィトゲンシュタインが『哲学探究 *Philosophische Untersuchungen*』の中で家族的相似と名づけた現象と同じである［ヴィトゲンシュタイン 2013：1－66 ff.］。

家族はそれぞれ少しずつ似ているが、しかし、少しずつ似ていない。あるいは、この世に存在するゲームや言語はお互いに少しずつ似ているが、少しずつ似ていない。しかも、それらをすべて包含するような分類は不可能である。

今西がいう相似と相異もそれと同じ原理である。今西は、それをあらゆるものがもともとは一つから分化したからそれは当然であるという。これは、存在論における、流出説である。流出説においては、存在は、ある一者——特に神が想定される——から発生したと考えられる。存在が、存在するためには、存在がなくてはならない。存在は無から存在にいたることはできないという考え方である。

現代の物理学においては、ビッグバン説が有力とされているが、そのビッグバンとは、無限に小さくエネルギーが稠密な状態である。それは、1であると考えてもよい。1とは何か。アリストテレスは『形而上学』K章の中で、1と多という問題を提起した［Aristotle 1933］。アリストテレスは、この世の中において、何が1で何が多だといえるのかと問う。たとえば、ひとは、1であるともいえる。しかし、同時に、ひとは、多数の細胞やその他のパーツの集まりであるので、多でもあるといえる。前章の第6章でも、何を一つの物体と認識するかという問題について述べたが[7]、この1と多の問題は、全体と部分の問題でもあり、部分学（メレオロジー）の大きなテーマである。

今西は、この世界の存在物は、もともとの1から分化したと述べている。分化したあとのものたちは、ある意味では、それらを総体としてとらえて1であるともいえるし、ある意味では、それらを個々の存在としてとらえて多であるともいえる。そのような存在として、この世界に存在する存在物を今西は位置づける。

今西は、それを、分化発展の結果というので、ここには、時間の経過という要素が含まれている。

［7］　本書第6章145頁。

もちろん、分化が無時間の中で行なわれるという可能性もあろうが、一般的には、分化とは、時間の函数である。今西は、時間の経過による分化という作用により、今日、世界に存在する存在物があるという。

この今西の相似と相異の考えに従うならば、世界に存在する存在物のそれぞれの間には、明確な線引きは不可能であろう。この世界に存在する個々の存在物をすべて並べたとすると、それはある巨大なグラデーションを描くことになる。グラデーションの間には、本来、境界はない。ここで並べられているすべての存在物とは、ひと、もの、いきもののすべてである。つまり、ひと、もの、いきものは、グラデーション的に互いに関係しているといえる。

存在のグラデーション

存在をグラデーションとして見る立場は、すでに第6章で見た[8]。

存在には、さまざまな種類の存在がありうる。第2章と第3章でも見たが[9]、このようなグラデーションとして存在をとらえるとらえ方は、オギュスタン・ベルクによると西洋の古典的存在論を支える原理とは異なる原理である。

西洋の古典的存在論においては、Aと非Aは両立しえない。排中律である。しかし、ベルクのい

[8] 本書第6章145頁。
[9] 本書第2章059-060頁、第3章081-082頁。

う、風土学（メゾロジー）の立場でいうと、Aと非Aは両立しうる。ベルクは、これをレンマの理論から取り出すが、そのレンマの理論の元となったのは、ナーガールジュナの中論である。中論については、第3章で『廻諍論』を見た[10]。ここでは、ナーガールジュナの代表作である『中論 *Mūlamadhyamaka-kārikā*』そのものの議論の運びを簡単に見てこう。たとえば、それは、このように進む。鳩摩羅什《くまらじゅう》の漢訳［高楠1924-1934：No.1564］を上段に掲げ、諸訳［Nagarujina1995:45］［Weber-Brosamer1997:11］［Nagarujina2010:8］［Westerhoff2009:129-152］を参照した著者の訳を下段に掲げる。

若言去時去　もし、「行く」とは「行く状態」であると考えるならば、
是人即有咎　それは間違いである
離去有去時　なぜなら、それは「行くこと」とは別個に「行く状態」だけがあり、
去時独去故　「行く状態」だけが「行く」であると考えているに等しいからである。

これは同書の第2章で「行く」を25のスタンザにわたって論じた一部である。「行く」という行為は2つの「行く」からなるという。一つはその人が行為している「行くこと」であり、もう一つはまさにその「行くこと」を行為している「『行くこと』を行為することによって行く状態」である。日本語には不定詞はないが、英語で考えると、前者は不定詞to goに、後者は動詞原形が現在形や過去

[10]　本書第3章080頁。

形に活用したgoesやwentなどにあたろう。「行く」の中には複数の「行く」が隠れている。他の部分ではより細かな分割線が引かれうることが論じられるが、これは、これまで何度か見てきたアクター・ネットワーク理論という行為の意味を再考する立場とも通じる。Aと非Aを細分化すると、その両者の間には、さまざまな中間形態、グラデーションがあることになるのである。

グラデーションは、カテゴリー化をこばむ。ヴィトゲンシュタインの家族的類似は、カテゴリー化を無力化するものであった。家族的類似を認めると、カテゴリーとして、何かを切り分ける行為が無化されるのである。先ほどの、排中律の問題でいえば、Aと非Aをカテゴリー化することにより、排中律が生まれる。しかし、そもそも、Aと非Aというカテゴリー化が不可能であると考えるならば、そこには、排中律は生まれない。

今西の、相似と相異への注目は、カテゴリー化そのものへの疑義の提示でもある。今西はすみわけ理論をもとに、種の実体性を唱えた。ダーウィンの進化論においては、種は実体としてはとらえられず、実体として存在するのは、個体であると考える。いわゆるポピュレーション・シンキングである［Ariew 2008］そして、種は、実体である個体が集合したあるカテゴリカルな存在であると見る。それに対して、今西は、個体という実体が集合した種という実体が存在し、その種に主体性があるという［今西 1980］。すみわけは、個々の個体が行なっているのではなく、種という実体が、別の種という実体との間の相互行為として行なっている。これは、カテゴリーへの疑義である。本書第2章で[11]、

[11] 本書第2章047-049頁。

世界は存在するか否かに関する議論を紹介し、それが、カテゴリー化への問いであることを見た。今西の方法も、カテゴリーそのものを疑う方法なのである。なお存在をグラデーションとしてとらえるとらえ方については、第13章で未来史に関して改めて展開する[12]。

地球外生命と死の起源

相似と相異という考え方は、地球環境だけにはとどまらない。それは、環境を宇宙に外延させる。今西の説に関連して、ビッグバンが宇宙の始まりであると述べた。今西の説は、「この世界」といっている。本書第2章で見たように、この世界とは、宇宙をも含む[13]。今西にとっては、この世界というとき、そこに宇宙が含まれることは自然であったのだろうが、宇宙の始まりが1であったとしたならば、宇宙の中に存在するものは、すべてが相似し、相異していることになる。火星に存在する土壌は、地球の土壌と相似し、しかし相異しているであろう。この太陽系銀河以外の銀河のある惑星の組成は、地球の組成と相似し、しかし相異しているであろう。

『地球外生命——われわれは孤独か』において、生物学者の長沼毅と天文学者の井田茂は地球外生命の存在の可能性について論じている[長沼・井田 2014]。それによると、銀河系の中だけでも、生命を宿しうるハビタブル惑星は100億個以上あるという。条件がそろえば、太陽以外の恒星のまわ

[12] 本書第13章311–314頁。
[13] 本書第2章047–049頁。

りを回る地球型の惑星に生命が存在する可能性はあるのである。地球以外に知的生命体が存在する可能性については、天文学者も物理学者も生物学者も確たることをいえないというが、しかし、それは、この相似と相異ということを考えれば、否定的に考えるべきではないだろう。相似しつつ、相異することとは当然のことであり、地球外に生命が存在しているとしたら、それはある部分では、地球の生命体に相似し、ある部分では地球の生命体に相異しているものであることは論理的な帰結である。

科学論の大橋力は、地球外生命体がもちうる差異について、それが、地球上の生命体のようなプログラムされた死をもたない可能性を指摘している［大橋 2019：580］。いきものになぜ死が訪れるかについては、じつはまだよくわかっていない［Alberts 2014: 1021ff.］。いきものの死とは細胞の死であるが、細胞の死はアポトーシスという一部の細胞の自動的な死や病によるネクローシス以外は、外部からのエネルギー供給を処理できなくなることであるとされる。いわば、熱力学の第二法則であるエントロピー増大に従っていると考えられている。だが、なぜ、自己複製するいきものの細胞が永遠に更新されないのかという問題は解けない。大橋は、それを死がプログラム化されているのではないかとし、約25億年前から16億年前ごろの原生代前期の真核生物の登場とともに出現したとする。これを大橋は、「化学反応型自己複製」というが、ここにものといきものを分ける分岐点があることは興味深い。補章では、ウイルスについて見るが[14]、ウイルスは、始世代に、原核生物の誕生と同時期に発生しているともいわれ、いきものとも、ものともいえる存在である。

［14］　本書第補章231ff頁。

いきものは生きているが、ものは生きていない。しかし、この生きていると生きていないは、連続したグラデーションなのである。宇宙の環境については、本書第15章で改めて見る[15]。

ハイデガーの三分類

ひとともののといきものの間に存在する相異を世界との関連で明らかにしたのが、ドイツの哲学者マルティン・ハイデガーである。ハイデガーによれば、ひと、いきもの、ものの間には、世界との関係において差異がある。その差異を、ハイデガーは、ひとは世界を構築しweltbildende、いきものは、世界に貧しくweltarm、ものは世界を失っているweltlosと独特の表現で述べた[Heidegger 2018]。「ひとは世界を構築する」。つまり、世界はひとによってつくられるという考え方である。それに対して、「いきものは世界に貧しい」とは、いきものは世界を構築しうるが、しかし、その世界は、ひとの世界と比べて貧しい、ということである。「ものは世界を失っている」とは、ものは世界をもたないということである。これは、ひとのもつ意識や認識作用を基準値とすれば、そのようにはいえるかもしれない。しかし、第3章でも見た環世界論のいうように[16]いきものも世界を構築するし、ものも世界を構築する。

たしかに、意識とものの世界は隔絶しているように見える。何度も述べたが[17]、16世紀のフラン

[15] 本書第15章344ff頁。
[16] 本書第3章050-052頁。
[17] 本書第2章057頁、第5章120頁。

スの哲学者ルネ・デカルトは、思考res cogitansとその外部物res existensaという2つの領域を区別した。考える主体とその外部の客観的存在とは、別個のものであることを強調したものである。

デカルトからは1世代ほど後にあたるドイツの哲学者ゴットフリート・ライプニッツGottfried Leibnizは、『モナドロジー *Monadology*』（1714年）の中で、水車の比喩を使用して、ものと精神との断絶を強調した [Leibniz 1714=1995 :98]。その議論は一種の思考実験である。ひとが仮に機械のようなものだったと考える。とすると、ひとの体を拡大して（あるいは、観察者が極小化して）その中に入っても、そこにあるのは、歯車やそれを動かすギアだけであって、そこには精神や心というものは見られない。つまり、精神とは、ものとは別個の、位相を別にした存在なのである。

それ以後、近代の西洋の思想は、人間の主体と外部の世界の二分された要素を対象に扱うことになる。第2章や第5章の繰り返しになるが[18]、カントは、『純粋理性批判』で、超越的な理性を分析した。ヘーゲルは、『精神現象学』で、意識を意識と自己意識に分節化した [Hegel 1807=1999]。フロイトは、精神の内部に、無意識を見いだした。そのように、ひとの精神は分析記述され、その様態は豊かになってきた。

しかし、そのような二元論的な見解はさまざまに批判や修正を加えられてきた。世界は、本当に精神とそれ以外というように二分されるのだろうか。次項で見るオブジェクトのオントロジー（Object-Oriented Ontology：もの存在論）を論じるアメリカの哲学者のグラハム・ハー

[18]　本書第2章057-058頁、第5章121頁。

マンGraham Harmanは、二元論という考え方に立ったとき、世界の構成要素を100とすると、精神が50、それ以外のものの世界が50の分配率になることを批判する[Harman 2018:56]。はたして、精神とは、この世界の半分も占めるほどの巨大なものなのであろうか。

また、すでに第2章でも登場した[19]ドイツの哲学者マルクス・ガブリエルは、二元論のいう2という数の合理性に問題を投げかける。哲学的に世界をとらえるとらえ方には、スピノザが提唱した存在物は一つしかないという一元論や、ライプニッツが提唱した存在物は多数存在するという多元論もある。これらの1と多とは、前々項で見たように、アリストテレスの『形而上学』以来、存在論の基礎的な単位で、ある程度の合理性はある。しかし、2というのは、恣意的な数字であり、なぜ2であり、22ではないかについては合理的な説明ができない、というのである[Gabriel 2015:76]。

初期仏教のアビダルマ仏教の『阿毘達磨倶舎《あびだるまくしゃ》論』は世界を構成する要素は「五位七十五法」であるとする[高楠 1924–1934:No.1558]。75の諸要素（法）は、色（物質）、受（感受）、想（単純観念）、行（意欲等）、識（認識）に振り分けられる。だが、倶舎論においては、これらの法を超えた単一の法があると考えるわけではない。もちろん、ここでも、なぜ75なのかという疑問は生じるであろう。しかし、仏教学の立川武蔵は、仏教では、世界の構造よりも主体と世界とのかかわり方が問題になるのであり、なぜ75なのかという問いはあまり意味がないという[立川 2019:62–63]。

アメリカの哲学者のヒラリー・パトナムHilary Putnamは、科学の時代であるはずの現代における

---

[19] 本書第2章047–049頁。

哲学の課題が依然として、神と魂の位置を定位することであるという [Putnam 2012: 39-40]。彼のいう神とは、存在を基礎づけてくれるある一つの実体であり、魂とは、非物質的な精神機能の座であるが、それは中世の哲学が問題にしたものとはそれほど変わらない。

オブジェクトのオントロジー——ものの主体性

このような批判を背景に、二元論における主観や精神の側の問題、つまりひとという主体の側について、それが真の意味での主体ではなく、さまざまな制度によって構造化されていることが、フランスの哲学者ミシェル・フーコーMichel Foucaultをはじめとする構築主義によって明らかにされてきた［フーコー 1974］。哲学者の国分功一郎は、これを言語における「態」の問題と関連づけ、人間が行なう行為の中には、主体が主体とはいい切れない側面があることを、受動態と能動態の間にある中動態の見直しによって行なっている［国分 2017］。

一方、客体の側について、つまり、ものの側については、前項で登場したマルクス・ガブリエルやグラハム・ハーマンなどのもののオントロジーが疑問を投げかける [Gabriel 2015] [Harman 2018]。

彼らが目指すのは、ものがどのように人間と相互依存しているか、相互関係をもっているかである。ものには、もの同士の関係があり、もの独自の世界がある。ハーマンは、それを、現実と感覚の世界、ものと質の世界の差異の中から探ろうとし、ガブリエルは、それを、世界という概念の再検討から探ろうとする。

アメリカの哲学者アルフレッド・ノース・ホワイトヘッドAlfred North Whiteheadは、存在物には、グラデーションのように精神と物体という側面が存在すると考えた。程度の差があるが、ものにも、精神に相当するものが存在すると考え、それを「プレヘンジョンPrehension」と呼んだ[Whitehead 1929=1978]。日本語では「抱握」と訳される。石や鉄のかたまりに、精神に相当するものを見いだそうとするのは、あまりに荒唐無稽に過ぎるように思われるかもしれない。しかし、アメーバーや、バクテリアには、それに相当するものを見いだすことはそれほど荒唐無稽ではないだろう。さらに、それはウイルスやDNAなどにも適用することができるかもしれない。先述したように、進化の歴史を見ると、真核生物の前には、原核生物があったが、それ以前に地球上に存在したのは、ものでしかない。そうすると、プレヘンジョンをものに認めないことのほうが不自然であるともいえる。

そのようなものの主体性をとらえようという動きは、ものの独自の世界へのアクセスの仕方を探ろうという立場である。もちろん、ものと精神は別個の存在である。わたしたちは、精神というレンズを通してしか、ものの世界を見ることができないし、精神という手袋をつけてしかものの世界にタッチすることができない。それゆえ、精神を通して見たものの世界は、ものの世界そのものではなく、ものの世界のあり方を正確に表わしているとはいえないのである。しかし、ものには、ものの世界があり、ものは、ものの世界の中でもの同士が関係をもちあっている。それらの世界にどのようにアクセスすればよいのかが問われているのである。

本章や第5章ですでに何度も触れてきたブリュノ・ラトゥールの提唱するアクター・ネットワーク理論[20]は、ひと以外の主体をアクターとしてとらえる[Latour 2006]。これまでの社会システム論は、ひとをその主体として扱っていた。しかし、ここでは、ひと以外の主体もアクターとしてとらえられることになる。たとえば、事件もアクターである。通常は、事件とは、存在ではないからアクターとはいい難い。しかし、存在を広く定義すると事件もアクターとしてとらえられることになる。また、地球もアクターである。となると、環境もアクターになる。

アクターは、政治的立場性をもつ。本書の中では、自然災害や原子力(核)事故などを取り上げるが、それらは、自然や事件が政治的主体であることを見せるだろう。あるいは本書補章で見る感染症やウイルスもアクターである[21]。第10章では自然災害について見る[22]。自然災害が存在しなかったことが、日本の高度成長を可能にしたのであったとするならば、それは、政治的含意をもっている。人類学の清水展《ひろむ》が民族誌『噴火のこだま』で描き出したように[清水 2003]、フィリピンのピナトゥボ火山の噴火が、アメリカ軍にスービック基地の返還をさせ、被災した先住民アエタに民族としての覚醒を促したのであったとするならば、それは政治的意味をもっている。本書第9章では、核技術について見る[23]。ヒロシマとナガサキの上空での、核爆弾の爆発は、政治的意味をもつし、チェルノブイリと

[20] 第5章126頁。
[21] 本書補章231ff頁。
[22] 本書第10章214ff頁。
[23] 本書第9章193ff頁。

フクシマにおける原子力（核）発電所の臨界事故も政治的意味をもつ。ものとの関係を問い直すとき、ものが人間に大きな影響を与えていることが明らかになるのである。

これは、人新世（アンソロポシーン）という概念が問いかける問いともつながる。第1章で見たように[24]、人新世（アンソロポシーン）という考え方においては、文字のある時代である約4000年の人間の歴史を、ひと以外のいきものとものの時代である地球規模の46億年の超長期の過去に接続しようとする。ひとの歴史とは、ひとの主体性の歴史であり、その歴史の動因は、ひとの意思の力である。しかし、それがひと以外のいきもの、ものの領域である過去に接続されたとき、歴史の動因は、ひとの意思ではありえず、いきもの、ものの主体性のもとで別の語りで語られるべきであることになる。

これらの、ひととものをめぐる新たな視角が、現代の諸学問領域において同時多発的に生まれていることは興味深い。人文地球環境とは、その新たな語りの探求でもある。

[24]　本書第１章 030-034 頁。

Bookguide
この章のブックガイド

フィリップ・モリソンほか（村上陽一郎ほか訳）『パワーズ オブ テン——宇宙・人間・素粒子をめぐる大きさの旅』日本経済新聞社出版　1983年

本文中でも述べたが、単に視野を10倍にし、10分の1にするという単純なアイディアがこれほどまでに深い世界への洞察をもたらすのかという感動を与える。世界には果てはあるのかという問いは、極大と極小への問いであることを教えてくれる。（写真は英語版フリップブック）

今西錦司『生物の世界』中公クラシックス　2002年

ほぼ全編がロジックだけで出来上がったような本。「生物の世界」と銘打たれているが、生物について書かれた本でありながら、論理学の書のようである。それを支えたのは、生物の観察だが、観察をもとに、一貫した論を組み立てる精神の強靭さを教えてくれる。記述はしごく平易。難しい語や概念を用いずに高度に抽象的な内容が展開されるのは、「般若経」などの経典やプラトンの対話篇を読むようだ。何とも不思議な書である。（写真は全集版、1993年）

ブリュノ・ラトゥール（伊藤嘉高訳）『社会的なものを組み直す——アクターネットワーク理論入門』法政大学出版会　2019年

原題を直訳すると「社会性を変え、社会学をやり直す」であり、社会とは何か、社会学とは何かを考えた書。デュルケム以来の社会学の発祥の地であるフランスの社会学者ならではの社会への洞察。

この本にはバブーンへの言及がある。バブーンは、ヒヒのこと。第5章のブックガイドで紹介した菅原和孝の省察も、彼の青年時代のエチオピアでのヒヒの観察から始まった。洋の東西で同じ対象からひと、もの、いきものを通底する理論への問いが生まれていた共時性には驚かされる。（写真は仏語原書、2006年）

第3部

災厄と災害

［視角II］

第3部は災厄と災害について扱う。災厄、災害という極限状況は、ひと、もの、いきものの相互依存のありようを再考させる。ひとが起こす地球規模の災厄と地球が起こす地球規模の災害について検討する。地球環境がクローズアップされる時代は、地球環境破壊の時代でもある。地球環境の危機が明らかにならなければ、地球環境が問題になることはなかっただろう。地球環境が破壊されるとき、ひとも破壊される。環境とひとは、切り離し難く結びついているので、地球上にひとが存在するかぎり、ひとは、物理的な負の変容を同じように被る。災厄と災害の諸相を見、その中での立ち直りについて考える。

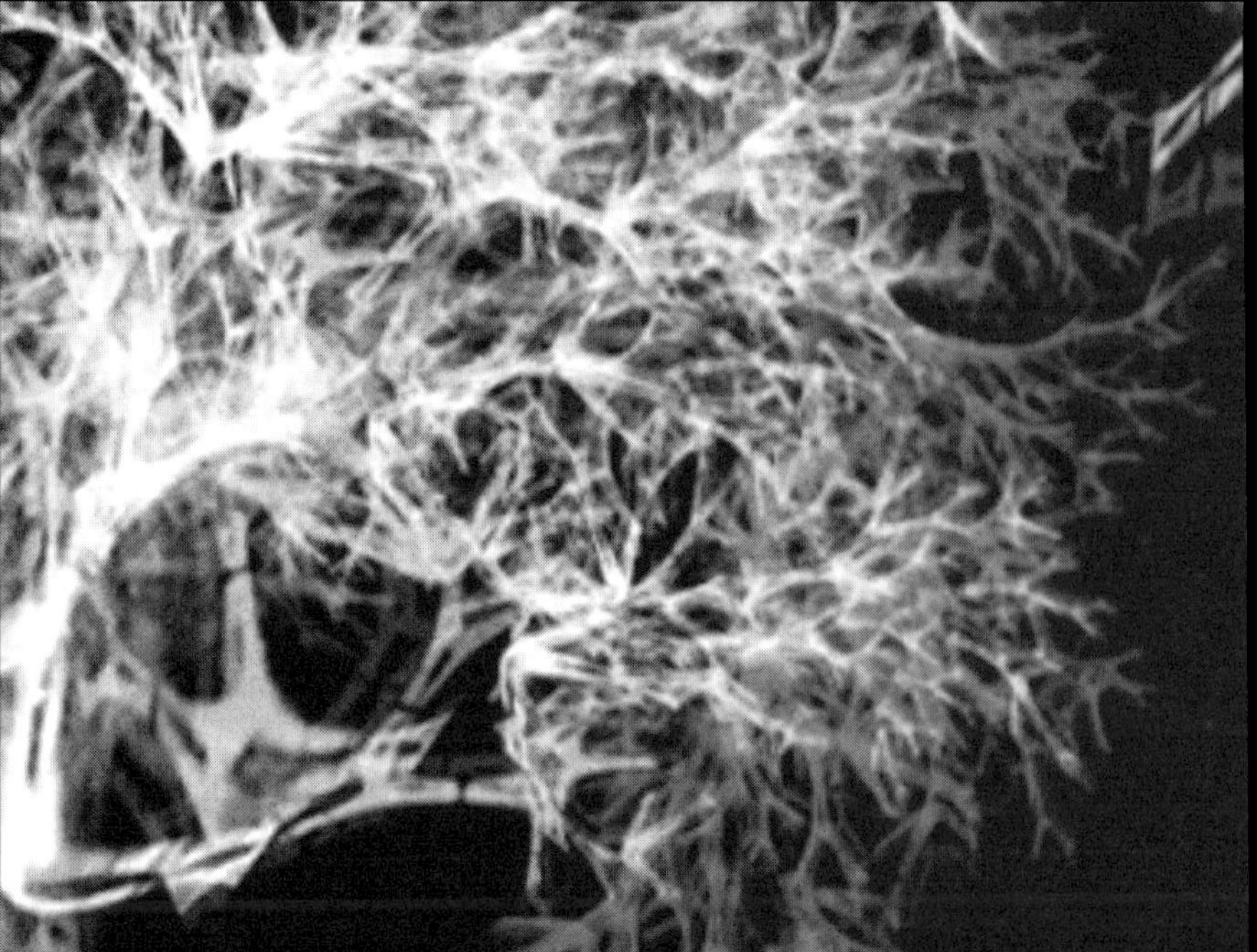

Part III

Catastrophe of the Earth: Perspective II

Part III focuses on disaster and catastrophe. As they are extreme states, they make us rethink correlation between human being, living thing, and thing, all of them are existence on this planet. This Part concentrates on the man-made global environmental disaster and earth-made global catastrophe. The era of global environmental issue is the era of its destruction. If the crisis of the globe has not been recognized, the global environmental issue has not been addressed widely as it is. When the earth is destroyed, human being is also damaged. As the environment and human being are tightly connected, as long as human being exists on this planet, if the environment would have been nagatively affected, human being would be also affected as well in tern. This Part sees various aspects of disaster and catastrophe and how human being rehabilitates from them.

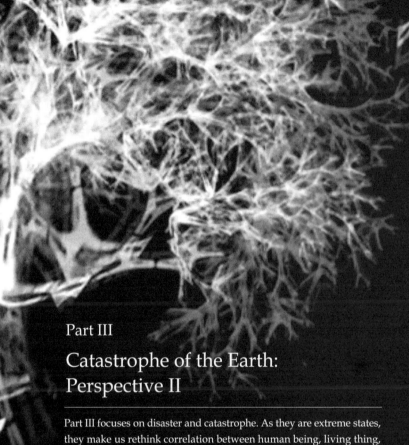

8　近代の相克――水俣「病」事件

ゆき女きき書き

海の上はほんによかった。じいちゃんが艫櫓ば漕いで、うちが脇櫓ばこいで。

いまごろはいつもイカ籠やタコ壺やら揚げにいきよった。ボラもなあ、あやつたちもあの魚《いお》どももも、タコどもももぞか（可愛い）とばい。四月から十月にかけて、シシ島の沖は凪でなあ――。（中略）

舟の上はほんによかった。

イカ奴《め》は素っ気のうて、揚げるとすぐにぷうぷう墨を吹きかけよるばってん、あのタコは、タコ奴《め》はほんにもぞかとばい。

壺ば揚ぐるでしょうが。足ばちゃんと壺の底に踏んばって上目使うて、いつまでも出てこん。こら、おまや舟にあがったら出ておるもんじゃ、早う出てけえ。出てこんかい、ちゅうてもなかなか出てこん。壺の底をかんかん叩いても駄々こねて。仕方なしに手網《たび》の柄で尻をかかえてやると、出たが最後、その

逃げ足の早さ早さ。ようも八本足のもつれもせずに良う交して、つうつう走りよる。（中略）

わが食う魚《いお》にも海のものには煩悩のわく。あのころはほんによかった。

舟ももう、売ってしもうた。

［石牟礼 1969＝2011：85－87］

これは、石牟礼道子の小説『苦海浄土』の中の「ゆき女きき書き」の一節である。坂上ゆきという女性の聞き書きという体裁をとった文学作品である。坂上ゆきは、水俣「病」に罹患して、熊本大学の附属病院に入院している。1959年5月下旬、そのゆきを見舞った石牟礼がゆきから聞き取った語りである。

ゆきは、夫と漁業を営んでいたが、水俣「病」発症により、手足が不自由になる。舟の櫓をこぐことはおろか、日常生活のこまごまとした動作すら一人では行なうことができなくなる。そんなゆきが、水俣「病」発症の前の海の上での生活を回想しているのが、この引用の場面である。

それは、いきものがいきいきと生きる海の上の生活である。漁業、とりわけそれが家内労働のような小規模で行なわれるとき、それは魚の生態を熟知し、その魚の生態に寄り添うようにして、行なわれる生業である。ゆきの述懐は、漁業とは海とひとの親密なかかわりのもとで行なわれる営みでもあることを示す。

『苦海浄土』は、水俣「病」事件を文学の方法で描いた作品である。有機水銀による健康被害を受けた水俣湾近辺の漁業を生業とする人々の語りが経糸となり、そこに、医学的見地による被害の描写と、チッソ企業の論理という横糸が交わり、ある災厄が描き出される。

公害「病」の「患者」（被害者）

本章では、地球環境レベルでのひとによる負の影響を水俣「病」に注目することで考える。地球環境問題とは一般的に、地球環境の汚染や破壊を指す。それはひとによる、自然環境への負の働きかけである。地球温暖化や森林破壊は、地球に向けられた負の働きかけである。それはひとによる行為だが、地球環境破壊が、直接的なひとへの負の働きかけであることは少ない。それは、環境という巨大なものにいったんは吸収される。

だが、環境は負の働きかけを受け止める無尽蔵な袋ではない。そこには、限界がある。水俣「病」の場合、ひとが自然環境に負の影響を与えたが、その負がひとの側にもう一度戻ってきた。九州西部の水俣湾沿岸で発生した有機水銀の摂取による神経系統の機能不全を中心とする中毒症状は、日本語では水俣「病」と呼ばれる。水俣「病」は、たしかに身体の異常であるので「病」でもある。有機水銀は、環境中から食物を通じて摂取された。だが、その有機水銀は、もともと環境中にあったのではない。ひとにより環境中に放出されたのだ。つまり、この「病」はひとが引き起こしたものである。病とは身体の異常のことだが、一般的には、「病」とは、ひと以外の要因であるウイルスなど、つまり「自然」が引き起こしたものという語感がある。その意味では、水俣病とは、「病」ではないともいえる。本章では慣例に従って、水俣の人々が陥った状態を水俣「病」と呼んではいるが、「病」とカギかっこを付す。水俣「病」が「人為」であることに意識的になるためである。

病を病んでいるひとは「患者」と呼ばれる。だが、はたして、水俣「病」事件において、水銀中毒に罹患した人を「患者」と呼ぶのは適切であろうか。本章では患者と並んで「被害者」と記載するが、それも、同様の理由からである。

水俣「病」の場合、原因は、ひとの排出した化学物質であり、その原因者が特定できる。つまり、「被害者」がいて「加害者」がいる事象であるから、犯罪であるともいえる。この水俣「病」の発生と被害をめぐる一連の経緯は、「水俣病事件」と呼ばれることもある。これらの語のあいまいともいえる用いられ方は、自然と人為の語をめぐる相克を示唆する。自然と人為の相克については、すでに第3章で検討したが、コラム1でも見る[1]。

有機水銀

水俣「病」は、環境中に放出された有機水銀が、食物連鎖を通じてひとの体内に蓄積されたことに

[1]　本書第3章084-086頁、コラム1、245頁。

よって引き起こされた身体機能の悪化の症候群である。先に見たように、これを「病」といってよいか、本書は保留する。

水俣「病」事件の原因者は、新日本窒素肥料株式会社である（以下、新日本窒素肥料と記す）。同社は、1906（明治39）年に熊本で創業した長く水俣に工場をもっていた化学企業である[2]。この会社は、化学合成の過程で、アセトアルデヒドを用いて、窒素の人工的な固定に成功した。窒素は、植物の重要元素であり、生育に必須の物質である。その欠乏は生育の悪化を招く。自然肥料としては、伝統的に魚肥や油粕などが用いられてきたが、人工的に合成することに成功したことで、農業生産に大きく貢献することになった。ただし、生成の過程で有機化（メチル化）した水銀が発生する。それを新日本窒素肥料水俣工場は、排水溝を通じて工場が面する水俣湾に排出していた。

新日本窒素肥料水俣工場において、有機水銀を含む工場廃液は、アジア太平洋戦争（15年戦争、大東亜戦争、第二次世界大戦）の前から垂れ流され、戦後になり増大した。同社は化学肥料だけでなく化学繊維なども総合的に生産。生産量が高まるにつれて、排出される有機水銀も増加した。

有機化した水銀は、アミノ酸と結びつき体内に吸収される。体内に入った水銀は、たんぱく質と結合し、神経細胞に定着するが、それによって、脳や神経系の一部が脱落したり、剥離したりする。これが被害者に多大な肉体的苦痛を与え、神経系統の機能の不全を引き起こす。身体のコントロールが効かなくなり、意識の不全や、意識の喪失などにいたる。体内に入った有機水銀は、胎盤を通じて、

[2] 以下、本章の水俣「病」に関する記述は、[原田 1972][原田 1985][水俣病センター相思社]による。

母体から胎児に移動し、胎児の脳や神経に定着し、新しく生まれてきた子どもにも被害を与える。

新日本窒素肥料水俣工場から、水俣湾に排出された大量の有機水銀は、沿岸に広がり、食物連鎖を通じて生物の体内に移行した。水俣「病」の症状は、まず魚や猫やカラスなどのいきものに現われた。魚が死に、汚染された魚を食べた猫やカラスが体の自由を失って死んでいった。次いで、魚を常食する沿岸の漁民たちの間にそれは広がった。

猫の異常な死が多発するようになったのは、1950年ごろからだった。1953年には、水俣「病」と考えられる女児の死が報告されている。その後も、多数の中枢神経系統の異常疾患が報告されたが、ある一つの「病像」であるとして水俣保健所に初めて届けが出されたのは1956年のことである。この年が、水俣「病」の「公式発見」の年だとされる。だが当時は、原因は不明で、奇病といわれ伝染病（感染症）と疑われたことすらあった。

とはいえ、実際には、新日本窒素肥料水俣工場の工場排水と、水俣湾沿岸で起こっていた異常な死や「病」の症状の間に関係があることは容易に想像がついたため、そう考える人は多かった。1959年には、新日本窒素肥料水俣工場附属病院の細川一院長が、新日本窒素肥料のアセトアルデヒド酢酸製造工場の排水を猫に投与する実験を行ない、水俣「病」が発生することを確認していた。しかし、それは、工場により発表を妨げられた。同じ1959年には、熊本大学がイギリスで報告されていた有機水銀中毒症状のハンター・ラッセル反応と水俣「病」の病像が酷似していることから、有機水銀説を唱えていた。しかし、これも政府にはほぼ黙殺された。

その間、新日本窒素肥料は、水俣「病」の責任は認めないものの、患者（被害者）と見舞金契約を結んで、少額の見舞金を払った。ダブル・スタンダードで事態をあいまいにしようとしたのである。

公式的に、水俣「病」の責任が、新日本窒素肥料にあることが認められたのは、ようやく1968年になってからである。この年、日本国政府（当時の厚生省）が新日本窒素肥料水俣工場のアセトアルデヒド製造工程で副生されたメチル水銀化合物が原因であると発表し、工場排水と水俣「病」の間の因果関係が認定された。

発見から認定までに12年もの時間を要したことは、科学的原因だけではなく、社会的原因が大きい。科学的に、原因物質を特定することは、大変困難を伴う。因果関係を証明するためには、一つひとつ要素を特定しなくてはならない。加えて、困難を助長したのは、社会的原因である。この点については、次の項で述べる。

1969年には、水俣「病」の患者（被害者）と家族のうち112人が新日本窒素肥料を被告として、熊本地裁に損害賠償請求訴訟（熊本水俣病第一次訴訟）を提起した。1973年に、熊本地裁において新日本窒素肥料の責任を認める判決が下され確定している。

たしかに、水俣「病」の責任は認められたが、それはごく限定された患者（被害者）に対するものであった。新日本窒素肥料が有機水銀の放出を停止したのは、政府が水俣「病」を認定した1968

年のことである。それまでは、ずっと垂れ流されていた。放出された有機水銀の総量は80〜150トンに及ぶと推定されている。

海には仕切りはない。有機水銀は、有明海沿岸に広く拡散したことが容易に想像できる。その被害は有明海沿岸全域に及ぶはずである。現在、水俣「病」として認定された患者（被害者）は1万2615人である。しかし、有明海沿岸全体の人口を考えると、この人数はあまりにも少ない。水俣「病」認定を申請していない人々が多数いることが想像されるが、申請も認定も進んでいない。1985年に、医学者の原田正純は『水俣病は終わっていない』という書を著したが［原田 1985］、まさに水俣「病」は終わっていないのである。

経済至上主義と無尽蔵な環境という幻想

なぜ、水俣「病」事件のような事件が起こったのだろうか。

第一に、この時期が日本の戦後復興と高度成長の時期であったことである。1950年代の復興期と60年代に始まった日本の高度成長は、政府が意図的に産業を保護し、外貨獲得を目指した時期であった。そこでは、経済成長が至上の目的とされたが、その経済成長とは、GNPやGDPで計られるものであり、そこには個々人の生のよりよいあり方というような問題は、第一義的には、含まれてはいなかった。第11章と第12章で、人間開発指数や生存基盤指数など1990年代以降に現われた新たなひとを中心とした社会科学指数について検討するが[3]、このころには、そのような見方はなかった。水俣「病」の発生が、新日本窒素肥料水俣工場の工場排水と関係があることが強く疑われていたにもかかわらず、政府がそれを止めようとしなかったことは、これと関係している。

経済学においては、公害は、負の外部性や外部不経済と呼ばれる。経済活動が意図しないかたちで、外部に負のコストを生じさせたとき、それをだれが負担するかという問題が生じる。このコストの負担をだれが行うのかについては、完全に経済学の価格理論だけで決定されるのではなく、原因者とその原因を受ける側の力関係によって決まる。水俣「病」事件においては、原因者の側に、強大な権力をもつ日本国政府がついたことから、原因者が、負のコスト負担を免れることが可能になった。これは、原因者に安価に製品をつくらせることを可能にするものであったが、それは水俣の人々の健康と引き換えだった。政府にとっても、新日本窒素肥料にとっても、ひとは眼中に入っていなかった。

また、第二に、冒頭の石牟礼の引用でも見たが、水俣「病」の被害を受けた多くが漁業を生業とする人々だったことである。漁業を生業とする人々は、地域社会の中で、公共圏へのアクセスが比較的絶たれていた人々であった。公共圏については親密圏と対比してこの後述べるが、漁業という直接的に自然と対峙する生業は、差別的な視線すら受けていた。

この点に関して、歴史家の色川《いろかわ》大吉は『水俣の啓示』の中で、水俣市における住民の階層構造と水

［3］　本書第11章258-260頁、第12章280-285頁。

俣「病」の被害の拡大が関係していたことを明らかにした［色川 1995］。水俣市においては、新日本窒素肥料が社会階層の頂点に位置し、その社員をヒエラルキーのトップとし、その下に、市民、そしてさらにその下に漁民が位置する構造が存在した。新日本窒素肥料の工場は、近代を体現した。新日本窒素肥料の工場に勤めることは、近代に参入しているという点で、エリートだった。そのような水俣市の構造が、新日本窒素肥料への批判を困難にし、それが、ひいては、水俣「病」の拡大をもたらした。

第三に、環境を無尽蔵なものとする考え方が存在した。先ほどの外部不経済の観点では、コストをだれが負担するのか、という問題があった。コストを負担するのを漁民とした場合、漁民に主体性が与えられることになる。しかし、主体を環境としたときにはどうであろうか。もちろん、環境は一般的には主体ではない。環境は意思も意図ももたないからである。何度か見ているように、アクター・ネットワーク理論など、ひと以外を政治的主体と認める立場が現われてきているが[4]、まだまだ学術界の一部である。一般的には、主体とみなされない環境は、コストを負担するアリーナにそもそも立つことができない。環境は、宙吊りの位置にあるが、このような状態は、コモンズをめぐる政治において しばしば見られる。コモンズとは、公共という意味であり、だれのものでもない自然や環境を指す。1990年代以降、環境をめぐる議論の中では、環境はだれのものか、という議論が行なわれるようになり、環境がだれのものでもないコモンズであることが肯定的に認識されるようになった。だ

［4］ 本書第5章126頁、第7章167–168頁。

れのものでもないからといって、無尽蔵に使用し、無尽蔵に汚染してもよいわけではない。経済の外部性という観点だけではとらえきれない領域が論じられるようになってきたのである。コモンズについて論じたエリノア・オストロムElinor Ostromが2009年にノーベル経済学賞を受賞したことは、だれのものでもない環境を主体にして論じることの重要性が認識されたことを示す。

だれが、何が、環境の主体なのか──「反転」と科学の分離

水俣「病」の背後にあるのは、環境の主体をどうとらえるかという問題である。つまり、環境の主体に、だれが含まれ、何を主体と考えるかという問題である。水俣「病」は、それをとらえそこなったことから起きた。言い換えれば、水俣「病」を引き起こしたのは、そこに生きる人々を環境の主体としてとらえようとしなかった近代と現代の社会の問題である。

このような状況を、「反転」と呼ぶのは、地域研究の立場から環境問題を研究している佐藤仁である［佐藤 2019］。佐藤の『反転する環境国家』によると「反転」とは、環境政策を行なっているのにもかかわらず、それが地域の人々には環境の悪化として現象してしまう施策のことである。第6章でメコン・ウォッチを例に開発の矛盾を見たが[5]、東南アジアなどの開発独裁国家が、開発中心から

[5] 本書第6章133–137頁。

環境保全中心の国家に転じた場合、環境の保護を強圧的に上から実施することで、「地球に優しい」施策ではあるが、「ひとには優しくない」施策が実施される事例がしばしば見られる。タイの森林保護が、その地に住む狩猟採集民の伝統的生活を脅かすなどの例である。それを佐藤は「反転」という。

この「反転」の原因は、ひとが環境の中にカウントされていないことである。そこでの環境とは、ひとのいない自然環境であり、そこに住み生活するひとは環境の中にはカウントされない。それゆえ、開発独裁から環境国家に転じた政府が環境政策を実施したとき、環境「だけ」を保護し、ひとは保護されないことになる。本来、環境とひとは切り離すことはできない。本書では、環境は、ひと、もの、いきものの織りなす関係性の中から出来《しゅったい》すると考えるが、「反転」においては、ひとが現に環境の中に存在するにもかかわらず、そこにいるひとは「目に入らない」。水俣「病」事件では、工場の排水は外部不経済として扱われたが、それが内部化されることはなかった。それは、そこにいるひとが被る被害を計算に入れる必要がないと考えられたからである。環境は、無尽蔵のものであり、かつ環境の中には、ひとが含まれていなかったのである。

フランスの科学論研究者のクリストフ・ボヌイユChristophe Bonneuilとジャン＝バプティスト・フレソズJean-Baptiste Fressozは近代科学の形成は、地球システムと社会システムの分離の過程であるという [Bonneuil et Fressoz 2013: 41 ff.]。図8－1 (a)は、それを示したものである。地球システム学によって自然科学的に扱われ、社会システムは、社会科学の扱うところとなる。それらは、

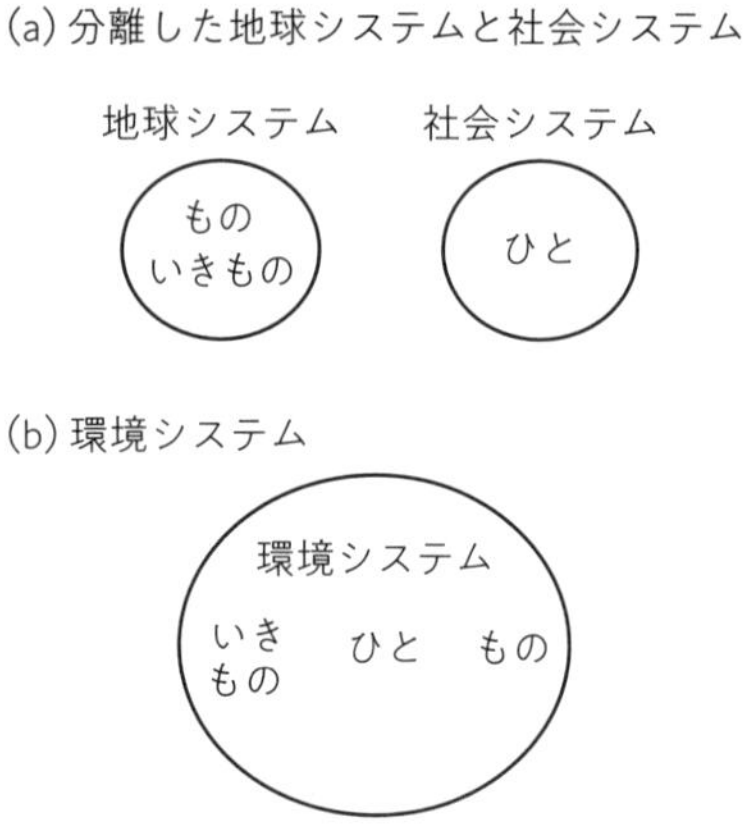

図8-1 システムがとらえるもの

截然と分離していると考えられ、その「構成員」は、それぞれきっちりと別れているようにとらえられる。地球システムの中にひとのつくる社会は入らないし、社会システムの中に、もの、いきものがつくる地球システムは入らない。しかし、現実には、自然の中にひとがいるし、社会の中にもいきものやものは存在する（図8－1(b)）。本書第2章では、宇宙や世界が、概念であることを見た[6]。地球システムと社会システムの分離は、単なる概念上の分離であり、近代科学という知のあり方が、そのように概念化しただけある。しかし、あたかもそれが実体であるかのように認識されるようになってしまった。

水俣「病」事件において、原因者である新日本窒素肥料は、環境中に有機水銀を含む工場廃液を垂れ流した。彼らは、それを無尽蔵の環境中に垂れ流していたと思っていたに違いないが、じつは、それは社会に対して垂れ流していたのでもある。水俣「病」事件とは、経済問題であると同

［6］ 本書第2章047-050頁。

時に、ひとと自然の分離をめぐる認識上の問題でもある。

いきものの被害と魂石

また、水俣「病」の被害が拡大したことの原因には、いきものの被害をきちんと認識することができなかった社会システムの問題もある。

すでに述べたように、水俣「病」の症状は、ひとに現われる前に、魚や鳥や猫において現われていた。それらのいきものは、環境を構成するものたちであるが、もし、それが、社会の中にきちんと組み込まれていたとしたならば、いきものたちの被害が現われた時点できちんと対策が取られたであろう。

すでに見たように図8－1(b)は、世界を自然システムと社会システムの分離としてとらえるのではなく、環境システムとして一体的にとらえたときのとらえ方を示したものである。そこには、ひとだけではなく、いきもののものも含まれることになる。

水俣「病」に関しては、ひとの救済が行なわれ、もちろん、不十分な点は多くあるが、それに関しては、社会的合意が成立している。しかし、被害にあったいきものに関しては、その対応はまったくない。

冒頭でも引用した石牟礼道子は、『椿の海の記』などの自伝的小説で、いきものとひとが混然一体となった水俣湾の世界を描き出している［石牟礼 1976＝2013］。世界は、決して切り分けられているのではない。ひと、もの、いきものは相互に関係しながら環境という現象を構成している。

水俣「病」患者（被害者）の緒方正人は『常世の船を漕ぎて』という書の中で［緒方1996］、自らが、自らの被害を生きる中で、「生きものとして、海や山や草木に向き合」うことの重要性に思いいたったことを述べている。水俣湾の埋立地には「魂石」という石が点々と並んでいる。地蔵尊のかたちをとった石碑だが、これは、石牟礼や緒方などを含む水俣「病」患者（被害者）がつくる「本願の会」という会が建立したものである。そこでいう魂とは、あらゆる生きとし生けるもののすべての連続のことである［萩原2018］。なお、石碑や地蔵尊という形態をとって何かを表現することの意味については、この後第10章でも見る[7]。

石牟礼には、17世紀初頭に起きた天草のキリシタン弾圧を描いた『アニマの鳥』という小説がある［石牟礼1999］。アニマとは、魂とも訳されるが、この浄土を欣求《ごんぐ》する人々の戦いと希求を描いた小説の中心テーマは魂である。石牟礼は、魂の救済を描くが、その魂をもつのは、ひとだけに限らない。すべてのいきものに魂がある。第4章で見たデスコラの4類型では[8]、アニミズムとは、外面は異なるが、内面は似ているという認識を指す。内面が通じ合っていると考えられたとき、ひとといきものの間に、交感、交流が生まれる。それは、本書第5章で見た[9]ダライ・ラマ14世のいう共苦の基盤でもある。本章の冒頭で引用したが、石牟礼が水俣「病」を初めて取り上げた小説のタイトルは奇しくも『苦海浄土』であった。この「苦海」という語は、「苦界」とも表記されることもあるが、『法

[7]　本書第10章224–226頁。
[8]　本書第4章102–104頁。
[9]　本書第5章115–116頁。

華経』などにも出てくる仏教用語で、サンサーラ（輪廻）の中にある現世を苦しみに満ちた世界であると見る考え方である。そのような苦に満ちた世界にあるとき、そこでできることは浄土を祈ることである。いきものもともにこの苦界に生きているとするならば、ともに浄土を欣求する存在である。

「魂石」は、水俣「病」患者（被害者）の救済への祈りという側面がある。同時に、それは、有機水銀の被害を受けたいきものの魂を慰めている。水俣「病」事件は、学知のシステムに問題を投げかける。環境の中には、ひとだけでなく、ものやいきものが含まれる。この認識を妨げてきたのが、近代の自然科学と社会科学の分離、つまり、近代の学問システムだとしたら、ひと、もの、いきものの相互の関連の中で環境を考えることは、近代の学知のあり方を変えることでもある。社会システムに、ものやいきものを入れる。それは、たとえば、民主主義の中に動物や植物などのいきものをどのように組み込めるかという問題でもあるし、地球システムの中に、ひとという生態系システムの自然からは逸脱してしまった存在をどう組み込むことができるかという問題でもある。

政治哲学のマーサ・ヌスバウムMartha Nussbaumは『正義のフロンティア*Frontier of Justice*』において、現代の社会的正義をめぐる議論が、身体的・精神的に不自由な人の正義、国民国家の枠組みを超えた地球市民の正義、ひと以外のいきもの（動物）の正義の実現という3つの課題をもつことを述べ、そのうえで、第12章で見る[10]ジョン・ロールズの『正義論』を拡張し、いきものを含む正義を構想することの可能性について論じる[Nussbaum 2007]。石牟礼らの思考は、それともつながる問題

[10]　本書第12章277-280頁。

ともいえる。洋の東西で、新たな正義が希求され、そこには、ひとだけではなく、いきものもが含み込まれることが求められているのである。

親密という感性

最後に、ひと、もの、いきものの相互の関係をとらえる際の、感性の問題を考えておきたい。先ほど見た、交感や共苦における、心性や感性の問題である。心性や感性の問題とは、一人ひとりの心の中の問題であり、それは、学の対象にはなりにくい。だが、歴史学において感性や感情の歴史が注目され［コルバン 2000］［フレーフェルト 2018］、科学論において情緒の重要性が論じられるなど［Suzuki 2015］、学と感性の問題は、近年、真剣にとらえられ始めている。

水俣「病」事件で問われていたのは、共感と共苦のあり方であった。ひと、もの、いきもののつながりを、共感と共苦をもって感じることができるかどうかという問題であった。逆にいえば、これまで本章で見てきた「反転」の問題や、経済至上主義の問題の根底には、共感や共苦の不在があるということである。

このことを語るのが、胎児性の患者（被害者）をとらえた土本典昭の映画『水俣——患者さんとその世界』の一シーンである［土本 1971］。水俣「病」は、有機水銀が母胎を通じて、胎児に移行するという被害をもたらした。胎児性患者（被害者）と呼ばれる人々は、胎児期に母親を通じて有機水銀を摂取し、それにより水俣「病」患者として生を受けざるをえなかった。上村智子は、中枢神経系統のマヒにより、言語機能や身体機能に生まれながらの障碍をもった。カメラは、一家の夕食の団欒の中に入り込む。

画面の中で彼女は笑顔である。当時、彼女は、12歳。話すことも、歩くこともできない。母親は彼女にごはんを食べさせる。彼女は腕の中で横になったままである。母親の胸元に抱かれ、仰臥した姿勢でごはんを食べる。彼女は長女である。まわりには、全部で5、6人の弟や妹がいる。やわらかく見守る母の腕の中で、彼女は常に笑みを浮かべて、自然な表情である（写真8－1）。

「自分のうちの人とよそのうちの人と、やっぱ、知っとるような状態ですな。親の手元におってでなく、病院に智子ばやったらいくら泣くじゃろか言うてですね、自分らが寝る時間もなかろうとね、ずっと（病院に）やらずにおりました」

［土本 1971 より文字起こしして引用］

母は、彼女を困難を抱えつつ在宅で看護している理由をそう述べる。

彼女は一般的に見るとするならば、障碍者であり、生きることがきわめて困難な状況にある。しかし、この家族の間にあるとき、彼女は、ごく自然にふるまい、笑顔すら浮かべている。家族も、彼女

写真 8-1　土本典昭「水俣」より［土本 1971］

を自然に扱う。

このようなふるまいはどこからくるのであろうか。それは、この場が「親密圏」であることからである。親密圏とは、公共圏に対置される関係性である。本章の中で、漁業者が公共圏からは遠ざけられていたと述べた。公共圏とは、パブリックな関係性の場である。そこでは、法的関係や公論などの制度や理性に基づく関係が結ばれる。一方、親密圏とは、家族などの関係性を指す。そこでは、他者の生や生命、その不安、困難に対する関心と配慮、ケアという感覚が結びつきの基盤となる［東長・石坂 2012：193］。他者の生や生命を慈しむ配慮に基づいた場のことであり、ひとは、そのような配慮をもっているかぎり、親密圏をどこにでも形成することができる。なお、ケアについては、本書第11章でも述べる[11]。

水俣「病」事件とは、他者の生命に対する配慮をひとが失った事件だった。水俣湾沿岸の海中に、新日本窒素肥料

[11]　本書第 11 章 261–264 頁。

が有機水銀を蔓延させたことは、他者の生命に対する配慮を欠いた空間を、新日本窒素肥料がそこに出来《しゅったい》させたということである。しかし、そのような状態にあっても、水俣「病」患者の家の中では、ひっそりと他者の生命の関心に基づく親密圏が息づいていた。胎児性患者（被害者）の上村智子の生を支えていたのは、親密圏である。土本のドキュメンタリー映画「水俣」は、普段は公共圏には表われないその親密圏を映画的手法で表現する。写真8－1でとらえられた笑顔とはそれを象徴する。その親密圏の中で彼女は笑顔である。笑顔は、苦からは生まれない。水俣「病」は、石牟礼の著書『苦海浄土』のタイトルが示すように、苦である。しかし、その苦の渦中にあるはずの親密圏の中においては、苦が消滅していたかのようである。

親密圏は、ひとの間だけで生じるものではない。冒頭の石牟礼の引用で見るゆきと魚たちとの交感のあり方は、親密圏のそれであるともいえる。親密圏は、ひととひとの間で生じるし、ひとを超え、ひとといきものの間でも生じる。ひとともものとの間でも生じるともいえるだろう。この親密圏は、見いだされにくく、壊れやすい。ひと、もの、いきものの間のかかわりに敏感になることは、そのようなものへの感性をはぐくむことでもある。

Bookguide

この章のブックガイド

石牟礼道子『苦海浄土』池澤夏樹（個人編集） 世界文学全集第 3 集 河出書房新社 2011 年

1927 年生まれの石牟礼が水俣「病」患者（被害者)のもとに通い始めたのは、30 歳のころ。爾後、彼女は 2018 年に 91 歳で没するまで、生涯を費やしてこの事件にかかわり続け、書き続けることになる。本書を作家の池澤夏樹は「世界文学」であるという。ひとの苦しみにひとはどうかかわることができるのかを深く問う作品。

土本典昭（監督)『水俣――患者さんとその世界』1971 年 シグロ（DVD）

水俣「病」事件は、さまざまな表現形態を生み出したが、この土本によるドキュメンタリー映画もその一つ。当時希少だったハンディカメラを現地に持ち込み海とともに生きる水俣の漁民たちの水俣「病」をめぐる生と戦いの様子を親密に記録した。白黒だがいつしかカラーに見えてくる。

原田正純『水俣病』岩波新書 1972 年

水俣「病」の原因究明と患者(被害者)の治療には、科学知が欠かせない。著者の原田は医学博士で熊本大学医学部で患者（被害者）の立場に立って水俣病の研究を続けた。本書は科学者の冷徹な知でもって書かれるが、その中に血の通ったひとへの共感と共苦の感性が横溢する。

9 テクノスフェアの核＝風土
――フクシマとチェルノブイリ

「ニソの杜」の裏側

うっそうと茂る常緑のタモの巨樹。百年は優に超えていると思われる樹齢のそれは、根元から数本に枝分かれし、力強く天を目指す（写真9－1）。

その緑の天蓋がつくるドームのような空間の下には、小さな祠。高さは1メートルくらい、横幅は90センチメートルくらい。神道の神殿のようにも見えるその白木でできた建物は、三段の階段をもち、柱と柱の間には新しく綯《な》われたしめ縄が貼り渡され、まっ白な紙垂《しで》が風に揺れている。

小さな神殿の下には、海砂の盛り土。その海砂の上に、まだ新しい海松《みる》のような海藻。その上には、2つの赤飯でできた握り飯が置かれている。

頭上はるかからは、タブの緑の葉を風がわたるさらさら、ざわざわという音。そして、その向こう

写真 9-1　ニソの杜

かからは、潮騒がかすかに聞こえる――。

　これは、福井県の大島半島にいまも伝えられる「ニソの杜《もり》」の光景である。

　この半島では、数軒の家が自らの「樹」をもち、その樹の下に先祖をまつっている。普段、その一帯は禁忌の場であるが、年に一度、11月24日だけは、子孫の家にあたる人々が、早朝から赤飯を供え祭祀を行なう。この「ニソの杜」の習俗は日本の民俗学において「先祖祭祀の古体を残した」と称され、柳田国男以来の学者がその意味を探ってきた［金田２０１８］。

　第6章では、森が語ることを見たが［1］、このニソの杜に立つと、森が生命をたたえた場であることの確かな感覚に打たれ、樹という生命体の存在感をまざまざと感じる。樹という人間の寿命を超えた生命に、祖先の生命が重なりあうような感覚を受ける［2］。祖先とは、人為であり人間界の存在である。しかし、それは同時に、人間界ならぬ自然界

［1］　本書第 6 章 129ff 頁。
［2］　植物については、本書第 3 章 070、072 頁でも述べ、第 10 章 224-226 頁、ダイアローグ 371-377 頁でも述べる。

の存在であり、死を経たひとは、自然の領域に存在することをこの場は知らせる。この杜は、本書が繰り返し論じている、ひと、もの、いきものの間の境界の重なりと相互浸透の場である。

だが、ニソの杜をここで取り上げるのは、それをいいたいからではない。もちろん、それは重要なことだが、ここで見たいのは、ニソの杜の裏側にあるものだ。

ニソの杜の裏側——。

それは、文字通りの裏側である。ニソの杜の裏側には何があるのか。ニソの杜は山の斜面にある。では、その山の反対側には何があるのか。

空からの写真を見よう（写真9－2）。ニソの杜は、集落が位置する半島の南側の山の斜面に点々とある。その裏側にあたる半島の北側の山に目をやると、木々の緑とは異質のコンクリートで敷き詰められた敷地が目に入る。その敷地には、白い円形の建物。

これは、関西電力大飯原子力（核）発電所である。この発電所には、4つの原子（核）炉があり、それらの合計出力は、470万キロワットである。関西電力の供給範囲の盛夏の電力需要の最高量が2500万キロワットであるから、その約5分の1を供給する能力がある。ただし、1号機と2号機は2018年に運転を終了し、2019年現在、3号機と4号機だけが運転を行なっている。この半径30キロメートル以内には、ほかに、関西電力の美浜と高浜の原子力（核）発電所がある。高浜の3号機と4号機だけが運転中で、ほかは、2011年より定期点検という名目の休止中である。

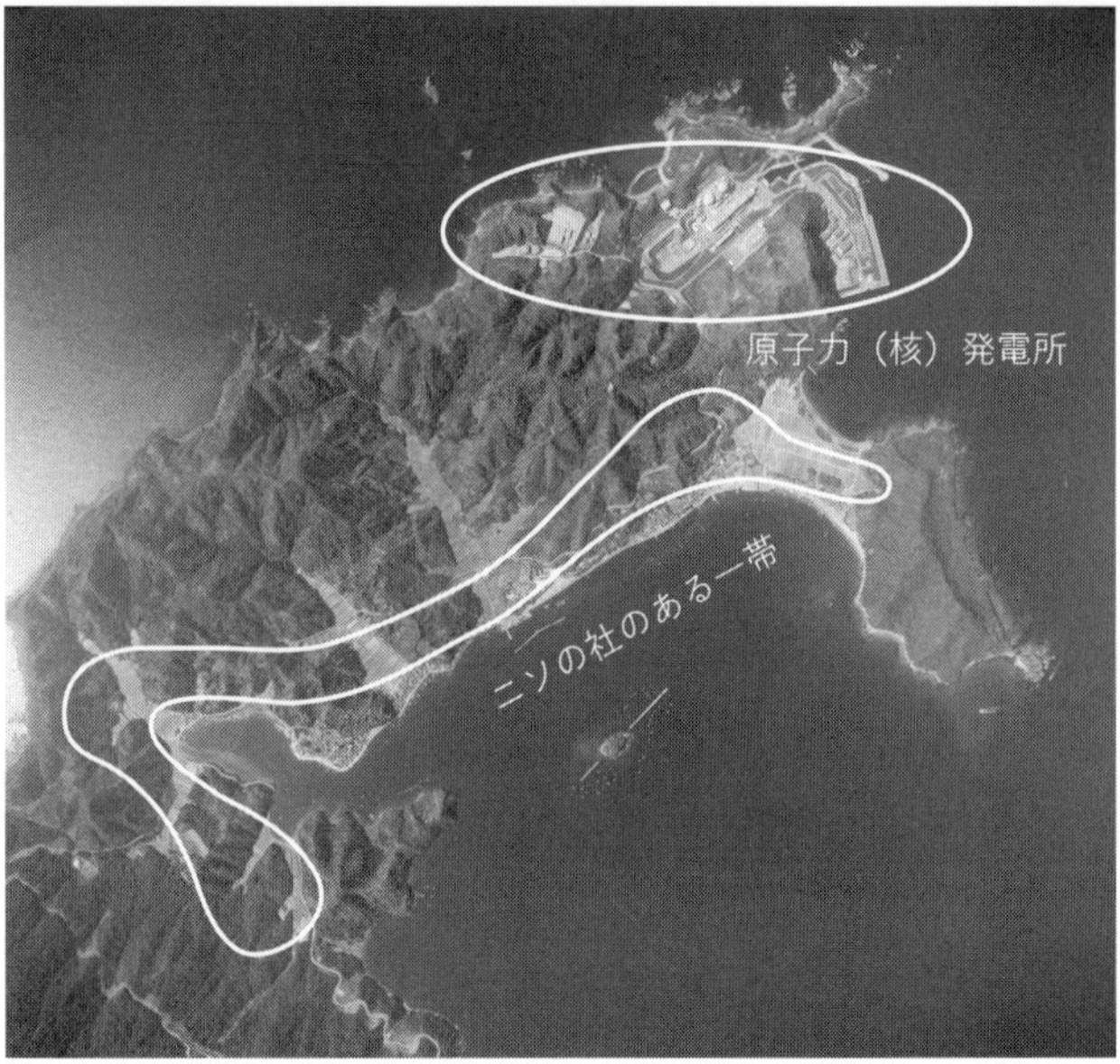

写真 9-2　ニソの杜の裏側の空中写真［国土地理院］

　ニソの杜と原子力（核）発電所。これは一見何の関係もなさそうな組み合わせである。しかし、これは、必然的な組み合わせでもある。ニソの杜という古い民俗行事の形態を残した場所は、都会から遠く離れたところでもある。京都や大阪から半日がかりの距離である。都会から遠いことが、豊かな自然と古い習俗をいまに伝えることを可能にした。そこに、原子力（核）発電所がある。それは、原子力（核）発電所が、そのような場を好んでいるからである。都会に、原子力（核）発電所をつくることは難しい。だが、いわゆる僻地ではそれは建設しうる。原子力（核）発電所の建設とは、地域経済への貢献という名目と交換にされたリスクの受け入れである。

原子力（核）発電所は、テクノロジーのかたまりである。地球上には、ジオスフェア（地圏）、リソスフェア（岩石圏）、アトモスフェア（気圏）などいくつかの圏がある。第8章で地球は自然と社会の2つのシステムとしてとらえられることを見たが[3]、自然システムとして見たとき、これらの圏のかかわりあいが地球システムの実体である。それに加えて、テクノスフェア（technosphere：技術圏）をそこに数えようという考え方が、近年、説得力を増してきた。物理学者のピーター・ハフPeter Haffが提唱する [Haff 2014]。彼によると、テクノロジーは人間がつくったものであり、人間のコントロール下にあるはずのものだが、近年の巨大な技術は、人間のコントロールをはるかに超え、ジオスフェアやリソスフェア、アトモスフェアなどと同じように、地球的スケールで自律的に運動するものとなった。本書第2章で見た[4]、人新世（アンソロポシーン）の提唱とも通じる主張である。

テクノスフェアの特徴は、その巨大性である。原子力（核）発電所とは、まさに、その巨大さを体現している。そのテクノスフェアを体現する原子力（核）は、ある特定の場を好む。核は、人里離れた風土を好む。核＝風土である。これは、ひとの社会がつくり上げた自然環境とひとの相互作用の結果である。ニソの杜と原子力（核）発電所が大島半島という地で共存することは、偶然ではない。それは、まさに、テクノスフェアの核＝風土である。

[3] 本書第8章183-184頁。
[4] 本書第2章030-034頁。

核とは何か

本章では、チェルノブイリとフクシマ、つまり原子力（核）発電所事故の問題を取り上げる。原子力（核）発電所事故とは何であろうか。それは、20世紀と21世紀に起きた地球全体にかかわる事故である。一施設の事故ではあるが、その規模が数万人や数十万人、数百万人の生命や生存や地球環境全体に影響を及ぼす。つまり、地球規模にひとが環境に対して負の影響を与えている。第5章や第7章などでブリュノ・ラトゥールのアクター・ネットワーク理論を見た[5]。そこでは、ひと以外も政治主体と扱われていた。原子力（核）発電所とは、政治主体であり、その行為である原子力（核）発電所事故とは、政治的出来事である。

原子力（核）発電所は核技術に基づいている。通常日本語では、民生用のそれは原子力技術、軍事用のそれは核技術と呼ばれているが、ここでは、一括して核技術と称する。同じ技術を、民生用と軍事用で言い換えることは、その技術の本質を覆い隠すことになる。英語ではどちらもnuclear technologyであり、区別はない。核技術が、軍事用として用いられるとき、核兵器があり、民生用として用いられるとき、原子力（核）発電、放射線治療やX線技術などの医療用技術、非破壊計測や同位体計測技術などの産業用技術、食料品の殺菌などの商業技術などがある。中でも、巨大なエネルギーの発生と制御にかかわるのが、核兵器と原子力（核）発電である。

核とは何か。核とは、原子核のことである。物質の〝最小の世界〟については、第7章でも簡単

[5]　本書第5章126頁、第7章167–168頁。

に見たが[6]、原子（アトムatom）とはそもそもは、古代ギリシアにおいて想定された物質を構成する最小単位である。とはいえ、今日では、原子以下の単位も発見されているので、原子は最少単位ではない。物質の最小単位は、現代においては、素粒子elementary particleであると考えられている。原子は今日的意味でいえば、元素の最小単位である。原子は、原子核とその周辺を回っている電子electronからなる。原子核を構成するのは、陽子protonと中性子neutoronである。

原子核は融合したり分裂したりするときに膨大なエネルギーを発生させる。ある種の原子核は、不安定な状態であり、電子や素粒子を放出して、別の原子核に変わる。この原子核の崩壊が、一個ののからその周辺に次々と連鎖するとき、放射線と熱が発生する。放射線とは、流れる粒子であり、α線、β線、中性子線、陽子線、重イオン線、中間子線などの粒子放射線と、高エネルギーのγ線とX線のような電磁放射線がある。放射能とは、この放射線を発生させる能力のことであり、不安定な状態の原子核からなる放射性物質がその能力をもつ。

原子核の構成とその性質が明らかになったのは、物理学の発展の中においてである。20世紀初頭以来、原子核の性質の探求が進んできた。直接的には1911年にアーネスト・ラザフォードErnest Rutherfordが原子核が安定していないことを発見したことが、そのエネルギーの利用という核兵器と核発電技術につながったといえる。ただ、物理学自体は、その後も、より微小な単位の物質の探求に進んだのであるから、核エネルギーの利用は、物理学そのものの問題というよりも、その研究成果の

[6] 本書第7章152–153頁。

工学的利用である。

リスク社会

核技術は、それ自体が問題であるというわけではない。先ほど見たように多くの有用なものがある。では、何が問題なのであろうか。それは、技術が、人間のコントロールを超えていることである。人間のコントロールを超え、膨大な負の影響を与える状況にあり、そのリスクを管理することができなくなっていることである。

社会学のウルリヒ・ベックUrlich Beckやアンソニー・ギデンズAnthony Giddensは、現代をリスク社会risk societyとする［ベック 2014］。彼らによると、現代は、未来のリスクを常に考慮に入れることが必要とされている社会である。それは、近代が近代である特異性によるものである。第一に、近代が、それ以前の時代とは格段に異なった技術的達成をもっていること、第二に、近代というもの自体が、自己反省的self reflexiveであることによる。

格段に巨大化した技術は、未来の見通しがつかないという状態をもたらす。自己反省性は、常に自己の状況を反省的に見ることによるフィードバックを社会の中に埋め込む。社会は、常にリスクを考慮に入れ、リスクを計算したうえでのふるまいを求められることになる。あるいは、リスクを理由にした規制が行なわれることもある。

リスク社会の概念は、1990年代の環境の危機をきっかけに生まれている。この危機には、地球温暖化と並んで、チェルノブイリ原子力(核)発電所の事故も含まれる。地球温暖化は、人為と地球環境の絡まりあいであり、チェルノブイリ原子力(核)発電所の事故の本質も人為とその地球環境への負の影響である。リスク社会は、社会がリスクを通じて環境によって支配されるということである。環境が政治的な主体として立ち現われていることは、先にアクター・ネットワーク理論を援用して述べたとおりである。

リスク社会は、リスクを管理はするが、リスクをなくすことはできない。現に、核のリスクは減ってはいない。核産業の業界団体である世界核協会のまとめによると、原子力(核)発電所は、現在でも全世界で450基が稼働しており、全世界の電力の11%を供給している[世界核協会]。アメリカ科学連盟の試算によると、核兵器として、1万以上の核弾頭が、現在世界に存在している[アメリカ科学連盟]。核技術は、全世界にあまねくゆきわたり、リスク要因が全球的に遍在しているのである。

遍在といったが、核のリスクは、地球上に広く存在するが、決して均等に存在しているわけではない。すでに見たように、テクノスフェアの核=風土は、都会から遠く離れた、自然の濃い土地を好む。『東京に原発を!』というタイトルをもつ書物がある[広瀬 1986]。チェルノブイリ原子力(核)発電所事故の後に、原子力(核)発電所の危険性をめぐる議論の中で出版された書籍である。冒頭で見たニソの杜をはじめ、日本において原子力（核）発電所は、大都市近辺に建設されることはない。多くが、大都市から遠く離れたいわゆる僻地に建設される。電力の消費地は、大都市である。原子力（核）発電所は、事故が起きたときのリスクが大きいことは、よく知られている。もし、大都市の近傍に原子力（核）発電所が建設されることになったとしたならば、大都市の人々は、そのリスクを受け入れて、建設に同意するであろうか。原子力（核）発電所の立地には「地域振興」予算が投入される。それは、大都市との経済的格差にあえぐ地方経済にとっては、恩恵であるが、同時に、地域をリスクにさらすこととなる。リスク社会とは、リスクを管理する社会であるが、リスクの管理には、リスクの享受や甘受、その隠蔽も含まれる。

テクノスフェアの墓場

チェルノブイリとフクシマは、テクノスフェアの核＝風土の極限ともいえる。どちらも、原子力（核）発電所がテクノスフェアの風土として選んだ核＝風土であるが、そこにおいて、核事故が起こり、人が住むことができなくなってしまった。第2章で見たように[7]風土とは、本来は、ひとと土地が相互作用のもとでつくり上げるものである。しかし、そこにひとが住むことができなくなってしまった以上、風土はもはや形成されない。そこにあるのは、テクノロジーだけであ

［7］　本書第2章052–060頁。

る。純粋な意味でのテクノスフェアが実現しているともいえる。ただし、そこにおいては、テクノロジーはもはや作動してはいない。その意味では、テクノスフェアの墓場である。

フクシマとチェルノブイリの事故とその被害について簡単に見ておく。

チェルノブイリ原子力（核）発電所の事故は、1986年4月26日に、当時ソビエト連邦社会主義共和国に属していたウクライナ共和国のチェルノブイリで起こった。出力調整実験を行なっていた原子（核）炉が制御不能になり、炉心融解を起こし爆発し、炉内の放射性物質が大量に空気中に放出された。約10トンに及ぶといわれる。国際原子力事象評価尺度の最悪レベルのレベル7に分類される。放射性物質は、大気に乗って世界中に拡散した。東欧や北欧にはとりわけ大量の放射性物質が飛散した。植物に付着し、その植物を食べた家畜の肉や乳製品を通じて、ひとに移動した。

チェルノブイリ周辺では、大規模な居住規制が行なわれた。発電所周辺には、労働者を中心とした都市プリピチャなどが存在したが、約30キロ圏の13万人が強制的に避難させられた。

影響については詳しいことはわかっていない。ベラルーシやウクライナなどで小児がんや甲状腺がんなどさまざまな疾患の増加が報告されているが、疫学的には、それらと原子力（核）発電所の事故で放出された放射性物質との因果関係は明らかになっているわけではない。

フクシマの事故は、2011年3月11日の東日本大震災に際して起きた東京電力福島第一原子力（核）発電所の事故である。原因が、地震動と津波のどちらかに関しては議論が続いているが、電源喪失により、炉冷却用プールへの注水が止まり、原子力（核）燃料の冷却が不可能になった。核反応が続き、炉心溶融が起こった。福島第一原子力（核）発電所を構成する4つの原子炉のうち、3つの原子炉でそれが起こり、格納容器が破損。爆発が起き、大気中に放射性物質が放出された。

放出された放射性物質は、太平洋上と東北から関東の広い範囲の日本列島の地場にまき散らされた。炉心冷却用の水にも放射性物質が溶け出し、太平洋に流れ出た。

日本国政府は、原子力災害対策特別措置法の第十五条第二項の規定に基づき、2011年3月11日午後7時18分に「原子力緊急事態」を宣言した。それに伴って、同措置法の規定に基づき避難指示および屋内退避指示が出された。なお、この原子力緊急事態宣言は、撤回されておらず、本書最終校正時の2020年現在も、日本国はいまだに「原子力緊急事態」下にある。周辺の住民には、段階的に避難指示が出された。3月12日には、半径20キロ以内の住民を対象に避難指示が出され、4月には、積算被曝量をもとに、警戒区域、計画的避難区域、緊急時避難準備区域が区分された。これは後に、避難指示解除準備区域、居住制限区域、帰還困難区域に再編された。帰還困難区域は年間被曝量が50ミリシーベルトに及ぶ地域であり、中には100年経過しても人が住むことができない地域があると見積もられている。

避難者数は、2012年には12万人に及んだが、2019年には、4万人ほどになっている。

この事故の健康被害との関係はまだ明らかではない。事故直後に、政府は「直ちに健康に影響はない」ことを宣言したが、しかし、それは、長期的な健康への影響を否定するものではなかった。

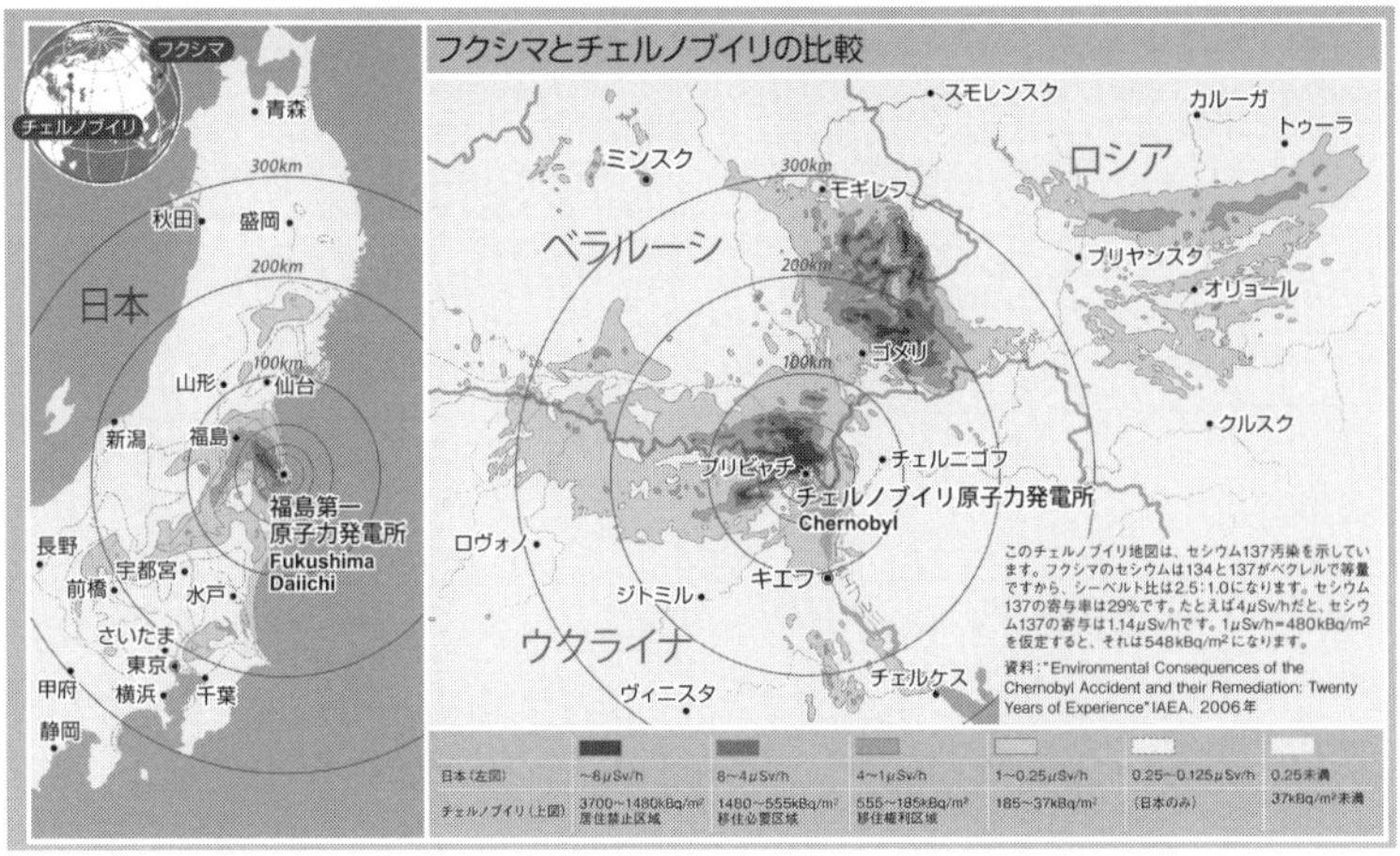

図 9-1　フクシマとチェルノブイリの同縮尺による汚染土の比較［早川 2013］

図9—1は、火山学者の早川由紀夫が作成した同縮尺のフクシマとチェルノブイリの汚染の比較である。火山学においては、火山灰の降下状況を地形や風向きから明らかにする手法が存在する。早川は、その方法を用いて、フクシマの事故の直後から、放射性物質の降下の状況とその原因を明らかにしていた。次章で見るが、火山噴火とは地球が引き起こす大規模自然災害である［8］。フクシマの事故で火山学の知識が用いられたことは、核事故が火山災害にも匹敵する地球規模の災害であったことを示唆する。テクノスフェアの引き起こす事故とは、まさに地球規模なのである。早川によると汚染を受けた土地面積では、フクシマの事故はチェルノブイリの事故よりも狭いが、影響を受けた人口はフクシマの事故のほうが大きいという。フクシマの場合、放射性物質を含んだ雲は、首都圏の上空にも達しており、東京圏も汚染されているからである。

［8］　本書第 10 章 214-215 頁。

汚染された地球で

前項で汚染という言葉を用いた。じつは、核による汚染は、フクシマとチェルノブイリだけで起こっているわけではない。

すでに、この地球上は、核物質でさまざまに「汚染」されてしまっている。

それを語るのが、フクシマとチェルノブイリ以外のさまざまな核＝風土のトポスである。次のようなものがそれである。

ヒロシマ（日本）　1945年8月6日に殺人用の兵器としての核爆弾が人類により、人類に対して初めて使用された。死者の数はよくわかっていないが、投下直後に数万人から十数万人が死亡したといわれる。

ナガサキ（日本）　1945年8月9日に殺人用の兵器としての核爆弾が人類により、人類に対して2度目に使用された。直接の死者は7万人といわれる。

ネバダ（米国）　1951年から使用されたアメリカ軍の核実験場があった。1951年から1992年に、928回の核実験が行なわれた。風下にあたる地域に放射性物質が飛散して健康被害をもたらした。

セミパラチンスク（ソ連＝当時）　ソ連のカザフスタン共和国にあり、1949年から1989年の40年間に合計456回の核実験が行なわれた。付近の住民にがんの発生や奇形が生じている。

ムルロア環礁（フランス領ポリネシア）　1966年から1996年までフランスの核実験場であり、約200回の大気圏内（1974年まで）および地下核実験（1975年以降）が行なわれた。住民の強制移転が行なわれ、元住民にがんなどの健康被害が発生している。

ビキニ環礁（アメリカ領太平洋マーシャル諸島）　1946年から1958年まで12回の核実験が行なわれた。住民の強制移住が行なわれ、元住民にがんや、過度の健康被害が発生している。

マヤーク（ソ連＝当時）　ソビエト連邦ウラル地方チェリャビンスク州。1957年9月29日、核技術施設で大規模爆発事故が起き、放射性廃棄物が大量に飛散した。被害の全貌は明らかではない。

1945年から2011年までの間ほぼ途切れることなく核が人間環境に負の影響を与えていることがわかる。

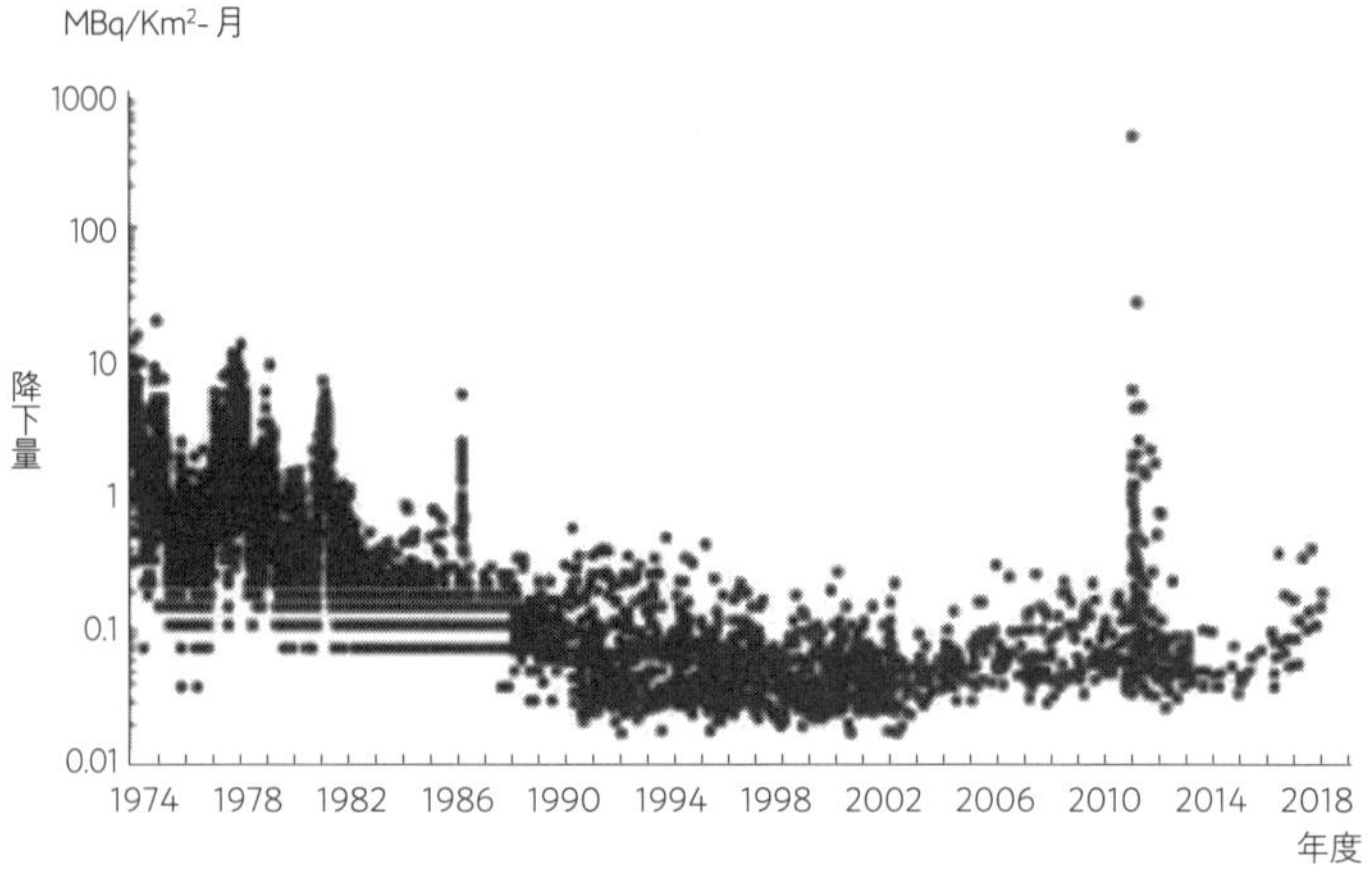

図 9-2　大気中の降下物中のストロンチウムの経年変化［日本分析センター］

これらを通じて、とりわけ、大気圏内核実験を通じて大気中には、放射性物質が大量に放出された。図９－２は、大気中の降下物中のストロンチウム90の経年変化である。ストロンチウム90はウランやプルトニウムの核分裂生成物質として生じる放射性物質である。先ほど見たアメリカ領マーシャル諸島の核実験に伴い漁船が被曝した第五福竜丸事件で著名な「ビキニの死の灰」にも含まれていた。フクシマの事故では、主にセシウムが放出されたが、微量ではあるがストロンチウムも放出された。

大気圏内核実験による放射性物質は、北半球全体に拡散している。１９５０年代から60年代において、大気圏内の核実験が盛んに行なわれたため、この時期の大気中の放射性物質は大量であった。大気圏内の核実験は、１９８０年の中国のそれを最後として行なわれていないため、降下物（フォールアウト）は減少している。しかし、１９８６年のチェルノブイリの事故と２０１１年のフクシマの事故で跳ね上がり、現在もゼロにはなっていない。つまり、依然として、地球上には、ひと由来の放射性物質があまねく大気中に存在しているのである。

10万年の責任

核＝風土とは、現在の問題だけではない。核技術が生み出す核廃棄物は、長期にわたる放射能発生の問題を抱えている。

放射性物質は半減期がある。半減期とは、原子核が放射性崩壊し、安定した原子核となる現象である。すでに述べたが、原子核の中に存在する陽子と中性子のバランスが悪いものが放射線を放出して崩壊し、より安定的な原子となる。放射線とは、この崩壊の過程で放出されるエネルギーのことである。この放射線には、α線、β線、γ線などの種類がある。崩壊が終了すると、放射線の放出は終了する。問題なのは、半減期が長期にわたる物質が存在することである。物質の中には、数万年にわたる半減期をもつものがある。たとえば、プルトニウム239の半減期は2万4000年である。プルトニウム239はα粒子を放出してウラン235に崩壊するが、このα放射線は高い発がん性をもっている。つまり、2万4000年にわたって、高い発がん性をもつ危険な放射線を発し続けるのである。プルトニウムは、核兵器や原子力（核）発電所における核燃料の主要な原料である。つまり、核兵器や原子力（核）発電所を使用し続けるかぎり、プルトニウムの廃棄物が生み出される。

それらの廃棄物を処分するための場所は「最終処分場」と呼ばれる。最終処分とはいえ、核物質の放射性崩壊を人為的に促進する手段はいまのところ発見されていないため、基本的には、自然の放射性崩壊を待つしかない。そして、いまのところ、その方法は地中に埋めるしかない。

最終処分場やその候補地としては、アメリカ合衆国では、ニューメキシコ州カールズバッド、ドイツではモールスレーベンや、ゴアレーベン、フランスではムーズ・オート＝マルヌ、フィンランドではオンカロなどがある（日本では候補地すら決定していない）。どれも、多くの人が名前すら聞いたことのない地名であろう。僻地の人口の少ない地域が選ばれ、その地中深く、安定的な地層を選んで、地中において保存するということが現在の唯一の放射性廃棄物の廃棄の方法である。

これらの「最終処分場」は10万年間の保存を前提としているといわれる。少なくとも10万年後には、放射性崩壊が終わり、放射性廃棄物からは、もう放射線は発されてはいないからである。逆にいえば、10万年間、人類は、自ら生み出した放射性廃棄物とこの地球上で共存しなくてはならない。10万年とはどれくらいの時間か。この点についてはは本書第15章でも見るが[9]現在から10万年前というと、完新世すらまだ始まっていない更新世の終わりの時期である。更新世《こうしんせい》Pleistoceneは地質時代の区分の一つで、約258万年前から約1万年前までの期間である。この更新世には、ホモ属がアフリカの地で進化を始めてはいるが、われわれ現生人であるホモ・サピエンスが生まれたのは約10万年前ほどになっ

[9] 本書第15章358頁。

てからであり、アフリカから他の大陸に拡散を始めたのが10万年前だといわれる[Parker 2015: 548]。人類は、たしかに進化してきた。しかし、人類は、人類の歴史と同等のオーダーをもつ時間軸をもってしても解決できない放射性廃棄物という問題を抱えてしまっている。はたして進化しているのであろうか。

見えないものを見る想像力

核の問題は、見えにくい。それは、二重の意味である。

第一に、放射能が物理的に見えないものであることである。放射能は作用である。だから見えない。だが、しかし、見えないことは存在しないことではない。本書第6章や第7章で見、第13章でも見るように[10]、存在にはグラデーションがあるし、これまで何度も見てきたアクター・ネットワーク理論がいうように[11]、出来事も社会の主体である。その意味では、放射能もアクターであり、力をもっている。

第二に、放射能あるいは、核が社会的に見えなくされていることである。本章で見てきたテクノスフェアの核=風土とは、放射能を社会から隠蔽することによって生じたものでもあった。ある意味で、見えないことは、存在しないことと同じである。原子力（核）発電所が、都会からは見えないことは、都会に住む人々にとって、原子力（核）発電所は存在しないともいえる。だが、繰り返しになる

[10] 本書第6章145頁、第7章157–159頁、第13章311–314頁。
[11] 本書第5章126頁、第7章167–168頁。

が、見えないからといって存在しないわけではない。

放射能による被害は、見えにくい。第8章で見た水俣「病」と新日本窒素肥料の工場排水との間の因果関係の証明が困難であったように[12]、フクシマの事故で影響を受けた人々の健康状態の悪化と福島第一原子力（核）発電所の事故により放出された放射性物質との因果関係の立証は困難である。

福島県では、事故当時18歳以下であった住民延べ60万人を対象に甲状腺の検査が行なわれているが、そのうち少なくとも214人が悪性ないしその疑いのある腫瘍と診断され、175人が甲状腺手術を受けがんと確定した［みんなのデータサイト 2018：182-185］。放射線医学の崎山比早子は、通常、甲状腺がんの発症は100万人に1〜2人といわれているので、これは明らかに多発であるという。だが、これと福島第一原子力（核）発電所の事故により放出された放射性物質との因果関係については、きちんとした説明はだれによっても行なわれていない。

甲状腺とは、のどに存在する身体の新陳代謝を促すホルモンを生成する器官である。手術とは、甲状腺の全部ないし一部を除去することを意味する。身体を切除するという苦痛をもたなければならないし、がんの再発の恐れもある。

甲状腺がんを発症した当時の子どもであったひとたちは、がんの苦しみと見えない未来の苦しみにさいなまれている。この苦しみは、いったい、だれの責任であり、だれが、その苦しみにどんな補償をすることができるのだろうか。

［12］ 本書第8章177-179頁。

Bookguide

この章のブックガイド

みんなのデータサイトマップ集編集チーム『図説・17 都県放射能測定マップ＋読み解き集――2011 年のあの時・いま・未来を知る』みんなのデータサイト出版　2018 年

フクシマの事故で放射性物質はどれだけ、どのように飛散したのか。政府の調査は、空中からの計測にとどまり、地表の網羅的データは存在しない。4000 人の市民が協力して、東日本の 17 都道府県 3400 地点の土壌に含まれる放射性物質の量（ベクレル）を計測し、見えないものを見えるようにしようとした。同書の中で「汚染」という語を用いるべきかどうか苦悩したという編者らの言葉は重い。

本橋成一（監督）『アレクセイと泉――百年の泉の物語』ポレポレタイムス社　2002 年（DVD）

チェルノブイリから 180km ほど離れたところにあるベラルーシの小さな村の暮らしを丹念に描いた映画。放射能汚染により避難勧告を受けている村だが、村の泉からは放射性物質は検出されないという。なぜなら、その水は 100 年前の伏流水だから。老人しか住まなくなった村で生きることを選んだ若者アレクセイ。収穫、農作業、ガチョウや豚や馬の飼育、祭り、そして泉の修理。そこにある暮らしを描くだけなのに、なぜ、見飽きないのだろう。放射能事故が壊したものの大きさを教えてくれる。

10 自然災害からの立ち直り

第8章では、水俣「病」事件を、第9章では、チェルノブイリとフクシマを取り上げ、地球環境レベルの人為的災厄について検討してきた。一方、本章では、自然災害を取り上げる。地球が引き起こす地球レベルの災厄である。その中での、ひとの立ち直りについて考えてみたい。

リング・オブ・ファイアー、モンスーン・アジア

日本で自然災害を考えることの意味をまずは確認しておこう。自然災害には、それが地球上のどこで起きるかで、はっきりとした地理的な特徴がある。日本では、台風、地震、火山噴火、津波などが主な自然災害だが、たとえばアメリカでは、地震はそれほどなく、ハリケーンや山火事、極度の寒冷が自然災害である。日本の災害は、日本の地理的状況を反映している。

日本は、第一に、リング・オブ・ファイアー（ring of fire：環太平洋火山帯）と呼ばれるプレート境界上にある。ここでは、太平洋プレートがそれを取り囲むユーラシア、北米、フィリピン海、オーストラリアの各プレートの下に沈み込む。リング・オブ・ファイアーとは、炎の環という意味だが、〝炎〟とは火山を指す。プレートの動きによって地層の褶曲ができ、マグマの活動によって火山が発達し地震が起きる。〝ファイアー〟は、太平洋岸に馬蹄形に連なり、南米大陸から北米大陸、日本を含むユーラシア大陸沿岸、東南アジアにいたる。

リング・オブ・ファイアーの巨大火山には、北米の西海岸のセントヘレンズ火山、フィリピンのピナトゥボ火山とマヨ火山、インドネシアのクラトア火山などがある。日本にも、多くの火山がある。気象庁が定義する活火山とは、過去1万年間に噴火したことのある火山だが、その定義に当てはまる火山は、日本には111も存在する。

火山の存在は、地熱発電や温泉などの恵み、すなわちひとの社会へのプラスをもたらす。しかし、同時にそれは、地震や火山噴火、津波の原因となるマイナス面ももつ。

日本の自然災害の第二の特徴は、モンスーンmonsoonとの関係である。モンスーンとは、夏の雨季のことを指し、また夏に吹く偏西風も指す。本書第2章で見た和辻哲郎の『風土』も述べていたが[1]、日本が属するアジアは、夏に雨が長期にわたって続く。また、南アジアでは夏に偏西風が、南から東北に向かって吹き、海で吸収した水蒸気をたっぷりと含んで陸上で雨を降らせる。インドやバン

[1]　本書第2章055頁。

グラディシュ、タイなどでしばしば洪水が起こる。それは、災害ではあるが、人間が存在する以前、陸地がそのような配置になった太古から繰り返されてきた自然の循環過程である。

アジアのうち、中国内陸部などを除くアジアは、別名モンスーン・アジアと呼ばれる。この地域に、モンスーンによる降雨があるからというだけではない。降雨は、夏の平野部の湛水をもたらす。和辻の「風土」論はアジアの心性と農業の関連を述べる。アジアの社会に大きな影響を与えてきた稲作という生業の営為は、夏季の湛水を水田という人工環境をつくることで再現した農耕方法である。

自然の系、ひとの系と予知

地球環境の中にひとが存在するかぎり、自然災害は避けることができない。それを避けるために、予知という方法をひとは発達させ、科学の発展とともにその正確度は増した。今日、台風や降雨に関する予知はかなり正確になっている。

だが、少し歴史をさかのぼってみると、台風ですら予知は難しかった。日本で、1950年代から60年代には、台風で甚大な人的被害が生じた。1950年のジェーン台風では400人近い死者が、54年の洞爺丸台風では1700人近い死者が、59年の伊勢湾台風では5千人近くの死者が発生した。それは、予知が困難であったことによる。平安時代の『源氏物語』を読むと、多くの台風の描写がある。

だが、当時の人々は、台風を予知することはできず、ただひたすらそれが通り過ぎるのを待つばかりだった。現在の日本で、台風で5千人以上の死者が発生することはほとんど考えられないが、これは比較的近年の現象である。ただし、日本以外の台風の予知と防災の精度はまだ高くない。2013年に発生した台風ヨランダはフィリピンで大きな被害を出し、6千人以上の死者が発生した。グローバルに見ると災害の予知は必ずしも進んでいるわけではないのである。この点は、第12章で検討する[2]〝発展〟におけるグローバルな不平等の問題と関係している。

とはいえ、すべての自然災害が予知できるわけでもない。気象や台風については、ある程度予知が可能になったが、地震や火山噴火の予知はまだ難しい。それ以外にも、第1章で見た[3]地球上の過去の「大絶滅」を引き起こした宇宙から飛来する隕石や小天体など、予知が不可能な自然現象は数多くある。

しかし、それらは、自然の側からすると、ある必然性があって起きている事象である。決して偶然に起きるのではない。地震が起きることは、プレートの沈み込みや、地盤のたわみが限界に達したということであり、自然の法則に従っている。決して、超自然的な力によって起きるのではない。自然の側にとっては、必然である。一方、ひとの側にとって、それは偶然のようにとらえられる。予期しえなかった出来事が起きたとき、ひとはそれを偶然ととらえる。自然災害が偶然であるととらえられたとき、無常観や不条理の感情が生じる。この感情や認識の問題は、ものである地球の上にひととい

[2] 本書第12章271-272頁。
[3] 本書第1章025-028頁。

う意識をもったいきものが存在することから避けがたく導かれる。これは、自然の系とひとの系の交わりである。自然災害は、そのような2つの系の交わるところに生じる事象である。本書の中では、デカルト以来の精神とその外界の二元論・二分法の問題を繰り返し参照している[4]、言い換えると、自然というものの系の上に、精神をもったひとが存在することから避けがたく生じる問題である。本書が属する「叢書　地球のナラティブ」は地球の声を聞くことをテーマとするが、それは自然の系の声をひとの系の声に変換することである。

レジリエンス

災害や災厄について、近年、レジリエンスresilienceという考え方が広まっている。レジリエンスとは、回復力と訳される。もともとは、精神医学や心理学において使われていた語である。柔らかいボールのようなものを考えたとき、そのボールのようなものは、握るといったんはつぶれるが、次第にもとに戻る。それは、ボールの素材に可塑性があるからである。レジリエンスの反対語は、ヴァルネラビリティvulnerabilityである。これは、脆弱性と呼ばれる。脆弱性と傷つきやすさは密接に関係しているが、同じではない。フラジャイルfragileな、もろいものは存在する。ガラス細工などはフラジャイルであり、もろい。それらは、もろくて、同時にヴァルネラブル、つまり傷つきやすい。

[4]　本書第2章057-059頁、第4章102頁、第5章120-121頁、第7章163-165頁、第15章357頁。

一方、強固であるように見える場合でも、ヴァルネラブルである場合がある。たとえば、どれだけ固く強固なものであっても、可塑性がない場合には、脆弱性が強いともいえる。曲がりに対応する物質を考えた場合、そのものにたわみのような可塑性がなければ、それはぽきっと折れてしまう。その意味では、レジリエンスは、しなやかさと訳される場合もある。

これまでの自然災害への対応においては、強さが求められてきた。自然災害に強い街や強い建物などということがいわれる。もちろん、基本的な強さというものは必要であるし、物理的な建物やインフラストラクチャーにはそれが求められる。しかし、社会のような複雑なシステムの場合、強さだけではなく、それにいかに柔軟に対応できるのかということも問題になる。

災害の時間と立ち直りの時間

災害からの立ち直りは、心の問題である。災害からの立ち直りには、たしかに、建物やインフラストラクチャーなど物理的な立ち直りも大きな位置を占める。だが、仮に物理的な立ち直りが問題になるとしても、建物やインフラストラクチャーを建設するのはひとである。最終的には、立ち直りとは、ひとの立ち直り、心の問題である。先ほど見たようにレジリエンスがもともとは精神医学や心理学の語であったことは示唆的である。

では、ひとの心は、どのように立ち直るのだろうか。そこには時間とプロセスが関係している。第一に、災害直後の時間とは特殊な時間である。災害とは、自明性の崩壊である。何事であれ、それが災害と呼ばれる際には、状態の激甚な変化が生じている。それは、秩序の崩壊である。秩序の崩壊は、ひとの精神に打撃を与え、新たな秩序の構築を要求する。

この秩序の崩壊とはプラスとマイナスの両義性をもつ。秩序が崩壊するとは、何かが破壊されることである。それは家屋の被害や人体の被害であった場合は、マイナスの影響である。しかし、一方、秩序が崩壊することで、新たな秩序が生じることにプラスの意味がある場合もある。第1章で、大絶滅が、生命の進化に果たした役割について見た[5]。大絶滅とは、絶滅した生物にとってはマイナスの出来事であったといえる。だが、新たな生物種の出現を促すという点で新たな秩序の形成の契機でもあり、プラスの出来事でもある。災害も同じように、それをどの点から見るかによって意味が異なる。

災害による秩序の崩壊に関しては、災害ユートピアという語が用いられる。災害により社会秩序が一時的に崩壊し、既存の社会秩序においては存在しえなかった新たな関係性やコミュニケーションが生まれることをプラスに評価した見方である。19世紀末、日本の江戸で起きた安政江戸地震（1855（安政2）年）においては、「世直し」と地震が結びつけられた。写真10－1は当時発行された「鯰絵《なまずえ》」と呼ばれる一枚ものの浮世絵版画である。「世直し鯰の情け」というタイトルが付されているが、鯰で表現された地震が家を起したり人を背負ったりしている。それは、世直しを表現する。

[5]　本書第1章025–028頁。

写真 10-1　鯰絵「世直し鯰の情け」
(国立国会図書館蔵)

　世直しとは、当時の民衆の語彙であり、閉塞する既存の秩序に不満を抱く民衆の願望である。そのような願望は、革命など特殊な状況下では実現することもあるが、通常の状態ではかなえられることはない。しかし、地震というひとの社会の範疇を超えた力により、社会が揺さぶられたとき、世直しが実現する。あるいはそのように民衆には感じられる。ユートピアという語の語義は、「どこにもない場」という意味である。社会学者のヴィクター・ターナーは、人々が一時的に平等になる状況をコミュニタスと呼んだ［Turner 1971=1974］。そのような場は、平常のひとの社会では存在しにくい。しかし、災害後の特殊な時間の中において、わずかに出来《しゅったい》する［6］。

　だが、そのような時間は長くは存在しない。災害後の社会は回復に向かう。著者は、精神医学の中井久夫を援用して［中井 2004］、災害後の過程を、急性期、回復期、緩解への過程と位置づけた［寺田 2018：61-62］。急性期

［6］　なお、補章 236-239 頁ではこの点を複雑系システムの視点から検討する。

とは、いま見た用語でいえば、災害直後のユートピア期である。その後に、回復期が続く。注意したいのは、回復期の後にあるのが緩解への過程だということである。「緩解」という語は病に用いられる用語で、回復とも復興とも違う。復興や回復という場合、元あったようになることが目指され、それがなかったような状態が目指される。一方、緩解はニュアンスを異にする。それは、症状が緩み、和らぎ、病の域にまで達しない状態になることを指す。病をなかったことにすることではない。あるいは、病になる前の状態と同じ状態ではない。しかし、病の状態でもない。病という経験を織り込み、含み込んだうえで、その後の時間を生きてゆくことである。

災害からの立ち直りで目指されるのは、災害がなかったことではない。時間を逆戻りすることは不可能なのだから、一度起きた災害をなかったことにはできない。そうではなく、災害が起きたことを織り込み、立ち直ることが重要なのである。

援助と環状島モデル

このような立ち直りの過程においては、外部からの援助の果たす役割が大きい。援助については第12章で詳しく見るが[7]、ひとが群居して生きるいきものであるかぎり、ひとがひとを助けるということは、ひとのひとであることの基本的条件であるともいえる。ただし、災害では、援助に困難が伴う。

[7]　本書第12章275–285頁。

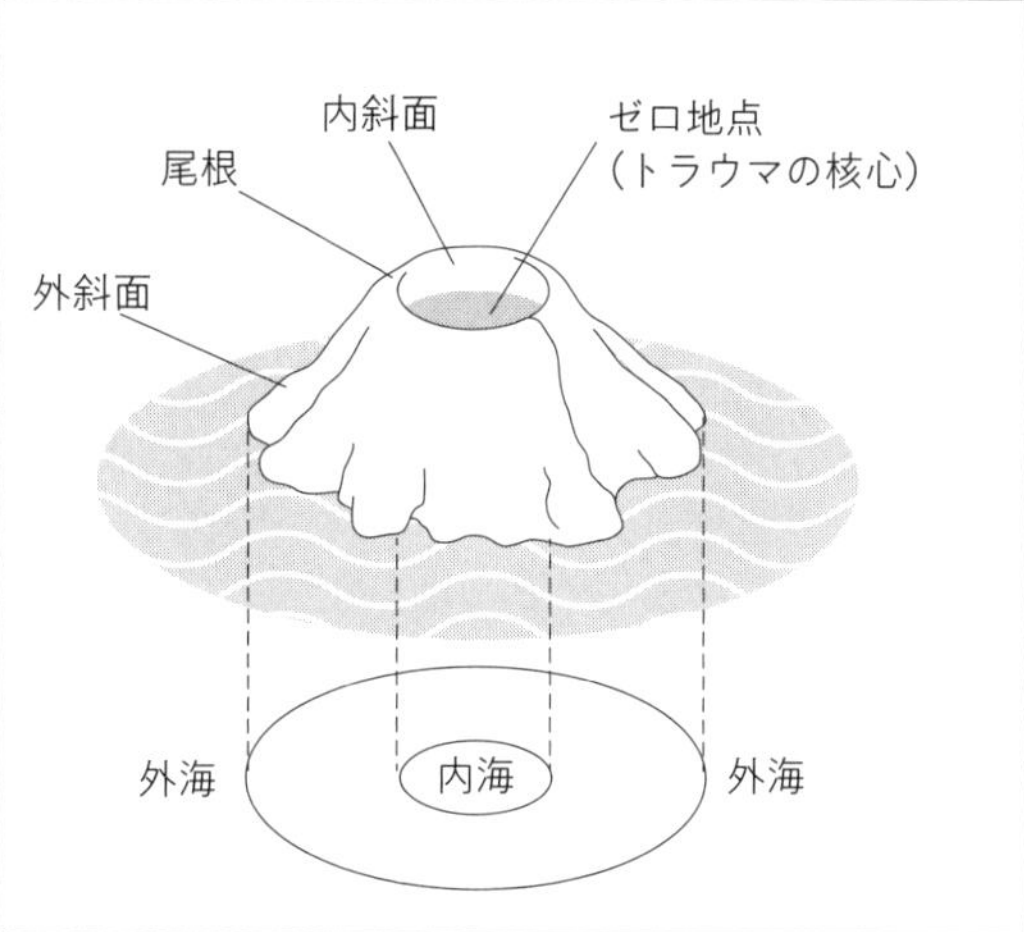

図10-1　トラウマ的出来事の救援をめぐる環状島モデル［宮地2013:44より作成］

当事者とどうかかわるかという問題である。なお当事者性の問題はコラム2でも述べる。

この困難を環状島モデルとして定式化したのが、精神医学の宮地尚子である［宮地 2013］［宮地 2018］。宮地は、災害後の状況とは、環状島のような状況であるという（図10－1）。その島は、高い山が中央のラグーンをとりまいている。被災者は、中央のラグーンにいるが、そこは災害の渦中である。一方、援助者がいる外部は、環状となった高い山の外の外海である。

外界から援助者は、環状島の内部にいる被災者の援助を目指す。しかし、山は高く、その山の頂には強風が吹き荒れていて、内部にアクセスすることは難しい。援助はなかなか内部には届かない。

困難は、被災者にとっても同じである。被災者は、なんとかして外部につながり、援助をしてもらうことを求める。しかし、内側から高い山に登ることも困難である。

内部から、外部から、どちらからどちらにつながるとしても困難が存在する。

困難とは、物理的困難だけではない。被災者が、トラウマなどの要因によって状況を言語化しえない非物理的な困難もある。そんな中で援助がなされるためには、内部も外部も、その困難の存在を認識し、互いの協力によって乗り越えてゆくことが必要となる。

樹とともに、石とともに

災害からの立ち直りに記憶の問題がある。モニュメントから、それを考えてみたい。モニュメントとは、記憶するための装置であり、記憶とは言語化の一種で、言語化とは、立ち直りの過程でもある。

1995年に兵庫県で起きた阪神・淡路大震災を例に見てみよう。災害の後、数多くのモニュメントがつくられた。その数は、200以上になっている。それを分析してみると、災害から立ち直る際の人々の心の内面のありようが浮かびあがってくる。

一つは、そのモチーフである。モチーフを分類すると、犠牲者を悼むというものが多いのはもちろんだが、特定のメッセージはなく、「地震に出会ったこと」や「地震という出来事そのものを残す」というようなモチーフが存在する。これは、災害という出来事が、必ずしも、一義的にとらえられるものではなく、いわば実存への問いにかかわるものであることを示す。写真10－2に見られるような、命、絆、無常、生とだけ刻まれたモニュメントはそれを示唆する。

どのような形態のモニュメントがあるかを調べてみると、約3分の2が石でつくられており、樹や、地蔵尊という形態が続く。石にしても、樹にしても、人間の生命の限界である１００年をはるかに超えてこの世に存在しうるものである。そのようなひとの時間とは別の次元に存在するものに仮託して、災害を記念することが行なわれている。

これは、記憶を永続させたいという思いではある。しかし、仮にものが残ったとしても、記憶はひ

写真10-2　命、絆、無常、生などと刻まれた碑

とともに消えてしまうので、記憶を永続させることにはならないともいえる。ものとは、人間とは異なった位相に存在する。そのような異なった位相に存在するものの力を借りなくては、災害の記憶は伝えることはできない。

ものは風化する。写真10－3は、イタリアのシチリア島ジベリーナにあるベリチェ地震（１９７０年）のモニュメントである。これは、山肌にあって被害を受けた町の建物の基礎をコンクリートで覆ったアートワークである（アルベルト・ブッリ作「グランデ・クラット」）。このモニュメントは、町の状況をとどめている。しかし、同時に、野外に存在し、風雨にさらされていることで、少しずつ風化している。おだやかに、ゆっくりと風化している。地震により突如発生した都市の崩壊の速度をゆるめ、やり直すかのように、家々の基礎だけがコンクリートに固められ緩慢に風化の過程を歩んでいる。

苦しみと悲しみが消えることは、災害からの立ち直りにおいて最も重要なことである。それは、時間とともに行なわれ、ゆっくりとしたものである。樹の生命は、１００年を超えるものもある。碑にしばしば用いられる花崗岩の多くは中生代（2億5千万年前～6千万年前）に生じたといわれる。地蔵尊がこの世の衆生を救うために現世に現われるのは、56億年後であるといわれる。災害のモニュメントに、石や樹や地蔵尊が用いられていることは、災害からの立ち直りとはそれほどの時間を要することを示唆している。

写真10-3　イタリア・ジベリーナの地震のモニュメント
（アルベルト・ブッリ作「グランデ・クラット」）

逃げる、忘れる、やり過ごす

一方、災害からの立ち直りには、それ以外の方法もある。それは、逃げたり、忘れたりして災害をやり過ごすという姿勢である。先に見たように災害からの立ち直りを時間にゆだねるというのも一つの方法である。しかし、より積極的に、逃げたり忘れたりしてやり過ごすことも有効な方法である。

日本では災害が起こったとき、その場所に家を再建し、その地域をもとのように再建することが求められることが多い。しかし、東南アジア地域研究・人類学の清水展《ひろむ》は、フィリピンの人々の異なった災害後の対応を紹介している［清水 2012：178］。彼らは、災害が起きたときには、そこから離れるのだという。写真10－4は、清水が紹介する、人々が家を持ち運びする様子である。竹の床と壁、ニッパ椰子で葺かれた屋根の家に住んでおり、その家は運搬可能である。前方で一人の男が指揮をし、20～30人の男性たちが、神輿を担ぐように、家屋の下にもぐり込んで、家を人力で担いで運んでいる。この写真は自然災害の写真ではないが、彼らは、条件が悪くなったとき、その場にとどまるのではなく、その場から立ち去ることを選ぶのである。

地域研究の山本博之は、2005年のスマトラ島沖地震津波の後のインドネシア・アチェ州の被災地で、流動性の高さが発揮されたという［山本 2014］。人々は、簡単に移動する。だから、避難所や新しい復興住宅のコミュニティも流動性の高さに応じて、組織された。

さらに、人類学の市野沢潤平は、タイの人々が、2005年のスマトラ島沖地震津波の被害を忘れ

写真10-4　家を運搬するフィリピン・パナイ島のアクラン州ドムガ村の人々［清水 2012: 178］

ることで、立ち直りを果たしている様子を紹介している［市野沢 2015］。

それらは、逃げたり忘れたりすることで災害をしなやかにやり過ごす姿である。災害をなかったことにしているというわけではない。災害があったことを踏まえながらも、災害に固着することで柔軟さを欠くことをまぬかれている。柔軟さとはレジリエンスの重要な要素である。

地球上にひとが出現してから30万年、ひとは、さまざまな自然災害に出会い、その経験によって災厄からの立ち直りの知恵を蓄積させてきた。その歴史の多くの時間は圧倒的な自然災害から逃げるという対応であっただろう。ひと、もの、いきものの関係性のありようは、地球の各所によって違う。逃げたり、忘れたりしてやり過ごすという姿勢も、災害からの立ち直りの方法の一つであることは押さえておきたい。

Bookguide

この章のブックガイド

宮地尚子『トラウマ』岩波新書　2013 年

本章では、災害という極限状況における心の問題を扱ったが、心に傷が生じるのは、災害のときだけではない。さまざまな要因によってひとの心は傷つき、その中には深い傷がトラウマとなるものもある。それにどう対応したらよいのか。優しさや弱さ、柔軟性や寛容性、多様性を大切にすること、ただだれかの傍らにたたずむこと、ただ生きてあることに価値を認めること。そういう著者の言葉は平易だが深い。

寺田匡宏『カタストロフと時間――記憶／語りと歴史の生成』京都大学出版会　2018 年

1995 年に起きた阪神・淡路大震災を中心に、カタストロフとその記憶のあり方についての探求。真空のような災害の渦中の時間は、記録され、さまざまに語られ、残されることで歴史になってゆく。それは、出来事が歴史に「なる」過程でもある。

寺田匡宏（編）『災厄からの立ち直り――高校生のための〈世界〉に耳を澄ませる方法』あいり出版　2017 年

地域研究の方法によって災厄から人はどう立ち直るのかを探った本。取り上げたのは、スマトラ沖地震津波（2005 年）や阪神・淡路大震災（1995 年）などの自然災害だけでなく、第 2 次世界大戦時(1939－45年)のホロコーストやチェルノブイリ原子力(核)発電所の事故、南米ペルーや東南アジアの東ティモールにおける政治紛争やテロ（1980－90 年代）など。高校生という若い世代に向けたメッセージとした。

補章 コロナ禍

コロナ禍は存在するか

「コロナ禍」という名にすでにひとと自然の相克が現われている。禍とは、害や厄である。それは、ひとにとっての「わざわい」であることを示す。仮にそれを、新型コロナウイルスによる感染症の発生・流行と述べた場合、そこには、ニュートラルな含意しかない。だが、この現象を「禍」と呼ぶとき、そこにはある意味が生じる。

存在として見れば、個々のウイルスは存在し、そのウイルスによって引き起された疾病を有する個々の病人は存在する。だが、それを全体として見たときの「コロナ禍」というような存在物は存在しない。感染症学の岩田健太郎が「感染症は実在しない」というのはその意味である［岩田 2020］。第7章で今西錦司の主体性の進化論について紹介する中で、今日の主流の生物学は、個体は存在するが、種は存在しないと考える「ポピュレーション・シンキング」であることを述べた[1]。これらの問題は、プラトンとアリストテレス以来の、物事の本質という普遍の存在を認めるか否かという、「実在論（リ

[1] 本書第7章159頁

アリズム）」と「名目論（ノミナリズム）」の問題である。

とはいえ、現実に「コロナ禍」という言葉があり、「コロナ禍」は社会現象として存在する。本書では、ナーガールジュナの中論やオギュスタン・ベルクの風土学（メゾロジー）を参照しながら、存在のグラデーションについて見てきた[2]。その意味では、コロナ禍は、存在のグラデーションの中で存在する。第3部で見た自然災害は、自然という非＝人間の世界のうえに、ひとという意思をもった存在が存在することで生じた現象であった。本来であれば自然現象には禍も災いも厄もない。しかし、すでに第10章で述べたとおり[3]、そこにひとというそれを「わざわい」と認識する主体が存在するとき、それは禍や災いや厄になる。その意味で、コロナ禍は、ひと、もの、いきものが織りなす現象の一つである。

均衡する自然

自然は均衡しているかどうかについてはさまざまな意見があり、生物学ではどのような見方が優勢を占めるかの時期によるトレンドもある［Pultynski 2008］。一般的には自然は均衡していると考えられているかもしれない。自然の本性は均衡に向かうものであり、自然は自然状態に任せれば均衡がもたらされるという見方である。第2章では、宇宙をコスモス、つまり秩序や調和と見る見方を見たが[4]、

[2]　本書第3章079–082頁、第7章157–160頁、第13章311–314頁。
[3]　本書第10章216–218頁。
[4]　本書第2章050頁。

それもこの考え方である。一方、自然は、均衡していないという考え方もある。たとえば、第1章でも見たように生物の世界においては大絶滅という断絶がもたらされている[5]。それは隕石の落下などある意味では外部からの力であるといえるが、しかし、その外部もまた自然ではある。そうなると、自然とは均衡していないことになる。均衡かそうでないかは、視点の取り方によるのであり、時間幅をどう扱うかという問題でもある。

ウイルスと他のいきものの間に関してもそのような見方は成り立つ。いや、ウイルスと他のいきものといったが、ウイルスは本書の視座であるひと、もの、いきものという点から見ると興味深い存在である。ウイルスはいきものである側面といきものとはいえない部分がある。ウイルスは自己複製能力をもたない。自己複製能力をもつものをいきものだとすると、ウイルスはいきものではない。だが、ウイルスは遺伝子の乗り物であるDNAやRNAを有し、いきものの遺伝子複製機能を利用して遺伝子を複製し、世代を重複させる。遺伝子をもち世代交代するものをいきものだとするとウイルスはいきものである。

いきものとウイルスの関係は長い。第1章で超長期の地球史について述べたが[6]、この関係は、始生代にまでさかのぼると考えられている。今日の生物分類学は、いきものを最も大きくくくったとき、3つに分けられるとする。種や属や科などの分類項目の最上位をドメイン（領域）と呼ぶ。古細菌archaea、真正細菌 eubacteria、真核生物eukaryoteがその3つのドメインである（図1）。前2者は

[5]　本書第1章 025-028 頁。
[6]　本書第1章 022-025 頁。

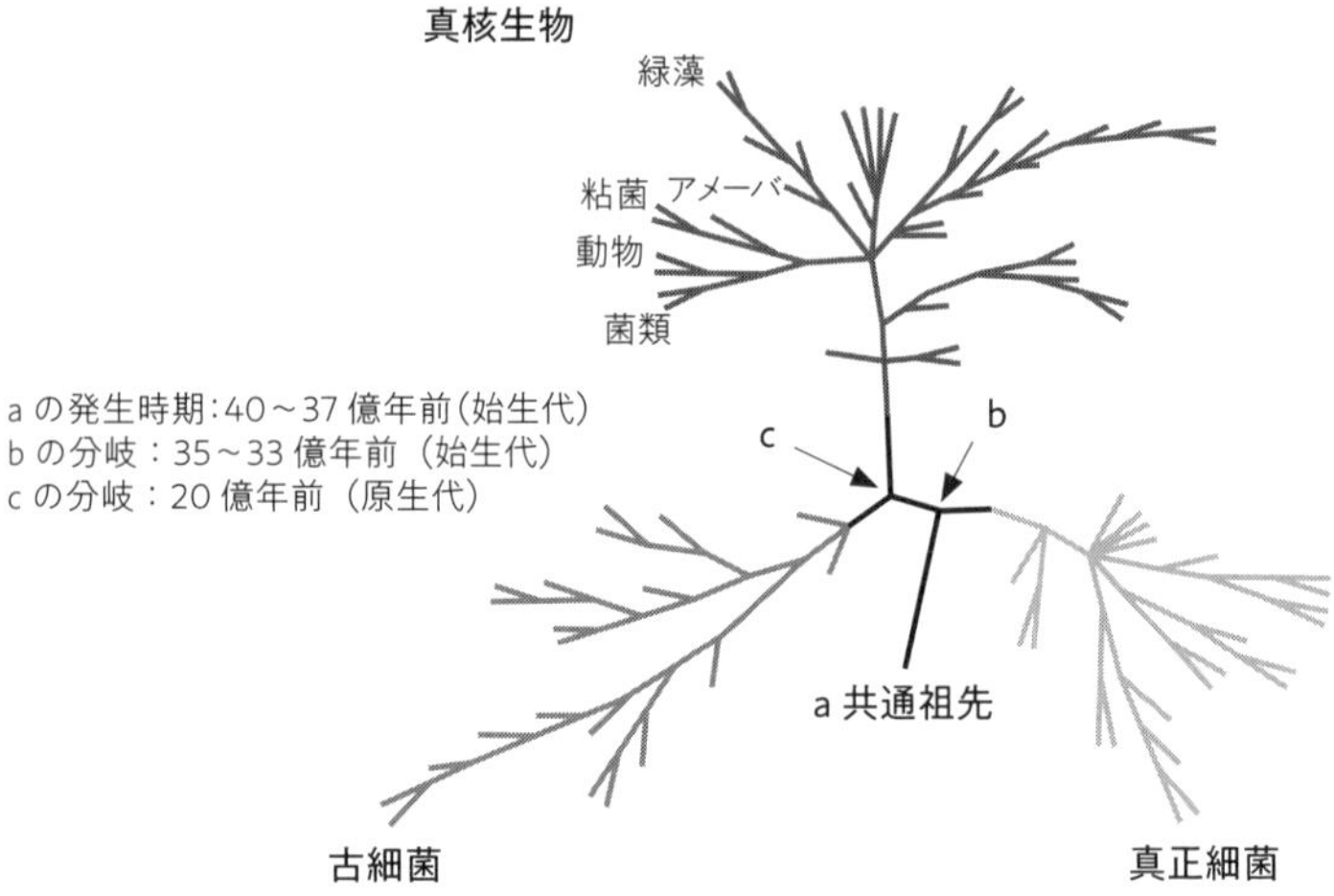

図1　生物界の3つのドメイン[Stearns and Hoekstra 2005: 305, 416-419 より作成]

原核生物である。本書でいきものと呼んでいるのは、真核生物に含まれるものが多い。顕生代に顕在化した目に見えるいきものたちである。しかし、地球上の歴史から見ると、それらはごく少数派である。図1の中で、植物や動物とは、ごく小さな枝分かれの先端に位置するにすぎない。

進化生物学では、これらの3つのドメインは、ある一つの共通祖先から枝分かれしたと考えられており、その枝分かれの開始が始生代である(図1のb)。ウイルスは、この共通祖先からの枝分かれの時点ですでに、いきもののDNAやRNA複製能力を用いていたと考えられている。

ウイルスという病原体はいきものという宿主をすべて死滅させてしまうことはない。そうしてしまえば、ウイルスも存在しえない。一方、いきものには、ウイルスなどの病原体に対応する免疫システムが存在する。病原体と宿主の関係が均衡して成り立っているのがウイルスといきものの持続可能な関係である。このような関係を共進化という。ウイルスが始生代から存在していたならば、約30億年以上の間ウイルスといきものは共進化してきた。この共進化の不在がひとの世界に現象するとエピデミックとなり、動物の世界だとエピズーティックとなる［Stearns and Hoekstra 2005: 473］。

この点で、重症呼吸器感染症コロナウイルス（Severe acute respiratory syndrome coronavirus; 2SARS-CoV-2）とひともこの共進化の歴史の過程の中にいる。彼らは、人間を死滅させることはない。ある程度の人間は死亡させるが、大多数の人間を健康なままに保つ。

自然はランダムに変化しているのであるとしたら、コロナウイルスがランダムに変化した中で、ある条件にぴったりと当てはまったから、2019年末以降世界的に大流行したといえよう。仮に、これが、1600年だったとしても同じような状況にはならなかったはずだし、1900年でもそうである。2000年でもそうであったかもしれない。ひと、もの、情報がグローバルに行きかい、グローバルに絡まりあっている時代だからこそ、大規模な流行が発生した。

コロナウイルス禍の封じ込めに有効だとされる手段の一つは、遍在する個人デバイスとそのビッグデータを処理するデジタル技術である。中国や台湾などがそれを採用する（同様のデータはグーグルやフェイスブックも収集しているはずだがその利用実態は明らかではない）。第9章でテクノスフェアという考え方を紹介したが［7］、まさに技術の圏がひとの圏に入りこむ事態である。しかし、その

［7］　本書第9章197頁。

ような技術があるからこそ、グローバル化した世界が存在し、コロナ禍が起きている。技術とはものの世界である。ウイルスという一種のいきものによる感染症はひとの問題である。コロナ禍は、ひと、もの、いきものの絡まりあいが生み出している現象に他ならない。

社会の変化

コロナ禍により社会は変化する。いや、そもそも地球上に存在している存在物はエントロピー増大の法則に従っているのだから、コロナ禍があろうとなかろうと、社会は変わる。とはいえ、社会はひとという意識をもった存在の集合体なので、変化を解釈する。それは、革命や改革、進歩や前進、退歩や崩壊と呼ばれる。本書の中では発展や前進については多くを述べているが[8]、しかし退歩や崩壊についてはは述べてはいない。だが、社会は退歩することもあり、崩壊することもある。禍とはその一つの形態であるともいえる。

とはいうものの、改革も発展も退歩も崩壊も、システムという点からすると、システムの変化である。では、何が発展や退歩を決めるのか。それは、システムを時系列的に見たときの最適解への径路の問題である。複雑系理論・理論生物学のマンフレッド・ラウビヒュラーManfred Laubichlerは、コロナ禍を、複雑系システムにおける最適解への対応ととらえ、それを規定する2つの要因（内部要因

[8]　本書第12章271–272頁、第13章320–322頁。

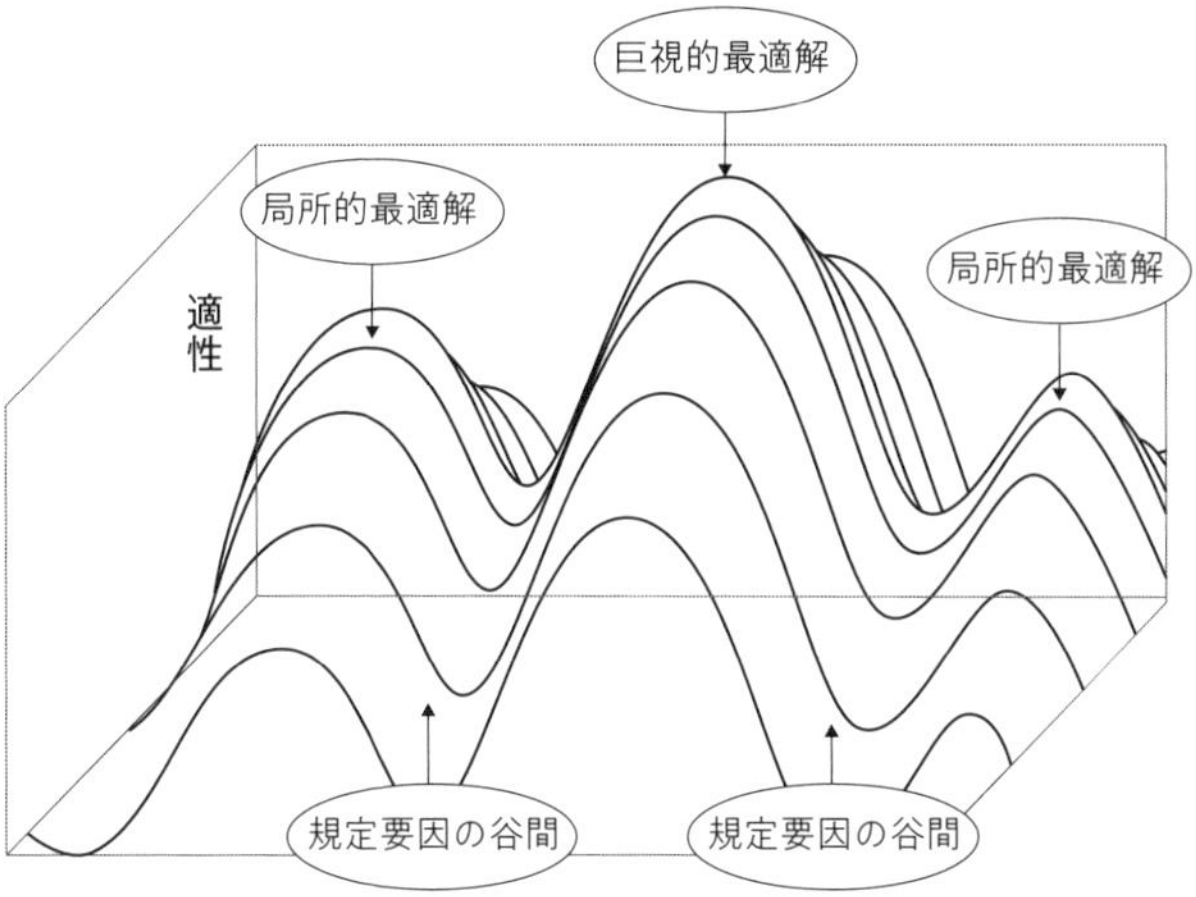

図２　巨視的最適解と局所的最適解、規定要因の谷間［Laubichler 2020より作成］

と外部要因）について論じる［Laubichler 2020］。

システムの変化は、初発以来の経路に規定されてある経路をたどり、最適解にたどり着くが、それは、局所的な視点で見たときの最適解の一つであり、巨視的な目で見ると真の最適解ではない。コンピュータ・サイエンスや応用数学の最適化問題である。ラウビヒュラーはこれを、最適性をZ軸とし、異なった2つの条件をX軸とY軸とする三次元の図として表わしている（図2）。最適化問題で用いられる「ヒル・クライミング（山登り法）」という局所的な最適解を見つける方法である。

それは、あたかも、複数の峰をもつ山々を上空から見た三次元鳥瞰図のようである。局所的な目で見た最適解は低い山々である。巨視的に見ると、それよりも高い山があり、それが巨視的に見たときの真の最適解である。しかし、いったん、局所的な最適解が形成されてしまうと、巨視的な真の最適解と局所的な最適解の間には深い「規定要因の谷間」が生じ、それを超えることができなくなる。

上空から最適解の山脈を見ると、局所的な最適解とは違った真の最適解が存在することははっきりわかるのだが、歴史的状況に規定された「規定要因の谷間」はあまりに深く、局所的な最適解の峰から、巨視的な真の最適解の峰に移動することは難しくなる。

しかし、歴史的径路の歴史性を超越した巨大な変化が出現すると、そのような「規定要因の谷間」が隆起し、局所的な最適解から、巨視的に見たときの真の最適解に向かって移動することが可能になる。ラウビヒュラーは、歴史的には、産業革命などの技術革新が歴史という経路にそのような変化をもたらす出来事であったが、ペストなどの災害もそうであったという。

たしかに、自然災害においては、既存の秩序が崩壊することにより、新たな秩序が出現する。災害には負の側面もあるが、そのようないわば「創造的」な側面もあるのも確かだ。第10章で見たとおり[9]、瞬間的に出現するそれは、「コミュニタス」や「災害ユートピア」と呼ばれる。長期的なそれは「創造的復興」と呼ばれる［清水・木村 2015］。

なお、隆起といったが、隆起ではない場合もあるかもしれない。第3の条件が出現する場合である。次のコラム1で映画「天気の子」について見るが、「天気の子」は、降雨により東京が「水没」してしまった未来を描く。まさに、規定要因の谷間が降雨により埋まってしまった。そうなったときには、局所

[9] 本書第10章220–221頁。

的な最適解から巨視的な真の最適解への移行には時間がかかる場合もあろう。水を排出し谷を埋めなくてはならない。あるいは、やはり真の最適解への到達があきらめられる場合もあるかもしれない。

時間という要素は大きい。禍の時間が長ければ長いほど、社会の変動幅は大きい。中世末の日本で約100年間続いた戦乱の時代（戦国時代）が終結したとき、日本社会は平和令（刀狩りに代表される豊臣平和令）を選んだ。近世ヨーロッパで約30年続いた「30年戦争」が終結したとき、西欧社会は従来の王国システムに代わる国民国家システムを選択した。近代に約15年続いた国際戦争の時代が終わったとき、日本社会は「平和憲法」を選択した。どれも、社会システムの根源的組み換えである。そのような組み換えは、その事態が起こる前には想像もつかなかったことである。しかし、社会は、長期の経験の間にそのような変化を準備した。

とはいえ、これらの事例はひとの社会内の出来事であり、歴史である。一方、コロナ禍とは、ひと、もの、いきものが織りなす現象である。長期の共進化の一コマである。それでは、そのような事象をどう語ればよいのか。わたしたちは、新たな現象のための新たな語りを必要としている。

コラム1

自然と人為と「天気の子」

雨は災害になりうる。災害とは、しかし、自然現象でなく、人間社会の現象であり、したがって、災害には、社会の問題が投影される。

映画「天気の子」を見て、なんとなく割り切れない思いをもち、しかし、同時に、これが、いまの日本社会なのだ、という思いももった。

というより、これがいまの日本だというある種のクリシェを繰り出しているこの映画に安住することが、この日本の現在というものなのかもしれないと複雑な思いに陥った。

絵は美しいし、中盤のカーチェイスなどはエンターテインメント要素たっぷりだ。魅力的な少年と少女の「ボーイ・ミーツ・ガール」ストーリーではあるのだが、基調となるトーンは、決して心躍るものでもないし、結末は明るい未来を示唆するものでもない。「夏休み」に見て楽しくなるといえる映画ではない。なんだか、どこか抑圧されたような感じが常に漂っている映画なのだ。

この映画は、2019年7月19日に封切られたいわゆる〝夏休み〟映画だが、そのような内容の映画を、あえて〝夏休み〟映画として公開するという屈折したところに、いまの日本の抱える病理があるようにも思えた。

だが、それがそのように病理と指摘されることすらも、この映画は含み込んでいるようで、あえて、そのうえでそれを提示していると開き直るようでもある。じゃあ、いったい、どうすればいいんだ、といいたくなるような、なんだか袋小路に入り込んだ気持になる映画である。

そのような思いをもったのは、結末にかかわる。

天気の子は、「天気の巫女」あるいは「100%の晴れ女」の能力をもってしまった18歳（実際は、15歳）の女の子陽菜（ひな）と離島から家出してきた高校1年生の男の子帆高（ほだか）が大都会東京の片隅で繰り広げる物語なのだが、クライマックスで、帆高は、陽菜を、「天」から救い出す。

「天」から救い出すとはどういうことか。「天気の巫女」とは、天と地をつなぐ役割である。東アジアには、天と地の照応という考え方があり、[*1]「天気の巫女」とは、その照応の象徴であるともいえる。だが、この映画では、「天気の巫女」は、単に照応の象徴だけでなく、天気を左右すること――具体的には雨天を晴れにすること――ができる。同時に、「天気の巫女」はその「力」の消費によって、体がどんどんと透明になってゆく。それは、天に魅入られているともいえるし、映画の中で用いられている語でいえば、晴れと引き換えに、「人柱」になるということでもある。

映画の中の東京は、夏だというのに、雨が止むことはない。異常な量の降雨が続き、おまけに雪が降る日まである。晴れることとは、1千万の東京人口の願いであり、その願いを実現できるのは、「100%の晴れ女」あるいは「天気の巫女」である陽菜だけなのだ。

晴れの日が続くが、同時に、それが彼女の生命力を吸い取り、どんどんと彼女の存在が「薄く」なってゆく。

それを助け出すのが帆高である。帆高は、普通の高校生なので、本人には、天とつながる能力はない。しかし、新宿の廃ビルの屋上にある稲荷社の特異なスポットの力を借りて、天に入り込むことに成功する。

天の中には、陽菜がいる。陽菜のまわりには、水滴でできた「魚」がまとわりついている。このシーンは、具体的に何かが書かれているわけではなく、天に昇っていった帆高が天の中で空中を浮遊し、上昇したり、下降したりしながら、陽菜と手を取りあい、会話しあうというアクトによって描かれる。それが、なぜ、助け出すことになるのか、あるいは、天とつながるとはどういうことかは描かれないし、そもそも、そこにいるその場所が天かどうかもわからない。そこは、雲の中のようにも見える。だが、はたして、単なる雲の中が天なのか。天に

*1　この点については本書第2章037-039頁で述べた。

意思があるのかも描かれない。天とは、まさに、物理的な気象現象にしかすぎない。物理的な気象現象にしかすぎないものとつながることがどうして可能なのかもわからない。もし、天が物理的な気象現象であるとしたならば、天気の子がつながっている天とは、じつは、その天気の子の主体なのかもしれない。

すべてが明らかにされているわけではないシーンではあるが、二人が天空を飛ぶ映像は美しく、それらすべての謎を打ち消す説得力がある。そして、この天空の中でのアクトが行なわれたことによって、陽菜は天から救い出される。*2

*2 このシーンは、もしかしたら帆高と陽菜の性的な交わりの存在を暗示しているのかもしれない。天への上昇と落下は、一般的に、性的交わりのもたらす感覚の比喩であるし、このシーンの前に帆高と陽菜が、一夜を過ごしたのは——そこでは結局は何も起こらなかったのだが——いわゆる〝ラブホテル〟である。民俗世界においては、巫女の超越的能力は、巫女が処女であることから来るとされる。ということは、帆高は陽菜と性的交わりをもつことで、陽菜から処女という属性を取り去り、それにより、陽菜の「天気の巫女」であることを止めせしめたとも考えられる。このような解釈を許す本作品への、ジェンダーの視点からの批判もありうるだろう。本作品では、なぜ「天気の巫女」は、未成年の女性として描かれているのか。この映画は「女性性」と自然表象をめぐる問題も投げかけている。

帆高が、「天気の巫女」あるいは「１００％の晴れ女」の陽菜を救い出したことによって、東京は、雨が降りやまないことになった。いや、雨が降りやまないことは、自然なことであって、雨を降りやませていたのが、不自然なことだったのだ。

雨が降りやまないことは、映画の中で「人新世（アンソロポシーン。映画の中ではアントロポセンと表記される）」の影響であることが示唆される。人新世がまねいた異常気象による異常降雨。その人新世の影響を食い止めるべく存在していたのが、「１００％の晴れ女」陽菜であったというわけである。

終幕、映画は、「救出」から3年後のシーンに移る。降り続いた雨。その雨によって東京の大部分は水没してしまった。もし、陽菜がそのまま「天気の巫女」の能力をもっていたとしたならば、雨は降りやんで、東京は水没しなかったかもしれない。だが、陽菜が「天気の巫女」ではなくなったことで、晴れは東京には決して訪れなくなった。

島に戻って高校の3年間を終えた帆高は、大学進学のために、再び東京にやってくる。島からのフェリーが入る東京湾はレインボーブリッジの橋桁（高さ52メートル）が完全に水没している。古縄文時代の海岸線とも見まごう東京の知られざる地形が出現している。それを見て、帆高は、「僕たちがこの世界を選んだんだ」と言う。

この映画は、雨の東京ばかりを描く。絵は美しく、日本アニメの特徴である100％どころか120％の精度を誇る細密画のような精巧な風景描写がふんだんに盛り込まれている。

いったいどれくらいの手がかかっているのだろうか。

東京は常にひとを、とりわけ若者を惹きつける。画面は、新宿、渋谷、六本木だけでなく、田町や大井町や初台といったマイナーな場所をも丁寧に描く。エンドロールには膨大なスタッフの名前が細かな字で延々と続くが、おそらくそのほとんどがアニメに夢を賭け東京の片隅で生きる若者だろう。そんなアニメーターの若者の夢と、主人公帆高の東京への夢と挫折が共振しているようにも見える。

だが、そこで描かれるのは、きらきらと輝く東京ではない。じめじめとした東京。ついには、地盤沈下どころか、水没してしまう東京である。次のページの写真はその象徴的シーンである。中央に東京スカイツリーが描かれ、手前に武蔵野台地の端、奥に下総台地の端が描かれる。スカイツリーの一帯は高層ビルがわずかに水面から頭を出すが、水に囲繞され孤立する様子は、技術文明や文化の危機を象徴的に表現する。およそ1万6千年前から3千年前にかけての縄文時代には、このあたりに古利根川が流れており、ここは巨大な河口だった。その景観は埋め立てが進む江戸時代まで一部続いていたが、それが再現されているかのようでもある。本書第2章で、環境とひとの相互作用である風土という概念について述べたが[*3]、景観も風土の一部である。物理的環境はひとの心に影響を与える。縄文時代には、氷床の融解により海面が数メートル上昇していたというが、それが、現代の東京にも続く縄文の聖地に影響を与えたという説もある［中沢2005］。水没した東京の景観も、ひとの心に深いところで影響を与えるだろう。

東京オリンピックのための新スタジアムとしてデザイ

*3　本書第2章052-060頁。

写真1　水没した東京［新海2019：45］

ンされ結局撤回されたザハ・ハディドというイラク系英国人の建築家のプランがあった。もとのプランは斬新だったが、実施設計はシャープさに欠け、それを見た建築家の磯崎新が「列島の水没を待つ鈍重な亀」と比喩（揶揄）した。まさに、のろのろと這いまわるその幻の東京オリンピックスタジアムが亀として泳ぎ出しそうな東京の水没ぶりである。

東京は沈んでいる。それは、日本が沈んでいることのメタファーである。出口が見えない社会は、映像としては沈み込む東京として表象される。

最後の帆高と陽菜のセリフ「僕たちがこの世界を選んだんだ」とは、そのような沈下する社会を自ら引き受ける姿勢だともいえる。そのような社会を「僕たちが選んだんだ」と言わざるをえない帆高と陽菜。

いや、帆高と陽菜が言っているのではなく、そう彼らに言わせているのは、この映画を作っている大人たちだ。監督の新海誠は１９７３年生まれで、映画公開の２０１９年には、46歳。この世代は、ロストジェネレーション世代とも呼ばれる。プラザ合意以後の円高に対応できず、デフレが20年間にわたって続いた日本経済の沈下の影響をもろに受けた就職氷河期世代ともいわれる世代だ。

未来はない。閉塞感が社会を覆う。その未来がない社会を自分たちが選んだ。そんなことを言わせるほどに、日本社会は「終わっている」のか。この社会の沈下は、異常気象と同じように、だれにも止められないものなのか。それは、若者が「僕たちがこの世界を選んだんだ」と口にして自らを納得させなければならないものなのか。はたして、その先に出口はあるのか。

だが、もし、そうであるなら、新海誠はメッセージを間違えている。

人新世が人新世であるのなら、それは、ひとがつくったものであるはずだ。人新世（アンソロポシーン）という語の含意とは、ひとの影響が自然環境の限界すらも超えてしまったことであり、もはやそれは、自然ではないということである。

それは、人為だ。人為であるかぎり、それは変えることができる。

人新世に負けてはいけない。いや、人為を自然に仮託することはやめなくてはいけない。

第3章でも述べたが、[*4] 丸山眞男は、戦時中に書いた「近世日本政治思想における「自然」と「作為」」という論文で、政治を作為と見るか自然と見るかをめぐる日本の近世と近代の葛藤を描き出した［丸山1941＝1996］。政治を自然と見るとき、あらゆる社会の矛盾は、自然であり人為の及ばないものととらえられることになる。江戸時代（近世）の公定学問のそのような政治観に対し、政治を人為ととらえた荻生徂徠（1666－1728）の思想を、丸山は近代的個の自立への萌芽ととらえ、同時代のヨーロッパのデカルト（1596－1650）にも比肩させた。丸山が1941年にその論文を書いたこと自体、国家という人為を自然であり、超越的なものであるとする超国家主義への抵抗であった。

日本には、自然と人為の長い葛藤の歴史がある。そして、それを乗り越え、未来を築こうとした歴史もある。

「僕たちがこの社会を選んだんだ」。このセリフが、諦観であってはいけない。それは、人為を人為として認識すること、そうすることによる主体性への希求でなくてはならない。水没した海を再び埋め立てるという人為は途方もない徒労にも映る。しかし、人新世がひとにより引き起こされたのだとしたら、その問題を解決するのもひとでありうるはずだ。水没した東京。それへの可能な人為を一歩ずつさぐることも「僕たち」の引き受けの一つに違いない。

*4　本書第3章084－085頁。

第4部
地球のケア
［視角Ⅲ］

地球をどうケアするか。第4部では、地球をグローバルな視点で全球的に見たとき、環境はどうとらえられるのかを扱う。持てる国と持たざる国との間の関係であり、同じ地球の上に存在する者の間において存在する不平等をどう考え、どう是正するのかという問題である。近代や植民地の歴史や開発について考え、国際援助の望ましいあり方を検討する。「ケア」とは、相互依存関係を前提としつつ、お互いのよりよい自立や生存を目指す関係性構築のことである。ケアの概念は、ひととひとの関係を超え、本書の課題とするひと、もの、いきものの新しい関係性のカギとなる可能性を持つ。

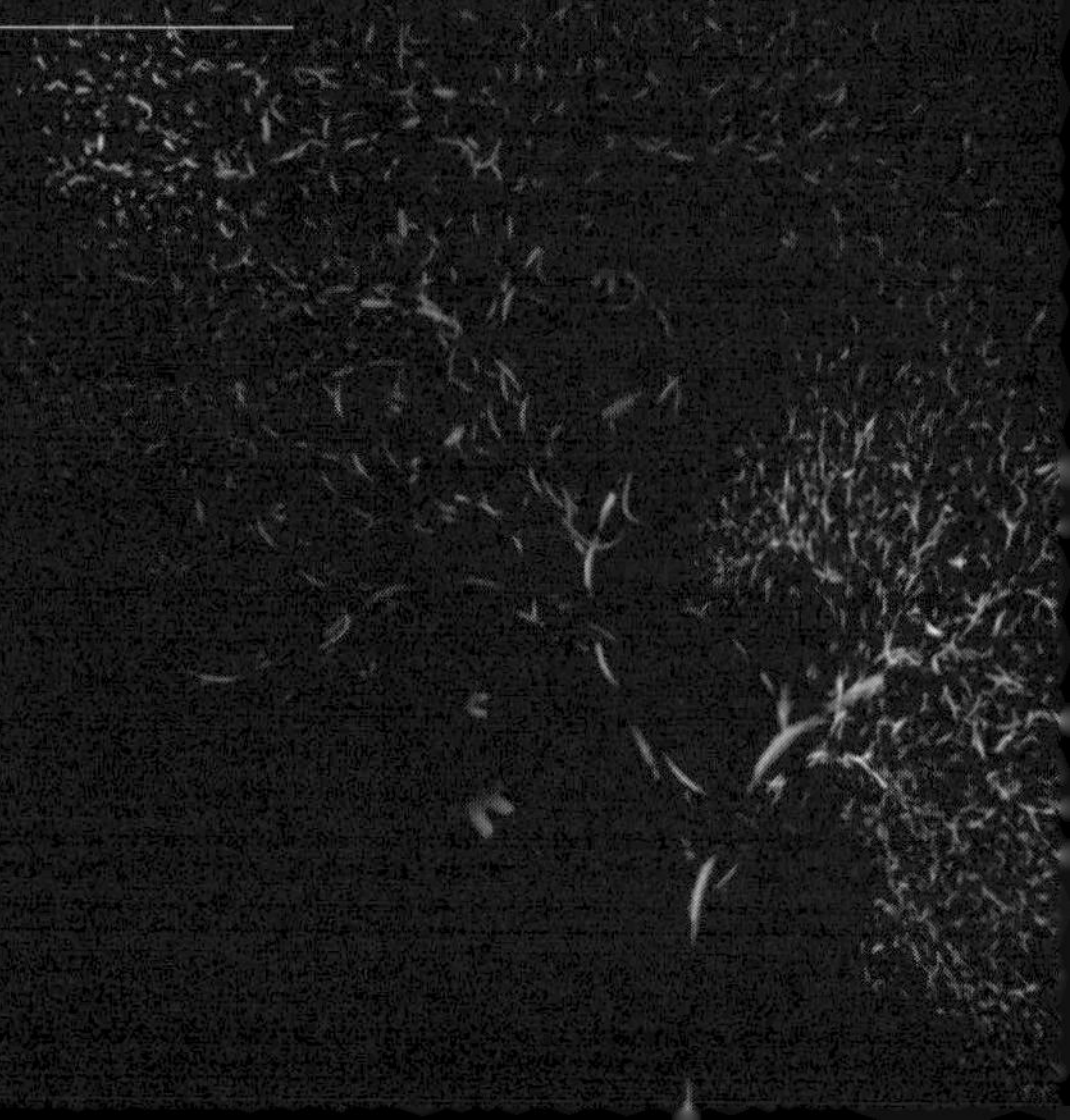

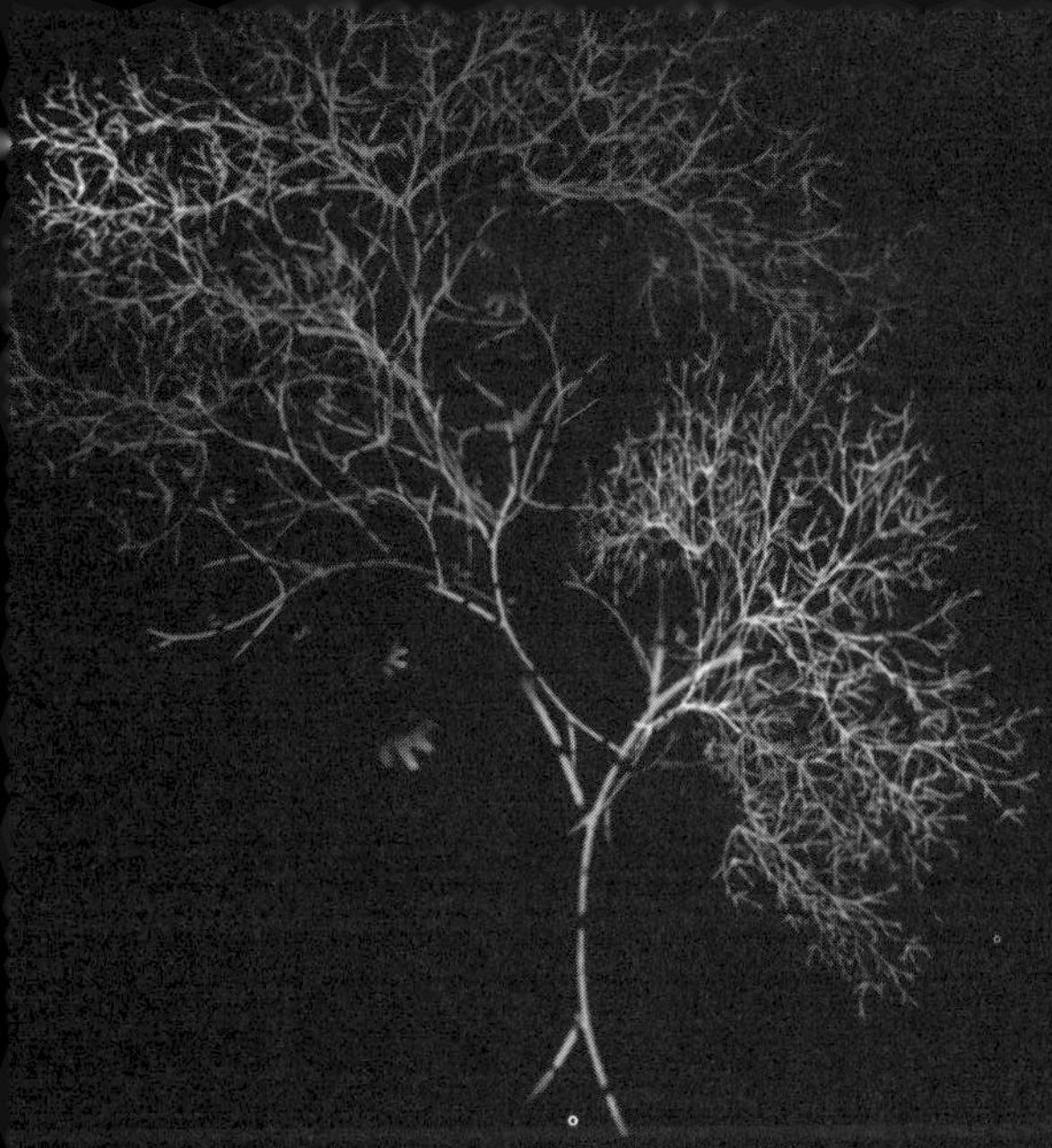

Part IV

Care of the Earth: Perspective III

How to care the earth? Part IV wants to think about environment from view point of globalization in terms of human dimension; namely problem between have-nations and not-have nations, or problem of how to think about and correct inequality on the globe. Looking back the history of modernization and colonization, this Part seeks to find desirable way of international aid and cooperation. Care is an attempt to establish the plausible relationship of human beings towards plausible autonomy and subsistence based on reciprocal interdependency. Although this concept is basically from and for human being, this Part regards it one of important concepts which navigates alternative direction between human being, living thing, and thing.

11 環境という健康
――エコヘルス、人間の安全保障、ケイパビリティ

環境とひとの身体の関係を、第9章で水俣「病」事件を通じて見た。それは、環境という外部が、身体という内部に入り込み、身体をむしばむ極限状態だった。災厄である。だが、環境という外部と身体の関係は、病に至らずとも、さまざまな関係をもち、健康と環境は相関する。これを、エコヘルス、人間の安全保障、ケイパビリティの3つのトピックスで考えよう。

エコヘルス

エコヘルスeco-healthとは、環境の中の健康、環境と健康の相関関係を考えようという日本発の考え方である。1970年代に、医療人類学の鈴木庄亮《しょうすけ》が提唱し、同じく医療人類学の門司和彦がそれ

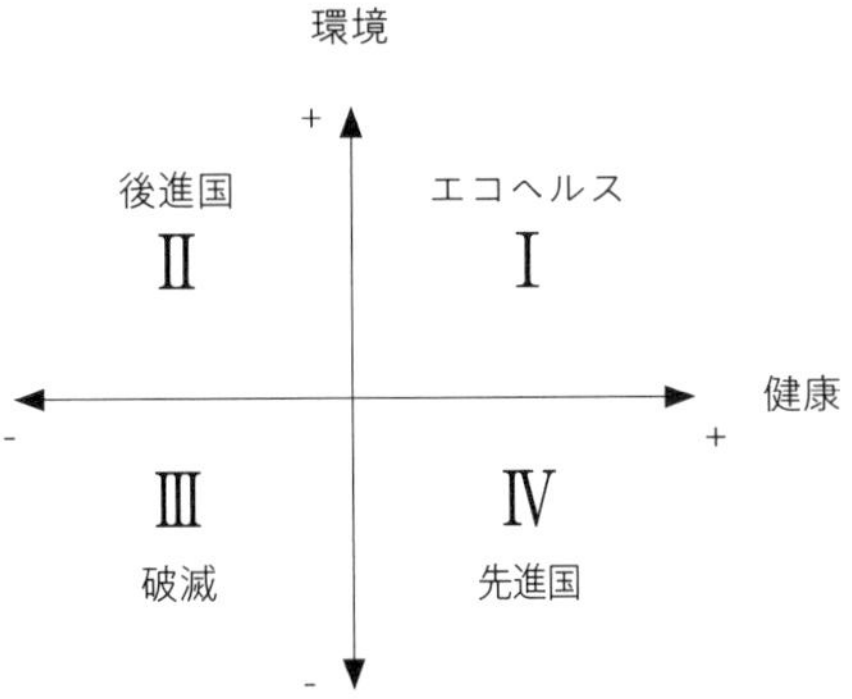

図 11-1　健康と環境をめぐる４象限［門司 2014a より作成］

を引き継いで概念化を進めている［1］。

医学は、疾病を要素還元型の考え方によってとらえてきた。たとえば、感染症の原因は、病原菌やウイルスにあるという考え方である。これは、一般的な科学の方法論である。しかし、現実には、同じ病原菌やウイルスに感染しても、発病するひともいるし、発病しないひともいる。単一の病因論では、とらえきれない。そうなると、必要とされるのは、そのひとをとりまくさまざまな要因を総合的に勘案しその中で病をとらえるという態度である。

このような視点は、自然の中で生きる人々を考えたときに、大きな意味をもつ。今日、世界の大部分は、都市化し近代化してはいるが、全球的に見れば、自然とともに生きる人々の割合は高い。そのような人々の健康を考える際、環境丸ごとをとらえなくてはならない。これがエコヘルスである。類縁のものに、公衆衛生という考え方もあるが、これはあくまで衛生という現象に限って環境をとらえようとした見方である。また、国

［1］　以下、エコヘルスに関する記述は［門司 2014a］による。

連などが提唱するワンヘルスという考え方もある。ひとの健康を、家畜など他のいきものの健康とも連続したものとしてとらえようという視点である。いずれも、要素還元型とは違うホーリスティックholistic（全体論的）な見方だが、そのような視角がさまざまな呼称をもちつつ各所で生じていることは、環境の中のひとを総合的にとらえる必要が高まっていることを示す。

全球的に見たとき、健康と環境には興味深い関係がある。図11－1は門司のまとめによる健康と環境をめぐるダイアグラムである。環境の良い悪いと、健康の良い悪いを縦軸と横軸にして描いた4象限の図である。環境の軸の指標は、環境破壊や生物多様性の保存などで、健康の軸の指標は、衛生状態や平均余命、乳幼児死亡率などである。

この図をもとに、門司は、環境と健康の関係には、改善すべき余地があるという。先進国においては、環境は悪いが、健康はよい。医療は発達し、公衆衛生は発達し、死亡率は低いが、その環境は、都市化や公害、自然の現象など必ずしもよい状態とはいえない場合が多い。一方、いわゆる発展途上国や低開発国においては、それとは逆に、豊かな自然があるなど環境的にはよい評価だが、健康においては課題がある。最も望ましい状態が、環境もよく、健康もよいという状態であり、それがエコヘルスの目指す状態であると門司はいう。往々にして、環境と健康とは、トレードオフの関係になりがちである。だが、そのような関係ではなく、どちらも両立する道を探ることが地球を全体の視点から見たときに必要である。なお、いわゆる発展途上国や低開発国の環境の豊かさをどう評価するかについては、次章でも生存基盤指数を見る中で検討する[2]。

メコン川流域におけるタイ肝吸虫対策——エコヘルスの実践

エコヘルスはどのように実践されるのだろうか。門司らのグループのラオスでのタイ肝吸虫対策の実践を見てみたい［門司 2104b］。タイ肝吸虫は、肝臓に吸着する寄生虫（扁形動物）で、侵されると肝硬変などを発症しやすくなり、肝臓がんなどの原因にもなる。この生物の生活史は、マラリア原虫のように複雑で、自然環境中に存在する幼生が、生物体の中に入り肝臓で繁殖する。肝吸虫とひとはある意味で相互行為を行なっている。ひとの肝臓の中で繁殖をした肝吸虫は、肝臓の中に卵を産む。その卵は、便を通じて自然環境中に排出される。もし、便が下水処理をされるのであれば、排出された肝吸虫の卵は環境中に再び帰ることはない。便が野外で排出されたり、便を含む下水が、直接川に流されたりした場合、その便の中に含まれる肝吸虫の卵は、再び環境中に放出されることになる。便を通じた環境への還流が、ひとが肝吸虫の生活史の中において積極的な役割を担う相互行為の第一のポイントである。

自然環境中の水の中で孵化した肝吸虫の幼生は、中間宿主である貝やカニの体内にえら呼吸などを通じて入り込む。そして、その貝やカニの体内に入り込んだ幼生が、最終宿主である肝臓をもついき

［2］　本書第12章280–285頁。

ものに食べられたとき、繁殖の場を得ることになる。メコン川流域では、川蟹が加熱せずに食される習慣がある。タイやラオスのソンタムといわれる青いパパイヤの〝なます〟の中に調味料として、すり鉢ですったナマの川蟹が用いられる。その結果、自然環境中の肝吸虫の幼生がひとの体内に入り込むことになる。ここに、ひとの行為と肝吸虫の間の相互行為の第二のポイントがある。

このような病原中とひとの相互行為は、マラリアにも見られる。マラリアの場合は、人体の中に入り込んだ原虫は血液の中で交配するなどより複雑な生活歴をたどるが、いずれにせよ、それらの寄生虫にとって、人体は環境である。

そのサイクルを断ち切るにはどうすればよいのか。環境とひとの間の関係を適切なものに変えてゆくことである。川蟹の生食を絶つことや、排泄物を含む下水が環境中に入り込まないようにすることなどである。ただ、それらは社会的変化を必要とする。食生活の変化のため、肝吸虫の生活史の理解、川蟹の生食が肝吸虫被害を助長していることを住民が知ることに加えて、下水の整備など大規模なインフラストラクチャーが必要とされる。中央政府、地方政府の政策と予算も必要となる。エコヘルスは、社会的、政治的、政策的な問題である。エコヘルスは、医学の問題であると同時に、医学にとどまらない、さまざまな社会領域の関係する総合的な問題なのである。

人間の安全保障

エコヘルスは、健康だけではなく、ひとを環境の中で総合的に見る見方である。それは、人間の安全保障という考え方に通じる。

人間の安全保障とは、恐怖からの解放、欠乏からの解放、尊厳をもって生きることという内容を柱とする。人間性を下支えするものを定位しようとする考え方である。

人間の安全保障は、1993年に、国連によって採択された。この後すぐ見るように、1990年代とは、環境問題が国際的に議論されるようになってきた年代であるが、同時に、人間の安全保障が議論されるようになってきた年代であった。

これは、従来の国家の安全保障と対極的な概念である。国家の安全保障という考え方の主体は、国家である。国家の主権や領土や覇権を安全に守るのがその主要な関心である。

国家は、ひとでも、ものでも、いきものでもない。本書の中では、存在のグラデーションについて述べてきた[3]。第2章では、世界は存在しないという考え方も紹介したが[4]、世界とは概念であり、概念は存在しない。国家に似たものに、種がある。第7章で見た今西錦司のように種という実体が実在すると考える研究者もいるが[5]、科学界における支配的潮流では種は存在しないとされる。ダーウィンの進化論では、種は個体群であると考えられており、個体という実体の存在は認めるものの、種という実体が実在するとは考えない。同様に考えれば、個々の個人は存在するが、その上位カテゴリー

[3] 本書第6章145頁、第7章157–160頁。
[4] 本書第2章047–050頁。
[5] 本書第7章159頁。

である国家は存在しないともいえる。

だがその存在しない国家を存在するようにさせるさまざまな制度がある。国家の安全保障という考え方も、国家という実際は存在しない存在物を存在するかのように扱う点で、国家の実在性を強化する制度の一つである。

国家の安全保障においては、主体は国家であり、国家の安全を至上の命題とするゆえ、個人の福利とは相反することも生じる。総力戦で、戦争行為に個人が動員されることは、個人にとって、マイナスの効果をもつが、国家にとってはプラスの効果をもつ。戦争に動員されるということは、生命の危険を意味する。今日の国民国家間で行なわれる戦争では、仮に戦争に勝ったからといって、動員された個人にボーナスが支給されるわけでもなければ、戦利品が分け与えられるわけでもない。国家の安全保障とは、決して個人の利の向上と直結するものではない。

国家の安全保障は、17世紀の国民国家形成時から国際政治の中心となるモードであった。これに対し、人間の安全保障は、そのモードを切り替え、新しい思考方法を導入する。すでに述べたが、この考え方が登場したのは1990年代である。それは冷戦構造の崩壊後の時代であり、新たな環境危機が人々の意識に上ってきていた時期である。

冷戦期は、1917－1920年の第一次世界大戦、1940－1945年の第二次世界大戦に引き続き、世界が戦争のモードに覆われていた時代である。それは、1989年のベルリンの壁崩壊と

1990年代のソ連の崩壊と東欧諸国の民主化で終わるが、同時に、環境問題が国際社会の主要な関心事になっていった［米本 1994］。軍事という視点のみから世界が見られていたのに対して、軍事以外の要素から世界を見るという考え方が生まれた時期であった。

冷戦期には、アメリカとソ連がそれぞれ大盟主となり、東西の資本主義陣営と社会主義陣営が地球上の覇権を賭けて軍事拡張を繰り返した。第9章で見た核技術はこの時期において、広く世界に行き渡ったし、この後15章で見る宇宙進出に関する技術も、この時代に大きく進展した。地球レベルにまで影響を与えるような巨大技術と軍事が結びついていた。第9章で見たテクノスフェアとは[6]、軍事とも密接に結びついている。この時代に、安全保障が国家レベルで語られたのは、テクノスフェアの巨大な技術を御することができた主体は国家のみであったことを反映する。

冷戦構造の崩壊後に起こっているさまざまな戦争や紛争は、そのような巨大技術をもつ国家同士によるものだけではなくなっている。ユーゴスラビア内戦（1991－1999年）、アフガニスタン（2001年－）やイラク（2003－2011年）における戦争、ルワンダにおける国内紛争（1994年）や、1980年代から続くスーダンやソマリアなどその他アフリカ諸国、シリア（2011年－）など中東における内戦など戦争が続いている。これらの紛争や戦争は、国家とは異なる主体によるものであるものも多い。そのような中、国家の生存ではなく、人々の生存が問題になってきているのである。

［6］ 本書第9章197頁。

ケイパビリティ・アプローチとアマルティア・セン

人間の安全保障は、国連開発計画において提唱された。国連開発計画United Nations Development Programme（UNDP）とは、国連環境計画、ユニセフ、国連ハビタット、国連人口計画、世界食糧計画と並んで、国連が直接的に資金拠出をする国連の6つのプログラムの一つである。国連には、このほか、関係機関としてFAO（世界農業基金）、ILOやIMFなどがあるが、国連開発計画はそれらと並んで、国際的な問題に対処する正式機関である。国連開発計画は、国連の安全保障委員会の下に属し、1965年に設立された。開発途上国への援助を目的とするプログラムである。次の第12章において、開発がグローバルな不平等と正義とかかわる重要なタームであることを詳しく見るが[7]、まさに、その開発の問題に国際的に取り組むことを目的として設立されたのである。

国連開発計画の中で、人間の安全保障が議論されたことは重要なポイントである。国家の安全保障のように、国連安全保障委員会の管轄ではなく、グローバルに見たときに、不平等と正義を扱う場で論じられ遂行されてゆくべきであるという含意がその背後にはある。と同時に、それは、第12章でも見るように[8]、グローバルに地球を見ることが、近代化と開発の負の歴史への直面とその解決を求めるものであることも示唆する。

その人間の安全保障を理論的に支えるのが、ケイパビリティcapabilityという考え方である。アマルティア・センAmaritya Senが提唱した。センは、1934年生まれの経済学者。インド・ベンガル

[7] 本書第12章267-270頁。
[8] 本書第12章272-280頁。

の知識人名家に生まれ、ベンガルで大学までの教育を受けたのち、イギリスのオックスフォード大学に留学。博士号を取得し、インドやイギリス、アメリカで教鞭をとった。厚生経済学を専門とし、ケイパビリティに基づく理論を確立。１９９７年には、ノーベル経済学賞を受賞している。センは、幼少期に、ベンガル州を襲った大飢饉を経験している。数十万人が犠牲になった大飢饉だったが、それは自然現象であるものの、被害が拡大したのは制度や社会の問題でもあった。その体験がセンの経済学への原動力になった。

ケイパビリティ・アプローチは、アリストテレスの可能態と現実態に基づくアプローチである。アリストテレスのこの理論については、すでに第6章で簡単に触れ、また第13章で未来史に関して詳述するが[9]、現実を、出来《しゅったい》の中でとらえる理論である。現実に存在する存在の背後には、可能態の領域が存在する。存在とは、その可能態から現実態が出来することによって存在するようになるという考え方である。

センは可能態を、ひとの中にも見る。どんなひとも、秘められた可能態をもつ。その可能態を、全き状態で実現することが、人間にとっての最善であり、それを妨げるものを取り除くことが、社会的に倫理的なことであるという考え方である。その考えに立てば、ハンディキャップは自己責任ではないし、可能態を開花できないことも自己責任ではない。それを取り除くことは、人間社会の倫理として必要なことである。

[9] 本書第6章142頁、第13章305-311頁。

$$人間開発指数=\frac{暮らし指数+教育指数+生活水準指数}{3}$$

暮らし指数=平均余命指数
教育指数=期待される通学年数−平均通学年数
生活水準指数=国民総所得

図 11-2　人間開発指数の計算式

人間開発指数

このセンの理論をもとに策定されたのが人間開発指数Human Development Indexである。それ以前のさまざまな指数は、ひとをそのような視点からとらえることはなかった。経済開発指数は、あくまでひとを経済主体として見る。しかし、人間開発指数は、ひとの可能態を問題にする。

これは暮らしと教育と生活水準の3つの人間生活の要素に注目した指数である。暮らしについては、長生きと健康という2つの側面を測る平均余命指数が用いられる。教育に関しては、期待される通学年数と平均通学年数の差が用いられる。生活水準に関しては、一人当たりの国民総所得の額から指標化がなされる［国連開発計画］。数式は図11－2のとおりである。

表11－1は、一人当たりGDP（国内総生産）による、表11－2は人間開発指数による世界各国のランキングの上位と下位の10を示したものである。経済指標であるGDPにおいては、ノルウェー、アイスランド、カタール、シンガポールなど産油国や貿易立国や福祉国である北欧諸国が上位にくる。一方、人間開発指数では、産油国が消え、ノルウェーやアイルランド、アイスランド、スウェーデン、ドイツ、オランダなどの北欧・西

表 11-1　一人当たり GDP による国別ランキング（2019 年）［IMF の GDP ランキングデータ］

順位	国・地域名	GDP（米ドル）
1	ルクセンブルク	113,200
2	スイス	83,720
3	マカオ	81,150
4	ノルウェー	77,980
5	アイルランド	77,770
6	カタール	69,690
7	アイスランド	67,040
8	アメリカ	65,110
9	シンガポール	63,990
10	デンマーク	59,800
…	……	
183	アフガニスタン	513
184	コンゴ	500
185	モザンビーク	484
186	マダガスカル	463
187	中央アフリカ	447
188	ニジェール	405
189	マラウィ	370
190	エリトリア	342
191	ブルンディ	309
192	南スーダン	275

注：データがある国のみの総数は 192。なお、本統計には国以外の経済単位も含まれているため調査対象は国連加盟国よりも多い。

表 11-2　人間開発指数による国別ランキング（2018 年）［国連開発計画の人間開発データ］

順位	国・地域名	人間開発指数
1	ノルウェー	0.953
2	スイス	0.944
3	オーストラリア	0.939
4	アイルランド	0.938
5	ドイツ	0.936
6	アイスランド	0.935
7	香港	0.933
8	スウェーデン	0.933
9	シンガポール	0.932
10	オランダ	0.931
…	……	
180	モザンビーク	0.437
181	リベリア	0.435
182	マリ	0.427
183	ブルキナファソ	0.423
184	シエラ・レオネ	0.419
185	ブルンディ	0.417
186	チャド	0.404
187	南スーダン	0.388
188	中央アフリカ	0.367
189	ニジェール	0.354

注：統計の総数は 189。

欧諸国が上位にきている。工業化国と、貿易国、また福祉国など、それぞれの指標の目標とする価値の違いが現われている。ちなみに、日本は、一人当たりGDPでは24位（4万ドル）、人間開発指数では19位（0・909）である。両統計とも下位には、アフリカの諸国が並んでいるが、このことの意味については、次章で見る。

現在の社会は、知識社会であり、科学がベースとなっている社会である。科学がベースとなっている社会では、数値化による可視化が基本となる。もちろん人間開発指数では、カバーしきれていないひとにかかわるさまざまな側面もあるだろう。ひとの生を平均余命年数と教育年数と総所得からだけで測れるのかという問題もある。しかし、開発において、それまでの指数が、国家を単位とし、経済を尺度としたものであったこと、言い換えると、国家という無生物でありかつその成員であるひととは別個の位相にある存在を基準にした指標で測られるものであったことに比べて、個々の成員であるひとを主体とすることとは、根本的な視座の転換である。第8章において、ボヌイユとフレソズの説に依拠しつつ、近代の科学の視座とは、地球システムと社会システムの分離であったことを述べた[10]。次章で植民地化の歴史を見るが、社会システム的視覚は、社会をシステムとしてとらえるという点で、国民国家と植民地経済に適合的であったともいえる[11]。しかし、今日、その視点が問われている。その際、新たな主体として個々のひとが立ち現われ、ひとと地球システムとの関係が問題化されるようになってきているのである。

---

[10]　本書第8章183–185頁。
[11]　本書第12章284頁。

環境とケア——エリア・ケイパビリティ

ケイパビリティという考え方は、ひとの可能性を広げるために用いられたが、環境にも広がりつつある。地球環境にかかわるパラダイムとして、エリア・ケイパビリティarea capabilityという考え方が提唱されている。本章の中でエコヘルスという考え方を見たが、それは環境と健康がトレードオフの関係にあることを問題にした。環境と健康がトレードオフではないこととは、両者の持続可能性の問題でもある。エリア・ケイパビリティは、持続可能な地域がどのようにすれば可能かを問う。

エリア・ケイパビリティを提唱している水産学の石川智士《さとし》らの研究グループによれば、それは、地域資源の潜在性を地域の人々が認識し、適切にケアし、新たな現実の出来《しゅったい》につなげようとする意志と実践が存在することである［石川・渡辺 2017a］［石川・渡辺 2017b］。ケアについては第8章の水俣「病」事件の例でも見たが[12]、これは必ずしも経済的関係に限られない全人的な存在への気遣いを含んだ包括的なかかわりのことである。

同グループの研究フィールドは東南アジアにおける海とひとがオーバーラップする領域である。そのような場における生業には、漁業だけでなく養殖業や観光業なども営まれる。そこにあるのは資源ではあるが、資源は資源として認識されなくては資源にはならない。魚やエビは、いきものだが、いきもの即資源ではない。それを資源として認識する認知とその認知に基づいた行動や社会制度化があって初めて資源になる。魚やエビを捕獲し、それによって生計を立てるという生業の成立と、それ

[12] 本書第8章188–191頁。

に伴う暮らしが、いきものを資源と考える見方をもたらす。

資源には、ケアが必要である。いきものが資源となった時点で、すでにそれはひととの関係性の中に組み込まれたものとなっているからである。そこでは、いきものがいきものとしてあるのではない。いきものが資源となったとき、それはすでに人為である。いきものがいきものだけで存在していたときの適切な再生産のプロセスは、いきものが資源となった時点で、すでに人為の下にある。人為の加わった状態は、もはや自然ではない。第4章と第5章で、自然とは、「自然と考えられた状態」であり、「自然」ではない可能性があることを見た[13]。漁業という、自然を相手にしていると考えられている生業も、実際のところは、すでにひとの影響を受けた「自然」を相手にしている。漁業を行ない始めた時点ですでに、自然にはひとが組み込まれ、自然は人の社会に組み込まれている。

そのようなとき、ひとが資源をケアするのは、当然である。資源は、すでにひとの行為の一部であるのだから、ひとが資源をケアするのは、ある意味でひとが自然をケアするのではなく、ひとがひとをケアしているともいえるからである。

ひとによるケアは、ひとの持続可能性を目指す行為である。そのひとの持続可能性が、ひとの生存を支える環境の持続可能性に立脚していた場合、ひとによるケアは、環境の持続可能性を目指すものになる。

[13] 本書第4章107-108頁、第5章113-114頁。

ケアの文化的意味

ケアが、ひとによる行為であるとき、文化的意味が生まれる。その点を重視する東南アジア地域研究・人類学の清水展は、エリア・ケイパビリティが、持続可能性を超える可能性をもつことを論じる［清水 2017］。たしかに、環境を維持するという点から見たとき、エリア・ケイパビリティにおけるひとのケアは、その地域の持続可能性を担保する。しかし、一方、エリア・ケイパビリティは、地域に存在する可能態を現実に出来《しゅったい》させるものでもある。それは、新たな現実の生成を意味する。

清水は、文化研究において、伝統的文化の再考が行なわれていることに示唆を得て、地域がそのままあり続けるのとは違ったあり方を目指すことに新たな社会的意義を見いだす。文化において、真正な文化というようなものはそもそも存在せず、文化は常に流動的であり、混交的である。だとしたら、地域のあり方も、そのときそのときに適したあり方に適合的に柔軟に変わるべきである。清水は、これがエリア・ケイパビリティであるという。

本書第3章で詳しく見たように[14]、この世界は、常に「なる」という状態の中にある。環境とは、ひと、もの、いきものが織りなす相互作用の中で出来する現象のことである。「なる」においては、すべてが流動的であり、そこに不変の何かがあるわけではない。清水は、ひとと資源が相互に互いの潜在力を引き出す過程がエリア・ケイパビリティに基づく地域への関与にあるのではないかと述べるが、それは「なる」過程でもある。

[14] 本書第3章064ff頁。

それは、創造的関与の立場でもある。創造とは、可能態の中に存在したあるものを、現実態の中に出来させることである。第13章で見るが[15]、可能態の中から現実態への出来の際には、兆候が存在し、その兆候にどのようにアクセスするかは、未来の問題でもある。エリア・ケイパビリティ・アプローチの立場に立つとは、未来の環境に主体的に、創造的に関与することでもある。

[15] 本書第13章305–311頁。

Bookguide

この章のブックガイド

アマルティア・セン（石塚雅彦訳）『自由と経済開発』日本経済新聞社 2006年

センの思考は常に根源的である。本書の中にアリストテレスの『ニコマコス倫理学』の「富とはわたしたちが真に追求する善ではない。それは手段であり、用益にすぎないのだ」という一節が引かれている。そのような哲学的な問いを秘めつつ経済学という社会科学の手法により、人間のよりよい生を可視化したところに彼の偉大さがある。（写真は英語原書、1999年）

石川智士・渡辺一生（編）『地域と対話するサイエンス――エリアケイパビリティー論』勉誠出版　2017年

東南アジアの沿岸部社会を細かく歩きながらフィールドワークした研究者たちの地域との対話の記録。エリア・ケイパビリティとは、発見の過程であること、本書の語でいうならば、「出来する」ものとしての地域の可能性を地域がはぐくむことだということが浮かびあがる。

12 グローバルな不平等と正義――生存基盤指数

不平等と正義

地球をグローバルに、全球的に、人文的な視点で見たとき、そこには、不平等や不正義の問題がある。仮に、地球を自然の目で見たとき、そこには、不平等も不正義もないはずだ。生物は、地球上のどの場所にいても、すみわけと食物連鎖の関係の中にあり、どこかの地域にいる何かの種がそれ以外の場所に生息している種に比べて、特別に優越する地位を得ているということはない。食物連鎖は、食う／食われるという関係ではあるが、それは均衡した関係性である。

しかし、ひとの社会に限って見たとき、地球上には不平等や不正義と呼ばれる著しい差異がある。たとえば、地球上のある地域で生まれた子どもと、別の地域で生まれた子どもの平均余命には顕著な違いがある。アフリカのシエラレオネや、中央アフリカで生まれた子どもは、50年強の人生しか期待できない。それに対して、香港や日本、スイスで生まれた子どもは、80年強の人生が期待できる。

これは、幸福度にも違いをもたらすであろう。前章で人間開発指数を見たが[1]、人間開発指数には、平均余命指数が組み込まれていた。生命の持続可能性があるとして、その持続可能性という可能性を十二分に発揮することなく死んでしまうことは、幸福なことであるとはいえない。

このような不平等が人為的にもたらされていたのだったとしたら、それは不正義である。全球を人文的視点で見るとき、この不平等と不正義をどう考えるべきなのかという問題が浮かび上がってくる。

先進国、後進国、低開発国、第三世界、グローバル・サウス……

図12－1は、各国別のひとの平均寿命（出生時の平均余命）を世界図に示したものである。この図を見ると、カナダ、西欧、日本など80～87歳の第一グループと、アメリカ、南米、中国、東欧、ロシアなどの70～79歳の第二グループ、60～69歳の東南アジアとインド、南・東アフリカの国々の第三グループ、そして、西アフリカの50～59歳の第四グループの間に、はっきりとした地理的な差異があることが見て取れる。第一のグループは、主に、北半球に位置し、G7や国連安全保障理事会常任理事国などである。第二と第三グループは、中緯度から低緯度に位置する。中にはG20や国連常任理事国である国もある。第四グループは、低緯度地帯に属するG20にも国連常任理事国にも入らない国々である。前章で、一人当たりのGDPと人間開発指数において、上位と下位にははっきりとした地理的な差異があることを見た

[1]　本書第11章258-260頁。

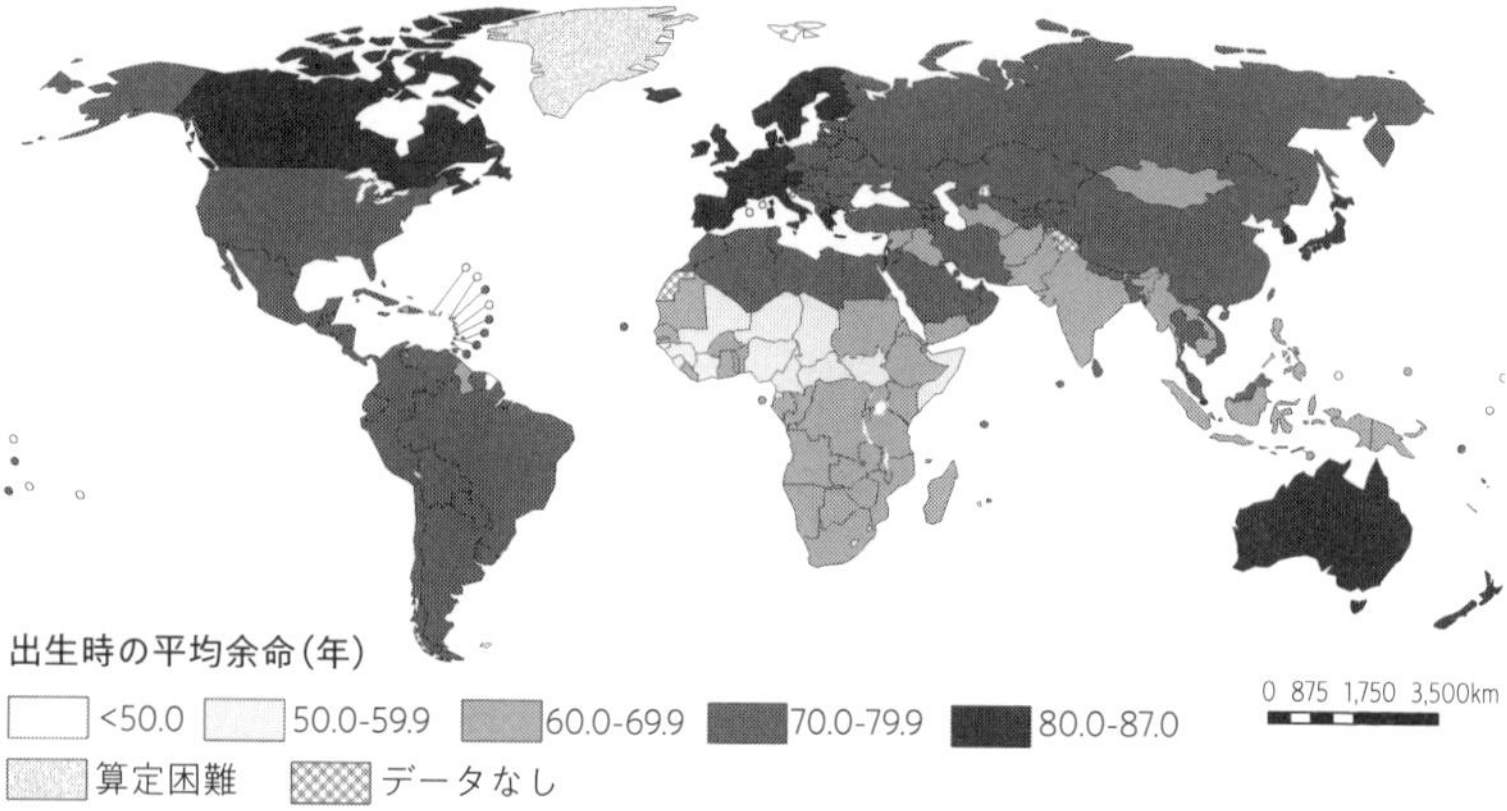

図 12-1　出生時の平均余命を国に示した世界図（2016 年、男女平均）［WHO 出生時の平均余命データ］

が、それは、全球的に見れば、このような構造をもっている。

ここに見られるこのグループ間の差異をどう表現するか。じつは、それを表現する語自体が世界のとらえ方、概念化の問題である。地球環境を人文的にとらえるとき、カテゴリー化の問題が問われることは、第2章、第7章などですでに述べてきたが[2]、これもその一例である。

この差異を、「先進国」と「発展途上国」と表現する場合がある。あるいは、「先進国」と「後進国」という場合もある。「先進国」と「低開発国」という場合もある。また、「第一世界」と「第三世界」という場合もあれば、「グローバル・ノース」と「グローバル・サウス」という場合もある。それぞれの表現に、それぞれの世界の見方が反映している。

先進国と発展途上国という語は、発展段階説に立つ見方である。発展途上国は、発展の途上にあり、いずれは、発展した国のようになるだろうという見方であり、社会の究極的な目標は、先進国のような状態を目指すことだという

［2］　本書第 2 章 047–050 頁、第 7 章 159–160 頁。

含意がある。ここでいう先進国とは、近代化を遂げた西欧諸国である。この発展途上国という表現のバリエーションとして、開発途上国という表現もある。どちらも、developing countriesであり、意味は同じである。発展や開発が評価の基軸となっている。

先進国と後進国という表現には、発展途上国や開発途上国などのように、発展という準拠軸はない。しかし、先進と後進という区別があり、その区別は、無言のうちに先進国、つまり近代化した西欧諸国の状態が望ましいことを語っている。

低開発国という呼び方もある。その場合、これらの国々は、低開発の状態にとどめ置かれているのだ、という含意がある。低開発は強いられたものである、低開発国は低開発状態に従属させられているのである、という抗議の意味が込められている。発展途上国という表現は、単に発展の途上にあるだけであり、それは、「自然に」発展途上なのであり、いずれは「自然」に発展するだろう、という含意があった。しかし、それを「低開発国」と呼ぶ場合、低開発は強いられたものであり、発展は自然に起きるものではないこと、その低開発状態はそのまま固定される可能性すらあることが示唆される。

第一世界と第三世界という語にはニュートラルな響きがあるかもしれない。これは、1960年から1970年代の冷戦構造の時代に広がった呼び方である。前章で見たが[3]、冷戦下では、資本主義陣営と社会主義陣営が覇権を賭けて争った。第一世界は資本主義陣営、第二世界は社会主義陣営、第三世界は、そのどちらにも属さない地域である。その中で、第三世界をどちらの見方につけるかの

[3]　本書第11章253-255頁。

綱引きが行なわれた。第一から第三とは、単に数字でそれを示しただけであり一見ニュートラルである。しかし、ここにも、序列がある。一般的には、上位のほうが好ましく、下位は好ましくない。ここにも、発展をめぐる序列は影を落としている。

グローバル・サウスという呼称もこれと似ている。第三世界という呼称に含まれているのは、数字だったが、これは方角による呼称であり、一見価値中立的に見える。たしかに、発展途上国は、南の国が多い。だが、ここにも西と東と南に世界を分ける見方がある。東西冷戦の時代には、資本主義陣営は西側と、社会主義陣営は東側と呼ばれた。その位置関係は、単なるヨーロッパ内における位置関係である。南とはヨーロッパから見たときに南であるだけであり、実際には、北にも、西にも、東にも発展途上国は存在する。その意味で、この語も、ヨーロッパ中心主義の域を脱してはいない。

地球上の不平等を表現するとき、適切な語を選ぶのは困難である。語による表現は、必ず、その発話の立場性を反映しているのであり、何かが表現されるとき、その表現主体が必ず存在する。発話は常に政治的行為である。グローバルに地球を見たときに、その状況をどう表現するかという問題は、政治的な立場を問う問題である。そして、政治的に中立な語は存在しない。それゆえ、表現に困難が生じているのである。

発展とは何か

問われているのは発展である。改めて、発展とは何かを考えてみよう。その際、近代化という歴史過程と、発展段階史観という歴史観の問題は切り離せない。歴史の語りについてはすでに、出来《しゅったい》と「なる」を通じて第3章で検討したが[4]、その中で、歴史の動因についても触れた。補章では退歩についてみた[5]。発展は、歴史の動因である。なお、発展という概念をもたない歴史観については、第13章と第15章で述べる[6]。

発展は、近代化とも言い換えられる。今日、先進国がもつ制度や技術は、ひとの福利を格段に上昇させているが、それは近代化の過程で得られたものであり、果実である。近代化とは、人権の上昇、民主政治の実現、科学の発展、経済の資本主義化などいくつかの指標がある。1970年代に、社会科学において唱えられた「近代化論」では、教育の実現、識字率、出生率、民主化の程度が指標とされた。これらは、欧米の資本主義諸国の「近代」が達成しようとしてきた価値観である。そこには、欧米資本主義社会の現状を肯定し、その状況をモデルとする考え方がある。

近代とは、西欧の19世紀ごろの人々が、自分たちにとって「近い時代」と認識した時期の状態であって、西ヨーロッパにおける単なる時間の遠近の関係である。歴史の見方によっては、近代化はそれほど大きな意味をもたない場合がある。史的唯物論の歴史観によると、社会は、奴隷制社会から、封建制社会、資本制社会へと発展し、資本制社会は、プロレタリア革命を経て社会主義社会へといたるという過程をたどる。そこでは、社会制度の段階が時代を測る指標であり、「近代」や「古代」という現在からの

[4] 本書第3章071-073、085頁。
[5] 本書補章236頁。
[6] 本書第13章320-322頁、第15章359頁。

遠近は指標にはならない。

発展と近代化については2つのことがいえる。一つは、ここには、未来をどうとらえるかとかかわる問題があることである。発展史観とは、単線的な史観であり、それは未来に向かって単線に時間が経過するという見方である。

第二に、近代化というとき、低開発状態に置かれた国々への責任が問われにくいことである。近代化は、西欧資本主義諸国が成し遂げた歴史の発展の姿をモデルとするが、その近代を支えた負の歴史は、近代化を測る指標には入らない。いわば隠蔽される。その負の歴史とは何か。それは植民地化である。

植民地化——近代の影

植民地化は、近代の「世界史」そのものである。第2章で見たように[7]、世界史は、万国史ととらえられることが多いが、そういいつつ、実際的には「万国」ではなく西ヨーロッパ諸国の歴史と同等に扱われている。世界史が仮に西ヨーロッパ諸国の歴史であったとしても、その西ヨーロッパとは、歴史的に見れば、ヨーロッパ大陸に存在する本国だけがそう呼称されるべきではなく、その本国が植民地として支配下に置き収奪の対象とした国や地域も西ヨーロッパの一部と呼ばれるべきであろう。近代とは、植民地というシステムを含み込んで初めて可能なものであった。

［7］　本書第２章045–046頁。

大まかに見て、植民地化の歴史は、3つほどの段階に分けられる。

第一は、15世紀から17世紀にかけてである。この段階の主体は、スペインとポルトガルであり、対象地域は北米と南米大陸であった。大航海時代といわれる。1459年に、コロンブスがアメリカ大陸を発見し、南米大陸では、インディオたちの征服が行なわれた。その残虐な様子は、同時代の宣教師ラス・カサスの『インディアスの破壊についての簡潔な報告』が詳しく記録する［ラス・カサス 2013］。大航海時代には、キリスト教徒が日本にもやってきている。

17世紀から18世紀の主体は、オランダ、イギリス、フランスで、主な舞台は、アメリカ大陸と東南アジアである。1602年にオランダ東インド会社が設立された。メイフラワー号は1620年にアメリカに到着した。日本にもオランダは貿易の足がかりを求めて来航している。

18世紀から19世紀は、アフリカとアジアが本格的に植民地に組み込まれていった過程である。東アフリカとインド、西アフリカと西インド諸島ないしアメリカ大陸の間の奴隷交易が本格的に行なわれるようになり、さらに、より大規模な収奪であるアフリカ大陸の植民地化が行なわれた。なお、植民地制度に比べて奴隷制がアフリカの低開発に与えた影響は過小評価されているが、その負の寄与度は30%にも及ぶという試算がある［Diamond 2011: 175］。「奴隷狩り」は、小規模なコミュニティ内や親族内で行なわれることもあり、地域に分断をもたらし、国家としての統一を遅らせ、結果として、教育や社会的インフラストラクチャーの形成が遅れたからである。アジア諸国も植民地となっていった。

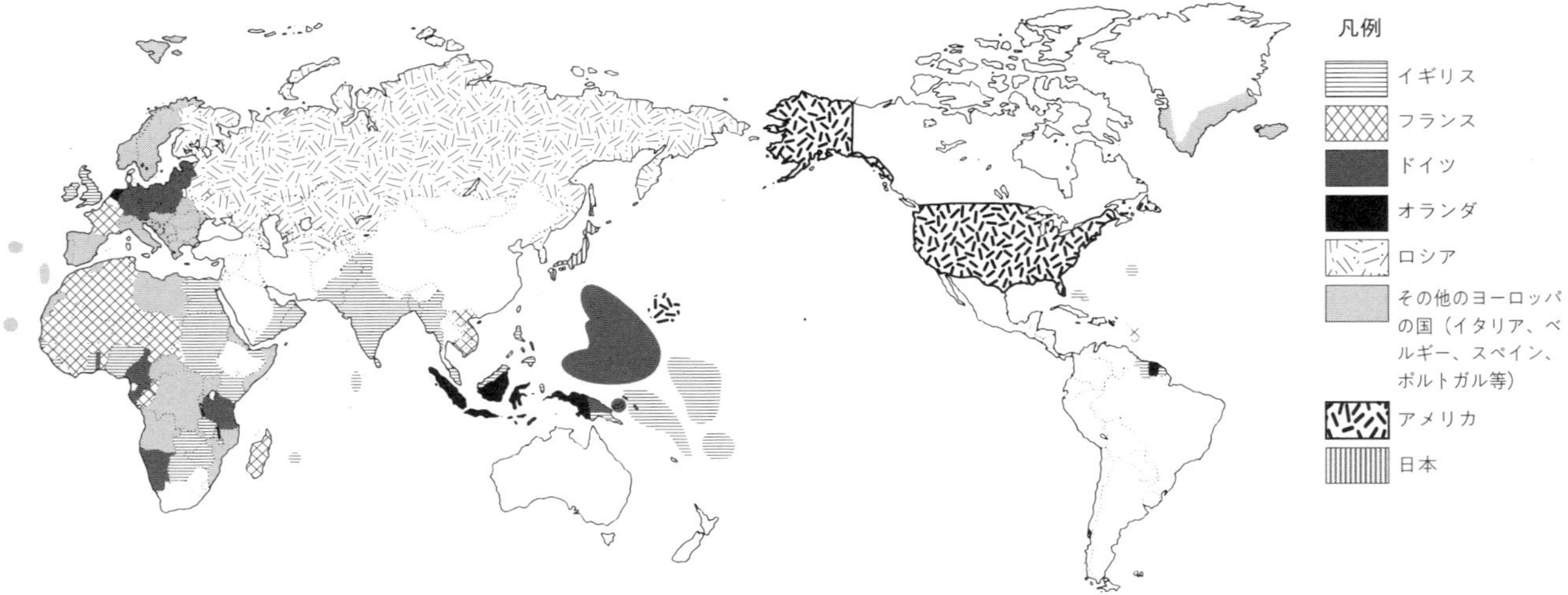

図 12-2　19 世紀末の全世界における植民地［Aldebert 1998: 307 より作成］

図12－2は19世紀末の全世界における植民地を示したものである。アフリカと南アジアのほぼ全域、東南アジアとオセアニアの大半の地域が植民地となっている。その「宗主国」は、日本をのぞくと、イギリス、フランス、ドイツ、オランダ、ベルギー、ポルトガルというヨーロッパ「列強」である。

状況が変わるのは、1945年の第二次世界大戦終結後である。まず、東南アジアにおける植民地が独立し、1960年代には、アフリカ大陸における植民地が独立した。第三世界という言葉が、希望をもって語られたのがこの時代である。

だが、現実としては、旧植民地では教育などのインフラストラクチャーの整備は進まず、植民地時代の負の遺産が補償されるような施策もなかった国々も多い。植民地以前の社会は、近代が前提とする「国民国家」という枠組みとは必ずしも合致する社会ではなかったため、そのような社会を国民国家とするためのさまざまな軋轢が起こった国々もある。結果として、低開発状態が存在している。地球上の福祉や生存における不平等の存在は、歴史的なものであると同時に、構造的なものでもある。

国際協力と正義

国際協力とは、その意味で必然的に必要とされる。単に、恵まれない国を助けるだけではなく、歴史的、構造的な不平等を是正する倫理的な意味があるからである。

だが、なぜ不平等は、是正されなくてはならないのであろうか。それは、自己に責任のない原因によって被ることになってしまった不平等を解消することは、正義であるからである。この点について理論的に検討しておこう。

今日、「自己責任」という言葉がしばしば聞かれる。社会には、自己責任という無言の圧力があり、不平等や個人に対する不利な扱いは、自己責任であるかぎりは当然のことであるという考え方がある。生活に困窮している者に、手を差し伸べる必要はない、それは、その者が努力しなかったからであるというロジックである。そのロジックの背後には、その状態が「自然」であるという含意がある。

だが、すでに述べてきたように[8]、社会に「自然な」状態はありえない。社会は個々のひとの集合体であるが、個々のひとには意思と理性があるからである。デュルケーム社会学がいうように、社会には、個々のひとを超えた意思と見えるものがあることも事実ではあるが［廣松 1972=1996］、あくまでそれも個々のひとの意思が集合したものであり、制度を動かすのは、ひとという主体である。本書第3章や第4章で見たように「自然」という語が社会に対して用いられるとき、さまざまな矛盾が覆い隠される[9]。社会において存在する状態は、すべて人為である。その点からすると、社会において存在する不平等は、すべて人為的である。人為的なものは、つくられたものである。つくられたものであるならば、それは、変更されることが可能である。ましてやそれが、正義に反しているのならば、なおさらである。

[8] 本書第3章 084-085 頁、コラム 1、245 頁。
[9] 本書第3章 084-085 頁、第4章 107-108 頁、コラム 1、245 頁。

ロールズ『正義論』

この点を、社会科学の視点から論じたものがジョン・ロールズJohn Rawlsの『正義論A Theory of Justice』である[Rawls 1971]。ジョン・ロールズは1921年に生まれ2002年に死去したアメリカの政治哲学者。『正義論』は、自由と平等という2つの価値のもとで、どのように正義が実現されるのかを理論的に考察した書である。通常、自由は自由競争を意味し、それはその結果生じる不平等をある程度容認する。一方、平等主義に立つ場合、平等を追い求める過程で、自由の制限はやむをえないという立場である。自由と平等は近代社会を構成する2つの大きな原理である。その2つは相いれないように見えるが、両立は可能なのか、あるいは、その両立にはどのような合理的理由が存在するのかをロールズは問うた。

その際、ロールズは、原初状態original positionという状態を想定する。原初状態は、それまでにも、さまざまな社会思想家が考えてきた。イギリスの思想家トマス・ホッブズThomas Hobbesは『リヴァイアサン*Leviathan*』(1651年)において、万人の万人に対する闘争状態を人間の原初状態だとしたし、同じくイギリスのジョン・ロックJohn Lockの『統治二論*Two Treatises of Government*』(1689年)は、人間の原初状態では、平等な関係が存在するが、そこには、政治の領域が欠けているため、政治社会が形成されることを論じる。スイスの思想家のジャン=ジャック・ルソーJean-Jacques Rousseauは『社会契約論*Le Contrat social*』(1762年)において、人間は個的存在であることが自然状態であり、問題が発生したときに、契約を結び社会を形成すると考えた。

一方、ロールズのいう原初状態とは、そのような前提条件を取り払った状態である。ある者が、自分がどのような属性をもつのかわからない者として、社会に参入することを仮定した状態を原初状態という。もちろん、これは思考実験であり、現実にはそのようなことは起こりえない。だれしも、必ずある状態の中にある存在として生まれ落ちる。その状態を、その主体は甘受せざるをえない。それは、自然であり、必然的なものであるとされている。だが、その状態は、多くの可能性の一つにすぎない。その者には、別の可能性があったはずである。この別の可能性とは、本書13章で見るアリストテレスの可能態の状態である[10]。形而上学の可能世界論の立場に立つと、複数の可能世界が実在する [Lewis 1986]。となると、ある者が、社会に存在することは、必然ではなく、偶然である。

反省的平衡

ロールズは、そのような偶然性を計算に入れた個人が、社会を主体的に形成したらどうなるかを仮定した。ある者が、別の者のポジションに生まれ変わることを想定する。そうなったとき、そのポジションが、その者にとって望ましい状態でなかったとすると、その者はその望ましくない状態を望ましい状態に変えようとするだろう。別の者が別の者のポジションに生まれ変わるとする。その別の者は、生まれ変わったその別の者のポジションの望ましくない状態を、その者にとって望ましい状態に変え

[10] 本書第13章305-311頁。

ようとするだろう。そのようなことが、社会のすべての成員に起こるとする。その社会のすべての成員が、その社会のすべての成員のポジションを経験し、そのポジションが自分にとって望ましくない部分を変革し、そのポジションが自分にとって望ましくなるようにする。すると、その社会は、その社会のすべての成員にとって望ましいものとなるはずだ。そのような状態は、反省的均衡 reflective equilibriumと呼ばれているが、そのような社会のあり方が正義であるとロールズは説いた。

この考え方に立てば、国際協力は、地球において、正義を実現する手段の一つである。地球上のあらゆるポジションにあらゆる人が生まれ変わったと仮定した反省的均衡では不平等は存在しないはずである。にもかかわらず、不平等が存在するならば、それは正義に反している。それが正義に反しているからには、是正されなくてはならない。反省的均衡は、可能態の中から生まれるが、先ほども述べたように、第13章で見るアリストテレスの可能態と現実態の議論とも呼応し、可能性や未来をめぐる未来史の考え方ともつながる。これは、本書がよって立つ出来《しゅったい》の立場である。

なお、この原初状態と反省的平衡という考え方は、ここでは、ひとにだけ適応されているが、正義をひと以外にも拡張する際には、原初状態と反省的平衡もひと以外を含み込んで考えられるべきであろう。第8章で見た[11]ヌスバウムは、正義をひと以外に拡張する際、ケイパビリティ・アプローチを用い、いきものにも、生命を全うしたり、身体的健康を追求したりするケイパビリティがあることを正義の条件とすることを定義するが [Nussbaum 2006: 392-401]、原初的状態と反省的平衡にひと以外の

[11] 本書第8章187-188頁。

いきものを入れることは有効な方法だと思われる。第3章や第5章で見た仏教のサンサーラ（輪廻）の考え方は[12]、ひとがひと以外のいきものとして輪廻する可能性を示すことで、ひとといきものを有情として統一した共苦の視座でとらえ、いきものに対する殺生や無道な取り扱いを戒めるが、それは広い意味で、ひとといきものを含み込んだ原初状態と反省的平衡をもたらしているともいえる。

人文的に地球環境学を考えるとは、望ましい未来を、過去、現在を踏まえてどのように構想するかという問題でもある。自然はひとつであり、地球はひとつである。しかし、同時に、その自然と地球には、さまざまな状況が反映されており、さまざまな可能性が含まれている。その可能性をひらき、正義を実現してゆくのは、人文学的な知である。

生存基盤指数

不平等の是正においては、その方法が問題となる。不平等を是正するといっても、「近代」の価値観を押しつけるようでは、結局、問題の根本的解決にはならない。近代とは、発展を前提とした考え方であり、その発展の理想形態が、「近代」であったとするならば、それは、すでに存在した近代の繰り返しにしかならない。近代は、その歴史過程の中に植民地化という負の出来事を含んでいた。歴史的に近代化と植民地化はセットになっている。ある地域が再び近代を遂行するとしたら、それは再びどこかの地域を

[12] 本書第3章 074–078 頁、第5章 114–116 頁。

植民地化することにもなりかねない。そのような不平等の是正の方法は、倫理的に正しいものではない。

そうではない方法を考えるときに、有効なのが、地域の可能性をとらえるという方法である。地域の可能性の立場については、すでに前章でエリア・ケイパビリティを例に見た[13]。ここでは、グローバルな歴史的構造的な不平等と正義により強く焦点を当てたアプローチを見たい。

それは、生存基盤論と生存基盤指数の試みである。これは、生存をキーワードに地球圏、生命圏、人間圏の相関の中から、地球の望ましいあり方を考える試みである。経済史の杉原薫を中心とした日本の研究グループが中心になり遂行している。本書の語を用いるならば、全球的にひと、もの、いきものの相関の中から持続可能な未来の可能性を見いだし、生存に関する枠組みを提示しようという試みである。その際、これまで過小評価されてきた熱帯地域に焦点を当てるのが、生存基盤論と生存基盤指数の特徴である。ここでの問題意識は、不平等モデルではなく、可能性モデルに基づき、熱帯地域の可能性をどのように開くことができるのかということである［佐藤・和田・杉原ほか 2012］。

熱帯地域には、低開発国、第三世界の多くが位置する。そこは過小評価され、負の刻印を押されてきた。第11章で見たように[14]、GDPでは常に下位に属し、人間開発指数の数値も低い。しかし一方、熱帯地域は、生物多様性やいきものの再生産の旺盛さにおいて、地球上に類を見ない地域である。それが、過小評価されてきたのは、中緯度地域のヨーロッパを中心にした歴史段階モデルのみが正当な近代化とされてきたゆがみであることを、生存基盤論と生存基盤指数は問題にする。

［13］　本書第11章261–264頁。
［14］　本書第11章258–260頁。

$$\text{生存基盤指数}=\frac{\text{地球圏総合指数}+\text{生命圏総合指数}+\text{人間圏総合指数}}{3}$$

$$\text{地球圏総合指数}=\frac{\text{太陽エネルギー（単位面積当たり純放射量）指数}+\text{大気・水循環指数（年間降水量}-\text{年間実蒸発散量）}+\text{（}1-\text{人口1人当たり}CO2\text{排出量）}}{3}$$

$$\text{生命圏総合指数}=\frac{\text{森林バイオマス（単位面積当たりの森林バイオマス量現存量の炭素量換算）}+\text{生物多様性指数（陸域生態系の多様性推定値）}+\text{（}1-\text{人口1人当たり純一次生産量の収奪）}}{3}$$

$$\text{人間圏総合指数}=\frac{\text{人口密度}+\text{ケア指数（平均世帯構成人数を女性人口比で調整）}+\text{（}1-\text{不測の死者数）}}{3}$$

図 12-3　**生存基盤指数の計算式**［佐藤・和田・杉原ほか 2012］

中緯度地域とは、雑草繁茂が少ないなど、生命力のマイルドさにより特徴づけられる。第2章で見た[15]和辻哲郎の『風土』は、それを「牧場」という。ヨーロッパの中緯度地域では、単一作物に基づいた農耕が行なわれてきた。工業化もそれをモデルとし、単一品種をいかに効率よく生産するかが追求されてきた。

そのような風土を基準とした見方では、熱帯や亜熱帯の低緯度地域の生産性は低く見積もられた。そこには高い生物多様性はあるが、単一種を大量に生産することは向いていないからである。それを克服するためとして、プランテーションなどの単一作が無理やり押しつけられた。そのような状況を根源から変えるには、視座の転換が必要である。そのような視座の転換をしたときに、過小評価されてきた熱帯地域のもつポテンシャリティが明らかになる。

生存基盤指数は、それを数値として明らかにする。この指数は第11章で見た人間開発指数をバージョンアップさせ[16]、ひとだけでなく、ひと、もの、いきものの相関の中で地球上における

[15]　本書第 2 章 054-056 頁。
[16]　本書第 11 章 258-260 頁。

生存条件をとらえようとしたものである。図12－3のように産出される。地球圏、生命圏、人間圏の指数を加算し、3で割った数値であるが、そのそれぞれは、太陽エネルギー、水循環、二酸化炭素排出量、バイオマス、生物多様性、人口密度、ケア、不測の死者数などに関する指数からなる。

熱帯の可能性と新たなグローバル協力

この生存基盤指数に基づいた世界各国のランキングの上位と下位の10か国を示したのが表12－1である。一見してわかるように、上位には、「北側」の先進国は、入っていない。すべての国が、赤道を中心とした北回帰線（北緯23・5度）と南回帰線（南緯23・5度）の間にはさまれた熱帯国である。この生存基盤指数に表われる北側の先進国、あるいは第11章で見たGDPの上位国である西側先進国は、50位の日本（指数0・523）が最上位であり、ヨーロッパ諸国では、スイスの74位（0・474）が最上位である。イギリスは、94位（0・416）、ドイツは96位（0・411）、アメリカは100位（0・399）である。人間開発指数の上位国の北欧諸国は、デンマークが103位（0・381）、スウェーデンが112位（0・302）など、生存基盤指数では、最下位に近い順位に位置している。一方、この生存基盤指数の上位の国の一人当たりGDPと人間開発指数でのランキングを見ると、インドネシアが115位と116位、スリナムが92位と110位、フィリピンが

129位と113位、ベトナムが136位と116位と中位から下位に位置している。

このことは何を意味しているのであろうか。一つは、開発やひとにとっての幸福が温帯中緯度地域のそれをモデルとしてきたことのゆがみである。開発は、自然環境を収奪の対象としてしか見ず、自然の豊かさや多様性の意味をとらえてはこなかった。たしかに、生産性や国民国家を単位とした総生産で測ったとき、北側の先進国の数値は高くなるであろう。しかし、その北側の先進国における環境、つまり、ひと、もの、いきものの関係を見たとき、それは、熱帯に比べて豊かではない。

生存基盤論では、ケアという側面が重視されている。ケアとは、ひとがひとをいたわり、世話をする関係である。そのような関係は、経済的関係とは異なった関係性の中で営まれるひとの営為である。そのような関係性の豊かさは、近代化の成長モデルにおいては失われた。生存基盤論は、人口の多さをプラス

表 12-1　生存基盤指数に基づいた国別ランキング（2012 年）[佐藤・和田・杉原ほか 2012: 254]

順位	国・地域名	生存基盤指数
1	インドネシア	0.726
2	スリナム	0.693
3	フィリピン	0.684
4	ベトナム	0.667
5	ペルー	0.657
6	パナマ	0.647
7	マレーシア	0.646
8	マダガスカル	0.639
9	ブラジル	0.634
10	シエラレオネ	0.632
…	……	
104	カザフスタン	0.376
105	アイルランド	0.367
106	ラトビア	0.366
109	ノルウェー	0.352
110	ロシア	0.336
111	ボツワナ	0.335
112	スウェーデン	0.302
113	カナダ	0.250
114	サウジアラビア	0.247
115	フィンランド	0.182

注：総数は 115。

にカウントする。人口の多さそのものに価値を見いだす。それは、ひとの価値は、生産性ではなく、そこに存在することのみによって見いだされるという考え方である〔佐藤・和田・杉原ほか 2012：12〕。存在することへの気遣いもケアの一つである。それは、共感と共苦の基盤である。水俣「病」事件を第8章で見たが、そのような関係性は、ひととひとの間だけでなく、ひと、もの、いきものの間にあることが望ましい[17]。

モデルとは、世界の見方である。新しいモデルとは、新しい世界の見方を示す。これまでのモデルに基づいたとき、地球は開発の対象であった。しかし、生存基盤指数というモデルにおいては、地球は開発の対象ではなく、そこにある豊かさの可能性をどのように見いだすかというともに働きかける営みのパートナーとして現われる。

国際協力においては、経済的指標は重要である。しかし、一方、その指標では見いだされないものがあり、そのような可能性を見つけたとき、地球へのかかわり方は、さまざまな地球の場のポテンシャリティをその場の文脈に沿って生かすというかかわり方になる。第10章で、「環状島モデル」を例に、援助の困難について見た[18]。たしかに、援助は困難である。しかし、援助ボランティアを経験した情報学の金子郁容は、実際の援助の現場では、助けるものと助けられるものとの関係があいまい化し、どちらが助けるもので、どちらが助けられるものであるのかはわからなくなり、豊かな関係性が生まれるという〔金子 1992〕。地域のポテンシャリティに基づくアプローチに立った新たなグローバル協力とは、新たなかたちの豊かさでもあるに違いない。

[17] 本書第8章191頁。
[18] 本書第10章222-224頁。

Bookguide

この章のブックガイド

ジョン・ロールズ（川本隆史・福間聡・神島裕子訳）『正義論』 改訂版 紀伊國屋書店　2010年

この本の骨子をなす理論は本文中で紹介したが、それを理論と現実のさまざまな社会制度の中で実現する方法を探った書。バランスの取れた端正な記述と、ねばり強くさまざまな条件を考察する論証方法からは、ロールズの正義に取り組むまっすぐな人柄も伝わってくるようである。（写真は英語原書、1971年）

佐藤孝宏・和田泰三・杉原薫ほか（編）『生存基盤指数――人間開発指数を超えて』講座生存基盤論第5巻、京都大学学術出版会、2012年

生存基盤指数を提唱した書。この指数は、経済学、歴史学、人類学、生態学、農学、医学、地域研究などの研究者の数年間にわたる学際研究により開発されたが、本文中でも見たように、他のさまざまな指数にはないオリジナリティとユニークな視点をもつ。日本発の学術貢献としてもっと広く世界的に知られてもよい社会科学指標である。

コラム2

見えないことと世界

「ダイアローグ・イン・ザ・ダーク」という展示に参加した。一般に展示は「見る」ものだが、これは、「参加する」ものである。なぜ、「見る」ではなく、「参加する」なのか。それは、これが、真の暗闇の体験をすることにより、さまざまな気づきをもたらす「装置」であるからである。

もともとのアイディアは、ドイツで始められた展示会からきているらしいが、数年前から、日本でも法人ができ実施されている。東京に常設の展示場が計画されているが、関西にも半常設ともいえるような施設がある。〝本家〟のダイアローグは、さまざまなバリエーションがあり、暗闇の中で食事をしたり、暗闇の中でディスカッションをしたりするパターンがあるようだが、関西のものは、建築メーカーとのタイアップで、暗闇の中で「家」の体験をするというものだ。

会場は、展示室とその前室からなる。展示室の中には、ある家(の一部)がほぼ実物大で再現されている。展示は、展示場に入り、その家の中を探検する、という仮構のもとで行なわれる。

この「ダイアローグ・イン・ザ・ダーク」の特徴は、暗闇の中を、目の見えないひとの助けを借りて行動する、というものだ。つまり、それは、目の見えないひとの体験をする、ということでもある。それを、光を遮断することで実現する。もちろん、どんなところにいても、アイマスクをしたり、目をつぶって行動すれば、目の見えないひとと同じ条件にはなる。しかし、それはアイマスクを取れば、一瞬にして雲散霧消する体験だし、目を開ければ、あっという間にもとの状態に戻る。しかし、この「ダイアローグ・イン・ザ・ダーク」の場合は、そもそも展示室に照明がない。そこでは、目を開けていても、見えるものは漆黒だけなのである。目の見えないことを体験するのは、これほど大がかりな装置を必要とする。想像も大切だが、実際にその状況を体験することも大切である。

まず、前室で助けてくれるアテンダントと出会う。若い男性だった。明るくはきはきと話すひとだが、じつは、目の見えないひとと話すのは、――駅などで、お手伝いしましょうか、と話しかけた体験は除くと――これが人生で初めてで、ちょっと緊張する。白杖を渡され、白杖の使い方を聞く。鉛筆を持つように握るのだそうだ。なるほど、たしかに、そうするとよりさまざまなことを感じられるようになる。白杖は杖ではない。それは触覚なのだ、と気づく。手は手の甲から出してくださいね、と言われる。なるほど、いきなり指先から、見えないところに突っ込んでゆくのは危険が大きい。これも、言われてみれば、そのとおりだと思う。杖は、地面をこするように使うこともあるそうだ。床をこすってみてください。といわれる。突くだけでなく、こするようにすると、より広い範囲の情報を得ることができる。

「暗闇は怖くないですか」。

そう聞かれて、ちょっと意表を突かれた。展示だから、暗闇を怖いと思うひとも来るのだろう。だが、怖いといわれるとちょっと違うような気もする。もちろん、暗闇が怖いというのも理解できる。けれども、ここはお化け屋敷ではないから、そういう意味での怖さがあるわけではない。怖くはない。それは、これが、展示であり、安全だということがわかっているからだろうか。避難通路は確保されているし、いざというときは、外からスタッフが助けに来てくれる。暗闇といっても、真の暗闇ではない。つくられた暗闇だ。では、もし、これが、つくられた暗闇ではなかったらどうなのだろう。たしかに、そんな暗闇は、怖いかもしれない。その怖さとは、何か。そういえば、子どものころ、暗闇が怖かった。寝室の障子の向こう側には、暗闇があった。雨戸の外には暗闇があった。その暗闇を想像することが怖かった。外から、何か得体のしれないヒューヒューという音が聞こえてくることもあった。その音が怖かった。そんなことを思い出したりもする。

前室がだんだんと暗くなり、あたりは真っ暗闇になった。ちなみに、この展示は、少人数の参加が基本だが、ぼくが参加した時間帯は、参加者は偶然ぼく一人だけだったので、暗闇の中にいたのは、アテンダントとぼくだけである。アテンダントはタカさんといった。タカさんに導かれて展示室の中に入る。

展示室の中には、大きなジオラマのようなもう一つの家がしつらえてある。様子がわからない。タカさんが、言葉で様子を教えてくれる。玄関までの道ですよ。何が敷かれていますか。レンガですね。まっすぐ行けば、玄関ですよ。

杖を突きながら進むと玄関にいたる。手を甲から出す。ガラスのようだ。どうやって開けますか。う〜ん、ドアじゃなくて、引き戸かな。ガラガラ、と戸を開けると、そこには三和土（たたき）があって、上がり框がある。戸を閉めてくださいね。杖は、立てかけておいてくださいね。

上がり框から、上がり込む。奥から、ひとが出てくる。中高年ぽい声の男性と若い女性。この家の住人だ（という設定）。ガッキーさんとかおりちゃんと紹介される。どちらも、アテンダントと同じく目の見えない方で、この家の住人として、この家に来た訪問者を歓待してくれる（という仮構）。

玄関から奥に行きましょうね、と促されるが、立ち上がるわけではなく、四つん這いになって、床を触りながら進む。立ち上がるのが少し怖い感じがする。

進むと、すぐ畳の部屋があった。位置関係がわからないから、四隅を這いながら歩く。どこが角かはっきりとはわからないが、しばらく畳の上を移動していると、なんとなくわかってきた。この角には箪笥があり、この角には、扇風機があり、この角には、座布団が積んであり、この角には、玄関につながる入り口がある。

庭に降りてみましょうかと言われる。縁側から庭に降りる。ジオラマでありながら、庭までついている本格的な家なのだ。人工芝の上を少し歩きまわってみる。縁側からまっすぐ行ったところには、竹垣があり、隣は、おじいちゃんの畑ですよ、とガッキーさんが教えてくれる。ぱちゃぱちゃという音がする。ゴム製のプールがあるらしい。季節は夏だった。プールに手を入れて、水遊びをする。

部屋に上がりましょうかと言われ、また縁側から、部屋に入る。タカさん、ガッキーさん、かおりちゃんと、真ん中のちゃぶ台を囲む。この、アテンダントの人々の声は、常に動きながら、回りから聞こえてくる。あちらには、こちらの動きは〝見えて〟いるようだが、こちらには、あちらの動きはまったくわからない。こちらにまったくぶつかることなく、自由に動き回っている。なんだか不思議な感じだ。サイダーが出てくる。暑いですから、サイダーを飲みましょう、と言われて、サイダーを飲む。缶のプルタブを開け、グラスに注ぐ。泡が大きい感じの音がする。ビールの泡はもっと小さい音がするんじゃないか、と思ったりする。

アテンダントの方々とたわいない話をする。夏休みの宿題とか、そんな話。ふと寝転んでみたくなり、畳の上に寝転ぶ。寝転ぶと音が変わる。寝転んで話をする。寝転んで話をすると、「寝転んで話すとき」の声になる。声が天井に向かい、天井から帰ってくる声を聞きながら話す。友だちが泊まりに来て、夜話したときは、こんな声だったな、と思い出す。そうやって、寝転びながら、話していると、なんとなく、この居間の平面図が頭の中にできてくる。

そうこうしているうちに、もう時間がくる。お別れの時間だ。玄関に行き、玄関で靴を履いて、そこに立てかけておいた杖をもって外に出る。引き戸を閉めて、さようならして、玄関に続く道を歩き、展示室のトビラにくる。

展示室の扉を開けると、さっきの前室だ。

だんだん明るくなりますよ、とタカさんが言う。たしかに、だんだん明るくなってくる。あれ、タカさんの他にももう二人いる。ガッキーさんとかおりちゃんだ。光のある部屋でアテンダントさんと対面する。向こうは見えないのに、こちらは見えていることになんだか居心地の悪い感じがする。ちょっとだけ感想を述べて、お礼を言って、前室から外に出る。

外は会場の受付だが、なんだか、ずいぶん親密な時間を過ごした感じがする。受付には、感想を書くテーブルがあって、そこには、入場前には前の回のグループがいて、そのグループを見たときには、てっきり、一つのグループだと思っていたら、まったく違った2人と3人の組み合わせだったようだ。つまり、たった数十分の経験がずいぶんと距離を近くしたということだったのだろう。開かれている経験だったと気づく。この感覚は、過去に、身体を使うあるワークショップで経験したことがある。ひとは、心を開くと、これほど親しくなれるのだ。とはいえ、それは難しく、心をどう開くか、心と心がつながれるとはどういうことかという問題がある。もしかしたら、自分の弱さ、ヴァルネラビリティをさらけ出す、ということと関係があるのではないかと思う。見えないということで、自分の中の何かがさらけ出されていた。それをさらけ出さなければ、そこでは動けなかった。その部分でつながっていたことが、親密さを感じていた原因だったのではないかと気づく。

暗闇の中の体験だったが、かといって、暗闇だからといって、なんら変わりはなかったような気もする。暗闇の中でも、未知は未知だし、既知は既知である。未知の中における既知を増やすことによって、だんだんと世界が広がり、だんだんと世界図が描けてくる。暗闇の中では見えないが、その見えない中で、見えてくるものが出来してくる。そういう意味では、世界は、発見——この語の中にすでに「見る」という語が含まれているが——の過程である。

ぼくの中で、その世界図は、ある鮮明な全体像として描かれている感じがした。入り口、茶の間、庭。その奥にはもう一つ広間があり、トイレが奥にあるだろう。玄関の手前にはヤシの木が植わった道があるだろう。そんな、ある像が頭の中にできていった。そして、そのような像ができてきたことが安心感を与えた。

これは、全体像だが、全体像は、必ずしも見えていなくとも、画像としてある。そのすべてに触れたわけではないが、その全体像は、できている。つまり、ある部分を元に、全体が構成される。全体は構成しようと思って構成したものではない。ある部分が入力されたら、その全体が自然に出力されたという感じだ。そういう点では、頭というのは、ある種のコンピューターのようなのかもしれないと思う。

この暗闇の中で「見えている」というのは、どういうことだろう。これは、小説を読んだときと同じ感覚かもしれない。小説を読むことは、文字を読むことで、文字は、文字にしかすぎないのに、頭の中には、ある像が描かれている。その像は、イメージであるのかどうかは定かではないのだが、しかし、明確に、文字として存在するのではなく、つまり、小説のページを写真に撮ったりスキャンしたようなものとして存在するのではなく、その意味内容が像としてある。つまり、テキストで「見える」ものを心の中のスクリーンに像として描いている。それは、像ではあるが、像ではない。それは、言語的なものである。世界との関係は、そんなふうな関係なのだ、と改めて気づく。

世界とは、そのようにして、少しずつ、ぼくの中に構築されてきたある像なのだ。それは、世界そのものではないから、世界ではない。世界像といったほうがよいかもしれないし、それは、概念でもあるのだから世界概念であるかもしれない。しかし、いずれにせよ、ぼくは、そのようにして世界を知ってきたはずだ。

その世界とは、触れることができる世界だけでなく、聞くことができる世界、見ることができる世界、嗅ぐことができる世界、味わうことができる世界、などなど。そのようなものの総体として世界がある。言い換えれば、世界とは、そのようにしてぼくの中にあらわれてきたものであったはずだ。その意味で世界は、そのようにして出来《しゅったい》するものであり、世界とは常に出来である。

大地震が起こったときの目の見えないひとのことを聞いたことがある。目が見えないひとは、目が見えないので、上から落ちてくるものは防ぎようがないから、ただただ頭を抱えているしかなかったという。それに、大地震で、それまでのものが一変してしまったのだから、また一つひとつ確かめてゆかなくてはならなかったのだという。災害とは、世界の崩壊であるといわれるが、世界とは、構築されたある像だとしたら、まさに、その像が崩壊してしまうことになる。もう一度、その像を、触知によりつくり上げなくてはならないとしたら、それは、とてつもなく大変なことである。

目の見えないひとを、目の不自由なひとという。しかし、目の見えないひとがすべてである社会であったとしたならば、目の見えないひとが不自由のない環境として環境はつくられていたはずだから、目の見えないひとは、目が見えないひとではあっても、目が不自由なひとではないはずだ。だが、この世界は、目の見えるひとがつくり上げた社会で、それは、目の見えないひとを不自由なひとにしている。

この隔たりをどう考えたらいいのだろうか。暗闇を体験したからといって何か答えが出たわけではない。だが、この問いが社会にきちんと組み込まれたときには、社会はどこかしら変わるのではなかろうか。

「当事者」という言葉がある。医療や福祉にかかわる分野においては「当事者研究」という研究方法が日本発の研究方法として定着しつつあり、英語でもtojishaと呼ばれるという［石原・河野・向谷地 2016］。その人のことは、その人が一番よくわかっているという原則に立ち、専門家と当事者が対等の立場に立つ方法である。

それまでの、一方通行の関係ではなく、そのような双方向的な立場に立ったとき見えてくるものがある。これは、第12章で見たロールズの反省的平衡の立場とも通じるだろう[*1]。そのような態度が、知のあり方を変える。暗闇の体験とは、その一つであることは確かだ。

*1　本書第12章 278-280頁。

第5部 未来
［方法Ⅱ］

最後の第5部は再び［方法］に戻り、未来について考える。地球環境が問題になるとき、常に未来が問題になってきた。環境学という学が脚光を浴びるようになったのは、地球環境の悪化、とりわけ地球温暖化が明らかになったからであり、それは温暖化する地球という未来をどう食い止めるかという問いであった。持続可能性という言葉も用いられるが、それも未来を指す。だが、未来を語ることは難しい。この部では、まずは、未来を語るとはどういうことかを理論的に考察し、続いて、食と火星移住を例にして考えてみたい。未来は、ひとが主体的に選び取るものである。その意味で、未来は、人文地球環境学が方法論として取り組むべき重要なテーマである。

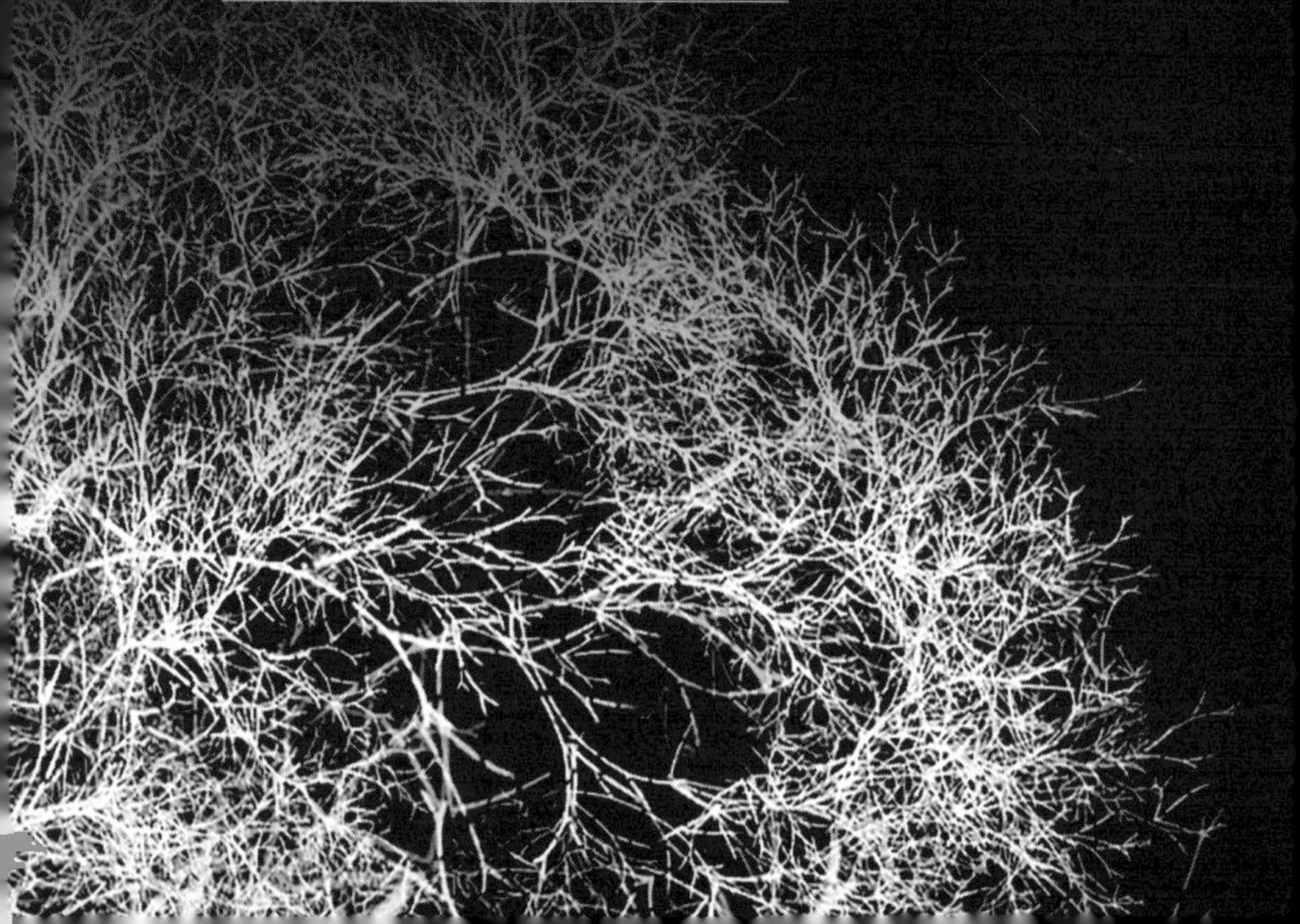

Part V

Future: Method II

Last Part of this book is again on method and investigates problem of future. When global environment is discussed, it is always questioned in terms of future. Environmental issue is spotlighted because global environmental crisis, especially global warming, became apparent; it is a problem of prevention of warming future of the earth. Sustainability, another key term for environmental issue, implies also future. To narrate future is not easy, however. This Part analyzes the method of how to narrate future theoretically, and applies it concrete problematics like future of food and Martian environment and human immigration to the Mars. Future depends on human choices.in this sense, to think about future gives Geo-Humanities many lessons and vice versa.

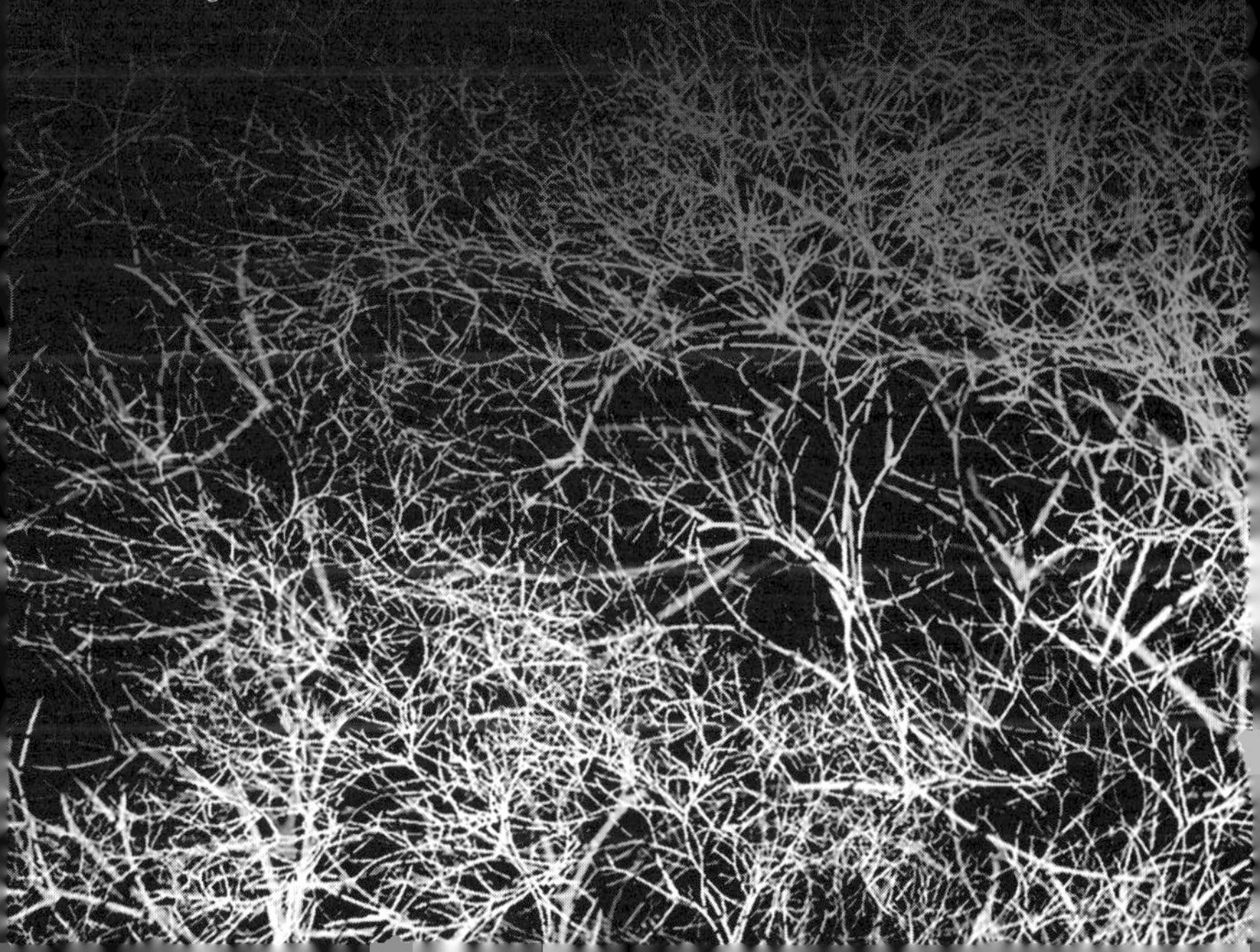

13 未来史と兆し

環境と未来

過去と未来は、ひとの時間感覚と行為の方向性を決める2つの時間の次元である。環境問題は、その発生の時点から、来るべき時代の持続可能性に警告を鳴らし、そのような危機を引き起こした過去の原因を問うことで、過去と未来に注意を向けさせてきた。環境問題は、わたしたちをとりまく空間の問題ととらえられがちだが、時間の問題でもある。

気候変動と技術の急速なイノベーションの時代にあって、時間や持続という概念、すなわち過去と未来に関する想像力は、それまでの時代のあり方とは異なりつつある。本書第1章で述べたように、人新世（アンソロポシーン）概念の提唱など[1]、新たなひと、もの、いきものと時間に関するこれまでとは異なった語りが必要とされつつある。既存の過去や未来の語りの限界を乗り越える新たな語り方が必要とされ、想像力に満ちた変化にふさわしい方法が求められているといえる。

[1]　本書第1章 030–034 頁。

時間は、未来から流れてきて、現在を通じて、過去へと流れ去ってゆくと考えられている。あるいは、それは、ある主体が、過去から現在を通って未来へと進んでゆく場や背景のようなものであると考えられている。時間は、未来と現在と過去と呼ばれる境域間を貫く何かであり、未来と現在と過去の間の関係は、その順番で並んでいると考えられている。わたしたちが過去と未来の問題を考えるとき、この過去―現在―未来の順序の問題は、思考を規定する。ただし、語りはその順序の問題からは自由である。物理的時間の順序は、固定されているが、語りの中の時間は、固定されていない。

バックキャストとフォアキャスト――未来をめぐる2つの方向性

近年の持続可能性に関する研究では、未来とその語りに関する強い関心が見られ、新たな方法論的な進展が見られる。大きく分けてフォアキャストforecastとバックキャストbackcastの2つがある。持続可能性研究のシュエメイ・バイXue-mei Bai（白雪梅）らは、複数形の未来シナリオの重要性とイノベーションにもつ意味について議論をしている [Bai et al. 2015]。工学の鷲田祐一は、未来のシナリオを促進するための未来洞察という方法を提唱し、非専門家の果たす役割を強調し、そのような非専門家の関与を可能にするトランス・ディシプリナリ（超学際）研究の重要性を述べる [Washida 2018]。これらは、フォアキャストである。一方、国際連合によって2015年に設定されたＳＤＧｓ（持続可

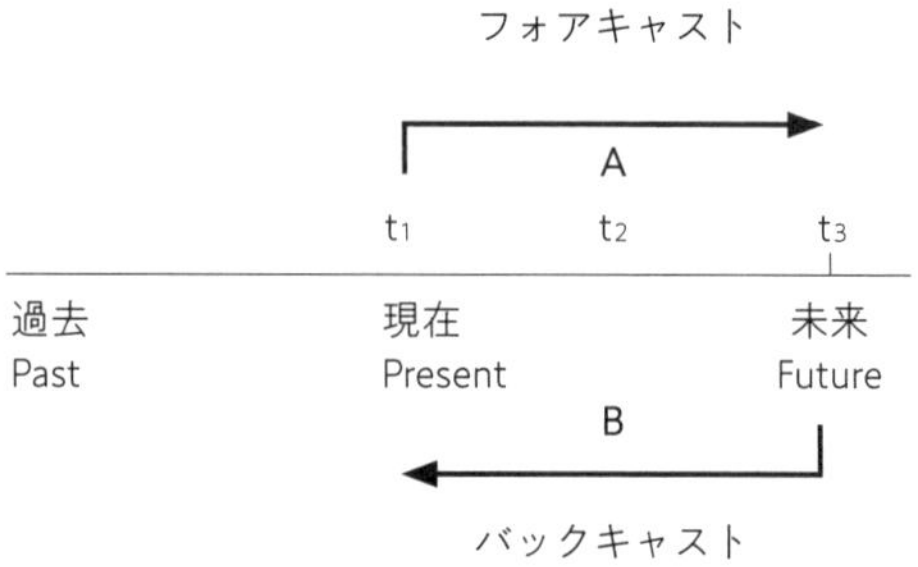

図 13-1　時間と語りの方向性

能性目標）や [Robinson 1990]、経済学の西條辰義の未来に関する社会の思考を促進する「フューチャー・デザイン」という研究と社会参画の両者にまたがるプロジェクトは [Saijo n.d [2018]]、未来研究や政策学、持続可能性研究などの分野で研究が続けられてきたバックキャストの方法を採用する。

バックキャストとは、未来のある時点に自分を投影し、その未来の視点から、その未来よりは古い未来を過去として振り返る思考実験である。たとえば、2050年は、2020年から見ると、未来であるが、2070年から見ると過去である。2020年の人は2050年を未来としてしか語ることができないが、その人が2070年に存在していると仮定すると、2050年を過去として語ることができる。この後見るように、ひとは、過去の語りを語ることには慣れているが、未来の語りを語ることには慣れてはいない。バックキャストという方法は、未来を過去として語ることで、未来を語りやすくする実験的方法である。

これを図示したのが図13－1である。フォアキャストとは、現在t_1の位置に立ち、未来をその前に広がるものとして見ている。そこでは、現在の視点から、語り手は、前に進むものとして未来を語ろうとする（矢印A）。一方、バックキャストとは、現在の視点を未来t_3に移し、その未来に移された新しい視点から過去となった未来を語ろうとする（矢印B）。いったん視点が未来t_3に移動された後では、現在から見ると未来として存在する未来t_3が現在になり、たとえばt_2というt_1を現在としたときの未来を過去として語ることが可能になる。

西條は、もし、仮にひとが現代世代にとっての環境危機に関する適切な解決法を見いだすことに成功したとしても、それは、未来世代にとって適切といえるかどうかは疑問であることを指摘する。なぜなら、これからやってくる世代や、まだ生まれてすらいない世代を計算に入れることは、既存の科学的枠組みには困難だからである [Saijo n.d [2018] :4]。これは、未来を科学研究の俎上に載せる困難を示すと同時に、それを通常の意味において語ることの困難をも示している。

予言と歴史

過去と未来の問題とは、歴史と未来という問題でもある。前項で見た未来に関する諸研究は、未来を未来だけで扱い、未来を歴史と関連させては論じてはいない。しかし、未来は歴史とセットである。ここでは、歴史と未来の関係について見ておこう。

わたしたちの社会では、歴史という語りはごく普通であるが、その状態は、普遍的でも何でもない。この社会にだけ特有な状態である。第1章で触れ、この後本章で述べ、第15章でも見るが[2]、時間を歴史として語らない文明や文化も存在する。いや、わたしたちが、歴史という語りを放棄する可能性も開かれている。第1章で見た人新世（アンソロポシーン）という問い[3]は、そのようなある文化に特有な過去と歴史の重視を再考することをわたしたちに迫っているともいえる。

歴史と未来の間にはどのような類似性があり、どのような差異があるのだろうか。人間の文明史を振り返ってみると、その最初期から、歴史と未来はお互いに密接に結びついていた。『オックスフォード 歴史記述の歴史 *Oxford History of Historical Writing*』全5巻、全3393ページ[Woolf 2011-2012]は人類が文字を持ち始めて以来の約4千年間に存在した歴史記述を視野に収めた総括的な本で、取り上げられている章を数えるだけでも147の歴史ナラティブがある。文明の黎明期から紀元60年までを扱ったその第1巻には、それを裏づけるさまざまな事例が報告されている。

たとえば、紀元前2千年紀の後半において、中東では、後期メソポタミアの諸王朝が、過去の記録を未来の王を祝福するものとして用いていた[Liverani 2011:33]。また、古代エジプトにおいては、歴史知識は未来を予見するために使用され、墓石の碑文はそこに埋葬されている者の過去を未来に結びつけようとした。エジプト中王国の紀元前3世紀ごろのデモティック（民衆文字）年代記は、予見しえない未来に関する「半黙示録的な倫理的な宣言」のために歴史を用いようとした[Bains 2011:72]。古

---

［2］ 本書第1章032頁、第15章358–359頁。
［3］ 本書第1章030–034頁。

代中国においては予言用の甲骨文と青銅器文はともに、「これからやってくる出来事の予測」と「すでに起こった過去の記念」の両方のために用いられた[Shaughnessy 2011: 371-372]。秦代（紀元前3世紀）や漢代（紀元前3世紀~紀元後3世紀）においても、『春秋』や『史記』に書かれた過去像は、次の時代の王朝の正統性を担保するために用いられた[平勢 2000]。

古代において、過去は未来に関する知識の源泉であると考えられており、未来の予測は過去の事実から引き出されると考えられていた。今日においても、株のディーラーは過去のデータを未来の投機のために用いるし、天気予報のさまざまなモデルは蓄積された過去のデータに基づいている。この意味で、歴史と未来とはお互いにしっかりと強く結びついている。

歴史と未来史

けれども、歴史と未来は異なってもいる。最も大きな違いの一つは、未来に関する語りそのものを表わす語彙がないことである。過去に関する語りは、「歴史」や「ヒストリー」と呼ばれる。歴史とは、文字であれ、口頭であれ、視覚的に表わされたものであれ、過去に起こった出来事について叙述した語りを意味する。狭義においては、過去のうち、語られた過去が歴史であり、この点で過去そのものと歴史とは、はっきりと区別される。

表 13-1　過去と未来を表現する語彙［寺田 2018: 760］

	出来事自体	語られ記述された出来事
過去	Geschichte History 歴史	Historie（ドイツ語） History（英語） 歴史（日本語）
未来	Zukunft Future 未来	"Zukunftschreibung"（ドイツ語） "Futurography"（英語） "未来史"（日本語）

日本語や英語では、過去そのものも、歴史やヒストリーと呼ばれるということは奇妙なことであり、それはしばしば事態を複雑化させるが、ドイツ語は、過去の出来事とその記述を区別する。表13－1が示すように、ドイツ語では、ゲシヒテ *die Geschichte* は過去に起こった出来事を指すのに対して、ヒストリー *die Historie* はその記述を指す。

歴史という概念と用語に比べるならば、未来の記述を表現する特定の語はない。過去という領域においては、過去と歴史は区別されるが、未来の領域においては、出来事とその記述に関する区別はないといえる。

未来とは、まだ到来していない時間領域を指す用語であり、その用語がいまだ起きていない出来事の記述のためにも用いられる。これは、過去や歴史と比べて、そもそも、人間が未来を語るための知識と実践をそれほど発達させてこなかったことによるものだと思われる。未来の記述を指す語の不在がそのような欠落を反映している。

本書では、以後、その欠落を埋めるため、未来の記述を、未来の叙述、つまり未来の「ふみ（史）」である「未来史」（英語ではフュチュログラフィー futurography、ドイツ語ではツークンフトシュライブング

Zukunftschreibung）として定位したい。

過去と未来の対称性と非対称性――プレゼンティズム

未来に関して語ることが難しいから、未来の記述を示す語が存在しないともいえる。一般には、この困難は、過去と未来の非対称性からきていると考えられている。これは未来の非存在と関連する。過去は存在すると考えられているが、未来は存在しないと考えられている。歴史の資料や記録は存在し、歴史家はそれらを歴史を書くために用いる。これに対して、未来の資料も記録も存在しないし、未来史家が未来史を書くために用いることができる材料もないように思われる。つまり、わたしたちは、過去は実際に存在するが、未来は実際には存在しないと考え、それゆえ、歴史を書くことは可能であるが、未来史を書くことは不可能であると結論づける。だが、それは本当にそうなのであろうか。

形而上学におけるプレゼンティズム（現在主義、唯現論）の考え方によれば、過去のものも未来のものも存在しない [Loux 2002] [van Inwagen 2014]。この世界に存在として存在するのは、現在におけるものだけであり、過去に存在したものと未来に存在するだろうものは、存在論的に見れば、どちらも存在しない。もし、あなたの目の前に、過去に存在したもの、たとえば、デカルトの『方法序説』の原稿があったり、マハトマ・ガンジーが１９３０年4月にグジャラートの海岸まで〝塩の行進〟をしたサンダルがあったとして、その目の前にあるのは、その現在の時点に、あなたの目の前にあるものであって、それがデカルトによって書かれた時点や、それがガンジーによって履かれた時点の現在である過去に存在したものではない。

プレゼンティズムの考え方は、イギリスの哲学者ジョン・マクタガートJohn M. E. McTaggartの時間の存在の否定からきている［McTaggart1927=2008］。マクタガートは、時間の概念の基盤となっている2つの言語表現を比較した。未来―現在―過去という関係（A系列）と、以前―以後という関係（B系列）である。この2つの系列は、厳密に見ると変化を表現できず、また結局のところ自己言及に入り込んでしまう点で、論理学でいう矛盾である。そして、マクタガートはそのような矛盾の存在が、時間とは、単なる言語的な構築物であり、現実には存在しないことを示し、ひとは言語を通じて、実際には存在しないものを存在していると考えていることを背理法を用いて論証した。これを援用するならば、過去と未来はどちらも存在しない。それゆえ、過去と未来は非対称ではなく、対称である。

この過去と未来の対称性はどのようなことを示唆するのだろうか。第一に、過去と未来は物理的に存在する時間の問題ではなく、言語的な現象である。マクタガートがいうように、言語表現なくして、時間は存在しない。言語表現が時間を存在させるのである。この後、存在のグラデーションを見るが、その中には言語的な存在も含まれているのと同じことである。第二に、過去と未来を強く区別し、未来を語る困難を強調するのは予断であることである。形而上学におけるプレゼンティズムの視点から見ると、過去と未来はイコールな位置にあり、過去と未来の間にはどのような差異もない。それゆえ、過去を語ることに比べて未来を語ることがより困難であるということもないはずである。

可能態と現実態、デュナミスとエネルゲイア

もし、過去と未来が単なる言語的な現象であったとするならば、過去に起こったことや未来に起こるだろうことをどのように考えればよいのだろうか。過去に起こったことを歴史と呼ぶ習慣や、未来に起こるであろうことを未来史と呼ぶ仮説をどのように考えればよいのであろうか。

この問題を考えるうえで、存在とは何かという問題にさかのぼって考えたい。なぜなら、過去と未来は、言語的現象ではあるが存在にかかわるものでもあるからである。ここで考え方のシステムを分析哲学からアリストテレス哲学に乗り換える。2つのシステムが断絶していることをすでに見たが[4]、それは西洋におけるデカルトの哲学の登場、つまり、近代のなしえたものであった。再びアリストテレス哲学に戻ることは逆行に見えるが、そうではない。アリストテレス哲学は、自然とひとを一つのシステムの中でとらえようとする。ひと、もの、いきものを統一した視座でとらえる人文地球環境学にとって有益な視座を提供する。

すでに第11章、第12章で何度か簡単に触れてきたが[5]、アリストテレスは、現実は、可能態と現

[4]　本書第5章120頁。
[5]　本書第11章257頁、第12章279頁。

実態の2つのダイナミズムからなると考えた。ここでは、それを詳しく検討する。『自然学』と『形而上学』において、アリストテレスは、この世界に存在するあらゆるものはその存在の原因をもつという。もし、原因がなければ、ものは存在しない。アリストテレスは、基本的な原因には4種類あるという。物質的原因、形態的原因、効果的原因、最終的原因である（『自然学』[Aristotle1929: II 3]、『形而上学』[Aristotle 1933: V 2] [Falcon 2019]）。それらの原因を通じて、存在するものは、ものとしてこの世界に出来《しゅったい》する。では、存在として出来する以前の状態と、存在として出来した以後の状態の違いは何であろうか。存在として出来する以前には、そこには何もない。しかし、存在として出来以後には、そこには何かがある。何もない状態と何かがある状態とは完全に違う。アリストテレスは、前者をデュナミス *dynamis*（δύναμις）と、後者をエネルゲイア *energeia*（ἐνέργεια）と名づけた。アリストテレスは、わたしたちの存在論的なリアリティは、この2つの状態から構成されていると考える。この2つの状態は、それぞれ、可能態と現実態、潜勢性（潜勢態）と現実性などと訳される。

このアリストテレスの考え方は、彼の師であるプラトンPlatoのイデア論への批判を通じてはぐくまれてきた [Aristotle 1933]。プラトンは、この世界でのものの存在は、フォーム（エイドス εἶδος：形相）と本質（イデア ἰδέα）からなると考えた。『パイドン』（74A-77A, 100C-103B [Plato1914]）、『パルメニデス』（133B-134E [Plato1939]）、『国家』（479A-480A [Platon1956]）において、プラトンは、それぞれのものはそれぞれの本質をもち、それぞれのものが存在するのは、それぞれのものがそれぞれの本質をフォーム（形相）としてもつからであると論じる。存在が存在するのは、それらの存在が、存在するという本質をもつからである。そのような本質の存在は、個物の存在の存在を可能にする。しかし、そうであったとしても、そのような本質の存在は、何かによって限定されなくてはならない。だが、プラトンは、本質は何かによって限定されるとは考えなかった。そうではなく、逆に、存在は、本質（イデア）の世界において、すでに決定されていると考えた。本質（イデア）は個々のものに、分有（メテクシス methexis, μέθεξις）を通じて割り当てられている。プラトンは、存在が存在するのは、その存在が、存在の本質（イデア）を分有しているからだと考える。美しいものは存在するが、それは美しいものが美の本質を分有しているからである。分有と限定は異なる。

この理論は、個々の性質と普遍性の存在については説明しうる。しかし、これは、静態的なものであり、存在がなぜ存在するようになるかという理由やその原因については説明できない。もし、存在が本質を分有しているとしても、存在は、なにゆえ存在するようになるのであろうか。アリストテレスは、本質（イデア）の分有という考え方では、このダイナムズムの問いに答えることができないことを批判し、彼の師のプラトンの理論の欠陥を埋めるために、可能態と現実態の理論を展開した。

モダリティと可能世界

過去と未来の語りに関する問題、歴史と未来史の問題とは、必然性と確からしさ、つまりモダリティの問題である。歴史も未来も、必然性と確からしさのもとで語られる。モダリティの問題とは、必然性、可能性、確からしさprobabilityの問題である。言語の哲学においては、モダリティ、つまり、可能性と義務deonticityは、可能性と必然性の問題である [van der Auwera and Aguilar 2016: 20-21] [Nikolaeva 2016: 80-84]。

アリストテレスの考えた可能態の問題は、その後、ライプニッツを経て現代の哲学では、可能世界possible worldの問題として展開している [Lewis 1986]。もし、何かが可能であるならば、それは、その何かが少なくともある一つの可能世界において、真であるということである。もし、何かが必然的であるとするならば、その何かは、すべての可能世界において真である。

言語学のモダリティの考え方は、この世界の複数性の考え方に依拠している。この思考モデルは可能世界を想定し、その可能世界は現実世界と対になっている。歴史も未来も、必然性と確からしさのもとで語られるが、その知は言語におけるモダリティに依拠し、そのことによって可能世界を前提としているのである。

のだろうか。

手がかり、兆候、未来

アリストテレスの可能態と現実態に基づく説は、歴史と未来の語りの問題と具体的にどう関係するのだろうか。

ここでは、歴史家の営為に着目する。歴史家の営為は、裁判官のそれと似ている［ギンズブルク 2012］。歴史家も裁判官もその仕事は、あることを調査し、真相を究明することである。その何かが何であるかは、調査が始まった時点では、まだ細部まで明らかではない。裁判官は、犯罪的事件を調査し、歴史家は歴史的事件を調査する。しかし、その調査対象の犯罪的事件にせよ、歴史的事件にせよ、それらはすでに過ぎ去ってしまったことであり、原理的には、裁判官も歴史家もそれらの出来事には立ち会うことはできない。

裁判官と歴史家が、事後的に行なわれる調査においてできるのは、記録や遺留物など、過去に存在し、現在そこにあるものを調査し、それを犯罪的事件や歴史的事件を再構築するための証拠として使用し、過去に何が起きたのかを推察することである。裁判官も歴史家も、調査対象の過去からは、その本質として離れている。この意味で、裁判官も歴史家も過去の不在に常に直面しており、先ほどプレゼンティズムの項で見た過去の非存在を常に身をもって経験し、認知している。

イタリアの歴史家で、ミクロストリア（ミクロヒストリー）の提唱者であるカルロ・ギンズブルク Carlo Ginzburgによれば、裁判官と歴史家の営為の本質は、人類史における新石器時代の狩猟民の実

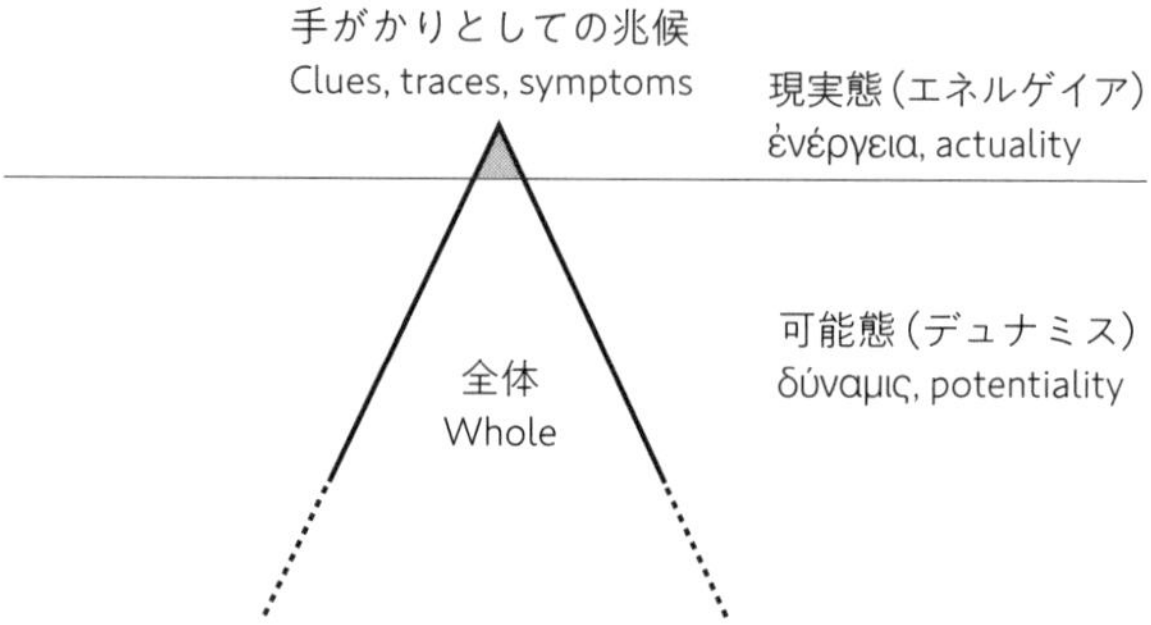

図 13-2　可能態、現実態と兆候［寺田 2018:710］

践にまでさかのぼる［ギンズブルク 1988］。ギンズブルクは、裁判官も歴史家も狩猟民も、「兆候読解」という方法を用いていると論じる。裁判官や歴史家や狩猟民が証拠品として用いるのは、現在において存在するものでしかないが、彼らが再構成しようと思うものは、過去において起こった出来事である。この2つの間には、根源的なギャップがある。根源的というのは、それらが2つの異なった存在の位相にあるからである。

先ほど見たように、形而上学のプレゼンティズムは、現在に存在するものだけが存在し、過去のものは存在しないことを明らかにする。裁判官、歴史家、狩猟民が過去に何が起きたかを知ろうとするとき、彼らは、現在において存在するものを、過去を知るための手がかりとして用いる。図13－2が示すように、手がかりとは、隠された全体の頂上部分であり、裁判官も歴史家も狩猟民もそれを兆候として用い、水面の下に隠された氷山の全体のような、過去という全体を推測する。

「兆候読解」は、現場に残された証拠から犯罪の全体像を描く術である。あるいは、雪原に残された足跡から獲物のそれまでの行動とそれからの行動を探知する術である。狩猟とは、人類の最古の生業である。いや、あるいは、狩りをするいきものはすべてこの兆候読解という術を駆使しているともいえ、そうなると、それはいきものの生存における根源的な技術でもある。

すでに見たアリストテレスの用語を用いると、兆候は現実態に属するものであり、隠された全体は可能態に属する。『命題論』において、アリストテレスは、現実態は、可能態に先行するとすらいっている [Aristotle 1938: 171]。とはいえ、アリストテレスが、注意深く補足するように、その「先行」とは、時間的な先行ではない。現実態と可能態の関係は、時間的な関係ではなく、別種の関係である。現実態が存在するので、可能態が存在する。本章の文脈でいうならば、過去の手がかりが現実態として存在し、可能態としての過去の語りが出来《しゅったい》する。この点で、裁判官と歴史家と狩猟民の営為とは、現実態におけるものを用いて、可能態の中にある世界を出来させることである。

書くこと、書かれたもの、存在

歴史を書くこととは、可能態の領域の中に隠れている過去を現実の存在として現実態の領域の中にもたらすことである。通常、語られた歴史や書かれた歴史とは、具象的な存在物であるとはみなされない。語られた歴史とは、実在性を欠いているように見えるし、実体性もないように見える。それゆえ、語られた歴史とは、ふつうは、非存在であるとみなされる。だが、本書第6章や、第7章で見てきたように、存在の問題に関していうならば、存在には、さまざまな程度の存在があり、諸存在の存在とは、グラデーションでとらえられるべきである[6]。厳密に考えれば、実体性をもたない存在とは、非存在であろう。しかし、同時に、現代の形而上学においては、フィクショナルな実体などの非実体的な存在も存在としてみなされている[Lamarque and Olsen 1997]。

第3章と第7章で見たように、2世紀ごろのインドの仏教哲学者ナーガールジュナは、存在と非存在の間に、さまざまな存在があると考え[7]、この見方に基づいて中論という学派が生じた[Bhattacharya 1978: 95][Nagarjuna 2010]。10世紀のアラブの形而上学者のアヴィケンナAvicenna（イブン・シーナIbn Sina ابن سينا）は、本章で論じているのと同じように、存在そのものだけでなく、存在の記述も存在しているとみなすべきであることを主張した[Avicenna 2005: § I,5][Adamson 2016: 123-124]。図13－3が示すように、存在には、グラデーションがある。すべての存在が、ものなどのように、全き存在として存在しているというわけではない。むしろ、さまざまな存在たちは、フィクショナルな登場人物や、ものの性質や種などのように、部分的存在、あるいは、非存在として存在しているといえる。「円形の四角」のように存在することはできない非存在というものも「ある」。

近代の科学とは、全き存在のみを認め、それ以外の部分的存在などは認めてこなかった。第2章、

[6]　本書第6章145頁、第7章157-160頁。
[7]　本書第3章079-081頁、第7章158-159頁。

非存在：論理的に存在しえないもの（例：四角い円など）	部分的な存在：「存在しない」もの、フィクションの中の存在など（例：シャーロック・ホームズ、普遍概念など）	全き存在：もの、個別物

図 13-3　存在のバリエーション

第5章で述べたが[8]、近代の哲学の基礎を築いたデカルトは、古代・中世哲学を通じて唯一の哲学システムとしてアヴィケンナやトマス・アクィナスなどによって追求されてきたアリストテレス哲学の伝統を否定し、哲学のまったく新しい視角と方法を設立した。それは、主観あるいは主体（コギトcogito）の提唱と、それと客体の区別であり、私を主語にした『方法序説』のような新しいタイプの哲学記述であった。それは、その後のカントやヘーゲルを含む後続の哲学者に影響を長い間与え、近代西洋の存在論の基礎となった。

　本書の中で何度も見てきたが[9]、フランスの哲学者であり、メゾロジー（風土学）の提唱者のオギュスタン・ベルクは、近代西洋の存在論が主体と客体の理論に基づく強い二元論に基づいていることを批判し、そのような二元論に基づくことに代えて、中間の論理——つまりメゾロジーmésologieの直訳——を提案する[Berque 2014]。これは、ナーガールジュナの論が中論と呼ばれるのと通じる。世界は、全き存在だけによって成り立っているのではない。さまざまなグラデーションの中にあるものたちによって成り立っている。裁判官や歴史家や狩猟家の営為は、そのような世界に

[8]　本書第 2 章 057 頁、第 5 章 120-121 頁。
[9]　本書第 2 章 059-060 頁、第 3 章 081-082 頁。

おける複数の存在のあり方と関係する[10]。ヒラリー・パトナムは「複数の顔をもつリアリズム」を提唱する［Putnam 1987］。リアリズムは「科学（自然科学）」が認める存在だけが存在すると考えるが、この立場は多様な存在を認める。その源流は、世界は言語によって構築されていると考える分析哲学の言語論展開を導いたルドルフ・カルナップにある［Chalmers 2009:78］。彼の本のタイトルは『論理的構築と世界』である［Carnap 1928=1998］。本章で分析哲学とアリストテレス哲学をともに援用したことは哲学の歴史に逆行しているように見えるが、しかし、それは新たな課題への対応の道でもある。

歴史を書くことは、歴史を存在させることである。その伝に習っていうと、未来を書くことは、未来を存在させることである。

歴史の確からしさ

だが、たとえ、過去と未来が対称性のもとにあったとしても、依然として、確からしさの問題が存在する。未来を語ることの困難は、確からしさの問題からもくる。一般的には、未来は存在しないから、未来を予言することは困難であるといわれるが、その一方で、過去は一度は存在したから、過去を知ることは比較的容易であるといわれる。

だが、すでに見たように、過去の存在と未来の非存在という非対称性は、絶対的なものではない。

[10] ひとの世界についても同様のグラデーションがある。ひとの世界には、ひとだけでなく、幽霊も、死者も、名づけられる前の赤子も、胎児も、未生以前の者も含まれる。この点については、［寺田 2018: 第6章］で述べた。

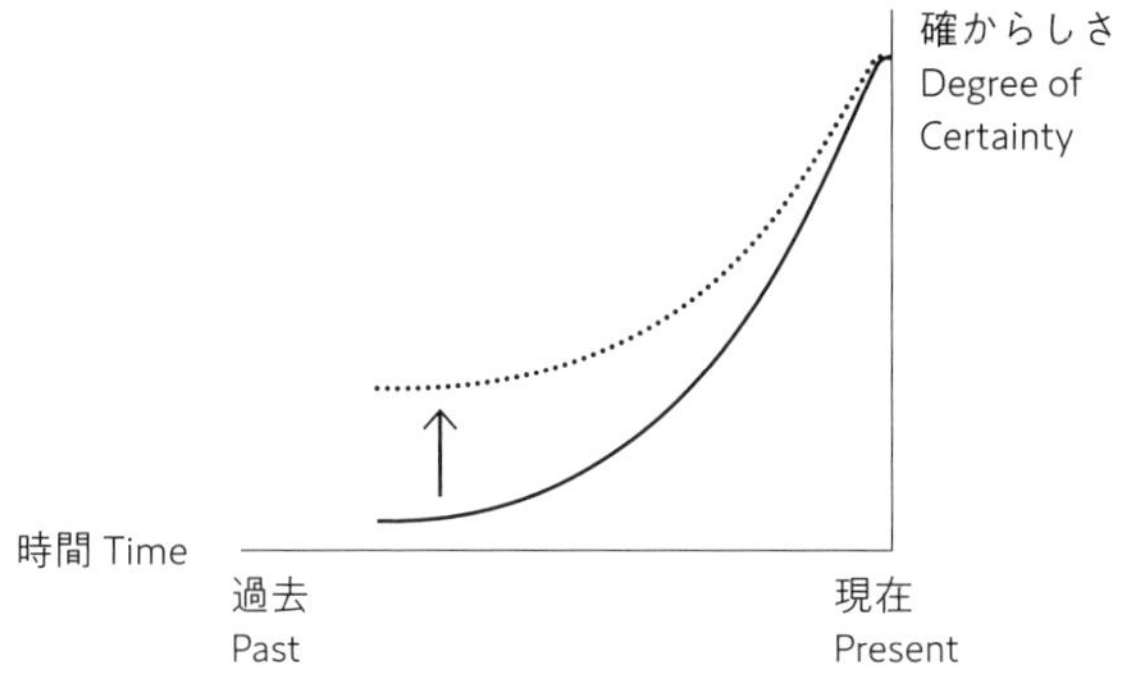

図 13-4　過去の確からしさ［寺田 2018: 754］

むしろ、過去つまり歴史の知識と未来の知識の正確さや確からしさは、単にそれまでの社会が積み重ねてきた知識の総量に依存しているだけであるともいえる。歴史の知識が確からしく思われるのは、その知識の量が未来の知識の量に比べて多いだけである可能性がある。そうならば、未来に関する知識が多量に蓄積されたならば、未来を語ることの困難は解消するはずである。

図13－4が示すように、確からしさと正確さは、時間の深さに依存する。今日のわたしたちは、１９００年に起こったことについて、１８００年や１７００年のそれよりも高い確からしさで知っている。この確からしさは、中世や古代に向かうと減少し、わたしたちが、古代メソポタミアや石器時代の出来事を知ろうとすると、より多くの困難に直面する。確からしさは、時間の遠さに比例する。これは、遺物や手がかりの量に比例しているともいえる。

とはいうものの、わたしたちの過去に関する知識は１９００

年代に生きていた人々に比べて格段に豊かであるはずであるし、1500年に生きていた人に比べるとさらに豊かであるはずである。過去に関する知識が増えれば増えるほど確からしさは増す。歴史研究は、古代メソポタミアやエジプト、中国の事例で見たように、人間の文明の黎明期から既に存在したが、歴史的知識の蓄積が急速に進んだのは、歴史研究が学問的方法として確立されたヨーロッパにおける近代の成立以後である。それは、国民国家の形成と軌を一にして強化されていった[Anderson 2006]。

歴史の急速な成長は、近代の科学の隆興と同時に起こっている。科学も歴史も伝統的な自由七芸の中には含まれていない。自由七芸とは、文法、論理学、修辞学、数学、幾何学、天文学で、中世のヨーロッパの大学で教授された。科学も歴史も、この伝統的なアカデミアの外部から生じ、徐々に制度化され、時代の変化とともに学問として確立していった[Buchwald and Fox 2017]。

歴史家と未来史家

歴史の知識の確からしさは、歴史家の数によって支えられている。それは、科学の確からしさが、科学者の数（と科学への資金投下）によって支えられているのと同じである。では、現代の歴史的知識の確からしさを支えている歴史家はいったいどれくらいいるのか。ここで、世界の歴史家の数を検討しておこう（試算の詳細は［寺田 2018：758］で述べた）。日本における主要な職能歴史家団体の構成員の合計とイギリスの2つの主要なそれの合計は、いずれも1万人ほどである。アメリカ最大の歴史家団体の構成員の数は14万である。

『ユネスコ科学レポート』によると、世界には、2013年に780万人のフルタイム相当の科学者が存在する[UNESCO 2015][11]。日本やイギリス、アメリカ、ドイツなどの職能的歴史家の数と、『ユネスコ科学レポート』に掲載されている個別の国の科学者数の全体に占めるシェアを援用すると、全世界の歴史家の総数を推計することができる。それによると、今日の世界には、約10万人の歴史家が存在すると推計できる[12]。

先進国と発展途上国――この呼び方については第12章で批判的に検討したが[13]――の間の歴史家の存在の濃度の偏差は、『ユネスコ科学レポート』の示す世界のフルタイム相当の科学者のトレンドに連動しているとするならば、相当な差があるかもしれない。同レポートによると日本には89万人のフルタイム相当の科学者がいるが、ウルグアイには約2000人、ブルキナファソは約700人である[UNESCO 2015:184, 481, 652]。だが、歴史研究は、在野の歴史家や郷土史家のような存在までも含むものでもあり、『ユネスコ科学レポート』が想定する「科学」と比べて比較的広い知識のあり方でもあるので、偏差は少ないかもしれないし、歴史家の総数もこの推計値よりもう少し多い可能性がある。

『ユネスコ科学レポート』は、今日、科学者の数は増加しつつあることを示す。研究者の数の増加は、知識の量の増加を意味し、知識の量の増加は、科学の確からしさを保証する。同様に、歴史家の数は、

[11] この数字は、2007年から21%上昇し、世界人口の0.1%にあたる。
[12] なお、この試算は、[寺田 2018: 758] で行なった試算よりもかなり低い数値である。その理由は、同試算がユネスコのデータを利用していなかったからである。ここで試算した数値のほうが、同試算より実態に近いと思われる。
[13] 本書第12章267–270頁。

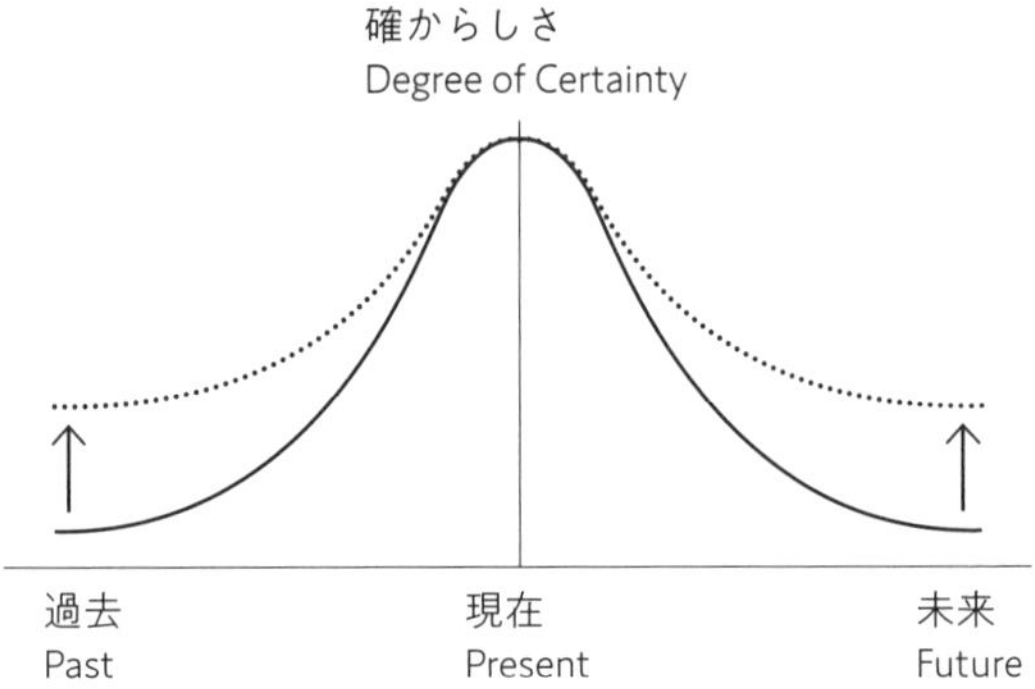

図 13-5　過去と未来の確からしさ［寺田 2018: 762］

歴史への知識の確からしさを支え、歴史の語りの確からしさを支える。これを、未来史に適応するならば、もし未来史家が増え、未来の知識の量が増えたとするならば、未来についての語りの確からしさは上昇するはずであろう。

すでにある未来史

すでにわたしたちは、未来についての確かな語りをもっている。天気予報は、明日の天気をかなりの正確さで予報する。現代の政治的社会的システムは、予算年度ごとに計画されるようになっているので、わたしたちは、さまざまな政治的社会的な出来事について、1年の、あるいは、数年のオーダーで予想することができる。十年や数十年のオーダーの予言も可能である。第15章で見るように［David 2016］、NASAは2070年には、人類は火星に移住し、コロニーをつくり始めているであろうと予言する[14]。『気候変動に関する政府間交

[14]　本書第 15 章 347、353 頁。

渉パネル（IPCC）『第5次評価レポート』は、そのころには地球の温度は、0・3度から4・8度ほど上昇しているだろうとシミュレーションする［IPCC 第5次評価レポート］。おそらく、今日の人類は、これまでの過去のいつの時点よりも、未来に関する巨大な量の知識をもっているといえるだろう。

図13－5は、図13－4を反対方向に折り返したものである。右半分は、未来に関する確からしさを示すが、それは、左半分の過去に関する確からしさの鏡像となっている。もし、未来に関する学が、歴史学がそうであったように制度化され、未来史家たちの数と未来史家たちによって書かれた未来史の数が、現在における歴史家たちと、その歴史家たちによって書かれた歴史の数と同じくらいになったとしたならば、未来は、現在の歴史と同じほどに、確からしいものとなるだろう。そうなるかどうかは、ひとの意思による。なぜなら、歴史も未来史もひとにより語られるものであり、それは、ひとの産物だからである。

変容する時間概念と人新世（アンソロポシーン）

時間の概念は、時代によって変わる。フランスのアナール学派第3世代の歴史家のピエール・ノラPierre Noraは、1990年代後半にその浩瀚《こうかん》なプロジェクトである『記憶の場 *Lieu de la memoir*』の序章において、「歴史が加速している」といった［Nora 1984］。この『記憶の場』は、歴史がどのように記憶に影響されてきたのか、そして影響してきたのかを明らかにし、後期近代に入り、記憶が歴史に代わってどのように重要な位置を占めるようになってきたのかを明らかにしたものである。

18世紀から19世紀にかけての地球上に広がった国民国家形成と近代化の時代は、歴史の時代でもあった。しかし、そのような時代は、20世紀の後半に終焉に近づき、歴史がもつ過去の語りに関する優越性は、記憶により徐々に脅かされるようになってきた。歴史は書記行為に基づくが、記憶は個々人の内的意識に結びついた現象である。記憶について考えると、記憶の主体について考えざるをえないし、個別の主体性について考えると、それは、意識の流れとして時間の中でダイナミックに変容するものであるといわざるをえない。そうなると、過去が時間の中の現象として出来《しゅったい》し変容するということにより、注意を向けざるをえないのである。ここに記憶という歴史とは別のモードの過去への関与の特徴がある。

一方これに対して、地球環境の危機によって引き起こされた未来に関する関心は、また異なったモードの時間の語り方を必要としている。地球環境の危機は、人類が地球規模のより長いタイムスケールをもつことを必要とする。第1章で見たが[15]、地球システム科学の研究者たちによる人新世（アンソロポシーン）という新たな地質年代の提唱が広範囲な関心を集め、国際的な議論の的となっている。それは、ひとの歴史を数十億年にも及ぶ地質学的進化のプロセスに接続させようとしている点でこれまでの歴史とは異なっている。歴史とは、ひとの出来事であるとみなされてきたし、いまでもそうみ

[15] 本書第1章030–034頁。

なされており、地球の出来事とは切り離されている。人新世という時代区分の提唱に直面して、わたしたちは、新しいタイプの時間の語りという課題に対峙している。ひとの文明は、過去を歴史として語る方法を発展させてきたが、人類が、この課題に正面から向き合おうとするならば、新たな学が必要であり、それは、過去のみならず、ひと、もの、いきものの未来とかかわる。

非過去、非未来、非現在

だが、そのような46億年以上もの地球の過去と未来をカバーする時間の語り、つまり、歴史と未来史が出来《しゅったい》したとしても、じつは、わたしたちは、環境問題を解決するための正しい方向に向かっているといえるかどうかはわからない。もし、危機が近代文明の産物だったとしたならば、その近代文明は、発展という考え方に駆動されたものであり、そのような発展という考え方は、歴史を前進するプロセスの継続の単線的なつながりとして見る歴史意識の産物であるからである。この発展という考え方については、第12章で批判的に検討し[16]、補章では退歩についても考えた[17]。

フランスの人類学者のクロード・レヴィ＝ストロースはこのような歴史の見方を批判し、「冷たい」社会における非歴史的な時間意識を擁護した［レヴィ＝ストロース 1976］。「冷たい」社会とは、「原始的」あるいは「未開」と呼ばれる社会だが、そこでは、近代化した社会が、出来事を単線的な歴史の

[16] 本書第12章271-272頁。
[17] 本書補章236-239頁。

語りの上に配置してゆくのとは異なって、出来事は構造の中に吸収される。たとえば、ある出来事が、歴史として時系列のもとで語られるのではなく、星座の星の配置に仮託されたり、先祖の代々の系統が線形に語られるのではなく、屋敷地のまわりの彼らの墓の位置関係として語られたりする。「未開」の社会においては、出来事は、前向きに語られるのでもなく、後ろ向きに語られるのでもなく、ある特定の構造の中に、静態的にとどまるのである。

一方、近代化した社会では、すべての出来事は、歴史的なクロノロジカルな意識の中に配置され、そのような歴史的なクロノロジカルな意識が、過去から未来に一方向に進むものとして歴史は語られる。

ある意味で、もし、わたしたちが、環境の危機に真剣に取り組もうとするならば、わたしたちは、このような一直線に進歩するという近代の時間観念からの脱出を真剣に考えるべきかもしれない。すなわち、わたしたちは、歴史的意識を捨て去らなければならないのかもしれない。進歩を前提とした歴史意識については、第15章でも改めて述べるが[18]、もしかしたら、わたしたちがするべきこととは、歴史を捨て去ることであり、未来史を捨て去ることなのかもしれない。

本章では、環境危機から呼び起こされる未来の語りを歴史の語りと比較して論じてきたが、わたしたちが危機に真剣に取り組むならば、わたしたちは、過去、現在、未来からなる世界ではなく、そもそも過去、現在、未来がない世界にまで視野を広げなくてはならないのかもしれないのである。

---

[18] 本書第15章359頁。

Bookguide
この章のブックガイド

ジョン・エリス・マクタガート（永井均訳・注釈）『時間の非実在性』講談社学術文庫　2017 年

マクタガートの原論文（1908 年）は文庫本でわずか 40 ページほどだが、論理のみで時間の非実在を実証した驚くべき論文。今日の形而上学に多大な影響を与えた。本書によりそれを哲学者永井均の詳細な注と論評つきで日本語で読めるようになった。

アリストテレス（出隆訳）『形而上学』上下、岩波文庫　1959、1961 年

「存在としての存在」を分析する学としての形而上学を定位した書。ただし、アリストテレス自身はそれを「第一の学」と呼んでおり、形而上学と呼んではいなかった。ねばり強い論証と独自の発想は、アリストテレスならではであり、かつ、そのように考えた人は彼以前にも、彼以後にもいなかったという点では、まさに 4000 年の歴史の中でたった一人の稀有な思想家である。（写真は英訳版、1936 年）

カルロ・ギンズブルク（竹山博英訳）『神話・寓意・兆候』せりか書房　1988 年

ギンズブルクは、もともとはイタリア中世の民間信仰を研究していたが、広くヨーロッパの学術人文思想に通じ、その中から、兆候読解という方法への着目にいたった。フロイトやホームズ、アビ・ヴァールブルクなどさまざまな文化史上の人々を取り上げ、兆候とは何かを論じた本書は、歴史学だけでなく広く人文学に深い影響を与えた。（写真は英訳版、1989 年）

14 食ハビトゥスと「100才ごはん」

サツマイモが忘れられない

「やっぱり、若いころのイモ……。イモ、あの、物置き場に保存しておって、その、芽が出たころのイモのおいしかったことは、いまでも忘れないね。芽の出るころが（水分が抜けて甘みが凝縮されるので）、おいしかった。（当時は、）田んぼの半分は、イモ作って、半分は（米の）二期作をして、そんで、イモを蓄えとったんです。いま、あの、焼き芋屋が売ってるイモ、あの味がやっぱり……、同じような味がしよったよ。」

これは沖縄やんばるに住む100歳の深福《しんふく》さんに食に関する記憶について尋ねたときの答えである。

写真 14-1　深福さん

深福さんは、1916年沖縄県国頭郡《くにがみ》大宜味村《おおぎみそん》田嘉里生まれ（写真14－1）。国頭郡は、沖縄本島のほぼ北端に位置し、当時もいまも農業を営む集落である。現在は、野菜やシークワーサー作が中心だが、当時の中心的な作物は、コメ、田イモ、サツマイモである。サツマイモは20世紀前半ごろまで沖縄の食生活の中心的な位置を占めた（「日本の食生活全集沖縄」編集委員会 1988）。現在では、サツマイモは、主食として食べられることはほとんどなく嗜好食として食べられるだけである。そのサツマイモの味が忘れられない100歳の翁は、子どものころのサツマイモの味を語り、その傍らで娘さんが「だから、よく焼き芋、買うよね」と言って笑う。

これは、食の記憶がそのひとの中に長く残ることを示す。100歳になっても、食の味は生き生きとよみがえる。味の記憶は100年近くも保存される。

本章では、食の記憶を通じて、未来とその出来《しゅったい》について考えてみたい。食は、環境と未来とかかわる人間の基本的な行為である。食は、環境中からエネルギーや栄養素を取り入れる行為である。食べるという行為を通じて、身体は環境とつながる。科学論のドナ・ハラウェイは、食は生殖や感染と並んで、他者との最も深い意味での関与の仕方であるとすら述べている［Haraway 2017］。本書第8章では、水俣「病」事件を通じて、環境の破壊が、食を通じて身体の破壊につながることを見た。逆にいえば、望ましい環境は、食を通じて望ましい未来につながっている。現在の食は、未来を含み込んでいる。

「100才ごはん、3才ごはん」

冒頭の語りは、筆者が取り組んでいる映像プロジェクトの一部である。食はどのように語られ記憶され、どのように未来と関係するのかを、100歳の翁と3歳の子どもの生活世界から探るドキュメンタリー映像である。2016年から沖縄と京都・滋賀で撮影し、上映会を京都、沖縄、滋賀で行なってきた。そのタイトルは「100才ごはん、3才ごはん——記憶の中の食景」である。

冒頭に見た沖縄の深福さんは、2016年秋に100歳を祝った。沖縄は長寿で著名な地域の一つである。深福さんは、家族とともに同村の自宅に住み、100歳になっても、毎朝、自らのシークワーサー農園に出て農作業を行なっている。

記憶の中の食について問われて、深福さんは、子どものころに食べたサツマイモの味が忘れられないと言い、その味を生き生きと語った。冒頭での引用がそれだが、その語りは、サツマイモの味だけ

写真14-2　たまちゃん

でなく、それが、保存されていた納屋の光景までもよみがえらせる。

　もし、食の記憶が彼女あるいは彼の中に1世紀近くも残り続けるのだとしたら、彼女あるいは彼の幼少期の食の体験が彼女あるいは彼のアイデンティティに決定的な意味をもつことになるといえる。

「100才ごはん、3才ごはん」では、100歳翁の語りとの比較のために、3歳の少女たまちゃんの昼ごはんのテーブルも訪問する（写真14－2）。たまちゃんは、京都市の中心部に両親と住んでいる。お母さんのおなかの中には、たまちゃんの妹が入っている。映像は、この3歳の少女がどれだけ集中してごはんを食べるかをとらえる。「いただきます」から「ごちそうさま」の間の約20分間、たまちゃんは、トマトやキュウリや、お母さんの手作りのカレー味の肉入り野菜ごはんを、気を散らすことなく、おいしそうに食べる。

　たまちゃんの集中した食への姿勢は、お母さんとおばあちゃん

写真 14-3　たまちゃんのおばあちゃん（左）とお母さん（右）

のトレーニングのたまものである。お母さんとおばあちゃんへのインタビューの映像（写真14－3）は、お母さんとおばあちゃんがたまちゃんをどのようにトレーニングしたのかを教えてくれる。

「最初はね、やっぱり、ちょっとね、遊んだり……」とお母さんは言う。

だが、トレーニングの後は、たまちゃんは、どうするべきなのかを学び、以後は、きちんと集中して食べることができるようになった。このトレーニングは、彼女らの家族の伝統からきている。たまちゃんのお母さんは、その母、つまり、たまちゃんのおばあちゃんから同じトレーニングを受けたという。

たまちゃんのお母さんは、たまちゃんの食事を手づくりしており、レトルト食品などはあまりあげたくないという。なぜなら、彼女が子どもだったころ、彼女の母――つまりたまちゃんのおばあちゃん――は、看護師として忙しかったのに、彼女に食事を手づくりしてくれていたのだから。彼女は、彼女の母が彼女にそうしてくれたから、彼女も、彼女の娘にそうしなければならないと思っている。

ハビトゥスとしての味

食とは、ハビトゥスである。ハビトゥスとは、フランスの社会学者ピエール・ブルデューPierre Bourdieuが提唱した概念である［ブルデュー1990］。この語はハビット（習慣、慣習）の原形の中世ラテン語で、文化的社会的な制度が、身体の中、行為の中に埋め込まれていることを強調する。通常、行為は、制度とは無関係だと思われがちである。制度は成文化されたり、制度化されたりするもので、個々の行ないとは異なると思われがちだからである。しかし、制度や文化は、実際は、ひとのふるまいや行為の中に埋め込まれ、意識されないうちに実践されている。行為への注目は、本書の中ですでに何度も登場しているブリュノ・ラトゥールのアクター・ネットワーク理論[1]とも通底する。ラトゥールもフランスの社会学者である。何を、どう食べるのかは、ハビトゥスの重要な要素である。ハビトゥスとしての食の世代間の移行は、家族の絆の中で行なわれ、それを通じて家族の伝統となる。家族とは、本書第8章で見た[2]親密圏そのものである。

だが、同時に、食に関して見るならば、家族の中において、あるいは、親密な母娘関係の間においてすら伝えられないものがあることも確かである。「お母様の味で何が好きですか」と問われ、たま

[1] 本書第5章126頁、第7章167–168頁。
[2] 本書第8章188–191頁。

ちゃんのお母さんは、「母の筑前煮が好き。海外旅行から帰ってきたときは、いつもつくってほしいと頼んでいる」と言う。彼女は、その味が好きで同じ味をつくりたいと思ったほどで、あるとき、彼女の母に、正確な分量を尋ねたそうだ。だが、その企ては成功しなかった。なぜなら、母の答えは、「目分量」ということだったが、母の「目」と彼女の「目」は違うのだから。たまちゃんの母は、その母——つまり、たまちゃんのおばあちゃん——と同じ味を、自分が再現することはできないと語る。興味深いことに、たまちゃんのおばあちゃんも、その娘と同じことを証言する。彼女は、その母——つまり、たまちゃんのひいおばあちゃん——の炊いた海老芋が好きだったという。彼女はそれを再現したいと思った。けれども、彼女は、その味を同じようにはどうやっても再現できないと語る。

個人的であり、関係的である味

味とは、個人的なものである。しかし、同時に、それは人々の関係性の中で出来する現象でもある。これは、食の二重性を示している。一方では、味は工業化された製品のように再現することはできない。母娘ですら、同じ味を再現することは不可能なのである。だが、他方、味や食のハビトゥスは日常の調理、提供、共食の過程で伝達される。味についていうならば、家族の伝統として伝えられるものがある一方、世代を超えて伝えることのできないものがある。この二重性は、味が、ハビトゥスと

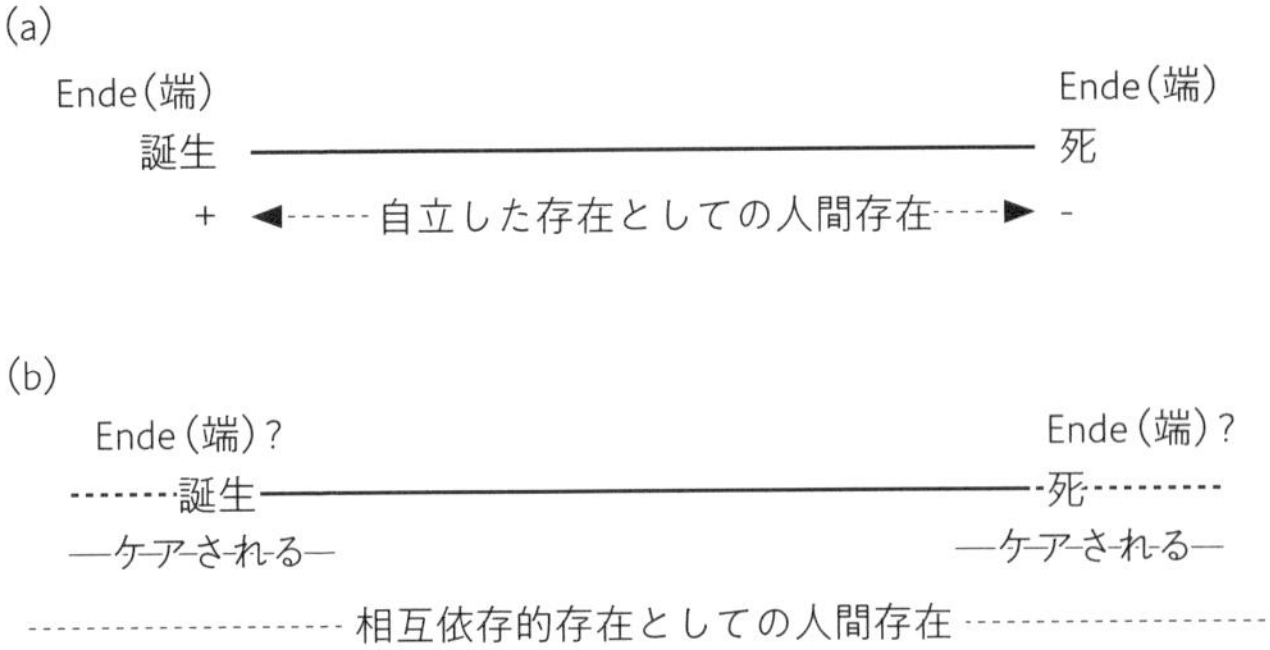

図 14-1　人間存在とその時間の両端

しての食から生み出されたものであることを示している。

この食における二重性は、ひとが、この世界の中で、どのように生き、存在し、生存しているかという存在論的条件から来ている。通常、ひとは、自立した行為主体としての個別的存在ととらえられる。その著『存在と時間』の中で、哲学者のマルティン・ハイデガーは、ひとは、存在し始めたときから存在し、存在をやめたときに存在をやめる存在であると定義した［Heidegger 1927=1972］（図14－1(a)）。その見方によるならば、ひとの存在は2つの端（ドイツ語でエンデEnde）――誕生と死――によって限定されていることになる。本書第2章で見たように、ハイデガーは、ひとが世界の中にあることを共世界と述べた[3]。たしかに、ひとは世界の中に世界とともに存在する。しかし、この見方は、ひとという存在は、非存在の世界から独立し、孤立し、分離された存在としてこの世界に投げ出されている孤独な存在であることを示唆しているともいえる。

しかし、別の見方、とりわけ、フェミニズムにおけるリプ

［3］　本書第2章058頁。

ロダクションとケアという視点に立ったとき、フェミニズム哲学のクリスティーヌ・バタースビーChristine Battersbyがいうように、ひとという存在は、相互依存的であると定義しうる［Battersby 1998］。ひとは彼女／彼の初期と後期の人生の段階において集中的なケアを必要とするし、胎児としてひとがいつ存在し始めたかは、その胎児を身ごもる母の存在と切り離すことはできない。これらの依存関係を通じて、限定された個別の存在は、生の2つの端を超えてあいまいになり、2つの端は、もはや端とはいえなくなるともいえる（図14－1（b））。ハイデガーの論が、男性によるひとという存在の見方だとすると、フェミニズム哲学は、女性によるひとという存在の見方が異なることを示している。

本書第8章、第11章では、ケアについてすでに検討した［4］。ひとがケアし、ケアされる必要があるということは、相互依存がひとという存在の存在論的条件にすでに組み込まれていることを意味する。政治哲学のハンナ・アーレントHanna Arendtは、ひとの条件とは、ひとが、この世界の中でどのように行為するかによって決定されていると考える。行動は、ひと、もの、いきものの関係性の中で行なわれる。その関係性が、環境を出来させる。彼女の書『人間の条件 *The Human Condition*』のドイツ語版は『ヴィタ・アクティヴァ、あるいは活動的生についてVita activa oder Vom tätigen Leben』と題されている［Arendt 1998］［Arendt 2007］。ひとはその生命活動のあり方によって定義されるものであり、ホモ・サピエンスという種の日々の生を観察したとき、わたしたちはひとという存在の2つの側面――一方に世界から個として切り離された存在であり、他方に世界の他の存在と相互依存

［4］　本書第8章190頁、第11章261-264頁、第12章284-285頁。

する存在である――に直面する。味が個人的なものであり、伝達不可能なものである一方、食習慣は伝達可能であるという食のハビトゥスの二重性とは、ひとが存在としてどのように存在するかという問題の基本的なこの特質と関係している。

とはいえ、この相互依存関係が持続可能な食への鍵だとしても、それはどちらかというと不可視なものである。なぜなら、それは家族の中、つまり、親密圏の中に織り込まれたものだからである。そのささやかな声をどのようにすくい取り、どのように公共圏につなげてゆくかは、食をめぐる問いの一つでもあろう。

あなたの未来の「100才ごはん」

食は、未来の自分をつくるものである。長寿を仮に100歳まで生きることと定義すると、100歳まで生きるための食は、日々の食であり、それは、そのひとが今日食べる食である。前章で見た未来に関するバックキャストの方法を援用するならば[5]、そのひとが、100歳まで生きた時点から振り返ってみたとき、その人が今日食べた食は、100歳のそのひとをつくった食の一つである。

そのような食を「100才ごはん」と呼んでみたい。それは、100歳の長寿者によって、好きなごはんとして回想された食のことである。そのような用語が使われたとき、通常ならば、長寿の原因

[5]　本書第13章297–299頁。

となり、長寿を可能にするある種の「健康食」という含意が前提とされることが多い。しかし、ここでは、そのような意味を採用せず、長寿を原因と結果のある出来事として扱うことを避ける。むしろ、長寿は単なる結果としてだけ扱い、結果的に長寿になったという状態を想定する。

その理由は、ひとの生は、原因と結果のナラティブとして語るにはあまりに複雑なプロセスだからである。もし、ひとの生が、そのような語りのもとで語られたとしたならば、それは、その生をあまりに単純化しすぎることにもなりかねない。

と同時に、それは、長寿者がその生を語った語りの中で容易に見いだせる長寿者自身の実感でもある。そのひとにとっては、そのひとの長寿は単なる結果であって、そのひとは、その長寿をしばしば偶然のものとして語る。長寿を結果として見るとき、わたしたちは、未来の自己の位置にいる。そして、その未来の位置は、わたしたちの生を後ろ向きの因果性のもとで語ることを可能にする。先ほども述べたが、未来のポジションに立つバックキャスティングの重要性は、未来に関する持続可能性研究において強調されている[6]。未来の視点に立ち、現在の食ハビトゥスを未来から後ろ向きに振り返ることは、持続可能な食の未来を考えるうえでカギとなる重要性をもつものであろう。

この「100才ごはん」をコンセプトとして、「あなたの未来の100才ごはん」と題するワークショップを、子どもたちを対象にして行なった。

ワークショップでは、スクリーンに先ほど紹介した沖縄の100歳翁の深福さんの映像が映し出さ

[6] 本書第13章297-299頁。

写真 14-4　ワークショップで絵を描く子どもたち

れた。このワークショップでは、深福さんが語ったサツマイモを、深福さんの「100才ごはん」と位置づけた。

深福さんは、サツマイモを長生きするために食べていたというわけではない。実際、彼が子どもとしてサツマイモを食べていたときには、その後、自分が100年間も生きることなど考えてもいなかっただろう。だが、現在の視点に立ったとき、歴史的帰結として、彼は100年間生きることができたことになる。

いま、この瞬間に生きる子どもたちが、その後、100年間生きるかどうか知っている者はだれもいない。だが、彼女あるいは彼が100年以上生きることができて、彼女あるいは彼が、100歳になったその時点から、その子どものころの日々を振り返ったとき、彼女あるいは彼が、いま好きな食べ物は、子どものころに好きだった食べ物として回想されることになり、彼女あるいは彼の「100才ごはん」といえることになる。

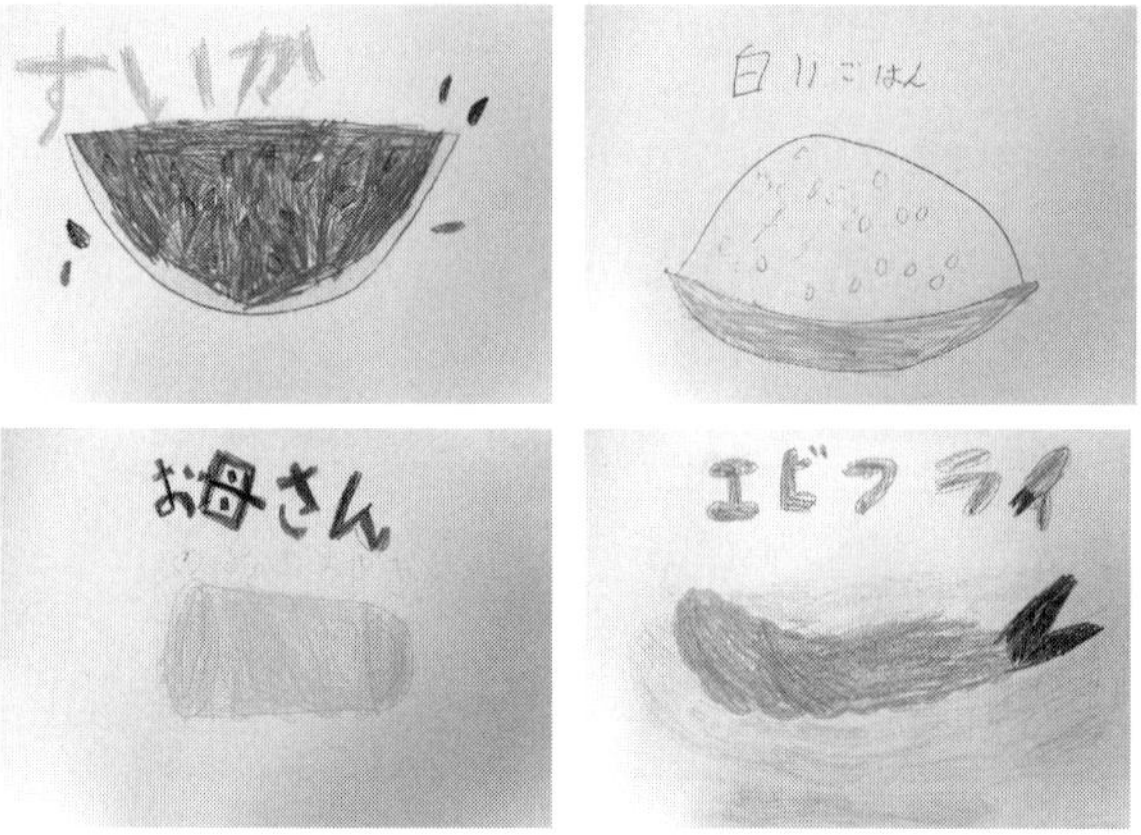

写真14-5　描かれた絵

ワークショップでは、来場者に、彼女あるいは彼のいま好きな食べ物の絵を描いてもらうことをお願いした。それは、彼女あるいは彼が100年生きた後、彼女らあるいは彼らが100歳となった時点で過去を振り返ったとき、彼女あるいは彼の「100才ごはん」になっているのである。

絵を描くことは楽しいことであり、食べ物の絵を描くことは、その魅力を加算させる。2018年に実施したワークショップには、100人近くの子どもたちが来たが、彼らは、自分たちの「100才ごはん」を楽しんで描いていた（写真14－4）。それらは、大変バラエティに富んだメニューだった（写真14－5）。ワークショップは京都で開催し、大半の来場者は京都在住の人々であったから、日本の伝統的な食が好まれるであろうことはたやすく予想されたし、実際、多くのそのような料理の絵が描かれた。たとえば、すし、卵焼き、漬物、みそ汁と白ごはん、おにぎり、肉じゃが、お好み焼きなどなどである。

だが、同時に、日本の伝統的な食以外の料理の絵も多くの人によって描かれた。たとえば、ハンバーガー、エビフライ、ステーキ、タイ料理のトムヤムクンなどなどである。これらのメインディッシュのほかに、ストロベリー・ショートケーキやスイカやブドウやモモなど、たくさんのスウィーツや冷たいものが描かれた——そのワークショップが開催されたのは、その年の中で、最も暑い日に数えられる一日であった。

ナラティブと絵画

興味深かったことは、ほとんどどの参加者もその料理に関する何らかのストーリーとともに、絵を描いていたことである。

ある中学生の男の子は、「ばあば」の肉じゃがの絵を、その肉じゃがが、彼の母の肉じゃがとどう違っているか、そして、彼は、「ばあば」の肉じゃががどれほど好きかを話しながら描いた。

別の小学生の女の子は、さくらんぼジャムとパンケーキの絵を描き、はにかみながら、その母の手づくりのジャムがどれだけおいしいかを語った。

ある若い女性は、彼女の母が、彼女が高校生だったときに毎日お弁当箱に入れてくれた卵焼きの絵を描き、その味を細かく説明し、同時に、彼女のその味をまねたいという熱心な、そして、いまだ成就していない願いについて語った。

ある二人の娘の母は、お餅の絵を描き、スーパーで買ったお餅より手づくりのお餅のほうがずっとおいしいので、彼女の家では毎年、年末に餅つきをすることを語った。

ある小さな幼稚園児でさえ、イチゴとケーキをシンプルな線で描いた後、それが好きだと語った。

いったい、これらのナラティブは何を語っているのだろうか。

第一に、ナラティブ（物語）とドローイング（描画）は同じ性格をもっている。第6章でお話について検討したが[7]、アリストテレスは『詩学』の中で、ナラティブを始まりがあって、中間があって、終わりがあるものであると定義した[Aristotle1995]。この性格は、絵を描くという行為の中にも見られる。つまり、それも、始まりがあって、中間があって、終わりがあるのである。だから、絵を描くことと語ることとの相似性が食の記憶をよりたやすく呼び起こしたともいえるかもしれない。

第二に、描くこととは、記憶を具体的なイメージとして紙の上に現実化させることである。本書の語でいうならば、出来《しゅったい》である。それは、記憶の中のイメージ空間にあるよりももっと具体的な色やマチエール（材料、素材のもたらす効果）を必要とする。ワークショップでは、インタラクティブなコミュニケーションを重視したので、参加者は、絵を描きながら、多くを語った。ナラティブは絵を豊かにし、描かれた絵は、また翻ってナラティブを豊かにする。好きな食の絵を描くことに見られた喜びと楽しさとは、おそらくこのダイナミックな相互的なプロセスからきていたのであろう。

---

［7］　本書第６章 137–143 頁。

物語を語る能力はデザインの意思と能力からくる。何かをデザインするとは、手に取ることができるものであれ、手に取ることができないものであれ、なんらかの出来上がった状態を想像して、それに向かうプロセスを進んでゆく行為である。そのような意思は心理学において幼児の発達段階の重要な指標である。ワークショップでは、多くの子どもの参加者が絵を描くことを楽しんだだけでなく、彼女あるいは彼が描いている食べ物の絵について語ることを楽しんだ。

主体性、あるいは、アイデンティティは行為によって形成されるので、彼らは、そうすることによって、彼らのアイデンティティを形づくっていたともいえる。ドローイングにおいて、彼女あるいは彼は、はじめ、何が描かれるべきであるかはわからない。しかし、いったん、何を描くかを決めると、彼女あるいは彼は、ゴールをある特定の絵の特定の具体的なイメージとして設定し、そのゴールに向かって集中する。ある料理の絵を描くことは、何がその料理の材料で、それはどうつくられるのかという知識を――たとえ漠然としてであれ――必要とする。食べ物の絵を描きながら、子どもたちは、彼女あるいは彼の好きな食べ物を料理していたともいえる。

同時に、子どもたちの絵は味の好みというものが人生の早い段階で現われていることを示す。ワークショップでは、4歳未満の幼稚園児でさえもが、彼女あるいは彼の好きな食べ物の絵を具体的に描いていた。

未来の兆し

これらの絵は、未来の兆し・兆候である。「１００才ごはん」とは、１００歳になったときに、そう振返られる食である。そうとらえたとき、日々の食は、未来に向けた予兆としてとらえられることになる。

絵を描くこととは出来《しゅったい》である。

絵を描くことで、いま、あなたの好きなごはんが、画用紙の上に、未来の「１００才ごはん」として、出来している。

それは、そのあなたの今日のごはんが、未来の「１００才ごはん」であるという可能態を現実態にする行為である。

前章で見た、アリストテレスの可能態と現実態を表現した図[8]を参照するなら、この絵は、氷山の頂上部のように水面に顔を出した兆しである。その下には、あなたの未来の生が可能態として存在する。あなたの今日のごはんは、未来の「１００才ごはん」の兆しである。それを、未来のものとして定位することが、「１００才ごはん」の絵を描くという行為である。もちろん、それがそのまま未来であるというわけではない。しかし、少なくとも、その絵があるということで、今日のあなたのごはんが、未来の「１００才ごはん」である可能性が、絵という現実になった。未来の予兆として日々の食をとらえるとき、それはより注意深い食への関心をもたらす。それはひいては、持続可能な未来をもたらすはずである。

［8］　本書第13章310頁。

いきものとしてのひと、味と食

味覚はいきものの最古の生存機能の一つに関係する。独創的な解剖学・形態学者の三木成夫《しげお》は、進化形態学を理論化し、消化器官は生物が進化の過程で発達させてきた最も基本的な器官の一つであり、その存在と機能は今日でもひとの体の構成を規定していることを強調する［三木 1992］。彼によると、いきものの器官は「食─生殖」と「感覚─運動」という2つの軸に分けることができるという。前者の機能は、最も基礎的な生命の要素であり、栄養摂取はすでに原核生物段階から観察される。第1章で地質年代史を見たが[9]、原核生物は始生代に生じた。つまり、栄養摂取には、40億年近い歴史がある。三木はいきものの胎児の発生過程において、いきものの体内の諸器官が、口から腸管にいたる身体内のチューブに沿うかたちで発達することを明らかにした。それらの器官の配置が、体の上下左右を決定するのであり、身体内の消化器のチューブは水準器としての働きをする。食が生命の基礎的要素だとはここからも裏づけられる。

味覚とアイデンティティは緊密に結びついている。ひとの類型分類学はそのひとの味覚の好みによる場合も多い。そのような理論が精神医学の発展に寄与したこともよく知られている［中井 2015］。ひとの性格分析は精神医学の初期段階において盛んに行なわれていた。その有名な例の一つは、エルンスト・クレッチマー Ernst Kretschmer のそれで、そこでは、ひとの肉体的な側面と精神的な側面が結びつけられていた。

---

［9］ 本書第1章 022–025 頁。

このような食と身体の関係性のとらえ方は、近代科学以外の言説においても見られる。ヒンドゥーの伝統的医学のアーユルヴェーダの基本であるドーシャという考え方は、消化器官を重視し、ひとの類型の一つの呼称「カパ」もそこからきている。アーユルヴェーダはひとの体は、宇宙の構造と照応していると考え、消化器官はその要素の一つであると考える。アーユルヴェーダにおいては、また食材と味覚に基づいた手の込んだ治療の方法も確立されている[Tirtha 2007]。似た考え方は気のエネルギーの考え方をベースにした針とマッサージの治療法である日本の整体にも見られる。日本の著名な整体に関する理論家の一人である野口晴哉の方法は、消化器官の重要性を強調している[野口 2002]。

記憶と味覚とアイデンティティは緊密に結び合っており、記憶と味覚は、ひと、あるいは、いきもの、あるいは、生命体の進化のプロセスの深い過去の時間からきている。味の記憶が想起されたとき、ひとの体の中に埋め込まれたそのような深い時間が想起されているともいえる。

この深い時間とは何であろうか。そして、この深い時間はひとをどこに運ぶのであろうか。この深い時間の時間の方向性とは、後ろ向きのものだけであるだけではなく、前に向かうものでもあるに違いない。記憶と味覚とアイデンティティの間にある緊密な結び目をほどくことは、持続可能な食の未来を見つけるためのある一つの鍵となる。描かれた食の絵と語られた食の語りは、その過去と未来を照らす一つの灯でもある。

Bookguide

この章のブックガイド

『日本の食生活全集』全 50 巻、農山漁村文化協会　1984 − 1992 年

近代と現代における食の変貌は目覚ましい。このシリーズは、聞き書きによって 1900 年初めごろの庶民の食を再現したもの。各都道府県版があり、それぞれの府県の各地域でどのようなものが食べられていたのかを細かく再現する。当時の日常は、今日の伝統である。とするなら、今日の日常は、未来の伝統でもあるだろう。食の実践を生活世界から考えるための基本書。（写真は第 47 巻「沖縄の食事」）

クリスティヌ・バタースビー『現象としての女性』ルートレッジ　1998 年（未邦訳）

本章では、女性の視点から見たとき、存在は男性の視点から見たそれとは異なっていることを見た。第 4 部でも見たケアも、そのような女性の視点がもたらした人文社会科学の重要な概念であり、フェミニズムの成果でもある。それは、複数の視点をもつことと当事者の参入が学知自体を変えることでもあることを示している。（写真は英語原書、1998 年）

三木成夫『生命形態学序説――根源形象とメタモルフォーゼ』うぶすな書院　1992 年

植物と動物を含むいきものを解剖学の知識に基づく形態学という視座から統一して論じる書。形態学とはドイツの詩人であり博物学者であったヨハン・ヴォルフガング・ゲーテの創設した学で、いきものの形態の変容と相似、差異を通じて生命とは何かを探る学。著者自身の描く精緻な図と解剖学語彙による詳細な記述により、進化と発生における形態と生命のかかわりが明らかになってくる。

15 火星環境

2070年、ガイアは火星大学院に進学する

ガイア：ステラのお父さん、今度、火星に出張だって？（2070/1/15 10:02）
ステラ：そうなの。往復に4か月でしょう。向こうには1か月いるだけだけど、結構気が重いらしいわ。（2070/1/15 10:05）
ガイア：会社の命令だから仕方がないね。向こうでは何をするの？（2070/1/15 10:07）
ステラ：法律関係の何からしいわ。ほら、数年前に、コロニー同士でちょっとしたいさかいがあったじゃない。それに関係することだって。（2070/1/15 10:10）
ガイア：ああ、そうらしいね。でも、火星には、まだ法律がないから、法律といったって何をするのかな。（2070/1/15 10:12）
ステラ：よくわからないけどね、でも、もうすでに、コロニーがいくつかあって、そこで紛争が起きて

いる以上、なんとかしないと、っていうのがあるみたいよ。（2070/1/15 10:15）
ガイア：紛争もあるし、バイオプロダクトの問題もあるしで、火星も、結構大変みたいだね。（2070/1/15 10:17）
ステラ：地球では禁止されているバイオプロダクトを造ろうとしているコロニーもあるみたいだからね。（2070/1/15 10:19）
ガイア：ちょっと怖いね。（2070/1/15 10:20）
ステラ：でも、火星の二酸化炭素が使えるようになったら、火星には空気ができるわけだから、そんなバイオプロダクトができたらいいんじゃない？　人工光合成の研究も、火星のコロニーでは格段に進んできたらしいし。（2070/1/15 10:25）
ガイア：それもそうだね。（2070/1/15 10:26）
ステラ：それよりも、お父さんは、重力のことを心配しているわ。向こうの重力は3分の1でしょう。帰ってきたときの適応が大変だって。（2070/1/15 10:30）
ガイア：ああ、そうだね。火星コロニー生まれの子の中には、地球の重力ではやっていけない子もいるらしいからね。（2070/1/15 10:32）
ステラ：この前、ネットで話したコロニーの子もそう言ってた。その子、地球に行くことなんて考えられないって。（2070/1/15 10:35）

ガイア：そういえば、月面コロニー生まれの子も、地球みたいに重いところは「やだ」って言ってるらしいね。(2070/1/15 10:40)
ステラ：地球は、緑もあって、空気もあるいいところなんだけどね(笑)。(2070/1/15 10:42)
ガイア：ステラは、どう、火星に行きたい？(2070/1/15 10:43)
ステラ：う〜ん、わからないわ。(2070/1/15 10:44)
ガイア：じつは、今度、火星の大学院を受けようかな、と思っているんだ。(2070/1/15 10:48)
ステラ：えっ、そうなの。あの総合火星環境学研究大学院？(2070/1/15 10:49)
ガイア：うん、火星の環境学研究はものすごい勢いで進んでいるからね。地球ではもう、学ぶところがないんだ。(2070/1/15 10:52)
ステラ：頑張ってね。(2070/1/15 10:53)

これは、2070年1月15日10時02分から10時53分に行なわれたステラとガイアの会話のログである。それぞれの発話時間は、電子的に記録され、発話の末尾に記載されている。

会話が、どのようなシチュエーションで行なわれたのかは定かではない。なぜなら、その会話は、対面ではなく、電子メディアを用いて行なわれた会話であるからである。

この会話はここでは日本語で採録されてはいるが、この会話が日本語でなされたのかも定かではない。なぜなら、人工知能による同時翻訳のおかげで、何語で発話されるかは問題ではないからである。

ガイアとステラは、男と女であろうか。それとも、男と男であろうか。それとも女と女であろうか。この会話だけからはわからないし、名前だけからもわからない。この会話は、電子的に行なわれており、画像を付随させていたかもしれないが、その画像を見ても、もしかしたらわからないかもしれない。2070年には、セクシュアリティやジェンダーの多様性が拡張され、男と女という二分法以外にもさまざまな性のあり方が認知されているかもしれないからである。

ガイアとステラのナショナリティも、この会話だけからはわからない。いや、ここで、ナショナリティを問うことはあまり意味がないことかもしれない。ステラも、ガイアも、この会話の中では、ナショナリティのことをまったく語っていない。もしかしたら、2070年には、個人のアイデンティティのある一定の部分を、国籍ではなく、火星、月、地球というプラネタリー・アイデンティティが凌駕しているのかもしれない。

未来史としての会話

この会話は、未来のある時点を想像して作成した会話だが、まったく荒唐無稽というわけでもない。以下に述べるように、あるリサーチをもとに、2070年の時点に、ある程度の確からしさが認められるであろうという内容である。歴史学研究の論文や学術書の中に会話が書かれることはあまりないが、もし歴史学研究の論文や学術書が、その中に会話を書くことを許したとするならば、それはこのようなある状況の中で、ある人物たちが行なうのが確からしい会話であるということになるだろう。第13章で未来史を提起したが[1]、その意味では、この会話は、未来史叙述の試みである。

この会話から読み取れることはいくつかある。第一に、もうすでに、2070年においては、火星に行くことは、ごく普通の選択肢となっていることである。もちろん、それは買い物に行くというレベルの日常的なものではない。行き来に要する時間の問題から、長期出張や進学といった特殊な目的に付随する移動ではある。しかし、そのような移動先の選択肢の一つに火星が含まれている段階である。第二に、とはいえ火星の社会状況は、それほど安定してはいないことも読み取れる。火星では、社会規範がまだ成立していないのであろう。紛争や安全性の確認されていないバイオプロダクトの生産などの問題があることが語られる。第三に、火星の住環境もそれほど安定してはいないようである。そもそも、酸素の供給は、限定された施設内のみで、広く環境中に酸素が存在するという環境ではないようである。人工光合成が行なわれたら、環境中に酸素が供給されるだろう、というステラの発言はそれをうかがわせる。

一方、第四に、そのような段階であっても、火星という環境が存在し、そこにひとがもう存在することは、その環境を所与としたひとが生まれていることを意味する。2070年には、火星にだけで

[1] 本書第13章302頁。

なく、月にもコロニーが生まれているようである。地球と月と火星は、重力という最も基礎的な物理的条件が異なる。月の重力は地球の6分の1、火星は3分の1である。同じひと、すなわちホモ・サピエンスであっても、重力への適応の度合いを異にするひとが、地球、火星、月にそれぞれ生まれているのである。重力への適応は、当然、異なった形質を引き起こすことであろう。同じひとであっても、地球のひと、火星のひと、月のひとという少しずつ異なったホモ・サピエンスになりつつあることが想像される。

宇宙小史

これまで本書の中では、地球環境について考えてきた。そもそも、本書のタイトルは、「人文地球環境学」である。だが、最終章のここでは、思い切ってそれを広げて、火星環境について考えてみたい。火星環境について考えることで、地球環境を考える。とはいえ、そもそも、第2章で見たとおり、本書は、宇宙とは世界に包含されるものでもあると考え、宇宙とは、カテゴリーであるとも考えていた[2]。たしかに、宇宙環境と地球環境とは違う。しかし、こと環境というものを考えたとき、宇宙環境は地球環境学の中に包含されるともいえるし、連続性のもとにあるともいえる。もしそうならば、人文地球環境学が火星について論じてもおかしくはない。

---

［2］ 本書第2章048-049頁。

同時に、これは、本章が属する第5部のテーマである「未来」に関する練習問題でもある。未来というとき、宇宙の話題がすぐに持ち出されること、つまり宇宙が未来に直結しているセマンティクスがあることは、奇妙なことであるかもしれない。宇宙に進出することを未来と考えることは、近代に特有のことである。未来というとき、宇宙が語られることは、ある時代の特定の現象である。宇宙は、太古から存在した。宇宙の語義や、人文と天文が対になることは、第2章で見た[3]。しかし、その時点では宇宙は、そこに存在はしても、そこは、人類が住む対象ではなかった。

ここで、簡単に、宇宙史と火星史を振り返っておこう。ここでいう宇宙史とは、人類の宇宙進出の歴史、火星史とは人類の火星とのかかわりの歴史である。いずれも全面的に展開できないので、ここで述べるのはその小史である。

人類が宇宙に進出することを真剣に考え始めたのは、20世紀半ば以降である。近代とは、人間が地球というスケールを超えるテクノスフェアとも呼べる科学技術を生み出してきた時代だったことは、第9章で、核技術の開発を通じて見た[4]。核エネルギーは、物理学の発展により発見された。物理学とは、その開始以来、地球と宇宙空間を統一した視座でとらえることを目指す。ニュートンの万有引力の法則は、地球上のみならず、宇宙空間でも貫かれていることが前提である。その意味で、近代科学は、そもそも宇宙と密接に関係している。

一方、宇宙に進出する技術とは、ある重量物を地球の重力圏を超えて飛翔させる技術である。その

---

[3]　本書第2章037-039頁。
[4]　本書第9章197頁。

技術の開発には、戦争に関する技術がかかわっていた。近代は、国民国家システムの時代であるが、国民国家には軍事技術が組み込まれていた。第11章で、テクノスフェアと軍事技術の関係に触れたが[5]、近代の国民国家システムは科学技術と密接な関係をもっていた。その意味で、宇宙と未来とは、近代がもたらしたさまざまな制度的枠組みと密接に関係している。

火星小史

一方、火星移住は、ここ数年、宇宙をめぐるホットなトピックとなってきている。火星は、古来からひとの想像力をかきたて続けてきた。夕刻、西の空を見れば、赤く輝く星が見える。火星は、太陽系惑星で太陽から4番目に近い場所に位置する。惑星とは、恒星である太陽のまわりを公転する星である。地球にとっては、最も近い惑星が火星である。

火星は天文学の歴史において重要な位置を占めてきた。17世紀初頭には、ティコ・ブラーエの観察をもとにヨハネス・ケプラーが「ケプラーの法則」を見いだした。これは火星が太陽のまわりを楕円軌道を描いて回っていることを発見したものであり、天動説に対する有力な反証となり、ガリレオ・ガリレイの木星の惑星の発見などと並んで、天文学におけるいわゆるコペルニクス革命を導いた。哲学のカンタン・メイヤスー Quentin Meillassoux は『有限性の後で *Après la finitude*』において、この

---

[5] 本書第11章255頁。

革命とは、数学化と外部宇宙を中心化する視点を確立したことであると述べている［Meillassoux 2006: 172］。この点については、この後、地球外という環境の意味について見る中で詳しく検討する。

近代においても、火星は宇宙に関する想像力の源泉であり続けた。1914年に小説家H・G・ウェルズH. G. Wellsは『世界大戦争 *The War of the World*』という小説を著わした［Wells 1897=2005］。これは、火星人がロンドンに侵攻するというフィクションである。第12章で、近代の影としての植民地化について述べたが[6]、この小説は、当時の、イギリス帝国のアフリカ諸国等に対する帝国主義的侵攻の結果として、イギリス人たちがもつ他者による侵攻の恐怖感を背景にもつともいえる。

1956年には、アメリカの小説家のレイ・ブラッドベリRay Bradburyが『火星年代記 *Martian Chronicles*』を著わしている［Bradbury 1956=1995］。ブラッドベリの描く火星は、当時のアメリカの生活をそのまま持ち込んだ人々と、人間の想像界を自由にあやつるマーシアン（火星人）が織りなす火星環境である。『火星年代記』が描くのは、1999年から2026年である。その火星上には、アメリカのコロニアル様式の建物が立ち並び、トウモロコシ畑が続く1920年代の古き良きアメリカがそっくりそのまま出現している。

これらは、サイエンス・フィクションであり、当時の未来史叙述である。当時考えられた未来が書かれることによって出来している。本書第7章や第13章で述べたように、書かれたことも存在のグラデーションの中に含まれる[7]。その意味で、これらの火星も、ひとと環境が相互につくり出した風土であろう。

---

［6］　本書第12章272–275頁。
［7］　本書第7章157–160頁、第13章311–314頁。

近年の火星移住に関する動きについて簡単に触れておくと、NASAは2007年ごろから火星進出計画を進めていた。さまざまな密閉実験などが着々と行なわれ、2030年前後に有人着陸を目指すことを宣言し［ナショナルジオグラフィック 2016］、2070年ごろにはコロニーがつくられているだろうという［David 2016］。2002年には、イーロン・マスクがロケット会社を設立し、21世紀のうちの火星移住を宣言。2012年には、民間会社「マーズワン」が参加者を公募し、2014年にはインドの探査機が火星の軌道に到達、2017年にはアラブ首長国連邦（UAE）が、2019年には中国が火星への探査機打ち上げを宣言している。火星への進出は、さまざまな国や人々によって多様に進められてきている。

宇宙人類学

宇宙にひとが進出したときに、どのようになるのかを研究するのが宇宙人類学である。人類学は、人類とは何かを研究する学であるが、それは、他者や異なる環境との接触を契機とするものでもある。人類学は近代の学問であるが、第6章で見たように近代において、他者との邂逅《かいこう》をその学問形成の契機としてきたという成り立ちがある[8]。のちに北米やアジアの一部をはじめとする世界中に広がったとはいえ、近代学問の源流の国々は、第12章で見たように、西欧の先進国であり、植民地を所有

［8］ 本書第6章135–137頁。

する帝国主義国家でもあった[9]。人類学も、近代科学の形成期である19世紀においてヨーロッパ列強がアフリカとアジアに進出した歴史が形成の背景となっている。植民地支配は統治の対象としての他者の理解を必要とする。もちろん、人類学が学として遂行される際には、植民地支配に必要な学知とは異なった文脈で遂行されたが、しかし、学の社会的制度的位置づけにそのような経緯があることは、人類学の学問的性格を規定している。この点から、エバンズ・プリチャードE. E. Evans-Pritchardの『ヌアー族 *The Nuer*』[Evans-Pritchard 1969]、ルース・ベネディクトRuth Benedictの『菊と刀 *The Chrysanthemum and the Sword*』[ベネディクト 1946=2013] などの人類学の古典が、近年、読み直され、そのような人類学のあり方に反省が加えられ、人類学的調査を行なうことや人類学的記述を行なうことの意味が問い直されている。人類学にとって、宇宙という対象は、その学の成り立ちともかかわる格好の論材である。

岡田浩樹らが編集した『宇宙人類学の挑戦』には、人類学的に宇宙とひとのかかわりの意味を考えるいくつものユニークな視座が提示されている[岡田・大村・大村 2014]。たとえば、本章の冒頭の会話は、重力と身体について述べていたが、同書において、岡田はまだ本格的な宇宙進出が行なわれていない現在においても、宇宙ステーションでの長期滞在にともなって身体技法に変化が表われていることを明らかにしている。佐藤知久は、現在まで人類が経験した宇宙空間の体験の意味を宇宙飛行士の証言を検討することで明らかにする。宇宙における他者との邂逅についても、木村大治が人類学の歴史を

[9] 本書第12章272–275頁。

踏まえた考察を行なっている。

宇宙に進出する人類を過去の人類史の経験を参照して解き明かそうとするのが、宇宙物理学の磯部英明である。磯部は、17世紀にイギリスからアメリカ大陸を目指したメイフラワー号の経験が参考になるのではないかという。メイフラワー号は、約1か月で太平洋を横断し移民を運んだ。その運賃は約3か月分の所得に相当した。それは当時、ある種のベンチャー事業であり、ベンチャー的なメンタリティをもつ人々が、新天地への進出を行なった。前項で見たように、宇宙への進出の主体は、近年、米国やかつてのソ連（現・ロシア）などの超大国という従来の主体から、新興国、ベンチャーや個人という新たな主体へと移り変わりつつある。磯部は、それを大航海時代の状況との類似性の中で見ている。宇宙進出と人間の精神のタイポロジーのかかわりも宇宙人類学の研究対象の一つである。

火星移住はどうなるか

そのような状況を踏まえて、人類の火星進出に関して、磯部は、2070年ごろには技術的には可能ではないかという［磯部・寺田・熊澤ほか 2018］。火星と地球の距離は、最短で7500万キロメートル。互いの位置関係にもよるが現在の技術では最短では3か月で到達することが可能である。火星に到着することは現在でも技術的には十分可能である。ただし、まだ困難なのは、火星から安全に帰還する技術と火星で長期間滞在する技術である。だが、それらの技術が開発されると、火星に進出することを妨げる条件は低くなる。もちろん、火星には空気もないし、そのため上空からの宇宙放射線を遮るオゾン層も存在しない。それをクリアする技術の開発は困難ではあろうが、不可能ではないだろう。そうなったとき、火星移住は現実味を帯びてくることが想像される。

火星において社会関係がどうなるかは、想像がつかないと磯部はいう。地球上の関係がそのまま持ち込まれるのか、それとも、新しい秩序が形成されるのか。そこにおいては、地球との距離の問題が大きなカギとなりそうである。地球と火星の距離が、地球上のさまざまな規制を無化する効果を生み、ある種の無法地帯になるか、地球とは別種の秩序形成が進むことが想定される。

地球中心主義と宇宙中心主義

地球とは別個の惑星への移住が可能になったとき、ひとの心性がどう変わるかもテーマの一つである。『宇宙からの帰還』［立花 1985］を著した作家の立花隆は、冷戦構造を終焉させたのは、宇宙から見た地球の画像が1970年代以降に一般化したことも遠因ではなかったかという。磯部はそれを援用して、宇宙から地球を見る視点をもちえたことで、ひとは、地球が限界のある一つ閉鎖された環境であることを可視的に知ることができたことを指摘する。それは、広範な人々の環境問題への関心を生み出したものであり、プラスの意味をもつものであろう。しかし、一方で、地球という惑星に閉じ込められている人類という閉塞感ももたらした。月や火星という別の星に居住域が広がることで、そのような感覚に変化が起きるのではないか、と磯部はいう。

本章の中ですでに見たが、カンタン・メイヤスーは『有限性の後で』の中で、ガリレオらのコペルニクス革命を、数値化と地球中心から宇宙中心への視点の変換ととらえ、それが以後現在まで続く思考のモードを決定してきたという。だとしたら、別の惑星への移住の経験とは、ひとの思考のモードを大きく変えることもまた確実であろう。

ガリレオらのコペルニクス革命とは、地球が中心ではないことを示し、つまりひとから宇宙を切り離した。それは、カントの超越的理性やデカルトの外部の客観性の発見へとつながっていったが、しかし、同時に、この反対の方向——つまり、ひとと宇宙のつながりの復活——の反作用をも招来するものでもあろう。これをメイヤスーはプトレマイオス的反革命と呼ぶ［Meillassoux 2006: 175］。プトレマイオスは紀元前2世紀ごろのギリシアの天文学者で地球は球形で、そのまわりを太陽と月が回転していることを観測をもとに論じた。これはプトレマイオス革命とも呼べるものであるが（地球中心主義）、それから約1700年後に、ガリレオらのコペルニクス革命が起き（宇宙中心主義）、さらに現在、メイヤスーのいうように、反コペルニクス革命である再度のプトレマイオス革命が起きることが取りざたされている（再度の地球中心主義）。

ひとと宇宙（世界、環境）の関係は、地球すなわちひと中心主義と宇宙（世界）中心主義の2つの極の間を行き来するのであろう。そして、その間に適正な中間あるいは中庸を見つけることが求められているともいえるだろう。本書の中で、オギュスタン・ベルクのメゾロジー（風土学）を引用し、また存在のグラデーションについて論じたが[10]、それらもまた、この適正な中間地点の発見の試みであるともいえる。

ひとはなぜ火星に行くのか

火星移住は距離の問題と時間の問題を通じて、過去と未来について考えさせる。人類のアフリカからの拡散と南北アメリカ大陸への到達については、人類学のレヴィ＝ストロースの『神話論理』やテクノスフェアについて述べる中で触れたが[11]、人類は、約10万年前の「出アフリカ」から9万年かけて約3万キロ離れた南米の先端に到達したといわれる。単純計算で0・3キロメートル／年である。メイフラワー号は、大西洋を約70日で横断し、今日、飛行機を使えば、東京からニューヨークまで約11時間である。火星と地球の間の距離は、最短で7500万キロメートルである。アフリカから南米までの距離の約2500倍である。なぜ人類はアフリカを出て地球全体に拡散し、そしてまた、火星

[10] 本書第3章079–082頁、第7章157–160頁、第13章312–314頁。
[11] 本書第6章139–140頁、第9章210–211頁。

にまでも行こうとするのだろうか？

本章冒頭の会話の中でガイアは、火星に行きたいと言い、ステラはわからないと言う。ひとの中には、変革を求め外に向かうモーメントと、定着を求め一か所にとどまろうとするモーメントがあるだろう。すでに本書の中で何度も紹介してきたが[12]、レヴィ＝ストロースが明らかにしたように、「野生」や「未開」と呼ばれる「冷たい」社会では、出来事は、たとえば、星座や墓の位置関係などのような構造の中に吸収される。そのような出来事の語りは単線的な語りではないので語りは前に進むことはなく、それゆえ、発展を意味する前進や進歩などの概念は生じにくい。一方、「近代」に代表される「熱い」社会では、常に発展や進歩、イノベーションが求められる。なお、退歩については補章で見たが[13]、これも「熱い」社会で発展や進歩があるからこそ退歩という考え方が生じるのだろう。ひとには、前にすすむモーメントと、その場を構造化するモーメントの2つが同時に具わっている。このアンビバレンツは、火星移住についても当てはまるだろう。

火星移住とは、あたかも地球の外にいくつもの環境が生まれることである。そこで生まれた人は、そこを自明のものとするが、そのとき、地球は相対化される。ある意味でそれは「風穴」であろう。たしかに、それは風穴である。一方、地球の相対化による弊害も生まれるだろう。

---

[12]　本書第1章032頁、第13章321–322頁。
[13]　本書補章236頁。

地球環境学としての火星環境学

宇宙は自然の法則が透徹するユニバーサルなものであり、存在としては一つである。宇宙に別個の環境があると考えるのではなく、宇宙は、地球上のわたしたちの環境の地続きである。火星だからといって、そこには、地球とは異なる物理の法則があるわけではないし、火星には、超常現象を引き起こす何かがあるわけでもないはずである。

だが、環境とは、それを主体がどう認識するかという問題でもある。第2章で見たように、ヤコブ・フォン・ユクスキュルは、それを環世界といい、オギュスタン・ベルクは、それを通態ととらえるが[14]、本書では、環境を、ひと、もの、いきものが織りなす関係性から出来《しゅったい》する現象ととらえてきた。いきものやひとの世界のとらえ方は、その主体をとりまく場のあり方と密接に関連する。その意味で、もともと環境とは複数のものであり、地球のほかに「環境」が複数存在することは、それほどおかしなことではないともいえる。

それによりどのような社会が生まれるのか。そこにいまのわたしたちは期待と不安を抱く。だが、一ついえることは、環境とは、これまで、主体と周囲との間の相互作用として、つくられてきたということだ。火星に、ひとが住むようになれば、火星に、ひと、もの、いきものが織りなす関係性が生じることになるだろう。いきものといっても、現在のところ確認されていないので火星にはもともとはいきものは存在しないといえよう。だが、ひとそのものが、そもそも、いきものだし、ひとは、す

[14] 本書第2章059-060頁。

ぐに、家畜やペットや野菜や果物など、他のいきものを火星に持ち込むだろう。いや、考えてみれば、ひとの体内には、さまざまな微生物が存在する。ひとの体内は、微生物にとっては環境である。つまり、ひとが火星に足を踏み入れたとき、もう、すでに、そこには、ひと、もの、いきものが織りなす新たな関係性が生じている。その関係性とは、本書がここまで見てきた、ひと、もの、いきものの織りなす関係性と幾分は異なっているが、幾分は似ているに違いない。だとしたら、それは、本書の射程の中にある。

火星環境もまた、人文地球環境学の研究対象の一つなのである。

Bookguide

この章のブックガイド

岡田浩樹・木村大治・大村敬一（編）『宇宙人類学の挑戦』昭和堂 2014年

「宇宙人類学」など存在するのかといぶかしむかもしれないが、本書を読めば、「学」としてきちんと存在することがわかる。宇宙に出たことがあるひとは、今日、500人以上を数え、高度400キロを飛ぶ国際宇宙ステーションには、いまも常時数人が「居住」している。火星移住を待たずしても、宇宙はもうすでに人類の居住域なのだ。

レイ・ブラッドベリ（小笠原豊樹訳）『火星年代記』ハヤカワ文庫 2010年

本書で描かれる火星の風景は、かぎりなく懐かしく、かぎりなく郷愁を誘う。孤独なひとも、孤独でないひとも、独善的なひとも、独善的でないひとも、おろかなひとも、おろかでないひとも、この小説には描かれている。本書は1999年から2026年までの火星のクロニクルを書くが、火星に移住せずとも、想像力はこのように、火星とマーシアン（火星人）との出会いを可能にする。（写真は英語原書、2008年）

クロード・レヴィ＝ストロース（大橋保夫訳）『野生の思考』みすず書房 1976年

カテゴリー、論理、空間、時間、歴史などのトピックについて「未開」とされる社会がどのような原理で動いているかを明らかにした書。アリストテレスの『形而上学』にも似て、ひとはなぜ、そのように考えるのかを強く意識させる書である。表紙にパンジー（三色スミレ）の絵が描かれているのはフランス語で「思考」も「スミレ」も「パンセ」というから。音楽や芸術を愛したレヴィ＝ストロースの洒脱な側面を伝える。（写真は仏語原書、1962年）

コラム3

「空新世」の教え——浮揚と飛翔と人新世（アンソロポシーン）

——「空新世（アエロシーンAerocene）」では、飛ぶことが問題ではなく、浮くことが問題である。空新世の住人は、飛ぶのではない。空新世の住人が、飛んでいるように見えても、それは違う。飛んでいるのではないとしたならば、彼らは何をしているのだろう？　答えは簡単だ。彼らは浮かんでいるのだ。そう、彼らは浮かんでいる。彼らは、空新世の原理に従って、単に浮かんでいる。だが、しかし、なぜ彼らは浮くのか。それは、彼らが浮かなければならないから。彼らは必然的に浮く。必要な条件が満たされたとき、彼らは浮き始める。

これは、トマス・サラセーノTomás Saracenoの空新世についての説明である［Studio Tomás Saraceno 2016］。

サラセーノは、イタリアのアーティストで、人新世（アンソロポシーン）の提起にインスパイアされ、空新世というコンセプトを考案し、さまざまなインスタレーションを行なっている。その中心となるのが、火力も、ガスも用いない巨大バルーンのプロジェクトだ。巨大バルーンに、早朝、太陽がまだ昇る前に、空気だけを入れる。その空気が昇ってきた太陽によって熱せられたとき、バルーンは自然に浮上する。この単純にして驚くべきインスタレーションを核として、サラセーノは、空新世という新たな「世」を構想する。

2016年4月に、ドイツのベルリンで行なわれた「人新世（アンソロポシーン）キャンパスII」で、サラセーノのワークショップに参加した。サラセーノは、会場にバルーンを持ち込み、空新世のコンセプト

を解説してくれた。

サラセーノが空新世の原理を説明するのを聞いたとき、突然、「もしかしたら、ぼくも浮くのかもしれない」という思いがやってきた。飛ぶことについていうなら、実際には、一般的にいって、ぼくが空中を飛ぶことは不可能であり、それは、完新世であろうと、人新世であろうと、この世界の真実である。けれど、浮揚あるいは浮上の可能性について考えたとき、たしかに、ぼくが浮くということはありえるかもしれないと思えたのだ。

この考えは、ぼくには、まるで、この世界の自然の秩序の一部であるかのようにも思えた。もちろん、こんな考えが奇妙なことであることはわかっている。けれども、同時に、そう思えることは、ごく自然なことでもあって、それゆえ、ぼくには、それが事実の問題でもあるようにも思えたのだ。ぼくは、自分の浮揚能力を確信した。その確信は、それが現実の真実であるように思えたことからきている。ぼくは、ぼくが浮かぶという可能性を疑わない。でも、しかし、いったい、どうしてそう考えられるのだろう？

目を閉じたとき、何を感じるのだろうか。たしかに何かを感じる。目を閉じたとき、感じているのは、重力だ。しかし、だが、本当にぼくが感じているのは重力なのだろうか。ぼくの中でぼくが感じているのは、床についている足の感覚だ。あるいは、草原に横たわっているときには、背中が地球にくっついているのを感じる。ヨガでシルシャアサナ（ヘッドスタンディング）をしているときだって、頭は地面と触れ合っている。だが、それは、重力の感覚なのだろうか。それは、重力の感覚とはいえるかもしれない。けれども、重力とはある作用なのであるから、その作用を身体内部の感覚として感じると本当にいえるだろうか。作用とは概念であり、それゆえ、だれもそれを感じることはできない。だから、ぼくが、シルシャアサナをしながら、あるいは、床や草原に横たわりながら、目を閉じているときに、感じているのは重力ではなく、単に床や草原の感覚にしかすぎないのに違いない。もちろん、それを感じることができるのは、重力が存在して、ぼくの身体がそれらに接しているからではあるが、その感覚自体は重力の感覚ではない。もしそれが、重力の感覚ではなかったとするならば、つまり、それは、その瞬間には、ぼくは重力を感じていないことになり、それゆえ、ぼくはそのとき、重力のない世界の中にいるともいえよう。もし、ぼくが重力のない世界の中にいるとしたら、つまり、ぼくは浮かんでいるということになる。ということは、ぼくは目を閉じて、集中して自分の内部に入っているときには、浮揚している、といえるかもしれない。

実際のところ、ものは、翼やエンジンなどの特別な装置がなくとも飛行することができる。強い風が吹いたとき、砂のような小さなものは、離陸し、長距離を移動する。*1 それらは、強い風にたたかれ、エアロダイナミックの浮

*1　この点については、ブロニスラフ・ジェルジェンスキ Bronislaw Szerszynski から、ベルリンでのセミナーにおける会話と、この小文のドラフトを読んでのコメントにおいて多くを学んだ。特に、浮揚／飛翔 floating/flying の違いについては多大な示唆を得た。ジェルジェンスキは、また、この浮揚／飛翔に似た、滑空／上昇 gliding/soaring という対概念についても教示してくれた。さらに、彼が紹介してくれた次の論文から多くのことを学んだ [Kok et al. 2012]。この論文は、地球上で浮揚し、飛翔するものの現象だけでなく、火星やその他の惑星上で浮揚し、飛行するものについても扱っている点で大変興味深い。そういえば、ジェルジェンスキ自身も22世紀の火星上におけるありうべき宗教（マンガラヤナ仏教）についての素晴らしいエッセイを書いている [Szerszynski 2015]。これらについて、記して感謝したい。

上力が重力と粒子間の引力を上回ったとき、飛び上がる。細かな砂はサハラ砂漠から南米大陸まで移動することもある。最近の研究では、このような砂の移動が大西洋の海の豊かさを支えているともいわれる。その飛行する砂

の幾分かは、南米大陸にいたるまでに地球上に落下するのだ。その砂が大西洋に落下したとき、それは、その海域の海に栄養を与えることになる。沙漠の砂は、ミネラル、とりわけ生物に利用可能な鉄イオンとリンを含んでおり、そのようなミネラルをもった落下した砂が、海の豊かさの源泉である。とはいえ、そのような飛行は、小さな粒子にしか可能ではない。ぼくは、風に吹かれても離陸することはない（通常の状態では）。

記憶の中の浮揚。ぼくは古い記憶の中でたしかに浮いていた。ぼくは、胎内で浮いていたのを思い出す。胎内には、羊水があって、そこで、胚、あるいは、胎児であったぼくは浮いていた。通常は、胚、あるいは、胎児は、じっとしている。つまり、胎内では、頭が下にあって足が上にある。けれど、時々、方向が変わり、足が下になって、頭が上になる。胎をもつ動物である胎生動物は、2億9800万年前から、2億5200万年前の古生代のペルム紀に出現したが、その時期には、地球は乾燥化していた。海の中で卵を孵した条件と似せるために、哺乳類は、胎と

いう水に満たされた安全な袋を体の中に発達させた。わたしたちの記憶は、ペルム紀の海の記憶を含んでいる。ぼくが胚あるいは胎児であったとき、ぼくはもしかしたら、何億年もの孤独の時間の中に浮かんでいたのかもしれない。

世界は浮かんでいる。あらゆるものは、ぼくの中で浮かんでいる、あるいは、より正確にいうと、ぼくの眼球の中で、あらゆるものは浮かんでいる。ぼくの外にあるものをぼくはイメージとして見るが、それは、ぼくの眼球の中にあるスクリーンの上に投影されている。見えるものは、ものの表面における光の反射によって実現されたイメージを経由している。その光線が目の中に入ったとき、それは、瞳の小さな穴を通じて網膜上のスクリーンの上に凝縮される。光線は一直線である。瞳の穴は大変小さいので、下からの光は、スクリーンの上に届き、上からの光は、スクリーンの下に届くことになる。このメカニズムによって、ぼくの眼の中に投影されているイメージは、さかさまになっている。さかさまという状態では、あらゆるものは、浮かんでいる。ぼくの眼のメカニズムは、重力の影響を受けない。ぼくの眼は、重さのくびきからは解放されているのだ。あらゆるイメージは浮かんでいる。すなわち、ぼくが目を開けたとき、ぼくが見ることのでき

るあらゆるものは、ぼくの眼球の中で浮かんでいるはずなのだ。

人類と浮揚はしっかりと結びついていて、つまり、それは、人類が浮くことを必要としているということを意味しているのに違いない。実際、ひとは、さまざまなやり方によって浮揚を経験しているのだ。いったい、これは、何を意味しているのだろう。それが、何かはわからない。けれども、たとえば、光学の原理が、さかさまの画像を正立した画像に変換する脳内の機能を必要とすることは、ひとが、ある浮揚する生物から進化したという何らかの可能性を示唆しているとはいえないだろうか。通常、ひとは、ひとが、どれほど、この浮揚に密接に結びついているかを意識することはない。つまり、ひとは、この事実を知らない。

空新世の原理は、それを教える。

この知らないことを知ることとは、人新世（アンソロポシーン）という新たな惑星における時代の倫理に必然的に寄与するはずだ。

空新世の原理を知ることとは、人新世の新たなエチカの基礎の一つになるに違いない。

（本コラム掲載の写真のオブジェは著者作）

［ダイアローグ］

パターンと出来《しゅったい》、あるいは可能性たちの温室

「樹現」をめぐる対話

ロヒニ・ディヴェシャー×寺田匡宏

「樹現」。それは樹がデジタル空間の中で出来し、消滅し、そしてまた新たに出来する映像作品だ。だが、いったい何が樹を出来させるのか。それは一体何を意味するのか。アーティストと語り合った。

[Dialogue]

Greenhouse of Possibilities, or on What Causes

A Conversation on Trees in the Digital Realm and Its Meaning

Rohini Devasher
Masahiro Terada

Arboreal is an artwork in which tree emerges, vanishes, and again emerges in the digital realm. What makes it emerge? And what does it mean? The artist and the author talk around such topics.

寺田　本書の表紙・カバーにロヒニ・ディヴェシャーさんの作品「樹現」を使用させていただいています。口絵やトビラにも掲載しています。本書は、『人文地球環境学』という題ですが、ロヒニさんの「樹現」は、人間と世界との関係性に関して、出来《しゅったい》、プロセス、進化、現実、人為と自然などについて考えさせ、本書と重なるところも多いです。このダイアローグでは、「樹現」を中心にしつつ、ロヒニさんの他の作品と方法についてお聞きしながらこれらの点について考えてゆければと思います。われわれはすでに、2016年のドイツ・ベルリンで行なわれたアンソロポシーン・キャンパスのウェブサイト［Terada 2016］と「京都新聞」紙上でコラボレーションしてきましたが［寺田 2019］、読者のために、まずは「樹現」について簡単にお教えいただければと思います。

かたち、反復、生命

ディヴェシャー　この作品は、ビデオ・フィードバックによる映像作品です。試み始めたのは2006年のことです。ビデオ・フィードバックとは、ごく普通の手持ちビデオカメラをテレビ・モニターに接続し、それ自身を撮影することによる現象で、万華鏡のようなものです。マイクとスピーカーがハウリングする音響フィードバックの映像版と考えていただければいいと思います。2つの鏡を向かい合わせに置くと写った像が増殖し干渉します。それです。

　制作は非常に根気のいる作業で、時間も手間もかかりますが、明るさ・

ロヒニ・ディヴェシャー Rohini Devasher

アーティスト。音響アート、ビデオ、版画、サイトスペシフィックのウォール・ドローイングなど多様な技法を用いる。主な作品に、「希怪 Hopeful Monsters」（2019年）、「遺伝漂流 Genetic Drift」（2018年）、「圏群 Spheres」（2017年）、「想像野 Speculation from the Field」（2016年）、「樹現 Arboreal」（2015年）、「考未学 Archaeologies of the Future」（2015年）、「気圏群 Atmospheres」（2015年）、「空蒼 HelioBlue」（2011年）ほか。インド・ニューデリーを拠点とする。スペンサー美術館、福岡アジア美術館、グラスゴー・プリント・スタジオ、マックスプランク科学史研究所などでのアーティスト・イン・レジデンス歴も多数。2018年には約1か月間の石油タンカー船上でのレジデンスも体験した。

コントラスト・色調・焦点・カメラアングルなどさまざまな条件を変えることで膨大なパターンを即興的に出現させることができる。ありとあらゆる驚くべき時間的空間的パターンが出来《しゅったい》します。植物の構造、樹木の姿や細胞、銀河や惑星爆発、微生物、雪片のようで、まるで物理学や化学や生物学の世界です。けれど、それらの像は外部からもたらされたものではない。すべてこのループ・システムの中において出現するのです。わたしが行なったのは、単にそれを記録し作品の素材として用いただけだともいえます。

寺田　シンプルな装置です。しかし、そんなシンプルな仕組みから「樹現」のあれほど複雑な画像が生み出されるのは驚異的です。

ディヴェシャー　実際の作業は、ビデオ編集ソフト「アドビ・プレミア」を用いて複数のレイヤーをいわば「縫い合わせる」作業でした。ピースを組み合わせるたびごとに、次に何をすべきかが見えてくる。ジグソーパズルを逆回しでやっている感じというか。レイヤーを少しずつ組み合わせることで作品ができてきました。

　もともと、パターンに興味があり、形態学や植物学にはずっと関心をもっていました。これはこれまでの作品に通底しているともいえます。大学では絵画とプリンティングを学びましたが、反復とそこから出来するものの魅力に気づいたのはプリンティングを通じてです。ある像を繰り返しプリントするとパターンが出現する。繰り返しがパターンを生む。

寺田　ロヒニさんの作品には、初期の「外内部 Outside In」(2004年)以来、近年のウォール・ドローイングにいたるまで植物をモチーフにしたものが多いですね。「樹現」も含め、それらは生命あるいは生そのものの問題を扱っているように思われます。本書の中でも、『古事記』が生成を語るのに、「葦」をモチーフとしていることを紹介していますが、たしかに、植物は出来について考えさせます。だが、単に「樹現」が樹に見えるということだけではない。作品の根底には反復がある。反復は生の最も基本的要素です。生とは複製による遺

「外内部」
ガラス窓を用いたインスタレーション、2004年　Winchester School of Art

伝子のパターンの反復で、細胞の再生産のプロセスがまさにそれです。ウイルスですらDNAやRNAを複製する。その意味でビデオ・フィードバックを用いることで、この作品は生体と同じことを行なっているともいえます。

ディヴェシャー　Lシステム（Lindenmayer system）というシステムがあります。ハンガリーの理論生物学者のアリステッド・リンデンマイヤーが1968年に提唱した植物の成長パターンの記述のためのモデルです。Lシステムの規則は回帰的ですが、それゆえそれは自然界の樹木の枝分かれのような自己相似的でフラクタルな像を生み出す。

「樹現」の英語原題はアルボレアル Arboreal ですが、これは「樹木、あるいは樹木のような」という意味の語です。とはいえ、「樹現」はアルゴリズムやプログラムに基づいたものではありません。むしろ直観的プロセスです。700以上のレイヤーを直観的に手作業で積み重ねていく中で、ある一つの樹のかたちが生じる。アドビ・プレミアには編集ウィンドウは一つですが、その中にレイヤーが積み上げられる。時間がかかる作業ですが、手ごたえは大きかったです。パターンの回帰が増幅し、あるかたちが「成長」し、どんどん複雑になり、空間を覆い尽くす。

寺田　「樹現」はアート作品であり、アート作品であるということは、つまりロヒニさんというアーティストが作ったものということですが、しかし同時にこれはあたかも自然によってそうなったかのように見えます。「樹現」の英語の原題の「アルボレアル」には「リアル」という語も含まれていますが、それは、これが人間による人為ではなく自然の本性の顕現であることを暗示しているようにも思える。つまり「樹現」の樹木の形態の後ろには樹木の樹木性という本性が隠れている。

ディヴェシャー　原初に〝異的〟を秘めるものに惹かれてきました。〝異的〟は、しかしそのうちに慣れ親しんだものになり平凡なものになる。とはいえ、もともとは〝異的〟であるので、底には常に得体の知れなさがある、そんなものたちに惹かれます。「樹現」のビデオ・フィードバック画像とは、そういうものです。それは、樹ではないかもしれない。もしかしたら骨や腱がデジタルに出来《しゅったい》しているのかもしれない。〝異的〟がどうしてひとを魅了するのか。それは、異的であるがゆえに得体のしれないものであるからです。と同時に、異的であるがゆえに慣れ親しんだものだからでもある。

寺田　そこでは人為と自然の境界が無化されているかもしれません。この作品に用いられている技術は人為である。しかし同時に、それは自然の自然性といったものを気づかせる。本書の中では自然と人為（作為）の問題を考えていますが[1]単に「樹現」が樹木のかたちを彷彿させるからではない。まさにこの作品に内包されているプロセスの本質からきているといえましょう。本書の中では、それを「なる」＝ビカミングと呼んでいます[2]。それにしても、ロヒニさんは、どのようにしてビデオのループ・システムが生み出すそのような現象に気づいたのでしょうか。発想はどこからきたのでしょう。

ディヴェシャー　先ほども言いましたが、美大でプリ

---

[1]　本書第3章084-086頁、コラム1、245頁。
[2]　本書第3章066-067頁。

ンティングを勉強しているとき、カオスの中から生まれるパターンについて試行を続けていました。ある型を何度も繰り返すと、ある時点でそれはカオスになる。けれど、またある時点でそのカオスの中からあるパターンが出来する。生体的パターンを生み出すこのメカニズムを突き詰めたいと思い、カオス理論とフラクタル理論を勉強もしましたが、同時にそれは植物の生体メカニズムの問題が自己組織化の問題であることを再確認するものでもありました。当時、ドローイングと写真とプリンティングを組み合わせた作品を制作していました。フォトショップでキメラ的な巨大な絵を描き、その上にドローイングするものです。ただ、それはうまくプロセスの時間性をとらえられていないような感じがしていた。

2006年にオンラインでカオス理論とパターンについて学びながら、独学でビデオ・フィードバックを構築しました。友人からビデオカメラを借り、自分のテレビ・モニターを使いました。それ以前には、ビデオによる作品は作っていません

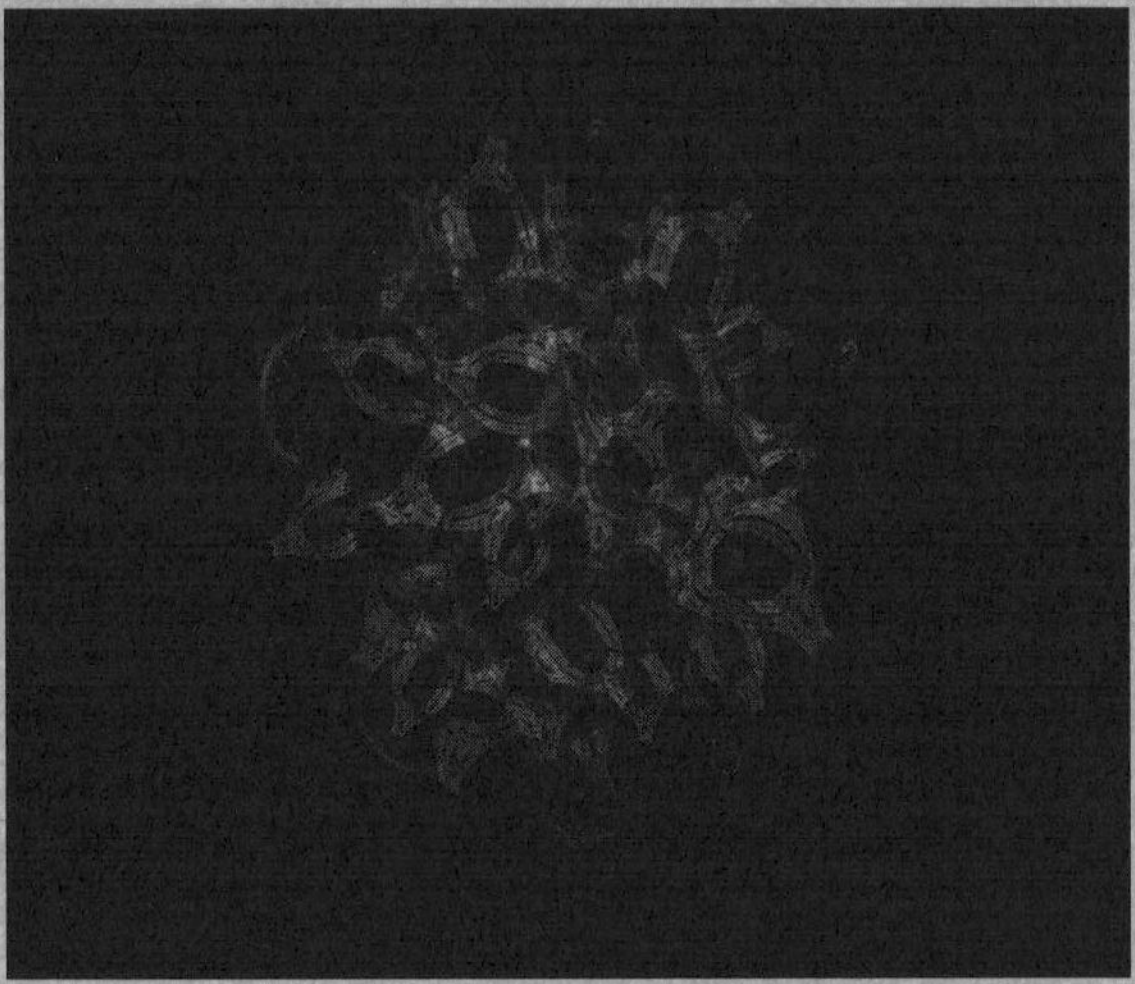

「機械内霊」
シングル・チャンネルビデオ、2006年　Courtesy Project 88, Mumbai

でしたので、それが初のビデオによるアートワークでした。

その作業の中で気づいたのは、プリンティングとビデオ・フィードバックとは同じ言語だということです。どちらも、反復を扱う。どちらからもパターンが出来《しゅったい》する。それだけでなく、この出来とは自己発生なのです。カメラで録画しているのはわたしの手で、その手がモニターの中に出現する形態を変化させている。もしカメラを動かさなければ、何も出来しません。つまりこのシステムとは、わたしの身体とも結びついている。手がカメラを動かせば出来するかたちも変わる。

「樹現」以前には4つのビデオ・フィードバックによる作品を制作し(「機械内霊 Ghosts in the Machine」(2006年)、「血線 Bloodlines」(2009年)、「窩々 Fossus」(2011年)、「複像 Doppelganger」(2011年))、また最近では「希怪」を発表しましたが、これらはどちらかというと〝弱い〟ビデオ・フィードバックです。注入したエネルギーという点では「樹現」が一番です。

当時のパソコンはこの大データの処理容量を超えていたので、いったん静止フレームとして出力し編集スタジオで集積するという作業を行ないました。

温室の中の複数の可能性

寺田　作業は、コンピュータ・スクリーン上で静止画を操作していたのですね。アニメーション制作みたいなものだったのかとも思います。動画は動いているように見えるが、しかし実際のところ正確にいえば、それは動きあるいは運動ではない。それは植物の成長のようなものなのかもしれません。植物のゆっくりした成長は動いているともいえるかもしれませんが、一般的にはそれを植物が「運動」しているとは言わないでしょう。「樹現」の中で起こっているのは、その運動ならぬ「動き」、つまり成長であり、かたちの進化である。このかたちの進化や植物の成長といったものと、通常の意味での「運動」がどう関係しているかというのは興味深い問題です。

ディヴェシャー　面白いアナロジーですね。「樹現」の動きは、たしかにとてもゆっくりです。成長しているものでもあり、あるいはゆっくり動いているものでもある。編集していたのは動画ですが、レイヤーを重ねていたこともあり、作業中のレンダリング画面ではまるで静止画のようにも見えました。ややこしいのですが、各フレームは静止画としてビデオ・フィードバックの際にキャプチャされたもので、それを多数積み重ねることで動画になる。

寺田　「樹現」の16分のシークエンスの中では、暗闇の中からある樹のかたちが出来し、消滅するプロセスが何度か繰り返されます。本書第1章で地球史における数度の大絶滅の問題を扱っていますが[3]、進化理論における「平衡断絶説」のように、それぞれの樹のかたちはある極相にいたり、その極相の後、暗闇が訪れ、そしてそこに次の樹の「芽吹き」が出来する。それが繰り返される。

ディヴェシャー　進化における平衡断絶、まさにそのとおりだと思います。「樹現」の中のそれぞれの樹はそれぞれ何らかの新しい方向へ向かって成長する。その成長は、それ以前の延長ではあるが、しかし同時にそれ以上のものでもある。成長の光の軌跡は最終的には星屑のような光の点となって消滅します。

この生成と消滅のありようが、ビデオ・フィードバックの画像の特徴です。一種のドローイングともいえますが、それは光のドローイング。わたしがしている作業とは、動きを編集していることではありません。だが、わたしが編集しているものは動いているかたちである。その底にはフラクタルが隠されている。フラクタルなものには、フラクタルに特有のある特徴があります。

表現手段と方法は分かつことができません。フラクタルな形態はカオス的な運動の表現型だともいえますが、「樹現」はビデオ・フィードバックを通じて、単純なルールとプロセスの繰り返しにより発現する複雑系とは何かを探求している。そこでは自己回帰により新たな次元が次々とつけ加

---

[3]　本書第1章025–028頁。

わる。コンセプトはすでに素材自体の中に胚胎しているともいえます。

寺田　「樹現」でそれぞれの暗転の後、また違った樹状のかたちが成長し始めるのは、かたちの複数の可能性であり、それは「樹現」には収録されてはいないがありえた他のかたちの可能性をも示唆しているように思えます。つまり、「樹現」は可能性の複数性というものを扱っている。本書の中では、「なる」＝ビカミングや可能態・潜勢態の問題を扱っていますが[4]、まさに、それにつながる。

ディヴェシャー　じつは、「樹現」にはプリント作品である20枚の別バージョンもあります。どちらも「樹現」で、お互いに関連してはいるが、異なっている。20枚のプリントはビデオ作品の静止画像というわけではありません。同じフィードバック素材を使ってはいるが別の作品です。他の可能性群への「窓」という感じでしょうか。

「樹現」のビデオ・バージョンはある意味で原型あるいはイデア型です。同じ素材とプロセスを経ても何百やそれ以上の別の樹が存在しうるわけです。プリント・バージョンの「樹現」はその別の樹々である。それらは系統樹の中のある枝分かれの産物であり、また別の枝分かれの産物であるかもしれない。とはいえそれら複数の樹はそれぞれ異なった形態はしているが、すべて同じビデオ・フィードバックの素材からきている。ある樹に別のレイヤーを積み重ねることで作られている。つまりこれは、デジタルの森の出来、あるいは可能性たちの温室といえるでしょうか。

寺田　「可能性たちの温室」とは素晴らしい表現です。「樹現」のかたちは、複数の可能性に開かれている。本書第3章で「なる」＝ビカミングと「生《は》ゆ」「はやし（林）」の関係について述べましたが[5]、可能性の「林」ともいえます。単数の「樹現」があるのではなく、複数の「樹現たち」がある。となると、その始まりと終わりはどこにあるのかという問題が出てくるように思います。始まりははっきりしていて、それはある像あるいはスクリーンの中に出現した光の点です。しかし、プロセスの終点を決めるのは何か。

---

[4]　本書第3章074頁、第13章305-311頁。
[5]　本書第3章072頁。

ディヴェシャー　うーん、難しい（笑）。実際のところ、わかってやっているわけではありません。何をもって終わりとするかは、作品によって違う。「樹現」に関していうと、スクリーンの全面がパターンに覆い尽くされ、真っ白になってしまったときです。スクリーンを覆うその真っ白なものは、骨のようであり、レースのようであり、そしてまた樹でもある。この作品に関しては、それが樹であるとわからなくなったときが終点だといえるでしょうか。けれど、他の作品についていうと……、別の要因がそこには関与するので一概に答えるのは難しい。口ではなかなか説明できないのですが、実際に制作しているとそれがそうなったときに、それが終わりであることははっきりとわかる。

エントロピーと出来《しゅったい》

寺田　「樹現」はスクリーンが真っ白になって終わりますが、もし、それが、そのまま継続していたとしたならば、その後には何が起こるのでしょう。

ディヴェシャー　光の線とパターンの超過現象です。「樹現」の最後にあるのは構造だけです。それは三次元性を完全に失い四次元になりかけている。さっきまで樹だった線が全面的に交錯する。もしかしたらそうならずに樹が樹のままでいるという可能性もあるのかもしれません。しかし「樹現」がそのまま続いても、そうなるかどうかはわからない。いずれにせよ、「樹現」の中における運動は16分で終わる。それが作品の終わりです。

寺田　お話における始まりと終わりについて本書第6章で考えていますが[6]、歴史にとってもまた、始まりと終わりはとても重要です。歴史は常に終わりという地点から語られる。この終わりとは今のことですが、その今はそのストーリーが終わる時点でもある。そのような今という地点から歴史は後ろ向きに振り返られ、その振り返りの語りの中で歴史は終点をもつ。つまり終点は歴史にとってとても重要なものです。この問題については、本書第13章で、バックキャストとフォアキャストの

[6]　本書第6章131頁、第14章338頁。

問題として考えていますが［7］、この終わりの問題はまた未来の問題にもかかわる。仮に「樹現」に未来があったとして、未来の中で「樹現」は存在し何度も永遠に繰り返す？

ディヴェシャー　「樹現」における始まりの問題を、ジクムント・フロイトのいう「ただならぬこと（不気味なこと）uncanniness」から考えられないかと思っています。「ただならぬこと」の到来。フロイトは、ただならぬこととは、その原初は超自然でも神秘でもないといいます。そうではなく、むしろそれはどこにでもある陳腐（バナール banal）なものである。

「樹現」の最後は、だれがどのようにビデオ・フィードバックをしてもそうなるようなごく一般的なノイズ画面です。じつは、それははじまりでもある。ビデオ・フィードバックを試みたひとはいくらでもいるでしょうが、ノイズ画面から樹が生じるなんて思ったひとはいないはずです。けれども、しかしそこから樹が生じる。ギリシア神話のウロボロスのように樹が回帰する。樹が再び出来し、あるかたちをとって、また消えてゆく。

寺田　最後にノイズ画面になるというのは、エントロピー増大の法則からすると当然のことです。ノイズとはエントロピーの極大状態であり、熱力学第二法則という物理学の法則に従うかぎり世界はその状態に向かっている。宇宙とものの問題は本書第7章で考えていますが［8］、宇宙全体ではこの状態のほうが多いでしょう。半径464億光年の宇宙の大半はノイズである。まさにどこにでもある陳腐な状態。そんな中から、一本の樹が生まれることはある意味で奇跡だと思います。あるいは、その宇宙の中にある一つのモニターの中で「樹現」の樹が出来することは奇跡である。

その意味で「樹現」における樹の出来はまさにただならぬことです。「ただならぬもの Das Unheimliche」［Freud 1919=1970］という論文の中で、フロイトは、それを普通のこと、近しいこととのかかわりで論じています。ドイツ語では、「ただならぬ」はウンハイムリッヒだが、これはハイム（家）という語からきている。つまり、「ただならぬ」は、

---

［7］　本書第13章297–299頁。
［8］　本書第7章152–153頁。

いる感覚と関係している。ファミリアーという英語もある。秘密というドイツ語のゲハイムにもこのハイム（家）は関係する。フロイトは、ただならぬ感じは、感覚の世界と感覚外のものや客観の世界とのギャップからきているともいう。ただならぬことは、つまり、さまざまなレイヤーのもつれあいでもある。

「ふつう」や「近しい」などという家という場に

ディヴェシャー　まさにそうです。ただならぬことは、ごく単純な中から生じます。「樹現」のビデオ・フィードバック・システムは、5つの鏡を使っています。第一段階は、カメラとTVモニターだけで、光はその2つの間に反射している。続く第二段階では、2つの鏡がテレビ・モニターに垂直の角度で挿入されます。モニターとカメラの間でやりとりされている光がその2つの鏡に反射し、フラクタルなかたちが出来する。このフラクタル画像は、それを操作する人間の手が作り上げたものですが、身体化／脱身体化、デジタル世界／物的世界という複数のレベルの中で作られ表現されたものでもあります。第5の鏡は、最後の編集段階で挿入されます。この段階でビデオの各レイヤーが鏡像の中で調整される。「樹現」の最後は、一度は樹であったものがフラクタルになり暗闇の中の無数の星屑のようになりますが、そこでは、同一性や重力の感覚というあらゆる感覚が失われる。

暗闇の深度

寺田　「樹現」の中に存在する深度について興味深い体験をしました。「樹現」にはある深さがあると思いますが、その深さがコンピュータのスクリーン上で見ているときと、紙に印刷されたときではずいぶんと違った。『京都新聞』に「樹現」が掲載されたときには、ずいぶんと奥行きがあるように見えました。深さがあると思った。コンピュータのスクリーン上で見ているときには、それはわからなかったです。興味深い体験でした。次元という語がすでに何度か出てきましたが、しかしいったい「樹現」は何次元の作品なのでしょう。どのような深さを「樹現」はもっているのか……。

ディヴェシャー　なるほど、深さがさまざまに見える。たしかにそうかもしれないですね。でも、どうしてなのか……。コンピュータのスクリーン上ではたしかに深さはあまりないかもしれないですね。ここでいう次元というのは物理的次元でしょうか。それはスチル写真かビデオ作品のどちらについて？

寺田　ビデオを静止画として切り出した写真についてです。それが新聞掲載されて紙の上に印刷されたときのことです。

ディヴェシャー　そういえば、あの新聞紙面では写真は、どちらかというと小さな写真でした。展示では「樹現」はいつも大スクリーンに投影されます。小さな写真で逆に奥行きが現われているというのが興味深いですね。

寺田　ある種の時間の経緯が、すでに色調のグラデーションや線の強度のグラデーションとなって作品の中に折りたたまれているということかもしれません。それが深さや次元というものを感じさせる。紙面では「樹現」の中には空間があるように思えました。その内部に空間が存在するような気がした。もちろん「樹現」は二次元です。しかし、それがあたかも3次元作品であるかのように思えた。印刷の過程でそういう効果が出たのか……。

ディヴェシャー　そうだと思います。モニターの場合は、モニター上の黒は抽象化され、〝無〟というデータとして認識される。一方、印刷された黒は濃度や強度などさまざまなニュアンスをもち、モニターよりもはるかに豊かなディテールがある。モニターの黒は、そこまで豊かなニュアンスをもたないので、空っぽのスペースとしてしか認識されません。モニター上では、黒は空間としてはカウントされない。しかし印刷の場合、黒い部分がかたちとして認識される。黒い空間自体に情報がある。

寺田　それに新聞紙はどちらかというとしっとりした感覚で、それがこの深さや次元の感覚に影響を与えているかもしれません。とするならば、本書の表紙とカバーやトビラについても、紙の質とインクの質には気を遣わなくてはならない（笑）。

ディヴェシャー　そのとおりです（笑）。

寺田　深さと次元の問題は、紙という物質の物質性に関係している。とはいえ「樹現」という作品そのものが、進化や出来というある種の時間の次元の感覚を呼び起こすものだということも事実だと思います。時間性はおそらく作品そのものの中に埋め込まれていて、この次元の感覚とはその時間の〝折りたたまれ〟からもきているのではないかと思います。

主体としての空間、空間としての主体

寺田　ロヒニさんの方法論そのものについて、もう少し別の角度から掘り下げてみたいと思います。ロヒニさんは、プリンティング・アートから出発したのですね。

ディヴェシャー　そうです。はじめは絵画をやっていて、その後プリンティングに移行しました。エッチング、リトグラフ、オフセット、シルクスクリーンなどです。現在はもっと多くの方法を使っていて、ビデオ、プリンティング、ドローイングなどさまざま。どういう方法をとるかは、プロジェクトによりますね。

寺田　方法に関していうと、とりわけロヒニさんのウォール・ドローイングについてそうだと思いますが、「樹現」との連続性を強く感じさせる。じつは個人的にもロヒニさんのウォール・ドローイングを「体験」しました。わたしが、ドイツ・ベルリンのマックスプランク科学史研究所の客員研究員だったとき、そこの回廊にロヒニさんの「部分不知 Parts Unknown」（2012年）というウォール・ドローイングが描かれていました。2つほど向うの角に自分の研究オフィスがあったので、その作品を日々「体験」していました。その「体験」から、ウォール・ドローイングは手作業であり、手によって、あるものをこの世界に出来させる作業だとまざまざと感じました。

ディヴェシャー　まさにそのとおりで、ドローイングとビデオ・フィードバックはどちらも身体化されたプロセスです。特にウォール・ドローイングは、

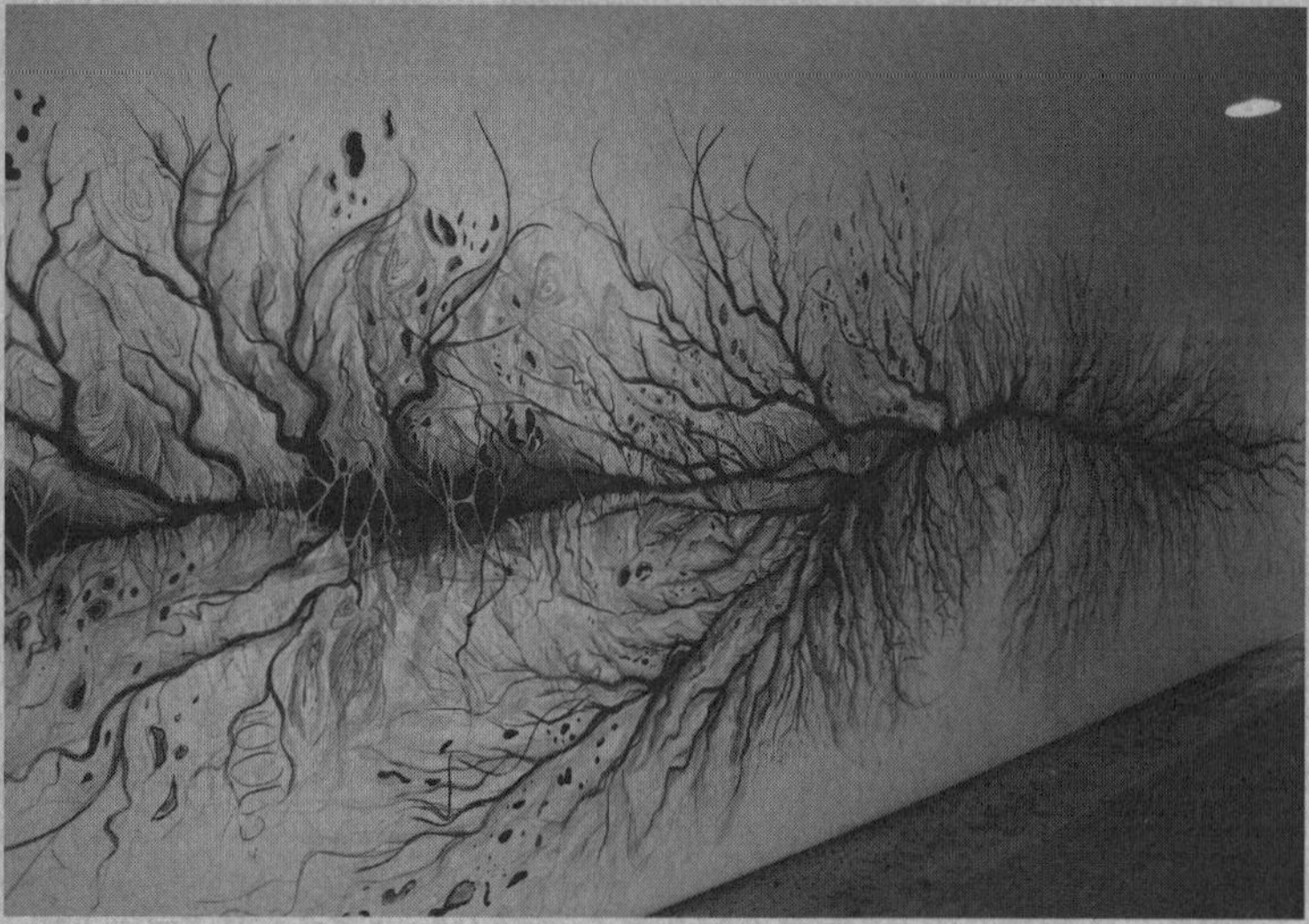

「部分不知」
ウォール・ドローイング、ミックスト・メディア、2012年
Courtesy Max Planck Institute for the History of Science, Berlin

他のドローイングとはまったく違っています。大きなスケールになるとドローイングは、まさに身体全体を使って描くことになる。身体が作品の中に入り込んでいるというか。小さなドローイングではこういう感覚はありえません。

プリントであれ、ビデオであれ、巨大なウォール・ドローイングであれ、サウンド・アートであれ、さまざまな要素がレイヤーとなり、積み重ねられ、溶け合い、複雑性を通じて何かが生まれます。イギリスのアーティストのポール・モリソンがいう「認知的景観」が生じる。向うにあるものがこちらを見返してきます。そうなったとき、それはもはや景観ではありません。理想や恐れや蠱惑《こわく》の対象としてのメタファーとしての自然です。自然が単なる受け身の存在でなくなる。問いかけてくる存在になる。

ウォール・ドローイングのはじまりのモチーフとして採用するのは植物の種子や部分、サンゴなどです。非常に特徴的なパターンをもつ素材です。そこから開始し、10日から3か月かけて描いてい

「模倣：ウォール・ドローイングⅣ」
ミックスト・メディア、2012年 Courtesy Kiran Nadar Museum of Art, Noida

く。描き重ねられたドローイングの中では原初のモチーフは消え、現実との対応関係はほとんどなくなります。

ドローイング用に設けられた壁面に描くことも多いです。カーブしていることもある。カーブしている壁面だと、覆い尽くされている感じや不安な感じが強調されます。

寺田　ウォール・ドローイングをしているときには、あたかもそのドローイングの中にいるようである。その「中の世界」というのは、どういう世界なのでしょうか。現実の世界であり、現実とは別の世界でしょうか。それは描き手が作り上げる世界だが、その作り上げた世界の中に、すでにその描き手は含まれている。

ディヴェシャー　ウォール・ドローイングの場合は、そこにアーティストという主体がいます。大きなビデオを壁面に投影するプロジェクションはウォール・ドローイングと似ていますが、あらかじめ決まった何かを壁面に投影し続けるビデオ・プロジェクションと違って、ウォール・ドローイングで何が描かれるかはアーティストが決めます。そこでは、始まりが同じだったとしても、終わりが同じだとはかぎりません。生命現象と同じです。ウォール・ドローインをグしているとき、描かれているものを流動の中に任せているような感覚になることがあります。すべては不確実でどこか落ち着かない。とはいえ、この感覚は悪いものではありません。カメラや紙の上では得られない。ウォール・ドローイングはまったく独自の経験をもたらしてくれます。

寺田　大スケールのウォール・ドローイングでは、その大きな全体をどうまとめ、どうコントロールするか、大変な集中を要するのではないでしょうか。ウォール・ドローイングの中で、全体や、終わりは意識しているのでしょうか。何が最終的決定的状態であるかを決め、何が終わりを決めるのでしょう。

ディヴェシャー　それは、どれだけ長い時間を費やしたかが決める(笑)。最初のウォール・ドローイング「種Seed」(2004年)は、ウィンチェスター美大での修士修了展でしたが、3か月間かけて行ないました。このドローイングは、一つの種子を描くことから始まりましたが、じつはその間プランをもっていたわけではありません。やっていたこととといえば、とにかく前に進むことです。次に何が起こるかはわからない。どちらに行くのかもわからない。

「模倣：ウォール・ドローイングⅣ」(部分)
ミックスト・メディア、2012年 Courtesy Kiran Nadar Museum of Art, Noida

「部分不知：異化」
7チャンネルビデオとウォールドローイングによるインスタレーション、2016年
Courtesy Spencer Museum of Art, Kansas USA. 写真提供 Ryan Waggoner.

そのウォール・ドローイングは大変細密なディテールをもったものでした。細密なディテールに集中しつつ、同時に全体をどちらの方向に向けるかということを考える。重層したタスクです。

最も新しいウォール・ドローイング作品は「部分不知：異化 Parts Unknown: Making the Familiar Strange」（2016年）と「圏群」ですが、ビデオとドローイングがインタラクションするようなハイブリッド作品です。当初は、そうすることは考えてはいなかったのですが、結果的に両者のミックスになりました。結末がはじめからわかっていたわけではありません。その空間で、こうしてみようというプランはあった。けれど、実際にその空間の中で作業を始めると現実は計画とは異なってくる。

寺田　空間、あるいは環境とアーティストの主体性の間の相互交渉ですね。あるいは、環境がすでに主体性をもっていて、アーティストはその主体性のエージェンシーであるかもしれない。そこには、ある審美的判断があり、何がよくて何が悪いかが決まってゆく。それを決めるのが主体であるともいえる。

ディヴェシャー　何がよいかを決めるのは……、必要なのは、とにかく、描くことを前に進め続けることです。前進しないのであれば、それは固着してしまう。固着を避けるには、やってくるものを捕まえる、あるいはそもそもやってくるものを作り出すことが必要です。受け身になるのではなく作品を動き出させなければならない。

大事なのは何をしようとしているかに意識的になることです。何をしようとしているかは、じつはいま何をしているかとは違う。ビデオとドローイングのインスタレーションのケースでは、ドローイングは単体のときとはまったく違った効果をもちました。そこではビデオと組み合わさることでまったく違った経験が生み出されている。

時間という必然性

寺田　巨大なウォール・ドローイングでは、方向転換はそれほど簡単じゃないんじゃないでしょうか。間違っても描き直せないでしょうし。

ディヴェシャー　いえ、そんなことないですよ。簡単です。

寺田　え？　そうですか。

ディヴェシャー　ええ。白い絵の具で塗れば終わりですから(笑)。まあ、そのぶん、時間はかかりますが。

寺田　なるほど（笑）。

ディヴェシャー　どんな絵でも同じです。アクリル・ペイントは乾くのが早い。木炭の場合はちょっと難しい。消そうとしても、ぐちゃぐちゃになってしまいます。いったん薬剤でフィックスしないといけない。フィックスはそれほど難しくもないのですが、時間はかかります。ミスしても大丈夫な時間を確保しておくことは絶対に必要です。とはいえ、それはミスかもしれないけれど、ミスではないかもしれない。それを見極めるのに十分な時間を見ておくことが大切です。

寺田　ミスとそうでないかの境界は、それほどはっきりとしているわけではないのですね。それがいかなるものであれ、作者であるアーティストがやっているかぎり、それはミスではないともいえる（笑）。

ディヴェシャー　そうです（笑）。ウォール・ドローイングについては、特にそうかもしれません。ウォール・ドローイングには決定的ミスというものはないともいえる。とはいえ、やはりミスをカバーするためにも時間を確保しておく必要はある。

　ビデオ・フィードバックの最初の作品は、ムンバイのプロジェクト88での個展でした。そのときは、デジタル的に造形した7つの映像作品を展示しました。それぞれ別のスクリーンに映したので7チャンネルです。でも、それは思ったようなものとはならなかった。失敗です。当時は理由がわかりませんでした。その後1年間、あれこれ模索を続けましたが、その過程でその7つの画像が次々に変化していった。その7つが〝親〟となり、結局63の〝子〟が生まれた。それが「血線」という作品です。つまり、作品にとっては、それがまさになされるべき作業だったということ。作品制作は、そう単純ではないです。たしかに、アーティストがやっているかぎり正解だといえるかもしれないし、それが正解だといわれるかもしれない。けれど、もしそれがうまくいかなかったらきちんとやり直すことも必要です。制作の基本はそこにある。

　わたしの作品制作のペースはどちらかというと遅いほうかもしれません。作品の制作には時間がかかります。リサーチにかける時間もそれに劣らず長い。それぞれの作品制作プロジェクトは、実験でもあります。そして、実験とは何度も行なわれなくてはならないものです。

　作品展は、単独のときもあるし、グループのときもあります。そのときによって、どうすべきかも違う。ある作品をある展示に出品する。けれど、別の展示にはその作品はあまり向かないこともある。それを判断するのは直感であり、その作品の展示される空間に身を置くことも大切です。この感覚はウォール・ドローイングでも同じです。その意味でウォール・ドローイングには、それが描いた身体の時間が折りたたまれているともいえます。

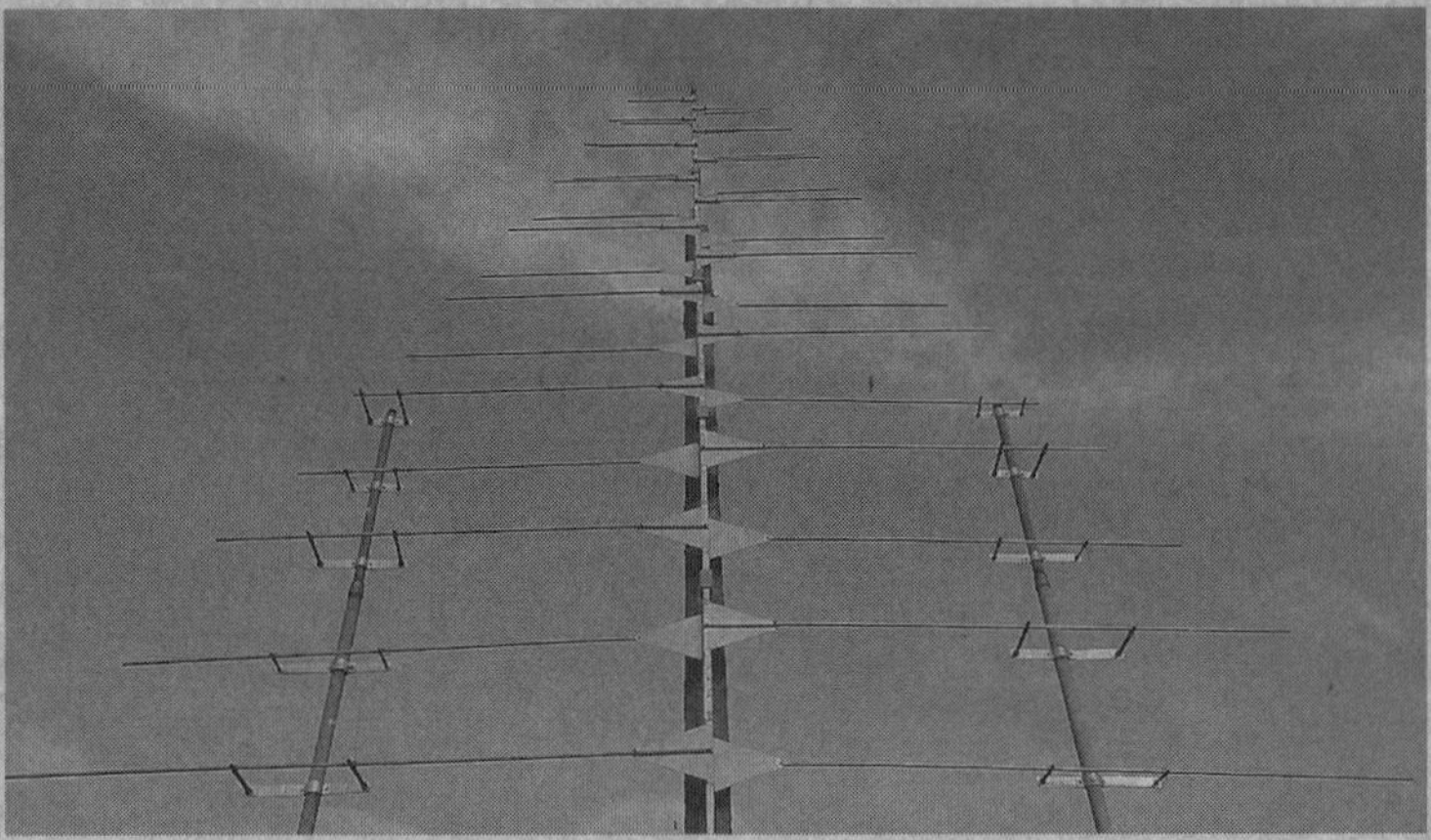

「空蒼」
シングル・チャンネル・ビデオ、2015年　Courtesy Project 88, Mumbai

科学とアート、異化、驚き

寺田　「実験」という言葉が出てきましたが、アートはある意味で科学と似ている。両方とも人間の感覚と関係しており、両方とも人間と世界との関係を問う。ロヒニさんは、サイエンス・フィクションに造詣が深いですが、それはこういう感覚と似ているのではないでしょうか。

ディヴェシャー　そうですね。

寺田　そのサイエンス・フィクションへの関心は、はるか宇宙を超えた空間への関心ともつながる。「空蒼」や「部分不知」などの作品は、直接的に宇宙や天体の問題を扱っているが、「樹現」にも間接的に残響しているともいえる。

ディヴェシャー　たしかにそうかもしれません。サイエンス・フィクション、あるいはスペキュレイティブ・フィクションとは「もし」を問うものです。いったんこの「もし」という問いが立てられると、そこに、さまざまな興味深いことが生じる。

イギリスの作家アンジェラ・カーターは、この「もし」を「たえざる問い」であると言っています［Carter 1994］。「もし」は複数の「もし」を生み、その連続こそが小説の原点である、と。サイエンス・フィクションが行なうのは、だますとか、欺くということではありません。そうではなく、スペキュレイティブ（推想的）な世界像を提示しようとする。それは未来です。その未来とは、いまここと異なった時間であり、通常の直線的な思考や時間というものからは自由なところにある。スペキュレイティブ・フィクションの時間とは、われわれの時間とは異なってもっとオープンエンドなもので、あらゆるものに開かれています。われわれが地球という惑星の上にいることの意味をより開かれたかたちで考えさせてくれる。ある意味で、人間と非＝人間、人間と惑星の間の可能性や望ましい関係についての問いを導く。

寺田　「希怪」に寄せたロヒニさんの文章は、アメリカのスペキュレイティブ・フィクション作家のジェフ・ヴァンダミアの『世界受容——サザン・リーチ三部作3』［ヴァンダミア 2015］からの一節がエピグラフとして添えられています。彼の作品世界は、異様ではあるが、ありうる世界であり、そしてそれゆえどこかノスタルジックでもある。本書第15章でレイ・ブラッドベリのサイエンスフィクション作品『火星年代記』を取り上げましたが［9］、彼の描く火星の風景がどこかノスタルジックなのともつながる。

ディヴェシャー　スペキュレイティブは未来の幻視でもあります。ただし、その未来は現在と直線的につながる未来ではない。そこでは、現状ではありえないと思われていることが起きさえもする。「もし」という問いとともに予期しなかったことが到来するのです。

スペキュレイティブという語は、スペキュラーという語からきており、この語は鏡という意味をもちます。鏡とは表面における光線の反射です。鏡は——さっき言った「ただならぬもの」と鏡像の問題とも関係しますが——ものを「異的」にする。鏡像がいくつもあるとき、まるでパターンの中に迷い込んでしまったかのように錯覚し、ひとは恐怖します。合わせ鏡に映し出された顔はもは

［9］　本書第15章352頁。

や自分の顔ではありません。サイエンス・フィクションやスペキュレイティブ・フィクションが提示してくれるのは、そういう世界です。

繰り返しになりますが、それは問いです。その問いは、実験とは何かということにもつながる。作品で何をやりたかったか、作品の中で何が起こっているか、そして作品の中で何が起こり続けるか。それらを問うことが実験だと思います。

寺田 作品の中で、ありえた作品とは別の様態の可能性を探っているというような感じでしょうか。

ディヴェシャー まさにそうです。それは「異化」であり、同時に「驚き」でもある。驚きとは、知の不在と関係していますが、ここでいう驚きとは、びっくりして驚くという驚きではないし、恐怖で驚くというのでもない。それは「異的」なものに対する驚きです。この「異的」とただならぬことはとても似ています。驚きは恐れと関係していることもある。驚きは常に驚きだけであるわけでもない。そこに身を置きたくはないが、しかしなぜか惹きつけられてしまう場があったりもする。驚きとは多面的な現象です。

これは人間の根源条件と関係する。たとえば、暗闇。デリーには、もう闇というものはなくなってしまいました。以前、わたしがアマチュア天文家として活動していたときには、デリーでもまだ星は見えましたが、いまは見えない。こういう環境では、星を見たことのない世代も出てくる。これは、人間というものを深いところで変えてしまうのではないかと憂慮します。驚きがなくなってしまうのではないか。

10年前、デリーのアマチュア天文家たちとともにあるプロジェクトを始めました。聞き書きをし、彼らの歴史をたどり、彼らの生がどれほど夜空に影響されたかを記録するプロジェクトですが、それは、ひとはどう驚きを見いだし、異的なものがなぜ出来するかという探求でもある。

ただならぬもの、美、天文

寺田 ただならぬものと美について、「コスモス」という語から考えられるのではないかと思います。本書第2章でも述べていますが[10]、「コスモス」は宇宙という意味ですが、もとは調和とか秩序という意味をもっていた。宇宙は秩序あるものであり、何かが宇宙に存在するとしたら、その存在物も秩序ある宇宙の中の一部なのだから異的ではない。とはいえ、そうだとしてもそこには何かただならぬものがある。さっきも言いましたが、フロイトはただならぬものは人間の感覚と世界とのギャップから生じるものだという。これはロヒニさんのいう天文と驚きとの関係とどこかつながるように思える。宇宙や星について考えることは超越的なものについて考えることでもあり、超越性はどこか恐れを生み出す。ただならぬという感覚は、そこから生まれるのではないか。

ディヴェシャー　なるほど。そうかもしれないです。でも、天文家たちの感覚はちょっと違う。アマチュア天文家たちは天体に愛情をもっています。天体に愛着をもち、ある種の好意の対象のようにして見ている。いまは教授となったかつてのアマチュア天文家が、「生きている」星がいきもののようにどうやって進化してきたかを語ってくれたことがあります。

ただならぬというのは、こういう感じだと思います。世界を別のかたちで見ること、世界との関係を再想像すること。アマチュア天文家の星に対する感覚は、友愛と親近感に満ちたもので、ET的な感覚とはちょっと違う。それ自体が、驚くべきことかもしれませんが。

寺田　たしかに、宇宙や地球外空間をただならぬものととらえるひともいれば、そうでないひともいる。先ほども見ましたが、フロイトはハイムリッヒ（親密）とウムハイムリッヒ（ただならぬ、「異的」な感じ）は相互に関係していると言っている。

ディヴェシャー　個人的には、「ただならぬ」や「異的」とはフロイト的意味とちょっと違うのではないかという気もしています。さっき言ったように、それは驚きに関係する。二度見したり、あれっと思って確かめたくなったりする感じ。マックスプランク科学史研究所でダイレクターを務めていた

---

[10]　本書第2章050頁。

ロレーヌ・ダストンが、驚き、畏怖、恐怖の類似性について素晴らしい論文を書いています［Daston 2014］。彼女は、驚きには、まずは「ただなるもの」を感知する感性が必要であることを述べ、さらにあらゆることに開かれている感性が必要だと言っています。つまり信じられないことが起きていることを信じる。そうなると自己が引き裂かれるが、異的なものごとに惹きつけられるとは、つまりそういう二律背反的な自己が存在しているからこそだという。この意味で異化とは環境と経験をつなぐ重要な手段です。驚きとただならぬものの間の綱渡りを通じて世界の光景が変わっていく。

寺田　天文学は、ただならぬものとさまざまに結びついていますが、その2つはどちらもロヒニさんの作品の重要なテーマです。ロヒニさんにとって天文とアートはどちらが先だったのでしょう。

ディヴェシャー　同時です（笑）。絵画はデリーの美大に入学して始めましたし、同じ年にデリーのプラネタリウムの天文グループにも参加した。ただし、このとき、天文は趣味でした。

天文をアートの問題として考えるようになったきっかけは日食です。2009年7月22日にインドでは今世紀最長の皆既日食がありました。そのとき、アマチュアグループの一員としてパトナで観測をしました。午前3時から天文台の最頂部で準備していましたが、雨が降ってきて空は雲に覆われてしまいました。観測は中止となり機器は撤収されました。

しかしその後、蝕の瞬間にははっきりと月の影が太陽を覆うのが見えたのです。鳥が狂ったようにさえずり、雨天のせいもあってまさに漆黒の闇になりました。とても強烈な体験でした。これが環境とひとの関係を問い直させたのです。ひとはどのように環境を構築し、環境はどのようにひとを構築してきたのか。天文家へのインタビューをもとにしたプロジェクトを始めました。

マックスプランク科学史研究所のアーティスト・イン・レジデンスとしてリサーチを行なったのは、このプロジェクトの後です。現在ではアートと天文は、わたしの作品の中でしっかりと結びついています。アートも天文も似ています。どちらもメタファーを用い、どちらも何かの投影である。天体は大きな鏡であるともいえます。だれもが天空に望みのイメージを投影でき、天空に投げかけた像はまた返ってくる。

寺田　そして、アートはある種のリサーチでもありますね。先ほどの実験の話ではないですが、アートはある種の実験であり、反対に天文はある種のアート行為でもある。

ディヴェシャー　まさにそうです。アートとは、問いを問うための重要な方法です。アマチュア天文家は天空と向き合う中で自己と出会っている。天体とはあまりに巨大で、それゆえそれに対峙するものは自己に向き合わざるをえない。そうなったとき、それを行なう自己が問われる。

先ほど述べたプロジェクトでインド中の天文観測所を訪問しました。観測所は荒野や人里離れたところにあり、それはまるで天体という世俗を離れたことに魅了された人々と世間との関係のメタファーのようにも思えました。場所そのものが意味をもっているのです。その後、プロジェクトの対象は海洋要塞やその他の観測施設に広がりました。そのような場所は、ひとがひとならぬものたちと関係をとり結んでいる場です。そのような場そのものがまさに人間と非＝人間の間の関係を象徴しています[11]。

呼応する人文と天文、人新世

寺田　場と関係の呼応ですね。本書第1章でも述べていますが[12]、人新世（アンソロポシーン）という概念が近年提唱されています。それは、ひとの歴史を地球史的過去に接続しようとします。さらにいうと地球はコスモス（天体・宇宙）の一部であるので、つまりひとの歴史はコスモス（天体・宇宙）史の一部でもある。そのような中で、ひと、もの、いきものの織りなす関係はどうとらえられるべきかが改めて問われている。ロヒニさんの作品は宇宙、天体、天文について扱いながら、もう一方で、植物や昆虫などに象徴されるようないきものの形

[11]　この点に関する詳細は、ロヒニ・ディヴェシャーのウェブサイト上の「考未学」に詳細な情報がある。

[12]　本書第1章030–034頁。

態やパターンを問題にしている。その意味で、人新世の問いとも重なり、同時に本書の問いと重なる。

ディヴェシャー　天文家が扱うのは、ひとを超えた次元の時間ですが、しかし同時に、あくまで中心にいるのはひとです。天文家が時間について考えるとき、それは過去であり、また未来でもある。その時間は巨大な時間軸です。けれど、その時間の中心にいるのは個々のひと。このコントラストと併存には目くるめく思いがします。このような問題をどう扱い、どう考えればいいのか。その2つの間の関係はどのように合理的に位置づけられるのか。

寺田　それは、本書のタイトルである「人文地球環境学」とも関係します。これを英訳では、ジオ・ヒューマニティーズ geo-humanities と訳しています。

ディヴェシャー　「ジオ」ということは、地質学的人文学ということでしょうか。

寺田　本書第2章でも見たように[13]人文という語は、今日では「人文学」という学門を呼称するのに使われる語ですが、日本も含む東アジアの伝統では、人文は天文の対義語で、もとは人間社会の出来事を指します。一方、天文とは天の世界の出来事です。この2つが照応している。

その考え方を人文学という学問に応用すると、人文学とは人間の世界の出来事を扱うが、それはその対としての天文という、ものの世界の出来事のこだまを聞くことであるともいえます。そう考えると、人文学はそもそもジオ・ヒューマニティーズである。

いま、ジオアンソロポロジー geoanthropology という新しい学問の形成が進んでいます。先ほどロヒニさんのウォール・ドローイングの作品があるマックスプランク科学史研究所のことをお話ししましたが、この新しい学問はこの研究所が中心になって進めていて、母体であるマックスプランク学術振興協会がマックスプランク・ジオアンソロポロジー研究所の設立に向けて動いているそうです。

マックスプランク科学史研究所のダイレクター

---

[13]　本書第2章037-041頁。

寺田　本書の「はしがき」の英訳を巻末に掲載していますが、本書自体の英訳も考えないといけないですね。

（2020年1月20日、デリー／京都、訳・寺田匡宏）

のユルゲン・レン Jürgen Renn さんはジオアンソロポロジーという学問を「人新世（アンソロポシーン）を導くにいたったプロセス、メカニズム、径路を研究する学」と定義しています［Renn 2020：375-376, 423］。

本書第1章でも述べましたが[14]、人新世とはひと、もの、いきものの関係が改めて問われている時代。そのような時代を、自然科学と人文学、社会科学の学問の最先端を統合して検討してゆこうというのがジオアンソロポロジーという学問です。

このジオアンソロポロジーはどちらかというと西洋の科学の歴史にのっとってこの新しい状況を問い直そうとしています。それに対して、ジオ・ヒューマニティーズのほうは、東アジアの伝統的な考え方をもとにして、地球環境におけるひと、もの、いきものの位置を改めて考えてみたい。そんな意図もあります。

ディヴェシャー　素晴らしい。ぜひ、英語でも読んでみたいです。

[14]　本書第1章030-034頁。

いきもの、本、文系、理系——あとがきに代えて

　この本を書いていた夏のある日、雑誌に出ていた新潮社の広告で「ドリトル先生」が文庫の新刊になることを知った。数年前に生物学者の福岡伸一の新しい訳で単行本が出ていたらしいが、知らなかった。この本は、なんだか読まなければならないような気がして——ちょうど「森が語る」という章を書いていたときだったからかもしれないが——、時間を縫って日帰り出張のついでに、少し大きな本屋に寄って買ってきた。

　ページを開けて読み始める。

　まずは、前口上が1ページくらいあって、それは、「ぼく」の一人語りだ。「ぼく」が、ドリトル先生のことを書くことになった経緯が書かれている。「ぼく」はそのとき、もう大人だが、「ぼく」がドリトル先生と出会ったのは、「ぼく」が子どものころだということが説明されている。

　あ、「ドリトル先生」って、「ぼく」がドリトル先生のことを回想するという「枠組み」をもつ小説

だったのか。

ヴィクトリア期のイギリスの小説によく見られるが、この手の「枠組み小説」では、まず、語り手が現われ、前口上を述べ、以下が語り手の体験に基づく「実話」であることが示されてから、「本題」が語られるという構造をもつ。「ドリトル先生」も、その流れをくむ小説である。もちろん、その語り手の「ぼく」を語っているのは「ぼく」ではなくて、作者であるロフティングである。

だが、「ドリトル先生」はそこでは終わらない。この前口上は、この物語の本当の語り手が、「ぼく」ではなく、オウムだというのだ。なんと、つまり、オウムが「ぼく」に語ったドリトル先生の物語を、「ぼく」がさらに読者に語る、という趣向だ。ここには、三重の語りの入れ子構造があり、その一番内側の語りは、オウムという「鳥の語り」なのだ。しかも、ドリトル先生は動物と話せる獣医なのだが、動物のほうはひとの言葉が話せない。だが、オウムはひとの言葉を話す。オウムがドリトル先生の事績を伝えるというのは合理的だ。子ども向けのお話だが、なんという凝った小説なのであろう。

前口上が終わると、いよいよ、物語が始まる。沼のほとりのパドルビーという町の紹介。そこに住む、猫のエサ専門の猫肉屋との出会い、というあたりから、先を読まないでも、もう一気に、記憶の中から、物語の中のひとといきものたちが向こうからやってきた。猫肉屋のマシュー・マグ、犬のジップ、豚のガブガブ、アヒルのダブダブ、あと何がいたっけ、〝奇妙奇天烈〟だったか、〝行きつ戻りつ〟だったかそんな名前の変わったいきものもいたぞ……。

「ドリトル先生」の熱心な読者だったのは、小学校4年生のころだった。

当時、時間割に、「読書」の時間というのがあった。「読書」の時間は、学校の図書室に行って、1時間、本を読む。

図書室はコの字型になった校舎の南棟の一番上の階の先端にあった。コの字でいうと、二画目の入筆の場所だ。ちょっと立て付けの悪い木の開閉式のドアを開けると——他の教室はすべて引き戸だったのだが、ここだけは、なぜかドアだった——右手にカウンターがあって、司書の女の人がいた。ちょっとかっぷくのいいオバサンという感じの女の人だったと思う。

部屋の中には、四面に本棚があって、机といすが講義室のように並べてある。教室の机は、一人ひとりに分かれている机だが、ここのは長机だ。「読書」の時間は、その机に座って、1時間（というか一時限は45分だった）本を読むのだが、まず、その前に図書室に入ったら、本棚から本を選ぶ。

本棚には何があったのだろうか……。時間割に「読書」の時間があったのは、中学年以上だったから、ここにあるのは、中学年以上向けのいわゆる読み物や調べるための本だ（低学年用の絵本は、低学年の各教室に備えられていた）。

右手の、背より少し高いくらいの本棚には、年鑑や辞書などがあった。左手の窓際には、二段ほどの低い本棚が二列になって置かれていて、そこには、図鑑や学研の科学まんがなどが配架されていた。

だが、なんといっても、この部屋の中心は、部屋の正面の壁面いっぱいに（天井はそこそこ高かったので、本棚の上のほうの棚にある本など、どうやって取っていたのだろう。はしごがあったのだろうか）設置された本棚にある本たちだった。

そこにあるのは、お話や、読み物、物語など。図書館分類の十進法でいうと「9」のジャンルにあたる本たちだ。「ドリトル先生」のシリーズもここにあったが、そのほかにも、怪盗ルパンや二十面相のシリーズもあった。偕成社文庫や岩波少年文庫もそろっていた。本書の中で河合雅雄のことを書いたが、福音館日曜文庫から出ていた彼の『少年動物誌』を読んだのもこの本棚だった。

この福音館日曜文庫に入っている本は、ちょっと大人びた感じのする本たちだった。河合雅雄のほかにも、石牟礼道子や石井桃子のエッセイが入っていたりするラインナップもそうだが、瀟洒なフランス装で、その独特の手触りが他の子ども向けの本と雰囲気に一線を画していた（装丁は栃折久美子と後で知った）。6年生になったときには、読書の時間の後にちょっとした感想のプレゼンテーションの時間も設けられるようになったが、そのときに、オオノくんという男の子が、この福音日曜文庫の『TN君の手記』（なだ・いなだ作）を取り上げ、TNとは中江兆民のことだと言ったのを聞いて驚き、ずいぶんと大人の世界のことのように感じた。自由民権運動は、歴史の時間に習ったのだが、TNというイニシアルで書かれているだけなのに、そのバイ・プレーヤーともいえる中江兆民の名を言い当てるとは、ずいぶんと大人びた友だちがいるのだと思ったのだ。アカサカくんという少年は、岩波少年文庫の『水滸伝』にずいぶん入れあげていた。あまりに面白いと彼が言うので、ぼくもつられて読み始めて、面白くは思ったが、なぜかはじめの1巻くらいでやめてしまった。

この棚のちょうど正面のちょっと背伸びをして取るくらいの棚に『ドリトル先生』の本がそろっていた。全13巻。岩波書店の固いクロスで装丁されたしっかりとした本。けれども、多くの子どもたちに読まれ、借り出されて、〝ぐさぐさ〟になっている巻もあった。巻末についているリストを見て、1巻ずつ借り出していった。順番どおりではなかったと思うが、ずいぶんと熱中した。

『ドリトル先生アフリカ行き』というタイトルがあった。いまにして思えば、本書の中で取り上げたイギリス帝国のアフリカにおける植民地主義の問題をはらんだ巻ではあろう。『ドリトル先生月へ行く』というようなタイトルもあった。これも、本書で取り上げた「火星移住」の問題に通じる。人生のことはすべて幼稚園の砂場で学ぶ人もいるくらいなので、問題は、すでに、「ドリトル先生」の中に出そろっていたのかもしれないが、もちろん、小学生のときにはそんなことは、知る由もない。中身の面白さと、語り口の面白さがうまくはまったのだろう。あまりに面白かったので、歩きながら読んでいたくらいだ。学校の帰りに、ランドセルを背にしながら、歩きながら読んでいた。線路の横の道を、歩きながら読んでいた10歳のころの自分の姿と、そのときの自分の中の感じはしっかりと覚えている。線路の角を曲がると、石材屋があって、その石材屋の影になった感じだとか。

「ドリトル先生」シリーズの横には、同じ岩波の同じような装丁のアーサー・ランサムの「ツバメ号とアマゾン号」シリーズもあって、そういう本があることは認識はしていたのだったが、こちらには、なぜか当時まったく手をつけなかった。アーサー・ランサムに熱中したのは、その10年後くらいのことだ。

子どものころからいきものは身近にあった。

そのころを、大阪と神戸の間の中間あたりの阪神間といわれる住宅地で過ごしたが、そこは、20世紀になってから開発が進められたところで、まだまだ自然があった。大人になってから、オーストリアやサラエボやチリなど、ヨーロッパや南米でも同じころに開発された住宅地に行ったことがあるが、どこも似たような雰囲気だ。近代の住宅開発もグローバルな現象の一つだろう。自然と近代のある種の均衡のあり方ではあろう。

この地域は山と海が迫っている地形だったが、海は埋め立てられていたし、ずいぶんと汚れていたので、日常的に遊ぶという関係性はなかったが、川と水は近しいものだった。

平坦な部分に展開する市街地にまで降りてくると、川は〝小川〟くらいの感じになるが、少し山に入ると、それはせせらぎや渓流である。週末にハイキングに行き、六甲山の花崗岩が崩れてできた川床の小石をめくると、そこにはすぐに沢蟹が見つかった。

沢蟹を持ち帰り、木陰に置いた〝たらい〟や〝バット〟に砂利と水を入れてかまぼこを2ミリ角くらいに小さく刻んだものだったか、ごはん粒だったかを与えていたが、どれも長生きはしなかった。

ザリガニもよく取った。近くには山からの湧水でできたわりと大きな池が2つくらいあった。タニシを取って、殻をつぶしたものをエサにして、〝ザリガニ釣り〟をする。釣れたザリガニも、木陰に置いた〝たらい〟に入れて、上に金網を張る（逃走防止のため）。緑色になった水の中で、脱皮したり、子どもを孵したりした。おなかにプチプチした卵を房のようにぶら下げた親ザリガニや、薄い茶色で親そっくりの小さな子ザリガニを見ているのは面白かった。

その〝たらい〟を置いていた木陰の上の木の枝で山鳩が巣をつくったこともあった。ひながかえり、少し大きくなったころ、こっそりと木に登ってみた。巣の中には思ったよりも大きなひながいて、灰色のふわふわした羽毛に包まれたそれは、大きな口を開けて何かを叫んでいた。怒っていたのだ。このことは、学校に提出する作文に書いた。それは、印刷されて文集に載った。

いきもののことを読むのも好きだった。北海道の自然の中でのさまざまないきものとの暮らしを描いた「ムツゴロウ・シリーズ」（畑正憲著、文春文庫）は、小遣いで買いそろえた文庫本の初めての本たちで、何度も読み返した。「ドクター・ヘリオット」というスコットランド（グラスゴー）の獣医師が書いた「動物もの」の文庫本も熱心に読んだ。この本の訳者は池澤夏樹で、池澤さんが『スティル・ライフ』で芥川賞を受賞する前の翻訳者時代の訳業にあたる。池澤さんの本は、その後、ずいぶんと読むことになったし、国立歴史民俗博物館で研究員をしていたときには、講演会を企画して講師として来ていただいたこともある。本書の中にも2か所、池澤さんの名前が出てくるが、考えてみれば、ずいぶんと長いおつきあいだったことになる（おつきあいといっても、もちろん一方的だが）。

クロコくんに出会ったのは、山の上の高校に通っていた高校1年生のときだった。

彼は、阪神間の別の有名進学校の私立高校を受験したのだが、果たせず、この高校に来たのだとかで――というウワサで――なんとなく、屈折した雰囲気があった。とはいえ、その山の上の高校は、旧制中学の伝統を引くいわゆるナンバースクールで悪い学校ではなかったので――というか、大半の生徒たちは、その学校を目指していた――、その彼の鬱屈はあまりだれにも理解されるというものでもなかった。

クロコくんの〝実力〟に初めて気づいたのは、古典の時間だった。

入学してまだ日が浅いころだ。『伊勢物語』の中に「東下り」の段というのがある。それを勉強していたころだ。そのエピソードは「つついつつ　いづつにかけしまろがたけ　すぎにけらしな　いもみざるまに」という短歌を詠み込んだもので、そこには、「井戸（井筒）」と「居つつ」という掛け言葉や、「見ず」「水」という縁語などの技法が用いられている。そのほか、この段に登場する短歌には、「からころも　きつつなれにし　つましあれば　はるばるきぬる　たびをしぞおもふ」というのもあって、それは五七五のそれぞれの冒頭の文字を拾うと「かきつばた」という語になる、という折り句である。そんな授業だった。

古文は、ニシノ先生という先生が担当で、この人は若い女の先生だったのだが、いつもかっちりとスーツを着て、にこりともしない人で、ずいぶんと厳しい人だと、みんななんとなく敬遠する雰囲気があった。

が、いま考えると、教員暦2、3年の先生だったようで、男女共学の学校で半数は女子だったとはいえ、男の生徒の元気はよく、きっとぼくらになめられないように、と気を張っておられたのだろうと思う。ちょうど俵万智の『サラダ記念日』が出たころで、この先生は、俵万智と同じくらいのキャリアで、おそらく生年も同じくらいだったのではなかろうか。同じ女性で、同じ古典の先生でもあり、そんなこともあって、もしかしたら、ニシノ先生は俵万智にほのかな憧れをもっていたかもしれない、と思いあたる節もないでもない。

俵万智に「万智ちゃんを先生と呼ぶ子らがいて神奈川県立橋本高校」という一首があるが、それを引いていうなら「先生をチエちゃんという子らがいて兵庫県立山の上高校」である。先生には、たいがいあだ名がついていたが、生徒たちは、このニシノ先生のことを下の名前で「チエちゃん」と呼んでいた。チエちゃんというには、あまりにかっちりしすぎた先生だったが、そこのところのギャップの妙もふくめた呼び名というわけだ。

で、このチエちゃんが、掛け言葉や折り句を用いた短歌を作りなさいという課題を授業で出した。みんな、それぞれ頭を絞って小さな短冊を提出すると、次の授業でプリントにしてくれた。その中に、クロコくんの作品もあったが、一読して、舌を巻いた。

こうべあぐ　古りし校舎を　背におきて　木々霞立つ　蒼き長雨に

頭を上げて見上げる山の上の古びた校舎。それを背景にしてうっそうと茂るクスノキの大樹たちとそこにしとしとと降る梅雨の雨。

こうべとは「首」あるいは「頭」であるが、文字通り、ここには「神戸」という高校の名前がかかっている。この高校の校舎は、山の中腹にあって、その校舎を見るためには、頭を上げることになるが、同時に、坂道はきつく、毎日の登校には、あごが上がる感じがするのが巧みに織り込まれている。古りし校舎……古城のような校舎は、イギリスのイートン校をモデルにしたというアングリカン・ゴシック様式の20世紀初頭に建てられた天井の高い廊下で——のちに、ケンブリッジ大学に行ったとき、この高校の校舎を思い出してなぜだか懐かしい思いになったのだったが——、まだそれになじみ切っていないぼくには、「古りし」とは、その迷宮をいい当てているような気がした。この「古り」には「降る」が掛かる。古びた校舎に降る蒼い長雨の眺め。青は青春の色ではあるが、蒼と書かれると、ちょっとニュアンスも違う。いまにして思えば、「霞立つ」は春の枕詞なので、「樹々立ち尽くす」くらいのほうがいいのかもしれないが、しかし、それは別として、何ともメランコリックで重層的な歌だ。

こんな作品を作れるやつがいたのか、と目を見張る思いをした。ちょうどこの授業のころは梅雨時だったが、長く続く雨という沈鬱な雰囲気がよく出ている。

とともに、ドイツ語では、意気消沈するなよ、と励ますときに、コップ・ホッフKopf hoch!（こうべをあげよ）と言う。もしかしたら、これは、意に染まない進学をしてなんとなく鬱屈していた、クロコくん自身への励ましというか、気分を切り替えるための何かだったのかもしれない。

クロコくんは図書委員会、ぼくは、新聞委員会に所属していた。たぶん、二人とも高1の秋ごろに入部したのだったと思う。この高校は、進学校ではあったが、同時に、旧制中学的文化というか、課外活動もしっかりとやるという雰囲気があって、男子生徒の大半は運動部に所属していて、ぼくも、どこかの運動部に入ろうと思ったのだが、なんとなく入りそびれているうちにいつの間にか秋になってしまったのだった。文化部もあったが、かといって、なんとなく文化部もしっくりこない。それほど親しくはなかったが、同じ中学校出身の友だちが新聞委員会に入っていた。当時は、新聞などまったく〝はやらない〟感じで、メンバーは、その彼と、もう一人、一学年上の聖書研究会（というクラブがあったのだ！）とかけもちをしている女のひとだけという何ともしんみりした感じだったが、書くことは好きだったし、ここだなという感じもあったので、そこに入ることにした。以後、この新聞委員会は、自分の居場所というようなところになり、放課後、だれもいない天井の高い新聞委員会室で、過去のバックナンバーをあさったり、書き物をするというのが日課になった。

クロコくんもたぶん、同じような経緯で、図書委員会にたどり着いたのだろう。図書委員会も――新聞委員会に増して――、人気はまったくなく、部員は、彼一人だった。彼も運動部に入ろうとしていたくらいだから、オタク的というわけではなかったが、本は好きだったみたいだ。彼とはあまりつっこんで本の話をしたことはなかったが、SFや翻訳物をよく読んでいたようだ。本書の中で、ブラッドベリの『火星年代記』を取り上げたが、ブラッドベリの名前を聞いたのもクロコくんからだった。ただし、そのとき教えてもらったのは、『火星年代記』ではなくて、『十月はたそがれの国』と『たんぽぽのお酒』だった。ブラッドベリの少年時代をみずみずしい感性で描いた『たんぽぽのお酒』は愛読書となり、いまでも本棚の一番いいところにおいてあるが、肝心のSFのほうを読んだのは、ずいぶんと後になってからのことだ。


……で、なんで、わざわざこうして遠回りしてクロコくんのことを書いてきたかというと、それは、この本のテーマの一つでもある、文系と理系の問題にかかわる。

それは、高校2年生の冬のことだ。

彼とは、高2でも同じクラスになった。このとき、一学年には、11クラスもあったのだから、2年連続で同じクラスになるというのは、それなりに縁があったともいえる。このクラスは、みんなさっぱりした人が多く、だれとも仲良かったが、クロコくんと、シナノくんとは、三人組みたいな感じで、比較的〝つるむ〟ことが多かった。

それはともかくとして、そのクラスは、大半の男子生徒が〝理系向け〟の科目選択をしているクラスだった。ここでいう、文系、理系というのは、選択科目の選択の仕方を意味し、ひいては、どのような大学の学部を受験するのかという問題と絡んでくる。高校2年段階では、はっきりとは文系、理系に分かれていたわけではなかったが、高3で理系クラスに行く、というのがこのクラスの男子生徒の大半の科目選択だった。理科における科目選択が生物、化学、物理、地学の4つを選択していて、社会においては、世界史1科目だけという男子生徒が集まっていたのがこのクラスだった。反対に、女子生徒の大半は、〝文系向け〟の選択で――これはまだ未解決のジェンダーの大きな問題なのだが――、物理と化学の代わりに、日本史を選択していた。とはいえ、この段階では、文系、理系ははっきりと分かれていたわけではなく、最終的には、高3に進学する段階で決めることになっていた。

その選択の希望を提出するのが、高2の3月だった。クラスの大半の男子生徒は、さっさと既定路線である理系に向けての進路希望を出した。この選択から、高3で文系の選択に変わるのも「ありえる」ことではあったが、それは「文転」と呼ばれていた。このころ、現代国語の授業で、遠藤周作の『沈黙』を読んでいた。この小説は、江戸初期の長崎でのキリシタンの転教が題材になっている。それにひっかけて、「文転」希望者が「ころび」と冗談めかして呼ばれることもあった。ちょっとひょうきんなところのあった中国系の生徒のカクくんがよくそう言っていた。神戸という中国出身の人々が多く住む貿易都市にあった高校だったので、中学まで華僑系の民族学校で学んでいた生徒が、高校から日本の高校に進学してきていたのだ。中国人である彼らは、とはいえ、ごく普通の日本語を話し、「日本人」とまったく同じだったのだが、総じてどことなく大人っぽい感じがした。「ころび」という言葉を思い出すと、よくもまあ、こんな絶妙の語を思いついたものだと、なんだかほほえましくなる。

ぼくは漠然と大学ではいきものに関することをやりたいと思っていたのだったが、一方で、文系のこともやりたいとも思っていた。といって、それが、何なのかは、いまひとつよくわからず、自分でもどうすればよいのかよくわからなかったというのが正直なところだった。それなりに、先生や、まわりの大人や友だちに相談して、答えはもらっていたが、結局のところは、自分で、これ、という解答にはなかなかたどり着かなかった。時間は、どんどんと過ぎてゆき、希望調査の書類の提出の締め切りも過ぎてしまったが、それでもまだ結論が出ず、担任の先生に言って、提出を待ってもらった。

そうこうするまま、とうとう、来年度のクラス編成の会議が行なわれるという日になった。もう、春休み前の――というか、3学期の終業式当日の――ことだった。式が終わり、クラスでちょっとした何かをして、そのあと、文集を配ったりして、昼前には、もう、三々五々、みんな引き上げていた。

運動部は、グラウンドや体育館でそれぞれの活動をし、校舎内では、吹奏楽部の部員たちが練習する楽器の音が響きわたっていた。

3時から会議があるから、それまでに結論を出すように、と担任のアカシ先生から言われた。もう、後はない。決めなくてはならない――。

切羽詰まっていたのだったが、そのとき、一緒に考えてくれたのが、クロコくんだった。一つずつ、何をやりたいのか、どう思っているのかを聞き取って、ノートに書き出してくれた。クロコくんの几帳面な丸っこい字はいまでもはっきり覚えているが、ノートの真ん中に縦に線を引き、片側に文系、片側に理系、そのそれぞれで、何をやりたいのか、それに対する問題点は何かを書き、その解決方法も一緒に考えてくれた。

それでも、悩み続け、3時が近づいてきた。

そのころには、クロコくんはもう帰っていて、ぼくは、海が見える校舎の最上階の空っぽのだれもいない教室で、ぼんやりと一人で考えていた。と、不意に、放送が流れ、校内放送で名前が呼ばれた。職員室に呼び出されてしまったのだ。

さすがに、職員室への長い階段を降りてゆくころには、もうハラも決まっていて、結局、ぼくは、高3で文系クラスを選ぶことにした。時間ぎりぎりにものごとを決めることを英語では〝ラスト・ミニッツ〟というが、まさに、最後の最後だった。そして、次の高3の一年間は、文系向けの勉強をして、大学は文系の学部に入った。

今考えると、まあ、そこまで悩む必要もなかったのだし、欧米では、文系に入学した学生が大学院で理系に変わることなど普通なのだが、そんなことは当時知る由もなかったので、このような一幕となったわけだ。

この本を書き終え、あとがきまでたどり着いてみると、なんだか、遠かったような、けれども、それは、それでしかありえなかった道でもあったような気がして、あのときのクロコくんに返事をしているような気がする。たしか、高1の国語の教科書に黒井千次のエッセイが載っていて、それは、同窓会に出て高校時代を回想する黒井千次が、結局のところ、みんな、高校時代に抱えたものたち――これを黒井はハイタイと呼んでいた。「胚胎」である。「ハイタイ」を漢字にせよ、というのが定期試験に出たので覚えている――のまわりをめぐっているのだった、ということに気づくというような内容だったと思うのだが、その道は、遠かったような、近かったような、あるいは、それは、もともと同じだったかもしれない道という実感がある。

いや、そもそも、本書のテーマの一つである「人文」という言葉そのものが、あの高校時代に〝胚胎〟していたのかもしれない。

高校の校歌は、この学校の前身の旧制中学出身であった中国文学者の吉川幸次郎の作詞だった。その二番の歌詞が次のようなものだ。

わこうどはむねのとを　ひかりにひらけ　きみみずや　学問のきびしめざし
わがものときわむる　自然人文の　真理のつばさはばたけば　わかきひとみのかがやくを

一番では「海彼《かいひ》の夢」が、三番では「人生と歴史」がうたわれるのだが、二番では学問がうたわれる。厳しい学究であった吉川ならではの詞である。

ここに「自然・人文」という語が出てくるのだが、ここでの「人文」のよみは「じんもん」であった。入学したとき、吉川の毛筆の手紙のレプリカが配られた。彼の詞への思いを述べたものだったが、その中で、彼は「しぜん・じんもん」が据わりが悪いのではないかと気にしている。

確かに、「しぜん・じんもん」は据わりが悪い。「人文」が「自然科学」と対になる「人文科学」であるなら、その読みは「じんぶん」である。一方、もし、「人文」を「じんもん」とよむなら、その対になるのは「自然」ではなく「天文」である。吉川は、中国文学者であったから、人文《じんもん》の対になるのが天文《てんもん》や地文《ちもん》という語であることは当然知っていた。据わりがよいのはそちらである。

だが、この詞が書かれたのは、戦後の新制高等学校の発足期である。本書の中で「なる」＝ビカミングをめぐる小史を述べた中で、戦時中に刊行された『日本国家科学大系』という書籍を紹介したが、この歌詞が書かれた戦後には、戦時中の超国家主義に基づく科学ではない、新しい科学への期待と希求が大きかった。民主主義科学者協議会が発足し、『思想の科学』が創刊した。後者には、本書の中で何度も登場した丸山眞男が参加している。そんな中、天文などという中国古典由来の語を用いたら「反動」とも言われかねない。歌詞は、「自然」と「じんもん」が対になるという折衷的なものとなった。

歌詞の据わりの悪さには、日本の近代・現代における科学・学問の歴史上の相克が関係している。その据わりの悪さが僕の中にずっと〝胚胎〟していて、この本が書かれたといえるかもしれない。

クロコは、ぼくが大学院の修士課程のとき、死んだ。

夏の夜、電話が鳴り、受話器を取ると、クロコの弟です、という機械的な押し殺したような一方的な声が聞こえ、その後、その声が一気に「クロコは昨日、死にました」と言い、そして、その後、長い長い嗚咽が続いた。

彼は、一浪して北の国の大学の理学部に行き、古生物学を専攻し、引き続き、大学院で勉強していた。不慮の事故だったようだ。高校のときは図書委員会だった彼が、大学ではアメリカン・フットボール部に入っていた。一度、彼が帰省したとき、アメフトのユニフォームを見せてやると言って、なぜか、クルマで一緒に夜中に高校に行き、校庭のグランドに付属しているスタンドで彼がヘルメットやショルダー・パッドなどアメフトの装備に着替えて、校庭を走るのを見ていたことがあった。ラグビー部は、ぼくらの高校の運動部の花形だった。もしかしたら、彼は、高校でラグビー部に入りたかったのかもしれなかったが、その埋め合わせを大学でしていたのだったのだろうか。

北の街で行なわれた葬儀には参列しなかったが、それからすこし経ってから、彼のお母様から封筒が届き、その封筒を開けてみると遺品が入っていた。ホーローでできたアメリカかどこかの町名表示のプレートのようなもので、どうして、それが送られてきたのかはわからなかったが、もしかしたら、彼にとって――あるいは、彼ら家族にとっての――何らかの思い出につながるものだったのかもしれない。それとともに、ちいさな紙包みがあって、「息子から、あなたは本が好きだと聞いていましたので、これを送ります」というメッセージがそえられた図書券が入っていた。そんな風に、彼はぼくのことを彼の家の中で話していたのか。そう思うと、なんだか、胸が熱くなった。

「おーい、クロコ、どうしているか？　そっちで、元気にやっているか？　化石の研究は続けているか？　もしかしたら、アメリカで学位でも取っているかもしれないよな。こっちは、こんな本を書いたぞ。結局、文系と理系に分かれたけど、もしかしたら、なんだか、近いところにいたのかもしれないよな。不思議だな。この本を読んだら、また、いつか、感想を聞かせてくれよ。楽しみにしているぞ」

この本を書き終えたいま、こんなことを、彼に、伝えたい気持ちだ。

引用資料

ウェブサイト

アメリカ科学連盟　https://fas.org/issues/nuclear-weapons/status-world-nuclear-forces/

ＩＭＦのＧＤＰランキング　https://www.imf.org/external/datamapper/NGDPDPC@WEO/OEMDC/ADVEC/WEOWORLD

ＩＰＣＣ　第５次評価レポート　https://www.ipcc.ch/assessment-report/ar5/

国立国会図書館デジタルコレクション　https://dl.ndl.go.jp/

国連開発計画　http://hdr.undp.org/en/content/human-development-index-hdi

国連開発計画の人間開発データ http://hdr.undp.org/en/2018-update

世界核協会　https://www.world-nuclear.org/information-library/current-and-future-generation/nuclear-power-in-the-world-today.aspx

ＷＨＯ出生時平均余命データ　http://gamapserver.who.int/mapLibrary/Files/Maps/Global_LifeExpectancy_bothsexes_2016.png

日本分析センター　https://www.kankyo-hoshano.go.jp/kl_db/servlet/com_s_index

水俣病センター相思社　http://www.soshisha.org/jp/

ロヒニ・ディヴェシャー　http://www.rohinidevasher.com/

辞典・事典

大貫隆・名取四郎・宮本久雄ほか（編）（2002）『岩波キリスト教辞典』岩波書店

中村元、福永光司、田村芳朗ほか（編）（２００２）『岩波仏教辞典』第２版、岩波書店

西尾実、岩淵悦太郎、水谷静夫（編）（１９７９）『岩波国語辞典』第３版、岩波書店

日本国語大辞典第二版編集委員会、小学館国語辞典編集部（編）（２０００）『日本国語大辞典』第２版、小学館

福田アジオほか（編）（１９９９－２０００）『日本民俗大辞典』上下、吉川弘文館

村松明、三省堂編修室（編）（１９８８）『大辞林』初版、三省堂

諸橋轍次（１９６０＝１９８８）『大漢和辞典』全13巻、大修館書店

Jürgen Mittelstraß (Hrgb.) (2004). *Enzyklopädie Philosophie und Wissenschaftstheorie*, Stuttgart: J.B. Metzler.

Reduction Shule und Lernen (2002). *Schülerduden: Philosophie*, Manheim: Duden Verlag.

Stevenson, Angus (ed.) (2007). *Shorter Oxford English Dictionary*, Sixth edition, Oxford: Oxford University Press.

映像

土本典昭（1971）『水俣――患者さんとその世界』

文献

［日本語］

飯塚正浩（2015）「縄文貝塚に見るものの再利用」神奈川県教育委員会（編）『考古学から見た「ゴミ」事情』神奈川県教育委員会

池上俊一（1990）『動物裁判』講談社現代新書

池澤夏樹（訳）（2015）『古事記』池澤夏樹（個人編集）日本文学全集、河出書房新社

石川智士、渡辺一生（編）（2017a）『地域と対話するサイエンス――エリアケイパビリティー論』勉誠出版

――（2017b）『地域が生まれる、資源が育てる――エリアケイパビリティーの実践』勉誠出版

石原孝二、河野哲也、向谷地生良（編）（2016）『精神医学と当事者』東京大学出版会

石牟礼道子（1969=2011）『苦海浄土』池澤夏樹（個人編集）世界文学全集Ⅲ―04、河出書房新社

――（1976=2013）『椿の海の記』河出文庫

――（1999）『アニマの鳥』筑摩書房

磯部洋明、寺田匡宏、熊澤輝一、遠山真理（2018）「先端技術と向き合う〈第4回〉地球の外にいくつもの「環境」ができるとき――新たなアクターが拓く火星移住という未来」『Humanity & Nature』72

伊谷純一郎（2007－2009）『伊谷純一郎著作集』全6巻、平凡社

市野澤潤平（2015）「プーケットにおける原形復旧の10年――津波を忘却した楽園観光地」［清水・木村　2015］

井波律子（2016）『完訳　論語』岩波書店

猪俣ときわ（2016）『異類に成る――歌・舞・遊びの古事記』森話社

今西錦司（1941=1993）『生物の世界・山岳省察・山と探検』今西錦司全集、第1巻、講談社

――（1980）『主体性の進化論』中公新書

色川大吉（編）（1995）『新編水俣の啓示――不知火海総合調査報告』筑摩書房

岩田健太郎（2020）『感染症は実在しない』集英社インターナショナル新書

ヴァンダミア、ジェフ　酒井昭伸（訳）（2015）『世界受容』サザン・リーチ三部作3　ハヤカワ文庫

ヴィトゲンシュタイン、ルートヴィヒ　丘沢静也（訳）（2013）『哲学探究』岩波書店

植垣節也（校注・訳）（1997）『風土記』新編日本古典文学全集、小学館

大橋力（2019）「利他の惑星・地球［生命編］第4回　死の起源」『科学』89－7
大貫良夫（編）（1995）『最初のアメリカ人』モンゴロイドの地球 5、東京大学出版会
大村敦志（2019）「初心に帰る、失われた自然法を求めて」『UP』560
緒方正人（語り）辻信一（構成）（1996）『常世の舟を漕ぎて――水俣病私史』世織書房
隠岐さや香（2018）『文系と理系はなぜ分かれたのか』星海社新書
岡田浩樹、木村大治、大村敬一（編）（2014）『宇宙人類学の挑戦』昭和堂
小澤俊夫（1999）『昔話の語法』福音館書店
折口信夫（1932＝1966）「日本文学の発生――その基礎論」『折口信夫全集』7、中央公論社
金子郁容（1992）『ボランティア――もうひとつの情報社会』岩波新書
金田久璋（2018）『ニソの杜と若狭の民俗世界』岩田書院
柄谷行人（2019）『世界史の実験』岩波新書
紀平正美（1942）『なるほどの哲学』畝傍書房
――（1943）『建国の哲学』満州冨山房
ギンズブルク、カルロ　竹山博英（訳）（1988）『神話・寓意・兆候』せりか書房
ギンズブルク、カルロ　上村忠男（訳）（2012）『裁判官と歴史家』ちくま文庫
草山万兎（1997－2014）『河合雅雄の動物記』全8巻、フレーベル館
熊野純彦（2018）『本居宣長』作品社
倉野憲司（編）（1963）『古事記』岩波文庫
グレーヴィチ、アーロン　川端香男里・栗原成郎（訳）（1999）『中世文化のカテゴリー』岩波書店
河野貴美子、Wiebke Denecke（2016）「『日本「文」学史』A New History of Japanese "Letterature" の試み」『リポート笠間』61号
河野貴美子、Wiebke Denecke ほか（編）（2015）『「文」の環境――「文学」以前』日本「文」学史第1冊、勉誠出版
――（編）（2017）『「文」と人びと――継承と断絶』日本「文」学史第2冊、勉誠出版
――（編）（2019）『「文」から「文学」へ――東アジアの文学を見直す』日本「文」学史第3冊、勉誠出版
國分功一郎（2017）『中動態の世界――意志と責任の考古学』シリーズケアをひらく、医学書院
コルバート、エリザベス　鍛原多惠子（訳）（2015）『6度目の大絶滅』NHK出版
コルバン、アラン　橘川俊忠ほか（訳）（2000）『感性の歴史学――社会史の方法と未来』神奈川大学評論ブックレット
佐藤仁（2019）『反転する環境国家――「持続可能性」の罠をこえて』名古屋大学出版会
佐藤隆宏、和田泰三、杉原薫ほか（編）（2012）『生存基盤

指数――人間開発指数を超えて』講座生存基盤論5、京都大学学術出版会
清水展（2003）『噴火のこだまピナトゥボ・アエタの被災と新生をめぐる文化・開発・NGO』九州大学出版会
――（2012）「自然災害と社会のレジリエンシー（柔軟対応力）――ピナトゥボ山大噴火（1991）の事例から「創造的復興」を考える」［佐藤ほか（編）2012］
――（2017）「サステイナビリティーからエリア・ケイパビリティー（AC）へ――地域資源の活用によるダイナミックな社会発展を目指して」［石川・渡辺（編）2017a］
清水展、木村周平（2015）（編）『新しい人間、新しい社会――復興の物語を再創造する』災害対応の地域研究5、京都大学学術出版会
新海誠（2019）『天気の子　公式ビジュアルガイド』KADOKAWA
菅原和孝（2002）『感情の猿＝人』弘文堂
高楠順次郎（1924-1934）『大正新修大蔵経』大正一切経刊行会
立川武蔵（2019）『仏教原論――ブッディスト・セオロジー完全版』KADOKAWA
立花隆（1985）『宇宙からの帰還』中公文庫
田中希生（2018）「本居宣長の生成論と近代――丸山真男と小林秀雄」『想文』1
谷泰（1997）『神・人・家畜――牧畜文化と聖書世界』平凡社
谷口真人、杉原薫（2019）「ネクサスの可能性を俯瞰する」『Humanity & Nature』76
月本昭男（訳）（1997）『旧約聖書Ⅰ　創世記』岩波書店
辻村優英（2016）『ダライ・ラマ――共苦（ニンジェ）の思想』ぷねうま舎
寺田匡宏（2018）『カタストロフと時間――記憶／語りと歴史の生成』京都大学学術出版会
――（2019）「地球史は誰が作るのか――「人新世」が問う、ひと、もの、いきもの」上賀茂発 地球研フィールドノート8、『京都新聞』（2019年11月13日夕刊）
東長靖、石坂晋哉（編）（2012）『持続型生存基盤論ハンドブック』講座生存基盤論6、京都大学学術出版会
トーマス、ジュリア・アデニー　杉田米行（訳）（2008）『近代の再構築――日本政治イデオロギーにおける自然の概念』法政大学出版局
戸谷友則（2018）『宇宙の「果て」になにがあるのか――最新天文学が描く、時間と空間の終わり』講談社ブルーバックス
中井久夫（2004）『兆候・記憶・外傷』みすず書房
――（2015）『西欧精神医学背景史』みすず書房
中沢新一（1992）『森のバロック』せりか書房
――（2005）『アースダイバー』講談社
――（2019）『レンマ学』講談社
長沼毅、井田茂（2014）『地球外生命――われわれは孤独か』

岩波新書
ナショナルジオグラフィック（2016）『マーズ――火星移住計画』日経ナショナルジオグラフィック社
西宮一民（校注）（1979）『古事記』新潮日本古典集成、新潮社
「日本の食生活全集沖縄」編集委員会（編）（1988）『聞き書　沖縄の食事』日本の食生活全集47、農山漁村文化協会
野口晴哉（2002）『整体入門』ちくま文庫
萩原修子（2018）「水俣病事件と「もうひとつのこの世」」『現代宗教2018』特集宗教と排除・差別、国際宗教研究所
早川由紀夫（2013）『放射能汚染地図　8訂版』キプカスピリット
原田正純（1972）『水俣病』岩波新書
――（1985）『水俣病は終っていない』岩波新書
平勢隆郎（2000）『中国古代の予言書』講談社現代新書
広瀬隆（1986）『東京に原発を！』集英社文庫
廣松渉（1972＝1996）『廣松渉著作集』第1巻（世界の協働主観的存在構造）、岩波書店
フォン ユクスキュル、ヤーコブ　クリサート、ゲオルグ　日高敏隆、羽田節子（訳）（2005）『生物から見た世界』岩波文庫
フーコー、ミシェル　渡辺一民、佐々木明（訳）（1974）『言葉と物――人文科学の考古学』新潮社
藤井貞和（2016）『日本文学源流史』青土社
――（1987）『物語文学成立史――フルコト・カタリ・モノガタリ』東京大学出版会
――（2007）「物語人称と神話叙述」吉成直樹（編）『声とかたちのアイヌ・琉球史』森話社
ブルデュー、ピエール　石井洋二郎（訳）（1990）『ディスタンクシオン――社会的判断力批判』藤原書店
フレーフェルト、ウーテ　櫻井文子（訳）（2018）『歴史の中の感情――失われた名誉／創られた共感』東京外国語大学出版会
ベイトソン、グレゴリー　佐藤良明（訳）（2001）『精神と自然 改訂版――生きた世界の認識論』新思索社
ベック、ウルリッヒ　山本啓（訳）（2014）『世界リスク社会』法政大学出版局
ベネディクト、ルース　越智敏之ほか（訳）（1946＝2013）『菊と刀――日本文化の型』平凡社ライブラリー
ベルク、オギュスタン　篠田勝英（訳）（1988）『風土の日本――自然と文化の通態』筑摩書房
――　鳥海基樹（訳）（2017）『理想の住まい――隠遁から殺風景へ』京都大学学術出版会
マクタガート、ジョン・エリス　永井均（訳・注釈）（2017）『時間の非実在性』講談社学術文庫
松沢哲郎（2011）『想像するちから――チンパンジーが教えてくれた人間の心』岩波書店
松崎憲三（2004）『現代供養論考――ヒト・モノ・動植物の慰霊』慶友社
丸山眞男（1941＝1996）「近世日本政治思想における「自

然」と「作為」——制度観の対立としての」丸山眞男『丸山眞男集』2、岩波書店
——（1972=1995）「歴史意識の古層」［丸山（編）1972］
——（編）（1972）『歴史思想集』筑摩書房
三木成夫（1992）『生命形態学序説——根源形象とメタモルフォーゼ』うぶすな書店
南方熊楠（1991）『南方熊楠コレクション』3、浄のセクソロジー、河出文庫
——（1992）『南方熊楠コレクション』5、森の思想、河出文庫
宮地尚子（2013）『トラウマ』岩波新書
——（2018）『環状島＝トラウマの地政学』新装版、みすず書房
みんなのデータサイトマップ集編集チーム（編）（2018）『図説17都県放射能測定マップ＋読み解き集——2011年のあの時・いま・未来を知る』みんなのデータサイト出版
門司和彦（2014a）「健康であることとは」『地球環境学マニュアル』1共同研究のすすめ、朝倉書店
——（2014b）「熱帯アジアの環境変化と感染症」『地球環境学マニュアル』1共同研究のすすめ、朝倉書店
本居宣長（1968）『本居宣長全集』第9巻古事記伝、筑摩書房
安成哲三（2018）『地球気候学——システムとしての気候の変動・変化・進化』東京大学出版会
柳父章（1977）『翻訳の思想——「自然」とnature』平凡社
山極寿一（2015）『ゴリラ』東京大学出版会
山口佳紀、神野志隆光（校訂・訳）（1997）『古事記』新編日本古典文学全集1、小学館
山田孝雄（1943）「日本肇国史」『日本国家科学大系』第一巻肇国及日本精神、実業之日本社
山本博之（2014）『復興の文化空間学——ビッグデータと人道支援の時代』災害対応の地域研究1、京都大学学術出版会
米本昌平（1994）『地球環境問題とは何か』岩波新書
ラス・カサス　染田秀藤（訳）（2013）『インディアスの破壊についての簡潔な報告』岩波文庫
レヴィ＝ストロース、クロード　大橋保夫（訳）（1976）『野生の思考』みすず書房
——福井和美（訳）（2000）『親族の基本構造』青弓社
——早水洋太郎ほか（訳）（2006-2010）『神話論理』全5巻、みすず書房
和辻哲郎（1935=1979）『風土——人間学的考察』岩波文庫

［中文］
黎靖徳（編）（1999）「理気」『朱子語類』1、北京：中華書局
趙汀陽（2011）『天下体系——世界制度哲学導論』中国人

民大学出版社
――（２０１５）『天下的当代性――世界秩序的実践与想像』中信出版集団

[欧文]
Adamson, Peter (2016). *Philosophy in the Islamic World*, Oxford: Oxford University Press.
Alberts, Bruce et al. (2014). *Molecular Biology of the Cell*, Sixth edition, Garland Science.
Aldebert, Jacques et al. (1998). *Das Europäische Geschichtsbuch: von den Anfängen bis heute*, Stugart: Klett-Cotta.
Anderson, Benedict (2006). *Imagined Communities: Reflections on the Origin and Spread of Nationalism*, Revised edition, Verso.
Antni, Klaus (Trans. and ed.). (2012). *Kojiki: Aufzeichnung alter Begebenheiten*, Berlin: Verlag der Weltreligion.
Arendt, Hanna (1998). *The Human Condition*, 2nd edition, Chicago: The University of Chicago Press.
―――― (2007). *Vita activa oder Vom tätigen Leben*, München: Piper Taschenbuch.
Ariew, Andre (2008). "Population Thinking," in [Ruse (ed.) 2008].
Aristotle (1929). *Phisycs*, eds. Page et al., Loeb Classical Library, Cambridge MA: Harvard University Press.
―――― (1933). *Metaphysics*, eds. H.Tredennik, Loeb Classical Library, Cambridge MA: Harvard University Press.
―――― (1938). *On Interpretation*, trans. Cooke and Tredennik, Loeb Classical Library, Cambridge MA: Harvard University Press.
―――― (1995). "Poetics", in Aristotle, *Longinus, Demetrius. Poetics*, trans. Stephen Halliwell et al., Loeb Classical Library, Cambridge, MA: Harvard University Press.
Avicenna (2005). *The Metaphysics of k*, trans. Michael E. Marmura, Provo, UT: Brigham Young University Press.
Bai, Xiu Mei, van der Leeuw, Sander, O'brien, Karen et al. (2015). "Plausible and desirable futures in the Anthropocene: A new research agenda," *Global Environmental Chang, 39*.
Bains, John (2011). "Ancient Egypt", in [Feldherr and Grant 2011].
Battersby, Christine (1998). *The Phenomenal Woman: Feminist Metaphysics and the Patterns of Identity*, Cambridge: Polity Press.
Berque, Augustin (2014). *Poétique de la Terre : Histoire naturelle et histoire humaine, essai de mésologie*, Paris : Benin.
Bhattacharya, Kamaleswar (1978). *The Dialectical Method of Nagarjuna: Vigrahanyavartani*, Dehli: Motilal Banarasidass.
Bonnueil, Christophe et Fressoz, Jean-Baptiste (2013). *L'événement Anthropocène : La Terre, L'histoire et nous*, Paris

: Edition de Suil.

Bradbury, Ray (1956=1995). *The Martian Chronicles*, New York: Harper Collins.

Buchwald, Jed Z and Fox, Robert (eds.) (2017). *The Oxford Handbook of the History of Physics*, Oxford: Oxford University Press.

Burns, Suzan. L.(2003). *Before the Nation: Kokugaku and the imaging of community in early modern Japan*, Durham and London: Duke University Press.

Carnap, Rudolf (1928=1998). *Der Logische Aufbau der Welt*, Hamburg: Felix Meiner Verlag.

Carter, Angela (1994). "A Conversation with Angela Carter By Anna Katsavos," *The Review of Contemporary Fiction*, vol.14. 3.

Chalmers, David J (2009). "Ontological Anti-Realism," in David J. Chalmers, David Manley, and Ryan Wasserman (ed.), *Metametaphyisics: New Essays on the Foundation of Ontology*, Oxford: Oxford University Press.

Currie, Gregory (2010). *Narrative & Narrators: A Philosophical of Stories*, Oxford: Oxford University Press.

d' Aquin, Thomas (2015). *Contre les murmurateurs*, L' Herne.

Daston, Lorraine (2014). "Wonder and the Ends of Inquiry," *The Point* (Web Magazine), Issue 8.

David, von Leonard (2016). *Mars: Our Future on the Red Planet*, Washington D.C.: National Geographic Society.

Davidson, Donald (1967=2001). "The logical Form of Action Sentences," in Donald Davidson 2001 *Essays on Actions and Events*, Oxford: Oxford University Press.

Davis, Bret (2011). "Natural Freedom: Human/Nature Nondualism in Japanese Thought", in Jay L. Garfield and William Edelglass (eds.), *The Oxford Handbook of World Philosophy*, Oxford: Oxford University Press.

Deleuze,Gilles et Guattari Félix (1980). *Mille Plataux : Capiitalism et Schzophrénie*, Paris : Les édition de minuit.

Descartes, René (1637=1987). *Discours de la méthode*, dans même, *Discours de la methode plus La dioptrique les meteores et la geometrie*, edition de 350e anniversaire, Paris : Fayard.

Descola, Phillipe (2005). *Par-delà nature et culture*, Paris : Gallimard.

Diamond, Jared and Robinson, James A.(ed.) (2011). *Natural Experiments of History*, Cambridge, MA: Belknap Press of Harvard University Press.

Dōgen (2006). *Shōbōgenzō: Ausgewälte Schiriften*, Übers. u. Hg. von Ryōsuke Ōhnishi und Rolf Elberfeld, Tokyo: Keio University Press.

Doi, Toshiyuki (ed.) (2015). *Plants, Animals, Salt and Spirits: How People Live with and Talk about the Environment in Rural Cambodia, Laos and Thailand*, Tokyo: Mekong Watch.

Eames Office (1998). *Powers of Ten: A Flipbook*, Eames Office. (n.p.).

Evans-Pritchard, E.E. (1969). *The Nuer: A description of the modes of livelihood and political institutions of a Nilotic people,* Oxford: Oxford University Press.

Falcon, Andrea (2019). "Aristotle on Causality", Edward N. Zalta (ed.) *The Stanford Encyclopedia of Philosophy* (Spring 2019 Edition).

Feldherr, Andrew and Hardy Grant (eds.) (2011). *The Oxford History of Historical Writing*, Vol.1 Beginnings to AD 600, Oxford: Oxford University Press.

Freud, Sigmund (1919=1970). "Das Unheimliche", in Sigmund Freud, *Sigmund Freud Studienausgabe*, Bd. 4, Frankfurt a. M.: S. Fischer Verlag.

Gabriel, Markus (2015). *Warum es die Welt nicht gibt*, Berlin: Ulstein.

Gibson, James J. (1979=2015). *The Ecological Approach to Visual Perception*, Classic edition, Routledge.

Gupta, Ranjan et al. (2005). "Nature' s Medicines: Traditional Knowledge and Intellectual Property Management. Case Studies from the National Institutes of Health (NIH), USA," *Current Drug Discovery Technologies*, Volume 2, Issue 4.

Habarmas, Jürgen (1962=1967). "Naturrecht und Revolution" in Jurgen Habermas, Theorie und Praxis, 2. Auflage, Neuwied und Rhein und Berlin: Luchterhand.

——— (1992). Faktizität und Geltung: Beiträge zur Diskurstheorie des Rechts und des demokratischen Rechtsstaats: Frankfult a. M.:Surhkamp.

Haff, Peter (2014). "Humans and Technology in the Anthropocene: Six rules," *The Anthropocene Review*, vol. 1, no. 2.

Haraway, Donna (2017). "Symbiogenesis, Sympoiesis, and Art Science Activisms for Staying with the Trouble" in Anna Lowenhaupt Tsing, Heather Anne Swanson, Elaine Gan et al. (eds.), *Arts of Living on a Damaged Planet: Ghosts and Monsters of the Anthropocene*, Minneapolis: University of Minnesota Press.

Harman, Graham (2018). *Object-Oriented Ontology: A New Theory of Everything*, Penguin Random House.

Harootunian, H.D. (1988). *Things Seen and Unseen: discourse and ideology in Tokugawa nativism*, Chicago: University of Chicago Press

Hegel, Georg Wilhelm Friedrich (1807=1999). *Phänomenologie des Geistes*, Hamburg: Felix Meiner Verlag

——— (1822/1823=1996). *Vorlesungen: ausgewählte Nachschriften und Manuskripte, Bd. 12: Vorlesungen über die Philosophie der Weltgeschichte: Berlin 1822/1823*,Hamburg: Meiner.

Heidegger, Martin (1927=1972). *Sein und Zeit*, Tübingen: Max Niemeyer Verlag.

——— (2018). *Die Grundbegriffe der Metaphysik: Welt – Endlichkeit – Einsamkeit*, Hrg. von Friedrich-Wilhelm v.

Herrmann, Frankfurt a.M.: Vittorio Klostermann.

Ingold, Tim (1996=2000). "On Weaving a basket", in Tim Ingold. *The Perception of the Environment: Essays on livelihood, dewelling and skill.* New York: Routledge.

Ingold, Tim and Palsson, Gisli (2013). *Biosocial Becomings: Integrating Social and Biological Anthropology.* Cambridge: Cambridge University Press.

Izutsu, Toshihiko (2008). *Eranos lecture2*, Keio University Press

Jasanoff, Sheila (2007). *Designs on Nature: Science and democracy in Europe and the United States*, Princeton, NJ: Princeton University Press.

Jullien, François (1989). *Procès ou création: une introduction à la pensée chinoise : essai de problématique interculturelle*, Le Livre de poche, Paris : Éditions du Seuil.

Kenny, Anthony (2006). *The Rise of Modern Philosophy*, A New History of Western Philosophy, Vol.3, Oxford: Clarendon Press.

Kok, Jasper F., Parteli, Eric J. R., et al. (2012). "The Physics of Wind-blown Sand and Dust," *Physics*, vol. 75, no. 10.

Krumbiegel, Günter und Walther (1977). *Fossilien: Sammeln, Präparieren, Bestimmen, Auswerten*, Leipzig: Deutscher Verlag für Grundstoffindstrie.

Lamarque, Peter and Olsen, Stein Haugom (1997). *Truth, Fiction, and Literature: A Philosophical Perspective*, Oxford: Clarendon Press.

Latour, Bruno (2006). *Changer de société, refaire de la sosiologie*, Paris : La Découverte.

Laubichler, Manfred (2020). "Every crisis is also an opportunity," *Transmission: SFI insights into COVID-19*, BATCH 3, Web dossier of Santa Fe Institute.

Leibniz, Gottfried (1714=1995). *Discours de métaphysique suivi de Monadologie*, Paris : Gallimmard.

Lévi-Strauss, Claude (1962). *La Pensée Sauvage*, Paris : Édition Gallimard.

Lewis, David (1986). *On the Plurality of Worlds*, Malden, MA: Blackwell Publishing.

Liverani, Mario (2011). "Later Mesopotamia," in [Feldherr and Grant 2011].

Loux, Michael (2002). *Metaphysics: A contemporary introduction*, Second edition. London: Routrage.

Löwith, Karl (1953=1983). "Die Dynamik der Geschichte und der Historismu," in Karl Löwith, *Weltgeschichte und Heilsgeschehen: zur Kritik der Geschichtsphilosophie*, Sämtliche Schriften, Bd. 2, Stuttgart: Metzler.

Meillassoux, Quentin (2006), *Aprè la finitude: Essai sur la nécessite de la contingence*, Paris : Suil.

McTaggart, J. McT. E. (1927=2008). "Time: an Exerpt from The Nature of Existence," in Peter van Inwagen and Dean Zimmerman (eds), *Metaphysics: The big questions*. Second edition, Malden, MA: Blackwell Publischig..

Morton, Timothy (2009). *Ecology without Nature: Rethinking Environmental Aesthetics*, Cambridge, MA: Harvard University Press.

Nagarujuna (1995). *Traité de Milieu, traduit par Georges Driessens*, Paris : Seuil.

——— (2010). *Die Lehre von der Mitte*, Übergesetzt u Hrg. von Lutz Geldsetzer, Hamburg: Felix Meiner Verlag.

Nikolaeva, Irina (2016). "Analysis of the Semantics of Mood," in Jan Nuyts and Johan van der Auwera (ed). *The Oxford Handbook of Modality and Mood*, Oxford: Oxford University Press. 2016.

Nora, Pierre (1984). "Entre mémoire et histoire," dans. Pierre Nora (ed.), *Les Lieux de mémoirre : La République*, Paris : Gallimard.

Nussbaum, Martha C. (2006). *Frontiers of Justice: Disability, Nationality, Species Membership*, Cambridge, MA: Belknap Press.

Owen, Stephen (2017). "Key Concepts of "Literature," in Wiebke Deneke, Wai-Lee Li, and Xiaofei Tian (ed.), *The Oxford Handbook of Classical Chinese Literature (1000 BCE-900 CE)*.

O No Yasumaro (1983). *Kojiki: An account of ancient matters*, trans. Gustav Heldt, New York: Columbia University Press.

Parker, Steve (ed.) (2015). *Evolution: The Whole Story*, London: Thames & Hudson.

Plato (1914). *Phaedo*, in *Plato, I*, trans. North Fowler, Loeb Classical Library, Cambridge MA: Harvard University Press.

——— (1929) .*Timaeus*, in *Plato, IX*, trans. R. G. Bury, Loeb Classical Library, Cambridge MA: Harvard University Press.

——— (1939). *Parimenides*, in *Plato, IV*, trans. North Fowler, Loeb Classical Library, Cambridge MA: Harvard University Press.

Platon (1956). *La République*, tradui par Émile Chambry, Paris : Societé d' édition les belles letters.

Pultynski, Anya (2008). Ecology and the Environment, in [Ruse (ed.) 2008].

Putnam, Hilary (1987). *The Many Faces of Realism*, Open Court.

——— (2012). *Philosophy in an Age of Science: Physics, mathematics, and skepticism*, Cambridge, MA: Harvard University Press.

Quine, W. V. O. (1960). *Word and Object*, Cambridge, MA: MIT Press.

Rawls, John (1971). *A Theory of Justice*, Cambridge, MA: Belknap Press of Harvard University Press.

Renn, Jürgen (2020). *The Evolution of Knowledge: Rethinking Science for the Anthropocene*, Princeton, NJ: Princeton University Press.

Robinson, John B (1990). "Futures under glass: a recipe for people who hate to predict," *Futures*, Vol. 22, Issue 8.

Rorty, Richard (1979=2009). *Philosophy and the Mirror of Nature*, 30th anniversary ed., Princeton, NJ: Princeton University Press.

Ruse, Michael (ed.) (2008). *Oxford Handbook of Philosophy of Biology*, Oxford: Oxford University Press.

Saijo, Tatsuyoshi (n.d.[2018]). *Future Design*, (Brochure based on the key note speech at the Future Earth Philippines Program Launch meeting held in Manila on the 19th of November 2018), n.p.

Schäfer, Dagmar (2011). *The Crafting of the 10,000 Things: Knowledge and technology in Seventeenth-Century China*, Chicago: The University of Chicago Press.

Shaughnessy, Edward. L. (2011)." History and Inscriptions, China," in [Feldherr and Grant 2011]

Stearns, Stephen C. and Hoekstra Rolf F. (eds.) (2005). *Evolution: an introduction*, second edition, Oxford: Oxford University Press.

Studio Tomás Saraceno (2016). *Aerocene Newspaper*, Berlin: Studio Tomás Saraceno.

Suzuki, Wakana (2015). "The Care of the Cell: Onomatopoeia and Embodiment in the Stem Cell Laboratory," *NatureCulture*, 3.

Szerszynski, Bronislaw (2015). "Liberation through Hearing in the Planetary Transition: Funerary practices in twenty-second-century Mangalayana Buddhism," in Katrin Klingan et al. (eds.), *Grain Vapor Ray: Textures of the Anthropocene*. Cambridge, MA: MIT Press.

Terada, Masahiro (2016). "The Reed, Slime Mold, and Sprout: On Becoming and the Form of Time," Anthropocene-Curriculum website, Berlin: Haus der Kulturen der Welt.

Thomä, Dieter (Hrsg.) (2013). *Heidegger Handbuch: Leben-Werke-Wirkung*, 2. Auflage, Stuttgart: J.B. Metzler.

Thomas, Julia. (2001). *Reconfiguring Modernity: Concepts of Nature in Japanese Political Ideology*, Berkeley, CA: University of California Press.

Tirtha, Swami Sadashiva (2007). *The Ayurveda Encyclopedia: Natural secrets to Healing, Prevention, & Longevity*, Revised 2nd Edition, New York: AHC press.

Trungpa, Chogyam (1991). *Orderly Chaos: The Mandala Principle*, Boston, MA: Shambhala.

Turner, Victor (1971=1974). "Social Dramas and Ritual Metophors", in V.Turner, *Dramas, Fields, and Metophers :Symbolic Action in Human Society*, Ithaca: Cornell University Press.

UNESCO (2015). *UNESCO Science Report: towards 2030*, Paris: UNESCO.

van der Auwera, Johan and Aguilar, Alfonzo Zamorano (2016). "The History of Modality and Mood," in [Nuyts and van der Auwera 2016].

van der Leeuw, Sander (2019). *Social Sustainability, Past and Future: Undoing Unintended Consequences for the Earth's Survival*, Cambridge: Cambridge University Press.

van Inwagen, Peter (2014). *Metaphysics*. 4th Edition, Westview Press.

Washida, Yuichi (2018). "A Thinking Method to Prepare for Unforeseen Future," *Human-Information Technology Ecosystem*, Vol.2.

Weber-Brosamer, Bernhard und Back, Dieter (2005). *Die Philosophie der Leere: Nagarujunas Mulamadhyamaka-Karikas*, Wiesbaden: Harrassowitz Verlag.

Wells, H.G. (1897=2005). *The War of the Worlds*, London: Penguin Books.

Westerhoff, Jan (2009). *Nagarujuna's Madhyamaka: A Philosophical Introduction*, Oxford: Oxford University Press.

Whitehead, Alfred North (1929=1978). *Process and Reality: an essay in cosmology*, New York: Free Press.

Woolf, Daniel (ed.) (2011-2012). *The Oxford History of Historical Writing*. 5 Vols, Oxford: Oxford University Press.

Zhao, Tingyang (2020). *Alles unter dem Himmel: Vergangenheit und Zukunft der Weltordnung*, Übers. v. Michael Kahn-Ackermann, Berlin: Surkamp.

初出一覧

本書は、次の大学、文化機関における講演・講義をもとにした書き下ろしである。インド・ナーランダ大学Nalanda University（２０１６年）、ドイツベルリン・世界文化会館Haus der Kulturen der Welt（２０１６年）、京都薬科大学（２０１８年、２０１９年、２０２０年）。

なお次の章とコラムは、初出に基づき大幅に改稿した。

第3章　"The Reed, Slime Mold, and Sprout: On Becoming and the Form of Time," Anthropocene-Curriculum website, Berlin: Haus der Kulturen der Welt, 2016.

第13章　「兆候としての先端技術と「未来史」を書くこと――「先端技術と向き合う」意味」『Humanity & Nature』71、２０１８年3月。

第14章　「食と記憶のトランジション――展示「１００才ごはん、３才ごはん――記憶の中の食景」について」ＦＥＡＳＴブログ、総合地球環境学研究所、２０１８年6月。「地球研オープンハウス――ナラティブ、味覚、アイデンティティ、「あなたの未来の１００才ごはん」について」ＦＥＡＳＴブログ、総合地球環境学研究所、２０１８年9月。

第15章　磯部洋明、寺田匡宏、熊澤輝一、遠山真理「先端技術と向き合う〈第４回〉地球の外にいくつもの「環境」ができるとき――新たなアクターが拓く火星移住という未来」『Humanity & Nature』72、２０１８年5月。

コラム3　"Floating and Anthropos: A lesson in/from Aerocene," Anthropocene-Curriculum website, Berlin: Haus der Kulturen der Welt, 2016.

索引

事項索引

人名索引

書名索引

[Series] Narrative of Terra/Terra Narrates

Masahiro Terada

Geo-Humanities

Becoming of the World, or Human Being, Living Thing, and Thing in the Anthropocene

Kyoto: Airi Shuppan, 2021

[English Résumé]

Perspective of Geo-Humanities

Environment and You

Environment is that which you discover everyday, in every minute, here, and now; it is an interface between you and the world, whereas it is also a boundary between those two. What kind of interface and boundary is it? It depends on the problem of how you define the world and you. It means that it is the very problem of how you commit the world. The title of this book has a word 'becoming'; namely, the world becomes. When you realize it, the world becomes as the world seen from you. The world is environment, and, hence, environment is a phenomenon which emerges through your commitment to the world.

This book is about such a commitment of yours to environment. Environment is the thing which surrounds you: a phenomenon which human being, living thing, and thing around you weave. No, as you are already involved in it, environment is a thing

which you and human being, living thing, and thing around you weave. What does it mean to be surrounded? Things in radius of 30 centimeter surround you. Things in radius of one kilometer also surround you. Even things in radius of 46.4 billion light years also surround you. Furthermore, seen from a view point of intestinal bacteria in your body, you are an environment for them.

Environmental studies is an integration of studies. It can be said such kind of studies is a miscellany, but such kind of integration is a need of the epoch. All the studies are not fixed. Even objective and disciplined existent studies at a glance are not fixed. They emerged in a particular point of history, and have been formulated in the course of particular history. Because of need and necessity of the era, environmental studies is formed. Existence of problem which can only be solved by integrated method necessitated it. Environmental problem is such a problem that any existent discipline could not be properly addressed. We need to pursue new discipline, because existent discipline does not work. It is synonym to a deed to confront the actuality of the epoch.

Humanities and Global Environment

The original Japanese title of this book is read literally as "Humanities-Global Environmental Studies (人文地球環境学, *Jinbun-chikyu -kankyo-gaku*)". Generally speaking, global environmental studies is thought to be a study which investigates matters concerning the earth and nature. It is often thought to be a discipline which studies weather, climate, ecology, bio-diversity, natural protection, air pollution and so forth, in sum, a kind of natural science.

Of course, it is true that environment consists of such kind of elements and this book presupposes it. But, at the same time, environment cannot be said that it only consists of them. Environment is a particular environment for someone and the problem is how that someone perceives that environment. That someone might to be thought to be some human being, but actually it must not be limited to the human being. There must be environment for living

thing, and there must be environment for thing. In this sense, environment is essentially plural.

The global environment of the earth is the largest environmental thing which exists in the world. Of course, as the earth is involved in the universe, universe environment might be the largest thing as well. However, as will be seen in this book, there is a view which thinks that the world involves environment, and there is even a possibility of non-existence of the world and the universe. What Geo-Humanities investigates is such kind categorial and ontological problem and relation between things itself.

Humanities is a basis of the cultured mind. Cultured mind enables broad view on society and desirable future. In present, disciplines are subdivided and particular part of natural science is bloating; harmful effect brought by them is obvious. Add to natural sciences, to have view of humanities is necessary for us to solve global environmental problem. But, what does 'human' mean? Academic discipline which studies matters from view point of human being is called humanities. This tradition has deep roots goes back to academic discipline and practice in the medieval era. In the renaissance Europe, humanities are antonym to theology and it emphasizes human value. We can name Petrarca, Boccacio, and Dante in Italy, Rabelais in France, Erasmus in the Netherland, and Cusanus in Germany as humanists. Apart from the knowledge concerning the God, they searched and wanted to establish a discipline for human being independent from authority of Catholic Church. In order to do so, they appreciated values based on literature of ancient Greek and Latin [1] . Humanities bases on human and letter. Interestingly, it corresponds the East Asian term for humanities which originates from Chinese word 人文 *renwen,* namely human being (人 *ren*) and letter or pattern(文 *wen*).

In East Asia, humanities has particular connotation and sig-

[1] Anthony Kenny, *The Rise of Modern Philosophy, A New History of Western Philosophy*, Vol.3, Oxford: Clarendon Press, 2006. p.1.

nificance. In the region, humanities is thought to be an antonym to astrology, or cosmology. The heaven and the earth are reflecting and resonating with each other: *renwen* (human-pattern) and 天文 *tianwen* (heaven-pattern) echo reciplocally [2]. If so, we can suppose that matters of environment and matters of human being are reflecting and resonating mutually. As Zhao Tingyang argues [3], East Asian concept of *tian* (heaven) provides alternative harmonious notion for the nation-states world system in political sciences. Those views might be necessary in the period in which relationship between human being and environment is sharply questioned.

Environmental studies is a new academic discipline. It was around after 1990s that global environment became one of the major foci of academic investigation. Such attempts were mainly done by natural sciences. Although global environment is phenomena which should be studied by the synthetized discipline and innter- and trans-disciplinality are always needed [4], the project to establish the true synthesis of natural science and humanities in terms of global environment is not so easy. Geo-Humanities plans to fill such gap.

Human Being, Living Thing, and Thing

What consists in environment is everything. Everything in this world makes environment. This book thinks that such everything can be categorized as human being, living thing, and thing, and thinks that environment is a phenomenon which emerges from relationship between them. Environment has many dividing lines, and there are a lot of concepts arguing the environment: nature/

[2] François Jullien, *Procès ou création: une introduction à la pensée chinoise: essai de problématique interculturelle*, Le Livre de poche, Paris : Éditions du Seuil, 1989, Chap.2.

[3] Zhao, Tingyang, *Alles unter dem Himmel: Vergangenheit und Zukunft der Weltordnung*, Übers. v. Michael Kahn- Ackermann, Berlin: Surkamp, 2020.

[4] Robert Frodeman (ed), *The Oxford Handbook of Interdisciplinarity*, 2ed., Oxford: Oxford University Press, 2017.

human, nature/culture, wilderness/civilization, nature/urban, nature/artificiality, and so forth. Among them, this book thinks that most fundamental division exists in between human being, living thing, and thing. This book adopts such a division not because it thinks it is absolute. Rather this book attempts to review and revise such a distinction. I seeks to find alternative category than that. What is the material, ontological, categorial, and perceptual distinction between human being, living thing, and thing? What is the overlap between them?

Recently, under the light of global environmental change, 'Anthropocene,' a new geological epoch, is introduced and widely discussed. The background of such claim is that, if we investigate the influence of human activity to the ecosystem of the earth carefully, we must find that we have already entered into a new epoch other than existent Holocene. As such an epoch should be called the time of human, the epoch is named after the term *anthropos*. This view is quite new on history, because it wants to connect human history to that of the earth. Normally human history and history of living thing, and thing are thought to be different. Human history can be called "history," whereas that of living thing, and thing are called as evolution or mere process. The dynamism which drives those procedures had been thought to be different. But the concept of Anthropocene questions such a presupposition.

We see various new field of study and perspective concerning the relationship and interaction between human being, living thing, and thing: Complex Systems Theory analyses the interaction between those elements [5] ; Actor-Network Theory in sociology focuses action in terms of those relationship and wants to treat things as an agent of social dynamics [6] ; Object-Oriented Ontology

[5] Sander van der Leeuw, *Social Sustainability, Past and Future: Undoing Unintended Consequences for the Earth's Survival*, Cambridge: Cambridge University Press, 2020.

[6] Bruno Latour, *Changer de société, refaire de la sosiologie*, Paris : La Découverte, 2006.

in philosophy questions the method of human access to the realm of things beyond distinction between subject and object [7].

Furthermore, at the same time, concerning those problematics, geoanthropology, a new and powerful scientific discipline which investigates the significance of the Anthropocene [8], emerges. Landscape of disciplinarity changes drastically. This book is a distant response to them from a stand point of East Asia.

Structure of This Book

This book has fifteen chapters divided into five parts. First and last parts are titled as [Methodology] and investigate methodological and abstract topics. Remaining three parts are on [Perspective] and their foci are on more concrete problems seen in various areas of the globe. [Method]s sandwich [Perspective]s.

Part I, "World, Milieu, and Becoming: Method I," has three chapters on basic concepts of Geo-Humanities. Chapter 1, "4.6 Billion Years of Earth History and History of Humanity: Anthropocene and the 6th Extinction," investigates the long history of the earth from its creation to the present and the position of human being in it. Chapter 2, "Milieu/World, Terrestrial/Celestial, and Fudo: Semantics of Geo-Humanities," introduces the fundamental concepts concerning the environmental studies from view point of humanities and revises the meaning of humanities in terms of East Asian tradition. Chapter 3, "Becoming of the World Seen from the Concept of *Naru*," is on the problem of emergence in history and its dynamics. It investigates the phenomenon of becoming in the world referring traditional Japanese historiography.

Part II, "Human Being, Living Thing, and Thing: Perspective I," studies multiple relationships between human being, living thing, and thing. Referring ancient myths and anthropological data,

[7] Graham Harman, *Object-Oriented Ontology: A New Theory of Everything*, Penguin Random House, 2018.

[8] Jürgen Renn, *The Evolution of Knowledge: Rethinking Science for the Anthropocene*, Princeton, NJ: Princeton University Press, 2020, pp. 375-376, 423.

Chapter 4, "God, Human, Heaven, and Science: Multiple Relations of the Earthly Existence," studies how human being and living thing are perceived differently in the globe. Chapter 5, "Do Living Thing and Thing Have Mind?: Division and Continuity," deals with problem of cognition and rethinks the subject-hood of human being, living thing, and thing. As the title of Chapter 6, "Forest Talks: Living Thing, Narrative, and Story," indicates, it is on the problem of narrative of story. Does living thing tell story? If so, how can we hear it? Story is not narrated only by human being. Referring Philippe Descola's critique of the notion of nature [9], it rethinks the naturalism which denies that living thing talks. This chapter is a quest for plausible way to approach the realm of tales of/by living thing. Chapter 7, "Access to the World of Things: Ontology of Object," is a chapter of philosophical investigation. It looks for the method of how human being can access to the world of things.

Thinking about the global environment, it is unavoidable to face the problem of natural disaster and environmental catastrophe. Part III, "Catastrophe of the Earth: Perspective II," concentrates on those challenges. Chapter 8, "Contradiction of Modernity: the Minamata 'Disease'," analyses the history of a 'pollution disease' caused by organic mercury oceanic pollution in Western Japan during first half of twentieth century and meaning of suffering from the view point of life world of victims. Chapter 9, "Fudo of Nuclear in the Techosphere: Fukushima and Chernobyl," questions the meaning of human manipulation of nuclear power and investigates huge aftermath of their misuse. Chapter 10, "Recovery and Resilience from Natural Disaster," argues the problem of devastation and recovery from earthquake, tsunami, and volcanic explosion mainly focusing on the dimension of mental resilience. In the last of this Part, Supplemental Chapter investigates the meaning of COVID-19's disastrous pandemic.

Using, "care" as a key word, part IV, "Care of the Earth:

[9] Descola, Phillipe, *Par-delà nature et culture*, Paris : Gallimard, 2005.

Perspective III," problematizes equality/inequality, justice, international cooperation in the globe. Chapter 11, "Environment as Health: Eco-health, Human Security, and Capability," picks up the topics on health seen from global perspective and looks for a desirable approach to solve problems. Chapter 12, "Global Inequality and Justice: Humanosphere Potentiality Index," revises the cause of inequality of present world in almost half a millennial history of globalization and looks for a way to global justice.

The last part of the book, Part V, "Future: Method II," applies the concept of becoming, one of the themes of this book, to the problem of environment in the future. Chapter 13, "Futurography and Clue," is the theoretical investigation on clue which can sense the future. As the exercise of such a sensing, Chapter 14, "Habitus of Food and 'Hundred Years' Menu'," investigates the meaning of the present menu seen from the backward perspective of future generation. The venue of the last chapter jumps to the outer space; visiting the Mars in 2070 in which human immigration would have begun, Chapter 15, "Martian Environment and Human Being in the Future," rethinks about earth environment form the standpoint of more than seven million kilometers afar.

In addition, this book has a dialogue and columns. The dialogue between the author and Rohini Devasher, whose work *Arboreal* is featured on the cover, dust jacket, and title pages of this volume, investigates meaning of becoming in terms of art. Columns supplement major line of argument of this book from unique perspectives. Also every chapter has book guide in order to help readers to deepen their understanding. Through those topics above, this book provides readers method and perspective to grasp the global environment from view point of humanities in the Anthropocene.

Table of Contents

Author

Masahiro TERADA

Masahiro Terada is a visiting associate professor of geo-humanities and history at the Research Institute for Humanity and Nature (RIHN) in Kyoto, Japan. His research explores history, memory, and meta-history with a focus on the relationship between history, which deals with humanity, and the environment, usually thought to be a matter of non-human things. From this position, he is currently investigating the concept of the Anthropocene in the East Asian perspective, as well as the problem of "futurography." His publications include: *Catastrophe and Time: History, Narrative, and Energeia of History*, Kyoto: Kyoto University Press, 2018 (in Japanese); *What You Are Waiting for on the Top of the Volcano, or Towards a New 'Scienza Nuova' of Humanity and Nature*, Kyoto: Showado, 2015 (in Japanese); *and Hearing the Voices, Healing the World: Towards Better Understanding of Human Being in Aftermath of Catastrophe [A Young Generation's Reader]*, ed. Kyoto: Airi Shuppan, 2016 (in Japanese). He is also the series editor of "Narrative of Terra, Terra Narrates" Kyoto: Airi Shuppan, 2019-. He has produced visual works including *Tama-chan's Tree Years' Lunch*, DVD, 2018.

著者紹介

寺田 匡宏（てらだ・まさひろ）

総合地球環境学研究所客員准教授。人文地球環境学、歴史学。歴史という人間中心の概念が非＝人間を扱う環境とどう関係するかを研究。超長期の過去である人新世（アンソロポシーン）と未来史についても研究。著書に、『カタストロフと時間——記憶／語りと歴史の生成』（京都大学学術出版会、2018年）、『人は火山に何を見るのか——環境と記憶／歴史』（昭和堂、2015年）、『災厄からの立ち直り——高校生のための〈世界〉に耳を澄ませる方法』（編著、あいり出版、2016年）ほか。「叢書・地球のナラティブ」（あいり出版、2019年－）のシリーズ・エディターもつとめる。映像作品に『たまちゃんの3才ごはん』（カラーDVD、2018年）ほか。

叢書・地球のナラティブ

人文地球環境学

「ひと、もの、いきもの」と世界／出来《しゅったい》

２０２１年２月20日　発行

定価はカバーに表示しています。

著者　寺田匡宏

装丁・ロゴ作成・部トビラデザイン　和出伸一（象灯舎）

制作　上瀬奈緒子（綴水社）

発行所　（株）あいり出版

〒６００-８４３６　京都市下京区室町通松原下る

元両替町２５９-１　ベラジオ五条烏丸３０５

電話／ＦＡＸ　０７５-３４４-４５０５

http://airpub.jp/

発行者　石黒憲一

印刷／製本　シナノ書籍印刷（株）

 ISBN978-4-86555-679-5 C0010 Printed in Japan

叢書　地球のナラティブ

シリーズ・エディター　寺田匡宏（人文地球環境学、歴史学／総合地球環境学研究所客員准教授）

地球は語る。

ナラティブとは、語り。語りとは、言語による行為だ。

言語は、人の使用するものだから、語るのは人。

人が語る。人だけが語る。けれど、はたして、そうだろうか。

本当は、地球上の生きとし生けるもの、いや、地球上のものたちすべてが語っている。

生きることは、語ること。存在することとは、語ること。

生きることとは、時間の中に生きること。存在することとは、時間の中にあること。

時間の中にあることとは、あるプロセスの中にあることであり、あるプロセスとは、もう、すでに語りだとは言えないだろうか。

ものの語り、生きものの語りは地球の語り。

地球の語りを地球が語る。そして、その語りを聞くものがいる。

地球の語りを聞くことには、技がいる。

技だけではなく、ある姿勢がいる。それは、聞くことの姿勢。

人と地球はどうかかわってきて、どうかかわってゆくことが望ましいのか。

このシリーズでは、世界各地のさまざまな地球のナラティブを聞き、読み、そして記録し、地球の未来へとつなげたい。

叢書
地球のナラティブ
[Series] Narrative of Terra/ Terra Narrates

[Series] Narrative of Terra / Terra Narrates

Series editor: Masahiro Terada
(Geo-humanities, history/
Research Institute for Humanity and Nature, Kyoto, Japan)

Narrative of Terra, or Terra narrates.

Narrative is a speech act. Speech act is an act which was done by language.

Language is a medium which is used only by humanity. That means, narrative is narrated only by humanity.

Humanity narrates. But is that so?

Maybe all the living things on this Terra, or all the things on this Terra narrate.

To live is to narrate. To be is to narrate.

To live is to live in the time. To be is to be in the time.

To be in the time is to be in a particular process and to be in a particular process might be said to be a narrative.

Narrative of things and narrative of living things are the narrative of Terra, hence, Terra narrates the narrative of Terra.

There you are hearing it. But a technique is necessary to hear the narrative of Terra.

Or not only the technique but also a particular stance: your willingness to hear.

How has humanity been on this Terra and how should it be on this Terra?

This book series hears various voices of narrative of the Terra from various places of this globe and documents and memorizes and connects them to the future of the Terra.

好評既刊！

災厄からの立ち直り

Hearing the Voices, Healing the World
Towards a Better Understanding of the Human Being in the Aftermath of Catastrophe
[A Young Generation's Reader]

高校生のための〈世界〉に耳を澄ませる方法

四六判　並製　302頁　定価：本体1600円＋税

寺田匡宏　編
Edited by Masahiro Terada

災厄に出逢った場や人に耳を澄ませる。
どうしたら、わたしたちは
その悲しみや苦しみに
関わることができるのか。
そこから聞こえてくるのは、
どんな声だろうか。

AiR
あいり出版